Ausgabenprojektion, Reformszenarien und Rücklagenbildung der Beamtenversorgung in der Bundesrepublik Deutschland

Sozialökonomische Schriften

Herausgegeben von
Bert Rürup und Werner Sesselmeier

Band 49

Zu Qualitätssicherung und Peer Review der vorliegenden Publikation

Die Qualität der in dieser Reihe erscheinenden Arbeiten wird vor der Publikation durch einen Herausgeber der Reihe geprüft.

Notes on the quality assurance and peer review of this publication

Prior to publication, the quality of the work published in this series is reviewed by one of the editors of the series.

Tobias Benz

Ausgabenprojektion, Reformszenarien und Rücklagenbildung der Beamtenversorgung in der Bundesrepublik Deutschland

PL ACADEMIC RESEARCH

Bibliografische Information der Deutschen Nationalbibliothek
Die Deutsche Nationalbibliothek verzeichnet diese Publikation in der Deutschen Nationalbibliografie; detaillierte bibliografische Daten sind im Internet über http://dnb.d-nb.de abrufbar.

Zugl.: Freiburg (Breisgau), Univ., Diss., 2014

Der Druck dieser wissenschaftlichen Arbeit wurde gefördert von

WifOR Wirtschaftsforschung

Lan 1
ISSN 0172-1747
ISBN 978-3-631-64611-3 (Print)
E-ISBN 978-3-653-03922-1 (E-Book)
DOI 10.3726/ 978-3-653-03922-1

PL Academic Research ist ein Imprint der Peter Lang GmbH.

Peter Lang – Frankfurt am Main · Bern · Bruxelles · New York · Oxford · Warszawa · Wien

Diese Publikation wurde begutachtet.

www.peterlang.com

Vorwort

„Iucundi acti labores."

Marcus Tullius Cicero

Meinen Eltern

Die vorliegende Dissertation entstand während meiner Zeit als wissenschaftlicher Mitarbeiter am Forschungszentrum Generationenverträge der Albert-Ludwigs-Universität Freiburg. Sie wurde im Wintersemester 2013/14 vom Promotionsausschuss der Wirtschafts- und Verhaltenswissenschaftlichen Fakultät angenommen. Ich möchte an dieser Stelle allen danken, die diese Arbeit möglich gemacht haben.

An erste Stelle gilt mein besonderer Dank meinem Doktorvater Prof. Dr. Bernd Raffelhüschen, der die Anregung zu dem Dissertationsthema gab, mich über die Jahre fachlich begleitete und auf vielfältige Weise förderte. Bedanken möchte ich mich auch bei StB Prof. Dr. Wolfgang Kessler für die Übernahme des Zweitgutachtens.

Von ganzem Herzen danke ich meinen Eltern, Erika und Georg Benz, für all ihre Unterstützung während der Jahre meines Studiums und meiner Promotion. Ihnen soll diese Arbeit gewidmet sein.

Meine Freundin Lisa Etges hat durch ihre Motivation und fortwährende Ermutigung ebenfalls einen besonderen Anteil an der erfolgreichen Fertigstellung der Dissertation. Dafür und für das große Verständnis, gerade in den Wochen vor der Abgabe, herzlichen Dank!

Für die wunderbare Zeit am Forschungszentrum Generationenverträge möchte ich allen Kolleginnen und Kollegen danken. Die Atmosphäre am Institut ist sicherlich etwas Besonderes. Der fachliche Austausch, interessante Gespräche, aber auch das persönliche Miteinander innerhalb des Teams haben zum Gelingen der Arbeit beigetragen. Vielen Dank für die zahlreichen inhaltlichen Anregungen, wertvollen Ratschläge und fruchtbaren Diskussionen! Besonders möchte ich an dieser Stelle meinen Kollegen Christian Hagist erwähnen und ihm für seine große Unterstützung bei der Realisierung der Dissertation danken.

Abschließend gebührt ein Dank allen Freunden und Weggefährten der zurückliegenden Jahre, die bei vielfältigen gemeinsamen Aktivitäten in der Freizeit für die notwendige Ablenkung von der Arbeit gesorgt haben.

Freiburg, im August 2015
Dr. Tobias Benz

Inhaltsverzeichnis

Abbildungsverzeichnis

Tabellenverzeichnis

Rechtsquellenverzeichnis

Alterseinkünftegesetz (AltEinK)

Altersvermögensgesetz (AVmG)

Altersvermögensergänzungsgesetz (AVmEG)

Beamtenrechtsrahmengesetz (BRRG)

Beamtenversorgungsgesetz (BeamtVG)

Beamtenstatusgesetz (BeamtStG)

Bremisches Beamtenrechtsneuregelungsgesetz (BremBNeuG)

Bundesbeamtengesetz (BBG)

Bundesbesoldungsgesetz (BBEsG)

Bundesbeihilfeverordnung (BBhV)

Bürgerliches Gesetzbuch (BGB)

Dienstrechtsneuordnungsgesetz (DNeuG)

Einführungsgesetz zum Handelsgesetzbuch (EGHGB)

Gesetz zur Änderung des Beamtenversorgungsgesetzes und sonstiger dienst- und versorgungsrechtlicher Vorschriften (BeamtVGÄndG)

Grundgesetz der Bundesrepublik Deutschland (GG)

Haushaltsgesetz (HG) Bayern

Pensionsfondszuführungsverordnung (PZVO) Sachsen-Anhalt

Rentenversicherungs-Altersgrenzenanpassungsgesetz (RVAGAnpG)

Rentenversicherungs-Nachhaltigkeitsgesetz

Sozialgesetzbuch (SGB) V

Sozialgesetzbuch (SGB) VI

Sozialgesetzbuch (SGB) XI

Versorgungsergänzungsgesetz

Versorgungsänderungsgesetz

Versorgungsreformgesetz (VReformG)

Versorgungsnachhaltigkeitsgesetz (VersorgNG)

Versorgungsvorsorgegesetz (VerVorG)

Symbolverzeichnis

a	Variable für das Alter Lebenszyklus-Kostenmodell
$A_{b,k}$	durchschnittliches Ruhegehalt eines Pensionärs der Kohorte k im Basisjahr b
$ÄR_t$	Äquivalenzrentner im Jahr t
$ÄBE_t$	Äquivalenzbeitragszahler im Jahr t
AR_t	Aktueller Rentenwert im Jahr t
AVA_t	Altersvorsorgeanteil im Jahr t
$B_{b,k}$	durchschnittliche Beihilfeleistung eines Versorgungsempfängers der Kohorte k im Basisjahr b
b	Basisjahr
BE_t	Bruttolöhne im Jahr t
$Bev_t^{18\text{-}100}$	Anzahl der Personen zwischen 18 und 100 Jahren im Jahr t
BBV_b	Barwert der schwebenden Beihilfeverpflichtungen im Basisjahr b
BPV_b	Barwert der schwebenden Pensionsverpflichtungen im Basisjahr b
BWV_b	Barwert der Versorgungszusagen an Witwen/Witwer im Basisjahr b
$C_{b,k}$	Kohortenstärke der Geburskohorte k im Basisjahr b
$C_{t,k}$	Kohortenstärke der Geburskohorte k im Jahr t
D	Anzahl der betrachteten Kohorten
DV_t^{agg}	Differenz zwischen den aggregierten Versorgungsausgaben im Jahr t und den bis zum Jahr t fortgeschriebenen Versorgungsausgaben des Basisjahres b
EZ_t	Anzahl der mit der Zahllast gewichteten Einkommensteuerzahler in t
g	Dynamisierungsrate der Ruhegehälter und Hinterbliebenen-versorgung
H_b	aggregierte Beihilfezahlungen im Basisjahr b
H_t	aggregierte Beihilfezahlungen im Jahr t
$h_{b,k}$	durchschnittliche Beihilfeleistung eines Angehörigen der Kohorte k im Basisjahr b
$h_{b,k}^{reskal}$	reskaliertes Mikro-Beihilfeprofil im Basisjahr b
$h_{t,k}^{reskal}$	reskaliertes Mikro-Beihilfeprofil im Jahr t
k	Geburtskohorte, $1909 \leq k \leq 2009$

$l_{b,k}^{reskal}$	reskaliertes Mikro-Hinterbliebenenversorgungsprofil (Witwen/Witwer) im Basisjahr b
$l_{t,k}^{reskal}$	reskaliertes Mikro-Hinterbliebenenversorgungsprofil (Witwen/Witwer) im Jahr t
L_t	aggregierte Ausgaben für Witwen-/Witwerversorgung im Jahr t
$M_{b,k}$	Anzahl der Pensionäre im Basisjahr b der Alterskohorte k
NHF^{GRV}	rentenrechtlicher Nachhaltigkeitsfaktor
$NHF^{sytemkonf.}$	systemkonformer Nachhaltigkeitsfaktor
P_b	aggregierte Ruhegehaltszahlungen im Basisjahr b
p_a	Überlebenswahrscheinlichkeit Beamter/Beamtin im Alter a
$p_{b,k}$	durchschnittliches Ruhegehalt eines Angehörigen der Kohorte k im Basisjahr b, ausgedrückt als Pro-Kopf-Größe aller Beamten der Kohorte k
$p_{b,k}^{reskal}$	reskaliertes Mikro-Ruhegehaltsprofil im Basisjahr b
$p_{t,k}^{exis}$	reskaliertes Mikro-Ruhegehaltsprofil im Jahr t (Bestandsprofil)
$p_{t,k}^{neu}$	Zugangspension im Jahr t für einen Angehörigen der Alterskohorte k
$p_{t,k}^{fut}$	akkumulierte alters- und geschlechtsspezifische zukünftige Pensionszahlung der Kohorte k in einem Jahr t
q_a	Überlebenswahrscheinlichkeit Ehepartner im Alter a
r	nominaler (Diskontierungs-)Zinssatz
RVB_t	Rentenversicherungsbeitrag im Jahr t
PE_t	Anzahl der Pensionäre im Jahr t
t	Jahr
T	Ende des Betrachtungszeitraums
$V_{b,k}$	Vektor mit den altersspezifischen Ruhegehaltszahlungen im Basisjahr b
VA_b^{agg}	aggregierte Versorgungsausgaben im Basisjahr b
VA_t^{agg}	aggregierte Versorgungsausgaben im Jahr t
$U_{b,k}$	Vektor mit den altersspezifischen Beihilfezahlungen im Basisjahr b
$w_{b,k}^{Witwen}$	Überführungsvektor Witwenpopulation im Basisjahr b
$w_{t,k}^{Witwen}$	Überführungsvektor Witwenpopulation im Jahr t
$w_{b,k}^{Witwer}$	Überführungsvektor Witwerpopulation im Basisjahr b
$w_{t,k}^{Witwer}$	Überführungsvektor Witwerpopulation im Jahr t
$W_{t,k}^{Witwer}$	Anzahl Witwer im Jahr t

$W_{t,k}^{Witwen}$	Anzahl Witwen im Jahr t
z	jährliche Wachstumsrate des reskalierten Beihilfeprofils
α	Gewichtungsparameter des Nachhaltigkeitsfaktors
β	nominale gesamtwirtschaftliche Wachstumsrate
γ	reale gesamtwirtschaftliche Wachstumsrate
δ	Parameter für die Wirkungsweise eines Wegfalls der Ruhegehaltsfähigkeit von Ausbildungszeiten
θ	Reskalierungsparameter der Ruhegehaltsausgaben
μ	Reskalierungsparameter der Beihilfeausgaben
π	Inflationsrate
ω	realer Diskontierungszinssatz
Ψ	Pro-Kopf-Prämie bei Voll- bzw.Teilfinanzierung der Versorgungslasten

Abkürzungen der Bundesländer

BW	Baden-Württemberg
BY	Bayern
BE	Berlin
BB	Brandenburg
HB	Bremen
HH	Hamburg
HE	Hessen
MV	Mecklenburg-Vorpommern
NI	Niedersachsen
NW	Nordrhein-Westfalen
RP	Rheinland-Pfalz
SL	Saarland
SN	Sachsen
ST	Sachsen-Anhalt
SH	Schleswig-Holstein
TH	Thüringen

1. Einleitung

Dem chinesischen Philosophen Konfuzius wird die Aussage zugeschrieben: „Erzähle mir die Vergangenheit, und ich werde die Zukunft erkennen." Dieses Zitat passt zu dem Thema der vorliegenden Arbeit, die eine Projektion der bis zum Jahr 2050 anfallenden Versorgungsausgaben des Bundes und der 16 Bundesländer erstellt.

In der Vergangenheit, genauer gesagt zwischen Ende der 1960er Jahre und Anfang der 1980er Jahre, wurden beim Bund und den Bundesländern zahlreiche neue Beamte[1] eingestellt. Aus Sicht des Arbeitgebers sind Beamte gegenüber Angestellten, zumindest während der aktiven Dienstzeit, günstigere Arbeitskräfte, denn für sie müssen keine Sozialversicherungsbeiträge abgeführt werden. Mit dem Rechtsakt der Verbeamtung gingen der Bund und die Länder als Dienstherren zugleich aber auch die Verpflichtung ein, im Rahmen der Lebenslänglichkeit des Beamtenverhältnisses die Versorgung des Beamten sowie im Todesfall seiner Hinterbliebenen sicherzustellen. Jedes privatwirtschaftliche Unternehmen, das eine derartige Leistungszusage gegenüber einem Mitarbeiter tätigt, müsste gemäß den handelsrechtlichen Bilanzierungsvorschriften hierfür Rückstellungen bilden. Für die Bundes- und Landesebene galten diese Grundsätze aber nicht und fanden auch keine Anwendung. Erst im Jahr 1999 wurde mit dem zaghaften Aufbau sogenannter Versorgungsrücklagen begonnen. Das angeführte Zitat von Konfuzius bringt die Problematik der zukünftigen Ausgabenentwicklung der Beamtenversorgung auf den Punkt: Die Verbeamtungen, also das Erteilen der Leistungszusage des Dienstherrn gegenüber den Beamten, fanden in der Vergangenheit statt. Aus der Altersstruktur der vorhandenen Staatsdiener ergibt sich unmittelbar der zukünftige Verlauf der Versorgungsaufwendungen. Diese sind bereits in den vergangenen Jahren gestiegen. Im nächsten Jahrzehnt kommt die Pensionslawine nun erst richtig ins Rollen und in einer zweiten Welle werden sich dann aufgrund der Alterung der Beamtenpopulation auch die Aufwendungen für Beihilfe und Hinterbliebenenversorgung erhöhen. Ganz nach Konfuzius lässt sich damit aus der Vergangenheit direkt die Zukunft ableiten, und zwar in Form deutlich steigender Versorgungsausgaben auf Ebene des Bundes und der Länder, von denen ein Großteil bereits heute unter einer enormen Schuldenlast leidet. Das Wachstum der Versorgungsaufwendungen geschieht ausgerechnet zu einer Zeit, in der die Bundesländer als Folge des ab dem Jahr 2020 geltenden Neuverschuldungsverbotes ihre jährlichen Finanzierungsdefizite, soweit vorhanden, schrittweise abbauen

1 In der vorliegenden Arbeit wird zur besseren Lesbarkeit im Folgenden der Begriff „Beamter" in seiner männlichen Form synonym für beide Geschlechter verwendet.

müssen. Gleichzeitig werden aufgrund des demographischen Wandels die Steuereinnahmen in Zukunft tendenziell schwächer wachsen. Dies hat zur Folge, dass immer größere Teile der Einnahmen bzw. Ausgaben der öffentlichen Haushalte für die Beamtenversorgung und für die Zinsen auf die bereits vorhandene Verschuldung aufzubringen sein werden. Die Handlungsspielräume der Politik werden dadurch deutlich eingeschränkt. Trotz der Relevanz der Thematik massiv ansteigender Ausgaben für die Beamtenversorgung hat sich die finanzwissenschaftliche Forschung bisher kaum damit auseinandergesetzt.

Das eingangs angeführte Zitat des chinesischen Philosophen passt aber nicht nur zur Situation der Beamtenversorgung, sondern auch zur umlagefinanzierten gesetzlichen Rentenversicherung (GRV). Dort sorgen eine seit Jahrzehnten auf niedrigem Niveau stagnierende Geburtenrate sowie eine gestiegene Lebenserwartung dafür, dass sich die zukünftige Entwicklung, zumindest was Einnahmen und Ausgaben angeht, wiederum unmittelbar aus der Vergangenheit ablesen lässt: Eine abnehmende Zahl von Beitragszahlern im erwerbsfähigen Alter muss für die Rentenleistungen einer wachsenden Zahl von Rentnern aufkommen, die noch dazu immer älter werden. Diese zunehmend schiefer werdende Finanzierungsbasis der gesetzlichen Rentenversicherung war aufgrund des skizzierten demographischen Trends absehbar, wurde von der Politik aber lange Zeit ignoriert. Getreu dem Motto „besser spät als nie“ wurden ab dem Jahr 2001 schließlich dann aber doch noch einschneidende Reformen auf den Weg gebracht. Unter anderem beschloss man die Erhöhung des Renteneintrittsalters, das zwischen 2012 und 2029 von 65 auf 67 Jahre steigen soll. Auch die rentenrechtliche Berücksichtigung von Ausbildungszeiten wurde deutlich verringert. Die modifizierte Bruttolohnanpassung sorgt zudem mit Hilfe von Nachhaltigkeitsfaktor (NHF) und RiesterTreppe für eine deutliche Kürzung des Nettorentenniveaus. Letzteres hat langfristig das Niveau einer Basisversorgung und wird durch private Vorsorge ergänzt. Zusammengenommen sorgen die Reformen für eine deutlich gestiegene Nachhaltigkeit der umlagefinanzierten gesetzlichen Rentenversicherung.

Um den Anstieg der Versorgungsausgaben zumindest zu dämpfen und eine Gleichbehandlung zwischen den Beamten und den GRV-Versicherten herzustellen, liegt eine Übertragung der angeführten rentenrechtlichen Reformen auf die Beamtenversorgung nahe. Dabei geht es weder darum, von den Beamten ein Sonderopfer zu verlangen, noch Neiddebatten über die Höhe der Beamtenversorgung zu entfachen. Keine auch noch so umfangreiche Reform, die die grundgesetzlich geschützten Grundsätze des Berufsbeamtentums nicht verletzt, kann jedoch verhindern, dass sich die Versorgungsausgaben in naher Zukunft stark erhöhen werden. Dies ist die unmittelbare Folge der Einstellungs-

praxis der vergangenen Jahrzehnte und der unterbliebenen Bildung entsprechender Rücklagen.
Von den umfassenden Reformmaßnahmen in der gesetzlichen Rentenversicherung fand bis dato einzig die Riester-Treppe in der Beamtenversorgung flächendeckend Anwendung. Beamte wurden in den Kreis der Riester-Förderberechtigten aufgenommen, parallel dazu verringert sich stufenweise das Pensionsniveau von 75 auf 71,75 Prozent der ruhegehaltsfähigen Bezüge. Seit der Föderalismuskommission I sind die Bundesländer für das Versorgungsrecht ihrer Beamten selbst verantwortlich. Der Bund führte für seine Beamten die „Pension mit 67" bereits ein und beschränkte die Ruhegehaltsfähigkeit von Ausbildungszeiten. Mittlerweile sind hier elf Bundesländer nachgezogen. Der Nachhaltigkeitsfaktor fand aber noch überhaupt keine Anwendung und wird derzeit auch von keiner politischen Partei gefordert.
Die vorliegende Arbeit hat eine umfassende finanzwissenschaftliche Gesamtbetrachtung des deutschen Systems der Beamtenversorgung zum Ziel. Damit wird eine Forschungslücke geschlossen: Bis dato existierte keine Projektion der Versorgungsausgaben auf der Ebene des Bundes und der einzelnen Bundesländer, die zum einen auf einheitlichen methodischen Standards beruhte, von derselben Datenbasis ausging sowie sämtliche Arten von Versorgungsausgaben berücksichtigte. Eine Analyse der zukünftigen Beihilfeleistungen für Versorgungsempfänger unterblieb vollständig. Dies gilt im Prinzip auch für die Auswirkungen der dargestellten Reformansätze sowie für die Entwicklung von Versorgungssteuerquoten und BIP-Anteilen auf Ebene der einzelnen Bundesländer. Bezüglich der bisherigen Rücklagenbildung der Beamtenversorgung finden sich ebenfalls keine finanzwissenschaftlichen Veröffentlichungen. In der Literatur gibt es zwar bereits einige Vergleiche zwischen den Beschäftigungskosten von Beamten und Angestellten, allerdings sind diese teilweise methodisch fragwürdig und beschränken sich auf einzelne Perspektiven.
Im Mittelpunkt der vorliegenden Arbeit steht die Projektion der zukünftigen Versorgungsausgaben des Bundes und der 16 Bundesländer, die sämtliche Ausgabenkategorien der Beamtenversorgung (Ruhegehälter, Beihilfen, Hinterbliebenenversorgung) einbezieht. Bezüglich der Pensionen werden ferner die Auswirkungen verschiedener Reformszenarien untersucht die, wie etwa die beschleunigte Einführung der Pension mit 67 oder der systemkonforme Nachhaltigkeitsfaktor, zudem neu entwickelt werden. Basierend auf der zukünftigen Ausgabenentwicklung wird durch geeignete Projektionsmodelle auch die Entwicklung der Versorgungssteuerquote sowie des BIP-Anteils der Versorgungsausgaben für den Bund und sämtliche Bundesländer berechnet und analysiert. Pro-Kopf-Pauschalen ermöglichen einen weiteren Vergleich hinsichtlich der zukünftigen Belastungswirkung der öffentlichen Haushalte, gerade im Kontext der

ab 2020 geltenden neuen Schuldenregeln. Daneben wird die bisherige Rücklagenbildung aus finanzwissenschaftlicher Sicht eingehend untersucht sowie die Berücksichtigung der schwebenden Versorgungsverpflichtungen in den öffentlichen Haushalten betrachtet. Außerdem entwickelt die Arbeit ein politökonomisches Modell, das die Anreize für die Verbeamtung veranschaulicht und die über den gesamten Lebenszyklus entstehenden Beschäftigungskosten von Beamten und Angestellten aus unterschiedlichen Perspektiven beleuchtet und vergleicht.

Der Aufbau der Arbeit gestaltet sich wie folgt: Kapitel 2 gibt einen Überblick auf die Beamtenversorgung in der Bundesrepublik Deutschland. Zunächst werden Historie, Zuständigkeiten und Rechtsgrundlagen erläutert, ehe sich daran eine Darstellung der grundsätzlichen Funktionsweise des Versorgungssystems anschließt. In Abschnitt 2.3 wird auf die in den zurückliegenden Jahren bereits durchgeführten Reformen eingegangen. Es folgt eine umfassende Analyse statistischer Daten im Kontext der Beamtenversorgung, etwa hinsichtlich der Verteilung der Beamten auf die vier Laufbahngruppen oder der Entwicklung der Versorgungsausgaben in der Vergangenheit. Abschnitt 2.5 setzt sich mit den bis dato vorliegenden Prognosen der zukünftigen Versorgungsausgaben auseinander. Im Anschluss daran wird untersucht, inwieweit die schwebenden Versorgungsverpflichtungen bisher in den öffentlichen Haushalten Berücksichtigung fanden. In Kapitel 3 schließt sich eine Darstellung der Finanzsituation von Bund und Ländern im Status quo an, ehe die bisherige Rücklagenbildung erläutert und einer ausführlichen finanzwissenschaftlichen Analyse unterzogen wird. In Kapitel 5 wird mittels einer umfassenden Betrachtung der relevanten Zahlungsströme sowie einer Barwertrechnung ein politökonomisches Modell entwickelt, mit dem sich die Einstellungswellen der Vergangenheit sowie bestehende Anreize zur Verbeamtung im Allgemeinen erklären lassen.

Nach einem Überblick über die finanzwissenschaftlichen Konzepte zur Messung von Pensionsverpflichtungen stellt das siebte Kapitel die Entwicklung der Beamtenpopulation von Bund und Ländern in den kommenden vier Jahrzehnten eingehend dar. In Kapitel 8 wird die Entwicklung der jährlichen Ruhegehaltsausgaben im Status quo bis zum Jahr 2050 berechnet und der bisher durch die Übertragung der Riester-Treppe erzielte Entlastungseffekt quantifiziert. In einem zweiten Schritt analysiert die Arbeit die Auswirkungen einer Eins-zu-eins-Übertragung der rentenrechtlichen Reformen. Neben einer Erhöhung der Altersgrenze auf 67 Jahre finden die Einführung des Nachhaltigkeitsfaktors sowie der Wegfall der Ruhegehaltsfähigkeit von Ausbildungszeiten Berücksichtigung. Daneben werden zwei weitergehende Reformvorschläge diskutiert: Die beschleunigte Einführung der „Pension mit 67" bis zum Jahr 2019 statt bis zum Jahr 2029 sowie ein systemkonformer Nachhaltigkeitsfaktor, der die Verände-

rung des Verhältnisses zwischen Pensionären und Einkommensteuerzahlern berücksichtigt. In einem dritten Schritt werden die Einzelmaßnahmen zu Paketen zusammengefügt und bezüglich ihrer dämpfenden Wirkung auf die zukünftigen Versorgungsausgaben verglichen.
Kapitel 9 setzt sich mit dem bestehenden System der Beihilfe, also dem staatlichen Zuschuss für Gesundheitsausgaben von Beamten, ihren Angehörigen und Hinterbliebenen, auseinander und unternimmt auch hier eine Projektion des zukünftigen Verlaufs. Der folgende Abschnitt stellt die Entwicklung der Ausgaben des Bundes und der Länder für die Hinterbliebenenversorgung, also für Witwen, Witwer und Waisen, dar, ehe dann abschließend in Kapitel 11 eine Gesamtschau sämtlicher schwebender Versorgungsverpflichtungen folgt. Außerdem werden landesspezifische Pro-Kopf-Pauschalen, die zur Finanzierung der Versorgungsausgaben erforderlich wären, berechnet, was einen weiteren Vergleich hinsichtlich der Belastungswirkung ermöglicht.
Die Entwicklung der Versorgungssteuerquote sowie des Anteils der Versorgungsausgaben am Bruttoinlandsprodukt (BIP) bzw. am Barwert der zukünftigen Bruttoinlandsprodukte wird in Kapitel 12 einer ausführlichen Untersuchung unterzogen. Die Arbeit endet mit einer Zusammenfassung der gewonnenen Ergebnisse sowie einem Ausblick.

2. Überblick über die Beamtenversorgung

2.1 Historie, Zuständigkeiten und Rechtsgrundlagen

Das deutsche Berufsbeamtentum geht im Grundsatz auf König Friedrich Wilhelm I. von Preußen (1713-1740) zurück. Die Beamten sollten als Diener des Staates bzw. ihres Landesherrn treu, fleißig, unbestechlich, genau und sparsam sein und ihr Amt „mit Leib und Leben, mit Hab und Gut, mit Ehre und Gewissen" ausüben.[2] Unter Friedrich II. von Preußen (1740-1786) wurde das Berufsbeamtentum weiter ausgebaut. Die erste gesetzliche Regelung des Beamtenrechts erfolgte im Preußischen Allgemeinen Landrecht von 1794. Bei der Versorgung der Beamten gingen die deutschen Länder unterschiedliche Wege. In Preußen gab es bis 1872 beitragsfinanzierte Pensionskassen. Andere Länder, wie zum Beispiel Bayern, führten dagegen schon früh eine beitragsfreie Versorgung aus Steuermitteln ein, die sich im letzten Drittel des 19. Jahrhunderts dann allgemein durchsetzte. Zunächst wurde im Rahmen der Beamtenversorgung nur das Risiko der Dienstunfähigkeit abgesichert. Darunter verstand man die Unfähigkeit eines Beamten auf Lebenszeit, den Pflichten des zuletzt innegehabten Amtes nachzukommen. Erst im Jahr 1920 wurde eine gesetzliche Altersgrenze eingeführt, die bei Vollendung des 65. Lebensjahres lag. Bemessungsgrundlage der Versorgungsbezüge war im Prinzip ausnahmslos das Einkommen des letzten Amtes, die Höhe hing von der Dauer der Dienstzeit ab. Der Höchstsatz lag zeitweise bei bis zu 80 Prozent der zuletzt erreichten Bezüge. Von ihrem Prinzip her war die Beamtenversorgung schon immer von der Bedürftigkeit und dem privaten Einkommen des Empfängers unabhängig. Insbesondere für die Zeit nach 1920 wurde es zur Regel, dass man Besoldungserhöhungen der aktiven Beamten auch auf die Versorgungsbezüge der Pensionäre übertrug.[3]

Der Status des Berufsbeamtentums ist verfassungsrechtlich geschützt. Artikel 33 Abs. 5 des Grundgesetzes (GG) schreibt dem Gesetzgeber vor, bei der Regelung des öffentlichen Dienstrechtes die „hergebrachten Grundsätze des Berufsbeamtentums zu berücksichtigen"[4]. Im Rahmen der Föderalismuskommission I wurde dieser Artikel um den Zusatz erweitert, dass der Gesetzgeber auch die Möglichkeit besitzt, diese Grundsätze „fortzuentwickeln". Damit bejaht die Verfassung zwar grundsätzlich die besondere Stellung des deutschen Berufsbeam-

2 Vgl. Hartung (1981), S. 1493.

3 Vgl. Ruland (2008), S. 92. Für eine ausführliche Darstellung der Entstehung des deutschen Berufsbeamtentums aus rechtshistorischer Perspektive vgl. Krause (2008).

4 Zu den hergebrachten Grundsätzen des Berufsbeamtentums vgl. Isensee (1994), S. 1556ff., Krause (2008), Färber et al. (2011), S. 63ff. sowie mit besonderem Fokus auf die Beamtenversorgung Marburger (2011), S. 21ff.

tentums, räumt aber Freiräume ein, die Ausgestaltung des Dienstrechtes im Allgemeinen und des Versorgungsrechts im Besonderen anzupassen und zu reformieren.[5] Nach herrschender juristischer Meinung ist die Beamtenversorgung Teil und Ausprägung dieser „hergebrachten Grundsätze des Berufsbeamtentums". Nicht zuletzt drückt sich die Lebenslänglichkeit des Beamtenverhältnisses dadurch aus, dass die Versorgung des dienstunfähigen oder in den Ruhestand eingetretenen Beamten durch seinen Dienstherrn erfolgt. Der versorgungsrechtliche Sonderstatus des Beamten ist Ausdruck seiner Rechtsstellung. Gerade bei Besoldung und Versorgung ist der Staat als Arbeitgeber seinen Beamten in besonderer Weise verpflichtet. Man spricht in diesem Zusammenhang von dem sogenannten Fürsorge- und Alimentationsprinzip. Dieses liegt unter anderem darin begründet, dass den Beamten durch die Rechtsordnung die Möglichkeit genommen wird, ihre Arbeitsbedingungen durch Vertrag auszuhandeln und gegebenenfalls für sie zu streiken. Die Tätigkeit eines Beamten gründet sich nicht auf einen Arbeitsvertrag, sondern auf einen Verwaltungsakt, die sogenannte Ernennung. Die Beamten sind somit keine normalen Arbeitnehmer und erhalten kein Entgelt für geleistete Arbeit. Die Alimentation begründet sich aus dem Treueverhältnis zwischen Beamten und Staat, sie hat Ersterem eine angemessene Amtsführung ohne wirtschaftliche Schwierigkeiten zu ermöglichen. Der dafür erforderliche Lebensunterhalt des Beamten und seiner Familie soll der Höhe nach auf das jeweilige Amt bezogen und angemessen sein. In der Literatur ist von der Bifunktionalität der Beamtenversorgung die Rede. Damit ist gemeint, dass die Beamtenversorgung im Sinne eines Gesamtversorgungssystems die sonst durch die gesetzliche Rentenversicherung gewährleistete soziale Sicherung mit einer betrieblichen Altersversorgung kombiniert.[6]

Nach geltendem Verfassungsrecht ist es nicht möglich, die Beamtenversorgung als Sondersystem der sozialen Sicherung einfach abzuschaffen und die Beamten in die gesetzliche Rentenversicherung einzubeziehen. Das Bundesverfassungsgericht hat dies in seinen Entscheidungen wiederholt bestätigt. Die grundgesetzlich geschützten „hergebrachten Grundsätze des Berufsbeamtentums" schließen aber weder eine Harmonisierung von Beamtenversorgung und gesetzlicher Rentenversicherung noch eine Reform der Beamtenversorgung angesichts sich verändernder demographischer, wirtschaftlicher und finanzieller Rahmenbedingungen aus.[7]

Im Zuge der bereits erwähnten Föderalismuskommission I wurde in einigen Bereichen die Kompetenzaufteilung zwischen Bund und Ländern neu geregelt.

5 Vgl. Ruland (2008), S. 92f. sowie Färber et al. (2011), S. 65ff.

6 Vgl. Ruland (2008), S. 93 und Isensee (1994), S. 1556ff.

7 Vgl. Ruland (2008), S. 93.

Davon betroffen war auch das Beamtenrecht. Der mittlerweile weggefallene Artikel 75 Abs. 1 des Grundgesetzes übertrug die Rahmenkompetenz für die Rechtsverhältnisse aller Beamten dem Bund. Davon machte er auch mit dem Erlass des Beamtenrechtsrahmengesetzes (BRRG) Gebrauch. Mit der Föderalismuskommission I trat aber gemäß der neuen Fassung des Art. 74a GG an die Stelle der Rahmengesetzgebungskompetenz eine konkurrierende Gesetzgebungsbefugnis des Bundes, die sich auf die Regelung der Statusrechte und -pflichten der Beamten der Länder, Gemeinden und anderen Körperschaften des öffentlichen Dienstes bezieht. Die bisherige konkurrierende Gesetzgebung des Bundes für Laufbahnen, Besoldung und Versorgung ist entfallen. Da nach Art. 70 GG die Länder in allen Bereichen, die nicht der ausschließlichen oder konkurrierenden Gesetzgebungsbefugnis des Bundes unterliegen, die grundsätzliche Gesetzgebungskompetenz haben, müssen sie hinsichtlich Laufbahnen, Besoldung und Versorgung ihrer Beamten nun eigene Regelungen treffen. Bis zum Beschluss und Rechtskraft entsprechender Landesgesetze bleibt nach Artikel 125a Abs. 1 GG (neue Fassung) das bisherige Bundesrecht gültig. Für alle Beamten des Landes, der Kommunen und anderer Körperschaften des öffentlichen Rechts gilt somit zunächst das frühere Beamtenbundesrecht solange weiter, bis die Länder abweichende Regelungen für ihren Bereich getroffen haben. Hinsichtlich der Bundesbeamten hat der Bund weiterhin die ausschließliche Gesetzgebungskompetenz (Art. 73, Abs. 1, Nr. 8 GG, neue Fassung).[8]

Der Bund hat von seiner konkurrierenden Gesetzgebungskompetenz für die allgemeinen Statusrechte und -pflichten Gebrauch gemacht und das Beamtenstatusgesetz (BeamtStG) verabschiedet, das am 1. April 2009 in Kraft getreten ist. Um die bundesweite Einheitlichkeit des Beamtenrechts und die landesübergreifende Mobilität zu gewährleisten, regelt es die Grundstrukturen des Statusrechts und schafft damit die Rahmenbedingungen des Berufsbeamtentums.[9] Die Details und Umsetzung im Einzelnen liegen in der Verantwortung der Länder. Insbesondere die Wahl der Regelaltersgrenze sowie die Ausgestaltung der Beamtenversorgung fallen nun vollständig in die gesetzgeberische Zuständigkeit der Bundesländer.[10] Letztere haben von ihrem gewonnenen Gestaltungsspielraum bis dato in sehr unterschiedlichem Umfang Gebrauch gemacht.[11]

8 Vgl. Ruland (2008), S. 97ff.

9 Vgl. Deutscher Bundestag (2007).

10 Vgl. Ruland (2008), S. 97ff.

11 Vgl. hierzu Abschnitt 2.3.

2.2 Das deutsche System der Beamtenversorgung

Das bereits erwähnte Alimentations- und Fürsorgeprinzip beschreibt die Verpflichtung des Dienstherrn, Beamten während des aktiven Dienstes, bei Krankheit und Invalidität sowie nach dem Eintritt in den Ruhestand einen angemessenen, am letzten Amt orientierten Lebensunterhalt zu gewährleisten. Dazu gehört auch im Todesfall eines Beamten die Absicherung seiner Hinterbliebenen, also Witwen, Witwer und Waisen.[12]

Das Beamtenversorgungsgesetz[13] (BeamtVG) führt als Versorgungsleistungen das Ruhegehalt, die Unfallfürsorge sowie das Witwen- und Waisengeld an. Daneben gibt es noch Beihilfeleistungen im Krankheits- und Pflegefall, auf die aber im Folgenden nicht näher eingegangen wird. Bei Erreichen der gesetzlichen Altersgrenze von 65 Jahren wird der Beamte in den Ruhestand versetzt und erhält sein Ruhegehalt.[14] Voraussetzung dafür ist grundsätzlich die Erfüllung einer fünfjährigen Wartezeit.[15] Scheidet der Beamte ohne Versorgungsleistung aus dem Beamtenverhältnis aus, muss der Dienstherr die Zeit des Beamtenverhältnisses in der gesetzlichen Rentenversicherung bis zur Höhe der Beitragsbemessungsgrenze nachversichern.[16]

Die Höhe der Versorgungsbezüge hängt von den ruhegehaltsfähigen Dienstbezügen und der ruhegehaltsfähigen Dienstzeit ab.[17] Die ruhegehaltsfähigen Dienstbezüge bestehen im Prinzip aus dem Grundgehalt, das der Beamte zuletzt mindestens zwei Jahre bezogen hat.[18][19] Die ruhegehaltsfähige Dienstzeit beginnt mit dem Tag der Berufung in das Beamtenverhältnis, frühestens aber mit Vollendung des 17. Lebensjahres. Grundsätzlich werden sämtliche Zeiträume erfasst, die im Rahmen eines Beamtenverhältnisses für einen öffentlich-rechtlichen Dienstherren erbracht werden. Ruhegehaltsfähig sind auch Zeiten

12 Vgl. Marburger (2011), S. 21ff.

13 Im Folgenden wird die rechtliche Situation von Bundesbeamten dargestellt. Als Folge der Föderalismusreform kann die Versorgung der Beamten der einzelnen Bundesländer und ihrer Kommunen ggf. hiervon abweichen.

14 Für einige Berufsgruppen (Polizei- und Justizvollzugsdienst, Feuerwehr) gelten vorgezogene gesetzliche Altersgrenzen. Ab 63 Jahren (60 Jahre bei schwer behinderten Beamten) kann außerdem ein Antrag auf vorzeitigen Eintritt in den Ruhestand gestellt werden. Das Ruhegehalt wird auch nach festgestellter dauernder Dienstunfähigkeit oder nach Versetzung in den einstweiligen Ruhestand gewährt. Der Bund sowie einige Bundesländer haben bereits, analog zum Verfahren der gesetzlichen Rentenversicherung, die Regelaltersgrenze auf 67 Jahre erhöht.

15 Im Falle einer Dienstbeschädigung gilt diese Wartezeit als erfüllt.

16 Vgl. Ruland (2008), S. 100ff.

17 Vgl. Marburger (2011), S. 32ff. und S. 39f.

18 Gegebenenfalls werden die ruhegehaltsfähigen Dienstbezüge ergänzt um den Familienzuschlag der Stufe 1 sowie bestimmte Zulagen, wie etwa die Amtszulage, die für die Wahrnehmung herausgehobener Funktionen gewährt wird.

19 Der Gesetzgeber wollte diese Frist auf drei Jahre verlängern, was das Bundesverfassungsgericht aber als Verstoß gegen die hergebrachten Grundsätze des Berufsbeamtentums beanstandete. Vgl. Bundesverfassungsgericht (2007).

für Wehr- oder Zivildienst sowie die für die jeweilige Laufbahn notwendigen Ausbildungszeiten in Höhe von bis zu drei Jahren. Zeiten einer Teilzeitbeschäftigung gehen nur entsprechend ihrem Anteil an der vollen Arbeitszeit ein.[20] [21] Aktuell beträgt das Ruhegehalt für jedes Jahr ruhegehaltsfähiger Dienstzeit 1,79375 Prozent. Der maximal erreichbare Wert beläuft sich auf 71,75 Prozent (Höchstruhegehaltssatz) der ruhegehaltsfähigen Bezüge und wird nach 40 Jahren erreicht.[22] Die Mindestversorgung eines Beamten liegt laut § 14 Absatz 4 BeamtVG entweder bei 35 Prozent der ruhegehaltsfähigen Bezüge aus der erreichten Besoldungsgruppe (amtsabhängiges Mindestruhegehalt) oder bei 65 Prozent der ruhegehaltfähigen Dienstbezüge aus der Endstufe der Besoldungsgruppe A4 plus einem Fixbetrag von 30,68 Euro (amtsunabhängiges Mindestruhegehalt). Im Jahr 2004, vor der Trennung von Bund und Ländern im Besoldungsrecht, waren 1.225,81 Euro (West) bzw. 1.136,17 Euro (Ost) garantiert.[23] Geht ein Beamter bereits mit Erreichen der allgemeinen Antragsaltersgrenze (63 Jahre) in Ruhestand, verringert sich das Ruhegehalt pro Jahr um 3,6 Prozent. Damit wird der längere Versorgungszeitraum ausgeglichen. Dieser Abschlag kommt auch bei vorzeitigem Eintritt in den Ruhestand wegen Dienstunfähigkeit oder der Inanspruchnahme der besonderen Altersgrenzen für schwerbehinderte Beamte zum Tragen. Der maximale Abschlag liegt bei 10,8 Prozent.[24] Ein gemindertes Ruhegehalt wirkt sich im Todesfall des Beamten auch auf die Versorgungshöhe seiner Hinterbliebenen aus.[25]

Ein Beamter ist vor Erreichen der Regelaltersgrenze so lange dienstfähig, wie er unter „Anlegung eines normalen Maßstabes und unter Würdigung seiner gesamten körperlichen und geistigen Situation noch in der Lage ist, den Anforderungen gerecht zu werden, die sich aus dem ihm zuletzt übertragenen Amt ergeben".[26] Im Unterschied zur gesetzlichen Rentenversicherung kommt es dabei nicht darauf an, ob ein Beamter noch auf dem allgemeinen Arbeitsmarkt tätig

20 Kindererziehungszeiten sowie Zeiten eines Erziehungsurlaubs sind seit 1992 nicht mehr Teil der ruhegehaltsfähigen Dienstzeiten. Stattdessen wird ein Kindererziehungszuschlag gewährt, vgl. § 50a BeamtVG. Bei der nicht erwerbsmäßigen Pflege eines Pflegebedürftigen kann des Weiteren ein Pflegeergänzungszuschlag gemäß §50b BeamtVG erhoben werden.

21 Vgl. Ruland (2008), S. 104ff.

22 Die Berechnung des Ruhegehalts verläuft analog für sämtliche Besoldungsordnungen (A und B für Beamte, W für Professoren, R für Richter). Vgl. Marburger (2011), S. 40ff.

23 Vgl. Besoldungstabellen 2004 für West- und Ostdeutschland, eigene Berechnungen.

24 Vgl. Ruland (2008), S. 107ff.

25 Für der Versorgung von Beamten auf Zeit, politischen Beamten sowie bei einstweiliger Versetzung in den Ruhestand gelten versorgungsrechtliche Sonderregelungen, auf die an dieser Stelle nicht näher eingegangen werden kann. Die Abschläge kommen auch dann zum Tragen, wenn die gesamte tatsächlich geleistete Dienstzeit des Beamten länger ist als die Zeit, die er zum Erreichen des maximalen Versorgungsniveaus bräuchte.

26 Vgl. Ruland (2008), S. 100.

werden könnte.[27] Tritt ein Beamter wegen Dienstunfähigkeit in den Ruhestand, sind bei der Bemessung seines Ruhegehalts die Bezüge maßgeblich, die er erzielt hätte, wenn er bei Erreichen der regulären Altersgrenze pensioniert worden wäre.[28] Wird ein dienstunfähiger Beamter vor Vollendung des 63. Lebensjahres wieder dienstfähig, kann er erneut in das Beamtenverhältnis berufen werden. Weigert er sich, kann dies zum Verlust der Versorgungsbezüge führen.[29]

Im Falle eines Dienstunfalls erhalten der Beamte bzw. seine Hinterbliebenen Unfallfürsorgeleistungen.[30] Dazu gehört bei Dienstunfähigkeit als Folge eines Dienstunfalls das Unfallruhegehalt in Höhe von mindestens 66 2/3 Prozent der ruhegehaltsfähigen Dienstbezüge, im Fall eines sogenannten „qualifizierten Dienstunfalls" 80 Prozent der ruhegehaltsfähigen Dienstbezüge der übernächsten Besoldungsgruppe.[31]

Unter der Hinterbliebenenversorgung werden das Witwen- und Waisengeld sowie das Sterbegeld zusammengefasst.[32] Die Höhe des Witwengeldes liegt seit dem 1. Januar 2002 bei 55 Prozent des Ruhegehalts des verstorbenen Beamten.[33] Der Satz für das Waisengeld beträgt bei Vollwaisen 20 Prozent des Ruhegehalts, bei Halbwaisen 12 Prozent.[34] Grundsätzlich darf die Summe aus Witwen- und Waisengeld nicht größer sein als das Ruhegehalt, auf das sie sich be-

---

27 Von der Versetzung des Beamten in den Ruhestand soll abgesehen werden, wenn er noch in einem Maße dienstfähig ist, dass er in seinem derzeitigen Amt seine Dienstpflichten noch während mindestens der Hälfte der regelmäßigen Dienstzeit erfüllen kann. Vgl. § 42a Abs. 1, S. 1 Bundesbeamtengesetz (BBG).

28 Tritt ein Beamter vor Vollendung des 55. Lebensjahres wegen Dienstunfähigkeit in den Ruhestand, wird fiktiv die Zeit bis zur Vollendung des 60. Lebensjahres zu zwei Dritteln als Zurechnungszeit bei der Berechnung des Ruhegehaltes berücksichtigt. Vgl. § 13 Abs. 1 BeamtVG sowie Ruland (2008), S. 107.

29 Vgl. Ruland (2008), S. 101 sowie § 45 Abs. 1 S. 1 BBG.

30 Ein Dienstunfall ist ein auf äußerer Einwirkung beruhendes, plötzliches, örtlich und zeitlich bestimmbares, einen Körperschaden verursachendes Ereignis, das in Ausübung oder infolge des Dienstes eingetreten ist. Vgl. § 31 Abs. 1 BeamtVG sowie Marburger (2011), S. 54ff.

31 Vgl. Ruland (2008), S. 103 und S. 110 sowie Marburger (2011), S. 53ff.. Zu den Unfallfürsorgeleistungen gehören neben dem Unfallruhegehalt auch die Möglichkeit einer einmaligen Unfallentschädigung, der Unfallausgleich, die Erstattung von Heil- und Pflegekosten, die Zahlung eines Unterhaltsbeitrags sowie die Erstattung von Sachschäden.

32 Die Höhe des Sterbegeldes liegt beim Doppelten der monatlichen Bezüge des verstorbenen Beamten. Zusätzlich verbleiben den Hinterbliebenen auch die für den Sterbemonat gezahlten Bezüge.

33 Für Ehen, die vor diesem Zeitpunkt geschlossen wurden, beträgt der Satz 60 Prozent, wenn mindestens ein Ehegatte am 31. Januar 2001 das 40. Lebensjahr bereits vollendet hatte. Die Absenkung des Witwengeldes wird ausgeglichen durch einen Kinderzuschlag in Höhe von zwei rentenrechtlichen Entgeltpunkten beim ersten Kind und je einen Entgeltpunkt für jedes weitere Kind. Besteht ein großer Altersunterschied (größer als 20 Jahre) zwischen den Ehegatten und war die Ehe nur von kurzer Dauer, wird das Witwengeld ebenfalls gekürzt. Dies gilt nicht, wenn aus der Ehe ein Kind hervorgegangen ist. Ein Anspruch auf Witwengeld besteht nicht, wenn die Ehe erst nach Pensionierung des Beamten eingegangen wurde.

34 Wenn ein Beamter, der Unfallruhegehalt bezogen hat oder hätte, an den Folgen eines Dienstunfalls stirbt, erhält die Witwe 60 Prozent des Unfallruhegehalts, jedes Kind 30 Prozent.

zieht.[35] Leistungen aus gesetzlichen Alterssicherungssystemen oder andere Versorgungsleistungen werden im Rahmen von Höchstgrenzenregelungen auf die beamtenrechtlichen Versorgungsleistungen angerechnet.[36]
Grundsätzlich werden die Ausgaben für die Versorgung der Beamten und ihrer Hinterbliebenen als Personalkosten aus dem laufenden Haushalt des Dienstherren bestritten. Die Finanzierung erfolgt damit im Prinzip aus Steuermitteln. Rücklagen für die Versorgung der Landesbeamten wurden über Jahrzehnte nicht gebildet. Erst seit 1999 wurde mit dem (zaghaften) Aufbau von Versorgungsrücklagen begonnen.[37] Auch unterblieb im kameralistischen Haushaltswesen eine Ausweisung entsprechender Rückstellungen für die schwebenden Versorgungsverpflichtungen. Auf die beiden Aspekte wird im Folgenden noch näher eingegangen werden.

2.3 Reformen der Beamtenversorgung

In den vergangenen Jahren gab es zahlreiche Veränderungen des Versorgungsrechts für Beamte. Im Prinzip versuchte man dabei stets, kostendämpfende Reformen aus dem Bereich der gesetzlichen Rentenversicherung wirkungsgleich auf die Beamtenversorgung zu übertragen.[38]
Das zum 1. Januar 1992 in Kraft getretene Beamtenversorgungs-Änderungsgesetz linearisierte die Ruhegehaltsskala und führte im Ergebnis dazu, dass die Höchstversorgung von damals noch 75 Prozent der ruhegehaltsfähigen Bezüge erst nach 40 Dienstjahren erreicht werden konnte, insgesamt fünf Jahre später als bei der abgelösten Rechtslage. Das Gesetz zur Reform des öffentlichen Dienstrechts (Dienstrechtsreformgesetz) aus dem Jahr 1997 verschärfte die Regelungen zum Eintritt in den Ruhestand wegen Dienstunfähigkeit und verringerte die zu berücksichtigenden Zurechnungszeiten.[39] Daneben wurde die allgemeine Antragsaltersgrenze zum Eintritt in den Ruhestand von 62 auf 63 Jahre angehoben und gleichzeitig der Versorgungsabschlag erhöht.

35 Vgl. Ruland (2008), S. 110 sowie Marburger (2011), S. 46ff.

36 Bei der Anrechnung von Erwerbseinkommen wird nach Art und Herkunft der Einkünfte differenziert. Außerdem wirkt es sich aus, ob die Einkünfte vor oder nach dem regulären Eintrittsalter in den Ruhestand erzielt werden. Nach Erreichen der Regelaltersgrenze erfolgt, abgesehen von Einkommen aus einer Verwendung im öffentlichen Dienst, keine Anrechnung von privatem Einkommen auf Versorgungsbezüge. Vgl. §§ 53-56 BeamtVG sowie Ruland (2008), S. 111f.

37 Vgl. Ruland (2008), S. 112.

38 Für eine ausführliche Darstellung vgl. Dritter Versorgungsbericht (2005), S. 86ff. sowie Färber et al. (2011), S. 99ff.

39 Im Falle von Dienstunfähigkeit sollte die Zurechnungszeit, also der Zeitraum zwischen dem Eintritt in den Ruhestand und der Vollendung des 60. Lebensjahres, nur noch zu einem Drittel der ruhegehaltsfähigen Dienstzeit zugerechnet werden. Das Gesetz zur Neuordnung der Versorgungsabschläge vom 19. Dezember 2000 erhöhte diesen Wert wieder auf zwei Drittel.

Korrespondierend mit der gesetzlichen Rentenversicherung sanken die maximal anrechenbaren Ausbildungszeiten auf höchstens drei Jahre. Das Gesetz zur Umsetzung des Versorgungsberichts (Versorgungsreformgesetz 1998 – VReformG) beinhaltete die Bildung einer Versorgungsrücklage. Diese sollte finanziert werden, indem die Besoldungs- und Versorgungsniveaus schrittweise um nahezu drei Prozent abgesenkt werden. Dazu sollten die Besoldungsanpassungen zwischen 1999 und 2013 um jährlich 0,2 Prozentpunkte verringert werden. Die durch diese Maßnahme eingesparten Mittel sind Sondervermögen zuzuführen, den sogenannten Versorgungsrücklagen des Bundes und der Länder. Die Wartezeit für die Versorgung aus dem letzten Amt sollte von zwei auf drei Jahre verlängert werden, was allerdings für rechtswidrig erklärt wurde. Des Weiteren schaffte man die Ruhegehaltsfähigkeit von Stellenzulagen ab. Analog zur gesetzlichen Rentenversicherung finden Kindererziehungszeiten eine stärkere Berücksichtigung bei der Beamtenversorgung. Das Gesetz zur Neuordnung der Versorgungsabschläge vom 19. Dezember 2000 führte außerdem einen Versorgungsabschlag in Höhe von 3,6 Prozent pro Jahr bei vorzeitigem Eintritt in den Ruhestand wegen Dienstunfähigkeit und Schwerbehinderung ein. [40]

Das Versorgungsergänzungsgesetz und das Versorgungsänderungsgesetz 2001 übertrugen die sogenannte „Riester-Treppe" aus der Rentenanpassungsformel der gesetzlichen Rentenversicherung auf die Beamtenversorgung. Dadurch fanden das Altersvermögensgesetz (AVmG) sowie das Altersvermögensergänzungsgesetz (AVmEG) „wirkungsgleich und systemgerecht" [41] entsprechend Anwendung.

Der Höchstruhegehaltssatz sinkt dadurch von 75 Prozent auf 71,75 Prozent, der jährliche Steigerungssatz von 1,875 auf 1,79375. Das Versorgungsniveau verringert sich um 4,33 Prozent, zusammen mit den drei verminderten Versorgungsanpassungen zwischen 1999 und 2002 insgesamt um rund fünf Prozent. Die Absenkung des Versorgungsniveaus erfolgt schrittweise ab dem Jahr 2003. Die Niveauabsenkung wird durch eine Abflachung des Anstiegs der Versorgungsbezüge erreicht. Dies geschieht durch eine Kürzung der ruhegehaltsfähigen Dienstbezüge. Der Höchstruhegehaltssatz bleibt dabei in der Übergangsphase zunächst noch bei 75 Prozent, wird de facto aber durch die Anpassungsfaktoren stufenweise auf 71,75 Prozent abgesenkt. Neben den aktiven Beamten sind damit auch alle Bezieher von Versorgungsleistungen von dieser Maßnahme betroffen. Die Verringerung erfolgt, beginnend im Jahr 2003, in acht Stufen. In das Beamtenversorgungsgesetz wurden dazu Anpassungsfaktoren aufgenommen, die aber jeweils erst bei einer Besoldungsanpassung zum Tragen kommen. Das führt dazu, dass nicht das absolute Versorgungsniveau ge-

40 Vgl. Dritter Versorgungsbericht (2005), S. 86ff. und Ruland (2008), S. 95 ff.

41 Vgl. Deutscher Bundestag (2001).

kürzt wird, sondern es nur zu einer Verminderung der Erhöhung kommt.[42] In Tabelle 1 sind die Anpassungsfaktoren aufgeführt. Da, wie im Folgenden noch erläutert werden wird, seit dem Jahr 2005 die Länder selbst für die Gesetzgebung bezüglich Besoldung und Versorgung ihrer Beamten verantwortlich sind, verlief seither die Besoldungsentwicklung beim Bund und den einzelnen Ländern teilweise sehr unterschiedlich.[43] Dies hat zur Folge, dass auch die Übertragung der Riester-Treppe nicht überall gleich weit fortgeschritten ist, da der Bund und die 16 Bundesländer nur die ersten drei Stufen bis 2004 gemeinsam vollzogen haben.[44]

Tabelle 1: Verlauf und Höhe der Anpassungsfaktoren

Anpassung seit 2003	Anpassungsfaktor	wirksam ab
1. Anpassung	0,99458	01.04./01.07.2003
2. Anpassung	0,98917	01.04.2004
3. Anpassung	0,98375	01.08.2004
4. Anpassung	0,97833	je nach Besoldungsentwicklung
5. Anpassung	0,97292	je nach Besoldungsentwicklung
6. Anpassung	0,96750	je nach Besoldungsentwicklung
7. Anpassung	0,96208	je nach Besoldungsentwicklung

Quelle: Bundesbeamtengesetz, eigene Darstellung

In Versorgungsfällen, die vor der achten auf den 31. Dezember 2002 folgenden Anpassung eingetreten sind, wird der den Versorgungsbezügen zugrunde liegende Ruhegehaltssatz mit dem Inkrafttreten und vor dem Vollzug der achten Anpassung mit dem Faktor 0,95667 vervielfältigt. Nach der achten Anpassung gilt dann der verringerte Höchstruhegehaltssatz von 71,75 Prozent. Als Ausgleich für diese Kürzung der Versorgungsleistungen wurden Beamte in die staatliche Förderung einer privaten ergänzenden Altersvorsorge („Riester-Rente") einbezogen. Die Hälfte der durch die Anwendung des Anpassungsfaktors erzielten Einsparungen müssen der jeweiligen Versorgungsrücklage zugeführt werden. Während der schrittweisen Absenkung des Versorgungsniveaus durch den Anpassungsfaktor wird die zusätzliche Dämpfung von jährlich 0,2 Prozentpunkten des Versorgungsreformgesetzes ausgesetzt. Nach der achten

42 Vgl. Dritter Versorgungsbericht (2005), S. 88ff. Ruland (2008), S. 107.

43 Vgl. Knopp et al. (2011), S. 35ff.

44 Bei der Modellierung des Verlaufs der zukünftigen Ruhegehaltsausgaben in Kapitel 8 wird vereinfachend davon ausgegangen, dass 2010 die sechste und 2011 die siebte Anpassungsstufe zum Tragen kommt.

auf den 31. Dezember 2002 folgenden Anpassung der Bezüge soll der Aufbau der Versorgungsrücklage wieder aufgenommen und bis zum Jahr 2017 vollzogen werden.
Das Versorgungsänderungsgesetz kürzte auch das Witwengeld auf 55 Prozent.[45] Zum Ausgleich wurde ein Kindererziehungszuschlag eingeführt, der der Höhe nach zwei rentenrechtlichen Entgeltpunkten für das erste Kind sowie je einem Entgeltpunkt für jedes weitere Kind entspricht.[46]
Einschnitte für Beamte und Versorgungsempfänger gab es auch beim Weihnachtsgeld, der sogenannten Jahressonderzahlung. Bis zum Jahr 2002 existierte ein 13. Monatsgehalt, das im Dezember ausbezahlt wurde.[47] Diese Sonderzuwendung war aber auf dem Stand des Jahres 1993 eingefroren und lag in den alten Bundesländern bei 86,31 Prozent bzw. 63,22 Prozent in den neuen Bundesländern. Das Bundesbesoldungs- und Versorgungsanpassungsgesetz übertrug im Jahr 2003 den Bundesländern innerhalb eines vorgegebenen Rahmens die Zuständigkeit für die Ausgestaltung der Sonderzahlungen. Die Bundesländer machten von diesem Recht auch Gebrauch. Eine Variante integrierte die einmalige Jahressonderzahlung in das monatliche Grundgehalt, wobei die Höhe variiert.[48] Einige Bundesländer beließen es bei einer Sonderzahlung im Dezember, differenzieren aber bei den gewährten Prozentsätzen eines Monatsgehaltes zwischen einzelnen Besoldungsgruppen. Auch die Höhe unterscheidet sich teilweise deutlich.[49] Eine dritte Gruppe von Bundesländern ging dazu über, als Jahressonderzahlung pauschale Beträge auszubezahlen, teilweise wiederum differenziert nach Besoldungsgruppen.[50] In Brandenburg gibt es seit 2009 keine Jahressonderzahlungen mehr, in Bremen, Niedersachsen und Sachsen-Anhalt erhalten Versorgungsempfänger kein Weihnachtsgeld.[51]
Durch die Föderalismusreform I bekamen die Bundesländer dann ab dem Jahr 2005 die Gesetzgebungskompetenz bezüglich der Besoldung und Versorgung ihrer Landesbeamten übertragen, während der Bund nur noch für die allgemeinen Statusrechte und -pflichten zuständig ist. Während teilweise sehr umfangreiche Reformen des Dienstrechts umgesetzt wurden, besteht in anderen Bundesländern im Prinzip das alte Bundesbesoldungs- und Versorgungsrecht

45 Diese Regelung gilt für alle ab dem 1. Januar 2002 geschlossenen Ehen sowie für Ehen, bei denen beide Partner am 31. Dezember 2001 das 40. Lebensjahr noch nicht vollendet hatten.

46 Vgl. Dritter Versorgungsbericht (2005), S. 88.

47 Diese jährliche Sonderzuwendung floss nicht in die Bemessungsgrundlage für die Berechnung der monatlichen ruhegehaltsfähigen Bezüge ein. Vgl. Dritter Versorgungsbericht (2005), S. 88.

48 So bei den Beamten des Bundes, in Baden-Württemberg, Hessen, Rheinland-Pfalz, Saarland und Thüringen.

49 Dies ist in Bayern, Hamburg, Mecklenburg-Vorpommern und Nordrhein-Westfalen der Fall.

50 Diese Variante kommt in Berlin, Bremen, Niedersachsen, Sachsen, Sachsen-Anhalt und Schleswig-Holstein zum Tragen.

51 Für eine ausführliche Darstellung des aktuellen Standes sowie der Entwicklung in den vergangenen Jahren vgl. dbb Beamtenbund und Tarifunion (2004, 2005, 2006, 2007, 2008, 2009, 2010, 2011).

weitgehend unverändert fort. An dieser Stelle können nicht sämtliche Entwicklungen und Veränderungen aufgezeigt werden, vielmehr ist das Ziel, einige grundlegende Entwicklungslinien zu illustrieren.[52] Im Bereich der Besoldung ist die Tendenz erkennbar, vom Senioritätsprinzip, also der Höhergruppierung nach Lebensalter, abzurücken und auf Erfahrungsstufen umzustellen, also die Höhe der Bezüge von den tatsächlich geleisteten Berufsjahren abhängig zu machen. Des Weiteren werden ehebezogene Regelungen auch auf eingetragene Lebenspartnerschaften übertragen. Aus den vier klassischen Laufbahngruppen (einfacher, mittlerer, gehobener und höherer Dienst) entstanden teilweise nur noch zwei unterschiedliche Laufbahngruppen. Aufstiegsmöglichkeiten zwischen den bestehenden Laufbahngruppen wurden zudem vereinfacht. Häufig kam es auch zu Veränderungen beim Familienzuschlag sowie zu Vereinfachungen der Regelungen im Falle eines Dienstherrenwechsels. Im Bereich der Versorgung stand die Neuregelung der Altersgrenzen im Mittelpunkt. Der Bund sowie elf Bundesländer erhöhten mittlerweile schrittweise die Regelaltersgrenze bis 2029 auf 67 Jahre und übertrugen damit eins zu eins die entsprechenden rentenrechtlichen Regelungen. In manchen Versorgungsgesetzen gibt es auch analog zum Rentenrecht die Möglichkeit, nach 45 ruhegehaltsfähigen Dienstjahren abschlagsfrei mit 65 Jahren in Pension zu gehen.[53] Veränderungen gab es auch bei der Antragsaltersgrenze und bei den besonderen Altersgrenzen einzelner Berufsgruppen wie etwa Polizei oder Feuerwehr. Einige Bundesländer ermöglichen es ihren Beamten, gegen einen Zuschlag über die Regelaltersgrenze hinaus im Dienst zu bleiben oder Altersteilzeitregelungen in Anspruch zu nehmen. Ferner war die Berücksichtigungsfähigkeit von Ausbildungszeiten bei der Festsetzung der Pensionshöhe Gegenstand der Reformen.[54]

Unmittelbare Folge der veränderten Zuständigkeit wird sein, dass grundsätzlich in jedem Bundesland ein eigenständiges Besoldungs- und Versorgungsrecht entstehen wird. Eine Ausnahme bilden hier Niedersachsen, Hamburg, Mecklenburg-Vorpommern, Bremen und Schleswig-Holstein, die sich zur „Arbeitsgemeinschaft der norddeutschen Küstenländer" zusammengeschlossen haben und das Ziel verfolgen, gemeinsam ein einheitliches neues Laufbahnrecht zu schaffen, das die Mobilität der Beamten verbessert.[55]

52 Für eine ausführliche Darstellung der Maßnahmen beim Bund und in den einzelnen Ländern sei auf dbb Beamtenbund und Tarifunion (2012) verwiesen. Siehe auch Becker und Tepke (2011), S. 325ff. sowie Färber et al. (2011), S. 115ff.

53 Vgl. hierzu auch Abschnitt 8.4.3.

54 Vgl. hierzu auch Abschnitt 8.6.

55 Vgl. Bremische Bürgerschaft (2009a, 2009b, 2009c) sowie Bremisches Beamtenrechtsneuregelungsgesetz (BremBNeuG), verkündet im Bremischen Gesetzblatt (2010).

2.4 Beamte des Bundes und der Länder

Im unmittelbaren öffentlichen Dienst des Bundes und der 16 Bundesländer waren im Jahr 2009 2,17 Mio. Personen beschäftigt. Davon haben 1,38 Mio. den Status eines Beamten, was einem Anteil von 63,6 Prozent entspricht.[56] Wie Tabelle 2 zu entnehmen ist, unterscheidet sich die Beamtenquote an den Beschäftigten des öffentlichen Dienstes insbesondere zwischen den west- und ostdeutschen Bundesländern. Während in den westdeutschen Flächenländern teilweise deutlich über 70 Prozent der Beschäftigten den Status eines Beamten haben, ist bei den neuen Bundesländern Brandenburg der Spitzenreiter mit 55,6 Prozent. In Sachsen liegt die Beamtenquote dagegen nur bei 28,3 Prozent. Auch wenn sich die Beamtenquote zwischen den neuen Bundesländern unterscheidet, liegt sie doch deutlich unter dem westdeutschen Durchschnitt. Dies lässt sich damit erklären, dass die neuen Bundesländer seit der Wiedervereinigung tendenziell grundsätzlich zurückhaltender waren mit Verbeamtungen bzw. diese auf hoheitliche Kernbereiche beschränkten.

Tabelle 2: Anteil der Beamten an den Beschäftigten im öffentlichen Dienst im Jahr 2009

Früheres Bundesgebiet	Beamtenquote	Neue Bundesländer	Beamtenquote
Schleswig-Holstein	76,1 %	Brandenburg	55,6 %
Nordrhein-Westfalen	75,1 %	Thüringen	47,7 %
Hessen	73,7 %	Sachsen-Anhalt	38,0 %
Rheinland-Pfalz	72,5 %	Mecklenburg-Vorpommern	33,8 %
Baden-Württemberg	72,0 %	Sachsen	28,3 %
Bayern	69,2 %		
Niedersachsen	66,2 %		
Hamburg	61,0 %		
Berlin	56,3 %		
Bremen	55,1 %		
Saarland	54,8 %		

Quelle: Statistisches Bundesamt, eigene Berechnungen

Diese Unterschiede zwischen West und Ost lassen sich dadurch erklären, dass es das Berufsbeamtentum in der Deutschen Demokratischen Republik (DDR) nicht gab. Nach der Wiedervereinigung führten die neuen Bundesländer das Beamtenrecht ein und mussten die Wahrnehmung hoheitlicher Aufgaben so schnell wie möglich an Beamte übertragen. Durch Ausnahme- und Übergangs-

56 Nicht berücksichtigt werden im Rahmen dieser Studie die rund 175.000 Beamten auf kommunaler Ebene. Auf Bundesebene werden nur die Beamte und Richter des Bundes betrachtet, nicht allerdings Berufssoldaten.

regelungen erreichte man, die in den betroffenen Bereichen Beschäftigten zu verbeamten, teilweise sogar auch über die Vollendung des 50. Lebensjahres hinaus. Vor der Wiedervereinigung erworbene Rentenanwartschaften wurden durch das Rentenüberleitungsgesetz in die gesetzliche Rentenversicherung nach bundesdeutschem Recht überführt. Bei Beschäftigten der früheren DDR, die später verbeamtet wurden, werden Zeiten vor dem 3. Oktober 1990 nicht zusätzlich als ruhegehaltsfähige Zeiten in der Beamtenversorgung anerkannt, wenn sie zu einem Rentenanspruch führen. Ihre beamtenrechtlichen Versorgungsansprüche beginnen also erst ab dem Beginn ihres Dienstverhältnisses, also nach der Wiedervereinigung.[57]

Die aktiven Beamten des Bundes und der Länder gliedern sich auf in 663.000 Frauen und 713.000 Männer. Differenziert nach Art der Beschäftigung gibt es 972.000 Vollzeitstellen, von denen 640.000 mit Männern und 332.000 mit Frauen besetzt sind. Ein umgekehrtes Bild ergibt sich bei den 345.000 Teilzeitstellen. Hier werden mit 281.000 Stellen über vier Mal so viele Stellen von Frauen besetzt als von Männern, die 65.000 Teilzeitstellen innehaben.[58]

Im bisherigen Beamtenrecht wurde zwischen vier Laufbahngruppen unterschieden. Die Zugehörigkeit hängt neben der erforderlichen Ausbildung auch von der konkreten Tätigkeit ab. Bewerber mit Fachhochschulabschluss begannen etwa im gehobenen Dienst, Universitätsabsolventen im höheren Dienst. 740.000 Beamte oder 53,8 Prozent aller Beamten sind im gehobenen Dienst tätig. Der Laufbahngruppe des höheren Dienstes gehören 364.000 Beamte an, was einem Anteil von 26,5 Prozent entspricht. Der mittlere Dienst stellt mit 262.000 Beamten rund 19 Prozent, der einfache Dienst umfasst 9.400 Beamte bzw. 0,7 Prozent.

Tabellen 3 und 4 stellen die absolute und relative Verteilung auf die verschiedenen Laufbahngruppen auf der Ebene des Bundes und der 16 Bundesländer dar. Der hohe und recht konstante Anteil des gehobenen und höheren Dienstes bei den Bundesländern lässt sich damit erklären, dass dort etwa Lehrer, wissenschaftliche Mitarbeiter von Universitäten und höhere Verwaltungsbeamte eingeordnet sind.

57 Vgl. hierzu Dritter Versorgungsbericht (2005), S. 179ff.

58 In der Gesamtzahl der Beamten sind auch jene 58.300 Beamten enthalten, die ohne Bezüge beurlaubt sind.

Tabelle 3: Beamte nach Laufbahngruppe im Jahr 2009

Laufbahngruppe	Bund	Bundesland				
		BW	BY	BE	BB	HB
einfacher Dienst	2.520	620	1.280	640	180	30
mittlerer Dienst	63.560	25.460	41.240	18.700	7.070	2.130
gehobener Dienst	47.130	99.360	109.970	38.470	17.560	8.470
höherer Dienst	20.430	51.950	49.770	16.280	8.430	4.200
gesamt	133.640	177.390	202.270	74.100	33.240	14.840
Laufbahngruppe	**Bundesland**					
	HH	**HE**	**MV**	**NI**	**NW**	**RP**
einfacher Dienst	150	460	120	690	1.590	410
mittlerer Dienst	9.000	7.890	5.620	11.680	23.500	8.070
gehobener Dienst	18.620	56.190	5.600	77.100	153.920	41.160
höherer Dienst	13.310	31.160	2.620	35.860	73.560	19.540
gesamt	41.070	95.700	13.970	125.320	252.570	69.170
Laufbahngruppe	**Bundesland**					
	SL	**SN**	**ST**	**SH**	**TH**	
einfacher Dienst	20	190	100	190	170	
mittlerer Dienst	1.220	13.290	8.160	7.170	7.950	
gehobener Dienst	9.320	10.200	9.410	23.720	13.840	
höherer Dienst	4.920	6.320	5.400	12.380	8.310	
gesamt	15.460	30.000	23.070	43.450	30.270	

Quelle: Statistisches Bundesamt

Tabelle 4: Beamte nach Laufbahngruppe (relativer Anteil) im Jahr 2009

Laufbahngruppe	Bund	Bundesland				
		BW	BY	BE	BB	HB
einfacher Dienst	1,9%	0,3%	0,6%	0,9%	0,5%	0,2%
mittlerer Dienst	47,6%	14,4%	20,4%	25,2%	21,3%	14,4%
gehobener Dienst	35,3%	56,0%	54,4%	51,9%	52,8%	57,1%
höherer Dienst	15,3%	29,3%	24,6%	22,0%	25,4%	28,3%
Laufbahngruppe	**Bundesland**					
	HH	**HE**	**MV**	**NI**	**NW**	**RP**
einfacher Dienst	0,4%	0,5%	0,9%	0,6%	0,6%	0,6%
mittlerer Dienst	21,9%	8,2%	40,2%	9,3%	9,3%	11,7%
gehobener Dienst	45,3%	58,7%	40,1%	61,5%	60,9%	59,5%
höherer Dienst	32,4%	32,6%	18,8%	28,6%	29,1%	28,2%
Laufbahngruppe	**Bundesland**					
	SL	**SN**	**ST**	**SH**	**TH**	
einfacher Dienst	0,1%	0,6%	0,4%	0,4%	0,6%	
mittlerer Dienst	7,9%	44,3%	35,4%	16,5%	26,3%	
gehobener Dienst	60,3%	34,0%	40,8%	54,6%	45,7%	
höherer Dienst	31,8%	21,1%	23,4%	28,5%	27,5%	

Quelle: Statistisches Bundesamt, eigene Berechnungen

Ein Vergleich zwischen den einzelnen Bundesländern offenbart große Unterschiede in der sogenannten Beamtenintensität. Diese ist definiert als das Verhältnis zwischen der Anzahl der Beamten und der Größe der jeweiligen Bevölkerung. Während in Sachsen im Jahr 2009 auf 1.000 Einwohner 7,2 Landesbeamte kamen, betrug dieser Wert in Thüringen 13,4. Wie Tabelle 5 zeigt, weisen die drei Stadtstaaten Berlin, Bremen und Hamburg die höchsten Beamtenintensitäten auf. Es folgen die westdeutschen Flächenstaaten Rheinland-Pfalz, Baden-Württemberg und Bayern mit Werten von jeweils über 16. Das bevölkerungsreichste Bundesland Nordrhein-Westfalen verzeichnet mit 14,1 Beamten auf 1.000 Einwohner die niedrigste Beamtenintensität der westdeutschen Bundesländer.[59]

59 Vgl. dazu auch Besendorfer et al. (2005), S. 6ff.

Tabelle 5: Beamtenintensität der 16 Bundesländer: Beamte je 1.000 Einwohner

Bundesland	Beamtenintensität
Sachsen	7,2
Mecklenburg-Vorpommern	8,4
Sachsen-Anhalt	9,7
Brandenburg	13,2
Thüringen	13,4
Nordrhein-Westfalen	14,1
Saarland	15,0
Schleswig-Holstein	15,4
Niedersachsen	15,8
Hessen	15,8
Bayern	16,2
Baden-Württemberg	16,5
Rheinland-Pfalz	17,2
Berlin	21,6
Bremen	22,5
Hamburg	23,2

Quelle: Eigene Berechnungen

In Abbildung 1 ist der alters- und geschlechtsspezifische Aufbau der Beamten (aktive Beamte und Pensionäre) der 16 Bundesländer, also zunächst ohne Beamte des Bundes, im Jahr 2009 dargestellt. Um einen Vergleich zu ermöglichen, wurde dabei zwischen den neuen und den alten Bundesländern differenziert. Zunächst fällt auf, dass 1,62 Mio. westdeutsche Beamte 145.000 ostdeutschen Beamten gegenüberstehen. Bedingt durch die unterschiedliche Einstellungshistorie und -praxis weicht die Altersstruktur stark voneinander ab. Während 52,8 Prozent der westdeutschen Beamten 55 Jahre und jünger sind, trifft dies auf 78 Prozent der Beamten in den neuen Bundesländern zu. Umgekehrt sind im Westen 25,2 Prozent 65 Jahre und älter, während sich dieser Anteil im Osten auf nur 5,3 Prozent beläuft. Auffällig ist auch, dass in den neuen Bundesländern Männer und Frauen einen sehr ähnlichen Altersaufbau haben, wohingegen in den alten Bundesländern deutliche Unterschiede zu Tage treten. Während junge Beamtinnen in der Überzahl sind, sind die Altersstufen ab 43 Jahre mehrheitlich männlich besetzt. Nur 15 Prozent der männlichen Beamtenpopulation ist 40 Jahre und jünger, bei den Frauen fällt dieser Anteil mit 30 Prozent doppelt so hoch aus.

Abbildung 1: Altersstruktur der Beamten in den neuen und alten Bundesländern

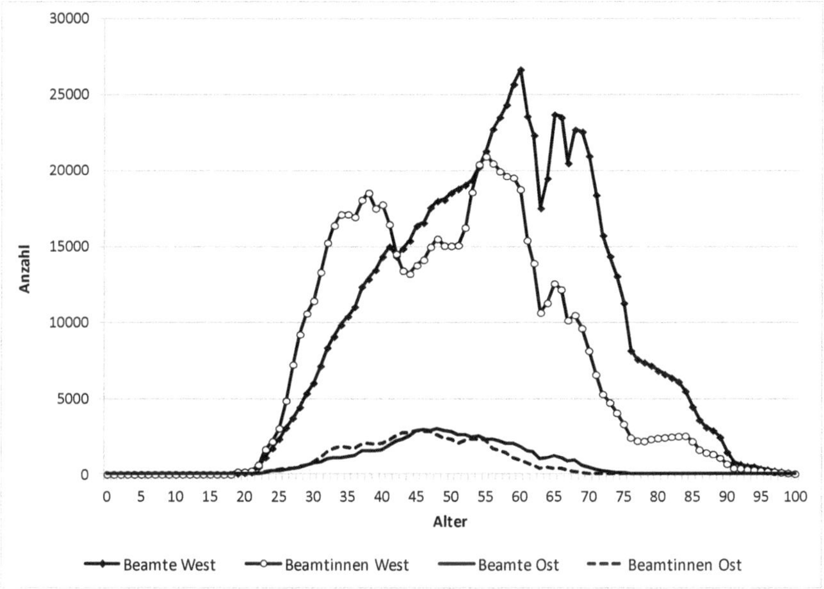

Quelle: Statistisches Bundesamt, eigene Darstellung

In Tabelle 6 ist anhand des relativen Anteils einzelner Altersgruppen der jeweilige Aufbau der Beamtenpopulationen auf der Ebene des Bundes und der 16 Bundesländer dargestellt. Dabei wurden drei Gruppen gebildet. Bei den acht westdeutschen Flächenstaaten fällt auf, dass die Altersstruktur der Landesbeamten weitgehend übereinstimmt. Dies lässt im Kern auf eine ähnliche Einstellungspolitik in der Vergangenheit schließen. Für die fünf neuen Bundesländer gilt dies entsprechend. Auch hier treten deutliche Gemeinsamkeiten zu Tage. Da es Verbeamtungen dort erst seit der Wiedervereinigung gibt, ist die Altersstruktur deutlich jünger als die im Westen. Ruhestandsbeamte über 65 Jahre gibt es nur wenige, solche über 80 Jahre überhaupt nicht.

Bei den Stadtstaaten Bremen und Hamburg fällt der hohe Anteil an Beamten über 65 Jahre auf. Im Vergleich zu den anderen westdeutschen Bundesländern ist die Alterung der dortigen Beamtenpopulation weiter fortgeschritten, große Teile der kohortenstarken Jahrgänge sind bereits in den Ruhestand eingetreten. Der Altersaufbau der Beamten des Bundes weist indes große Ähnlichkeiten zu den westdeutschen Flächenstaaten auf.

Tabelle 6: Altersstruktur der Beamten des Bundes und der 16 Bundesländer

Alter	BW		BY		HE		NI		NW		RP	
	m	w	m	w	m	w	m	w	m	w	m	w
bis einschl. 30 Jahre	2.8%	8.6%	4.1%	7.8%	3.4%	7.1%	3.1%	7.3%	2.5%	6.1%	3.5%	9.4%
bis einschl. 40 Jahre	15.1%	33.2%	17.6%	34.0%	15.3%	29.9%	14.2%	29.5%	14.3%	29.1%	15.8%	35.7%
bis einschl. 50 Jahre	32.9%	51.1%	35.7%	56.9%	32.8%	49.5%	32.4%	49.2%	32.2%	47.1%	34.4%	53.7%
bis einschl. 60 Jahre	58.8%	77.8%	59.8%	80.5%	57.9%	75.0%	58.3%	76.2%	57.4%	74.7%	62.5%	78.2%
bis einschl. 65 Jahre	70.8%	87.0%	71.7%	87.7%	69.9%	84.3%	70.8%	85.1%	69.1%	83.6%	74.1%	86.5%
65 Jahre und älter	31.8%	14.7%	30.9%	13.7%	32.9%	17.7%	32.0%	16.7%	33.3%	18.1%	28.4%	15.0%
80 Jahre und älter	5.6%	2.5%	6.1%	3.3%	6.2%	3.5%	5.4%	2.8%	6.0%	3.4%	5.8%	2.9%

Alter	SL		SH		BE		HB		HH		BB	
	m	w	m	w	m	w	m	w	m	w	m	w
bis einschl. 30 Jahre	3.6%	10.4%	3.3%	6.7%	2.5%	2.8%	3.2%	6.2%	4.0%	7.6%	3.9%	3.4%
bis einschl. 40 Jahre	13.0%	32.6%	15.5%	29.0%	15.2%	18.7%	12.3%	24.4%	15.6%	26.8%	18.5%	23.6%
bis einschl. 50 Jahre	29.1%	49.2%	33.4%	49.1%	39.2%	47.9%	27.6%	42.5%	35.9%	50.0%	55.1%	65.8%
bis einschl. 60 Jahre	54.5%	71.8%	56.3%	74.8%	61.4%	76.7%	49.2%	67.9%	54.5%	72.7%	88.3%	96.1%
bis einschl. 65 Jahre	65.9%	81.1%	67.6%	83.6%	72.7%	86.4%	63.4%	80.1%	65.5%	82.7%	96.4%	99.6%
65 Jahre und älter	36.8%	21.2%	34.9%	18.2%	30.2%	15.7%	40.0%	22.2%	37.0%	19.3%	4.8%	0.6%
80 Jahre und älter	7.2%	4.4%	6.0%	3.0%	5.1%	3.3%	7.1%	4.7%	7.0%	3.9%	0.0%	0.0%

Alter	MV		SA		ST		TH		Bund	
	m	w	m	w	m	w	m	w	m	w
bis einschl. 30 Jahre	3.8%	6.6%	5.8%	8.7%	2.7%	5.4%	3.7%	3.5%	4.2%	14.5%
bis einschl. 40 Jahre	17.8%	32.3%	25.2%	43.8%	18.2%	37.9%	21.0%	24.1%	18.7%	46.3%
bis einschl. 50 Jahre	53.4%	65.9%	58.1%	73.4%	51.9%	73.1%	55.5%	67.1%	42.5%	77.8%
bis einschl. 60 Jahre	84.1%	92.5%	86.1%	97.4%	81.3%	90.7%	85.2%	95.1%	62.0%	92.8%
bis einschl. 65 Jahre	92.8%	98.1%	93.7%	99.3%	90.8%	96.2%	93.1%	98.3%	69.9%	95.9%
65 Jahre und älter	9.2%	2.9%	7.7%	0.9%	11.1%	5.0%	8.5%	2.5%	32.1%	4.6%
80 Jahre und älter	0.0%	0.0%	0.0%	0.0%	0.0%	0.0%	0.0%	0.0%	5.8%	0.7%

Quelle: Statistisches Bundesamt, eigene Berechnungen

Abbildung 2 zeigt den Altersaufbau der aktiven Beamten des Bundes und der 16 Bundesländer geschlechtsspezifisch sowie in einer Gesamtbetrachtung. Die 1,38 Mio. aktiven Beamten von Bund und Ländern teilen sich auf in 1,11 Mio. Beamte der westdeutschen Bundesländer, 131.000 Beamte der ostdeutschen Bundesländer sowie 134.000 Beamte des Bundes. Bei der Analyse wird deutlich, dass die Beamtenpopulation relativ alt ist: 71 Prozent der aktiven Beamten sind 45 Jahre und älter. Der Anteil, der 50 Jahre und älter ist und damit innerhalb der nächsten 15 Jahre in den Ruhestand gehen wird, liegt bei 41,8 Prozent. Die Altersgruppe über 55 Jahre besitzt einen Anteil an den aktiven Beamten von 26,1 Prozent. Bis zum Alter von 40 Jahren sind die Frauen in der Überzahl, danach überwiegen zahlenmäßig die Männer. Die geschlechtsspezifische Analyse zeigt, dass 77,3 Prozent aller männlichen Beamten 45 Jahre und älter sind, dies umgekehrt aber nur auf 64,4 Prozent der weiblichen Beamten zutrifft. Die jeweiligen Anteile der über 55-Jährigen betragen 46,7 Prozent (Männer) bzw. 36,6 Prozent (Frauen). Die Altersstruktur hat natürlich, wie sich intuitiv nachvollziehen lässt, direkte Auswirkungen auf die zukünftige Entwicklung der Versorgungslasten des Bundes und der 16 Bundesländer: Innerhalb der nächsten 15 bis 20 Jahre, wenn die großen Beamtenjahrgänge in Pension gehen werden, werden sich die Versorgungsausgaben deutlich erhöhen.

Abbildung 2: Altersstruktur der aktiven Beamten im Jahr 2009

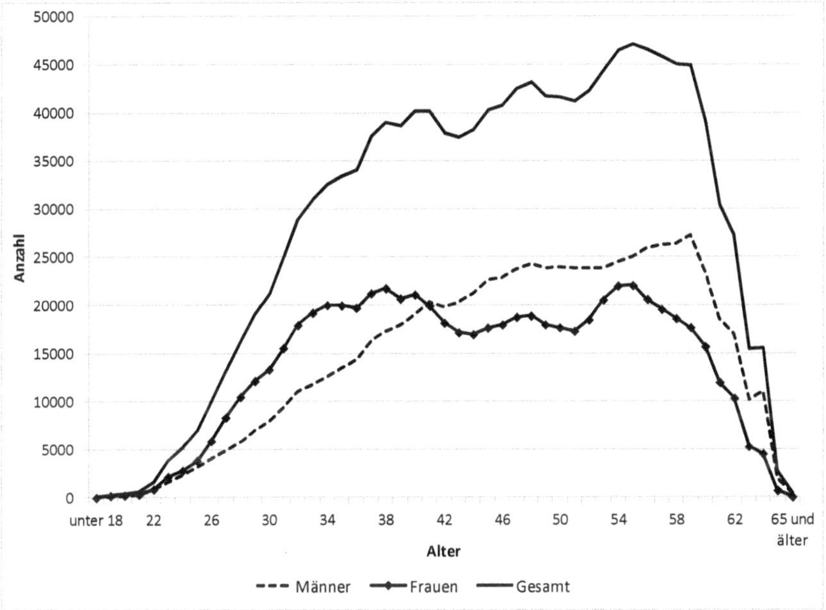

Quelle: Statistisches Bundesamt, eigene Darstellung

Im Jahr 2010 gab es insgesamt 523.500 Pensionäre der Bundesländer, davon entfallen 509.000 (97,2 Prozent) auf das frühere Bundesgebiet. Hinzu kommen 150.600 Empfänger von Witwengeld (davon in den alten Bundesländern 148.600) sowie 15.800 Bezieher von Waisengeld (davon in den alten Bundesländern 15.000). Auf der Ebene des Bundes belief sich die Anzahl der Ruhegehaltsempfänger auf 58.600. Witwenversorgung (Waisengeld) erhielten 24.000 (1.900) Personen. Die Zahl der Ruhegehaltsempfänger von Bund und Ländern gliedert sich in 413.000 männliche sowie 170.000 weibliche Pensionäre. Die Altersstruktur der Ruhegehaltsempfänger ist in Abbildung 3 illustriert, wiederum geschlechtsspezifisch sowie in einer Gesamtbetrachtung.
Die Gruppe der unter 70-Jährigen Ruhestandsbeamten, die also im Durchschnitt noch einige Jahre Pensionsbezug vor sich hat, besitzt einen Anteil von 58,3 Prozent. Betrachtet man nur die jungen Pensionäre unter 65 Jahre, stellen diese 26,8 Prozent der Ruhestandsbeamten. Insgesamt kann damit von einer

recht jungen Pensionärspopulation gesprochen werden, was, wie im Folgenden gezeigt werden wird, in Kombination mit dem Eintritt der kohortenstarken Beamtenjahrgänge in den Ruhestand weitreichende Auswirkungen auf die Entwicklung der Versorgungsausgaben hat.

Abbildung 3: Altersstruktur der Pensionäre im Jahr 2009

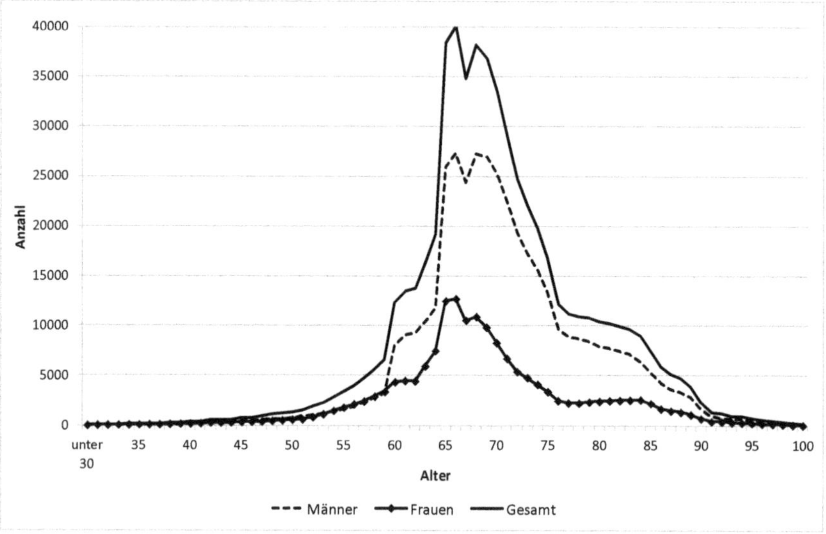

Quelle: Statistisches Bundesamt, eigene Darstellung

Bundesweit lag das durchschnittliche Eintrittsalter von Beamten der Bundesländer in den Ruhestand im Jahr 1993 bei 58,8 Jahren und stieg bis 2006 auf 61,9 Jahre an. Tabelle 7 veranschaulicht diese Entwicklung auf der Ebene der einzelnen Bundesländer. Dabei sind deutliche Abweichungen erkennbar. Spitzenreiter unter den westdeutschen Bundesländern ist Rheinland-Pfalz mit einem durchschnittlichen Eintrittsalter von 62,7 Jahren, die rote Laterne hat Berlin mit 60 Jahren inne. Den höchsten Wert unter den neuen Bundesländern erreicht Thüringen (60,9 Jahre), den niedrigsten Sachsen (58,9 Jahre).

Tabelle 7: Durchschnittliches Eintrittsalter in den Ruhestand

Bundesland	**1993**	**1994**	**1995**	**1996**	**1997**	**1998**	**1999**	**2000**	**2001**
Insgesamt	58.8	58.9	58.5	58.8	59.0	59.4	59.1	59.3	59.5
Baden-Württemberg	60.1	60.6	59.7	60.0	60.2	60.4	60.5	60.4	60.8
Bayern	58.6	58.3	58.3	58.5	58.8	59.0	59.3	59.3	59.3
Berlin	57.4	57.0	57.1	56.9	57.1	57.4	55.9	56.8	56.7
Brandenburg	60.3	58.5	55.6	56.2	55.1	52.5	56.1	54.1	54.9
Bremen	57.8	56.6	57.8	58.8	59.0	59.2	59.2	58.5	60.3
Hamburg	58.6	58.6	58.9	58.8	58.8	59.5	59.5	59.8	58.9
Hessen	59.2	59.0	58.8	59.1	59.0	59.5	58.8	59.3	59.1
Mecklenburg-Vorpommern	-	-	54.8	55.1	57.7	57.5	56.5	56.0	57.5
Niedersachsen	58.8	58.9	58.6	59.0	59.5	60.1	59.5	59.4	60.1
Nordrhein-Westfalen	58.6	58.7	57.8	58.8	59.1	59.7	59.2	59.3	59.5
Rheinland-Pfalz	58.8	59.3	59.6	59.4	59.3	59.3	58.8	59.4	60.0
Saarland	59.5	59.8	60.2	58.9	58.6	60.1	60.2	60.6	60.3
Sachsen	-	-	59.5	58.4	56.2	59.3	58.7	59.4	58.9
Sachsen-Anhalt	55.4	54.9	55.7	55.1	56.1	56.5	56.8	58.5	58.4
Schleswig-Holstein	58.8	58.7	60.0	59.3	59.2	59.9	59.6	60.5	60.6
Thüringen	56.0	61.5	55.5	57.3	54.6	57.1	56.8	57.1	57.8

Bundesland	**2002**	**2003**	**2004**	**2005**	**2006**	**2007**	**2008**	**2009**
Insgesamt	60.2	60.8	61.2	61.3	61.8	61.9	61.7	61.9
Baden-Württemberg	61.3	61.7	62.0	62.0	62.1	62.2	62.2	62.1
Bayern	59.6	60.4	61.1	61.2	62.1	62.2	62.4	62.4
Berlin	57.4	58.4	59.1	59.5	60.2	60.1	60.3	60.0
Brandenburg	57.2	58.1	56.9	57.0	58.4	58.0	58.9	59.5
Bremen	60.6	61.3	61.8	61.9	62.8	62.6	62.9	62.5
Hamburg	60.4	60.6	60.9	61.5	61.6	61.8	62.2	62.0
Hessen	59.9	60.7	60.3	61.6	61.6	61.6	62.2	62.3
Mecklenburg-Vorpommern	58.8	57.7	58.3	59.5	59.4	59.2	60.2	60.7
Niedersachsen	60.8	61.4	61.7	61.0	61.8	62.2	62.2	62.3
Nordrhein-Westfalen	60.2	60.7	61.3	61.3	61.9	61.9	60.9	62.0
Rheinland-Pfalz	61.2	61.6	61.9	61.9	62.3	62.5	62.7	62.7
Saarland	61.0	61.2	61.6	62.2	62.1	61.7	62.1	62.1
Sachsen	59.3	59.6	59.3	58.7	59.8	59.9	59.5	58.9
Sachsen-Anhalt	58.9	58.5	59.5	60.2	61.2	61.5	61.8	60.8
Schleswig-Holstein	61.0	61.2	61.7	61.9	62.3	62.3	62.2	61.9
Thüringen	58.1	59.2	59.4	60.8	61.1	61.5	61.3	60.9

Quelle: Statistisches Bundesamt

Abbildung 4 stellt die durchschnittlichen Ruhegehälter der vier Laufbahngruppen dar. Ein Ruhegehaltsbezieher des höheren Dienstes erhält im bundesweiten Durchschnitt eine monatliche Pension von 3.610 Euro, im gehobenen Dienst 2.610 Euro und im mittleren bzw. einfachen Dienst 1.800 Euro. Tabelle 8 erweitert die Betrachtung auf die einzelnen Bundesländer. Auch bei den Pensionären gehört der Großteil dem gehobenen Dienst an, gefolgt vom höheren Dienst und, mit deutlichem Abstand, dem mittleren Dienst.

Abbildung 4: Durchschnittliche Höhe des Ruhegehalts im Jahr 2009

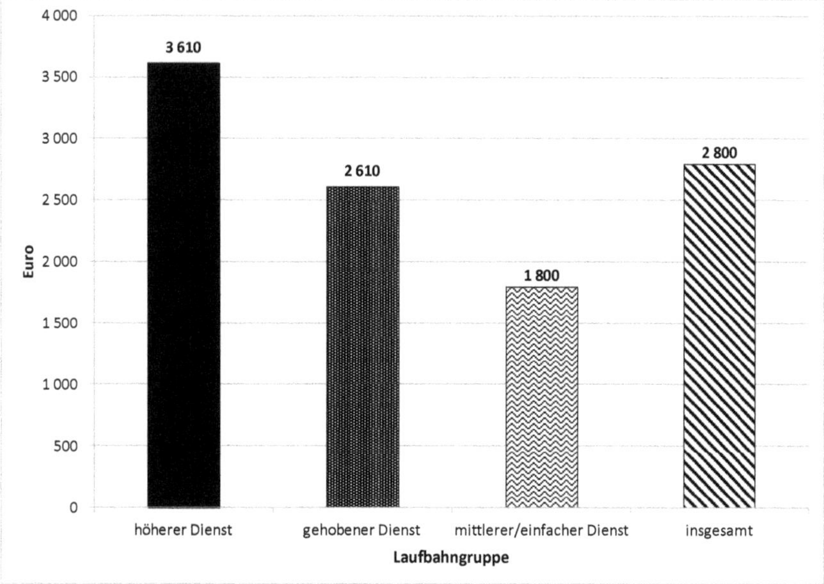

Quelle: Statistisches Bundesamt, eigene Darstellung

Tabelle 8: Durchschnittliche Ruhegehälter der einzelnen Laufbahngruppen

Bundesland	Durchschnittliches Ruhegehalt in Euro			
	Gesamt	Höherer Dienst	Gehobener Dienst	Mittlerer/ einfacher Dienst
Insgesamt	2.800	3.610	2.610	1.800
Früheres Bundesgebiet	2.830	3.620	2.620	1.850
Neue Länder	1.870	3.080	1.660	1.230
Baden-Württemberg	2.970	3.710	2.720	1.920
Bayern	2.900	3.850	2.730	1.880
Berlin	2.280	3.370	2.380	1.630
Brandenburg	2.070	3.440	1.790	1.380
Bremen	2.750	3.520	2.560	1.800
Hamburg	2.760	3.230	2.510	1.900
Hessen	2.950	3.540	2.650	1.900
Mecklenburg-Vorpommern	2.010	3.390	1.690	1.260
Niedersachsen	2.790	3.550	2.570	1.870
Nordrhein-Westfalen	2.830	3.630	2.580	1.810
Rheinland-Pfalz	2.940	3.690	2.700	1.950
Saarland	2.920	3.750	2.730	2.120
Sachsen	1.680	3.310	1.670	1.160
Sachsen-Anhalt	1.800	2.840	1.590	1.190
Schleswig-Holstein	2.820	3.600	2.600	1.970
Thüringen	1.900	2.810	1.620	1.280

Quelle: Statistisches Bundesamt

Abbildung 5: Verteilung der Ruhegehälter des Bundes und der 16 Bundesländer

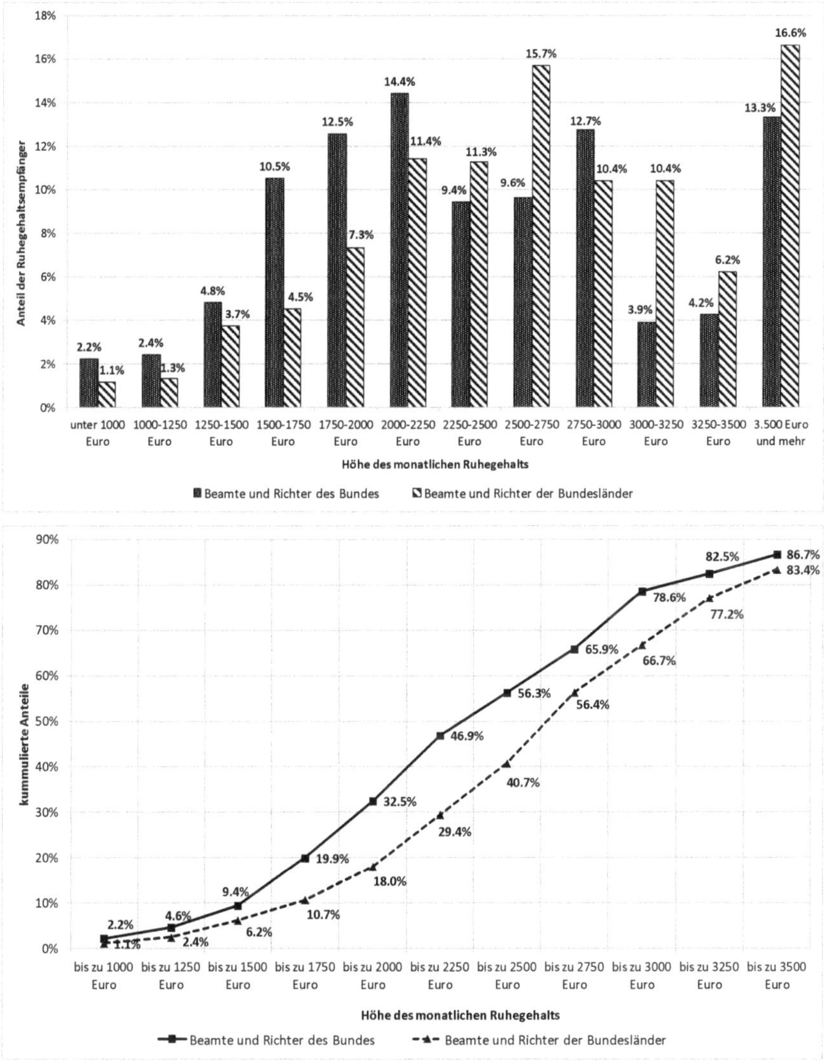

Quelle: Vierter Versorgungsbericht der Bundesregierung, eigene Darstellung

Interessant ist die Verteilung der Ruhegehälter, wie sie Abbildung 5 zu entnehmen ist. Daraus wird etwa ersichtlich, dass 13,3 Prozent der Pensionäre des Bundes und 16,6 Prozent der Ruhegehaltsempfänger der Länder eine Pension von 3.500 Euro oder mehr erhalten. Die kumulierte Verteilung der Ruhegehälter zeigt, dass etwa 56 Prozent der Pensionäre des Bundes eine Pension von maximal 2.500 Euro beziehen. Bei den Ländern liegt dieser Wert bei 40 Prozent. Nur 4,6 Prozent der Beamten des Bundes sowie 2,4 Prozent der Landesbeamten erhalten ein Ruhegehalt von weniger als 1.250 Euro.

Zwischen 1994 und 2009 stieg, wie Abbildung 6 zeigt, die Gesamtzahl der Versorgungsempfänger der 16 Bundesländer um 49,6 Prozent von 461.200 auf knapp 689.900. Innerhalb der einzelnen Versorgungsarten verlief die Entwicklung sehr unterschiedlich. Während die Ruhegehaltsempfänger in diesem Zeitraum deutlich um 86,9 Prozent von 280.100 auf 523.500 wuchsen, war die Hinterbliebenenversorgung rückläufig. Die Empfängerzahl von Witwengeld sank um 7 Prozent (161.900 auf 150.600), jene von Waisengeld um 17,7 Prozent (19.200 auf 15.800). Von 1993 bis 2009 erhöhten sich die Versorgungsausgaben, also Ruhegehälter, Hinterbliebenenversorgung und Beihilfeleistungen an Versorgungsempfänger[60] der Bundesländer von 12,13 Mrd. Euro auf 24,05 Mrd. Euro, was einer Verdopplung entspricht. Abbildung 7 verdeutlicht diesen Anstieg. Betrachtet man die Entwicklung seit dem Jahr 1999, so betrug die Erhöhung 54,1 Prozent oder 8,44 Mrd. Euro. Eine Analyse der einzelnen Versorgungsarten zeigt, dass die Beihilfeausgaben mit einem Zuwachs um 179,8 Prozent[61] zwischen 1993 und 2009 stärker zunahmen die Ruhegehälter (+114,8 Prozent) und die Hinterbliebenenversorgung (+14,5 Prozent). Die Ausgaben für Waisen verringerten sich um 10,1 Prozent.

Deutliche Unterschiede gibt es zwischen West- und Ostdeutschland. Im früheren Bundesgebiet erhöhte sich zwischen 1994 und 2010 die Zahl der Ruhegehaltsempfänger auf Landesebene von 280.000 auf 509.000, die der Bezieher von Witwengeld sank von 161.900 auf 150.600 und die der Waisengeldempfänger verringerte sich von 19.200 auf 15.000. In den neuen Bundesländern nahmen die Pensionäre im selben Zeitraum von 23 auf 14.400 zu, die Empfänger von Witwenversorgung stiegen von 5 auf 2.100 und die von Waisengeld von 11 auf 740.

60 Für die Beihilfezahlungen der Bundesländer liegen nur Daten bis 2008 vor, die Ausgaben des Jahres 2009 wurden mit Hilfe der durchschnittlichen jährlichen Wachstumsrate der vergangenen zehn Jahre projiziert.

61 Der Aspekt überdurchschnittlich steigender Beihilfekosten wird noch ausführlich in Kapitel 9 diskutiert.

Abbildung 6: Entwicklung der Versorgungsempfänger der 16 Bundesländer zwischen 1994-2010

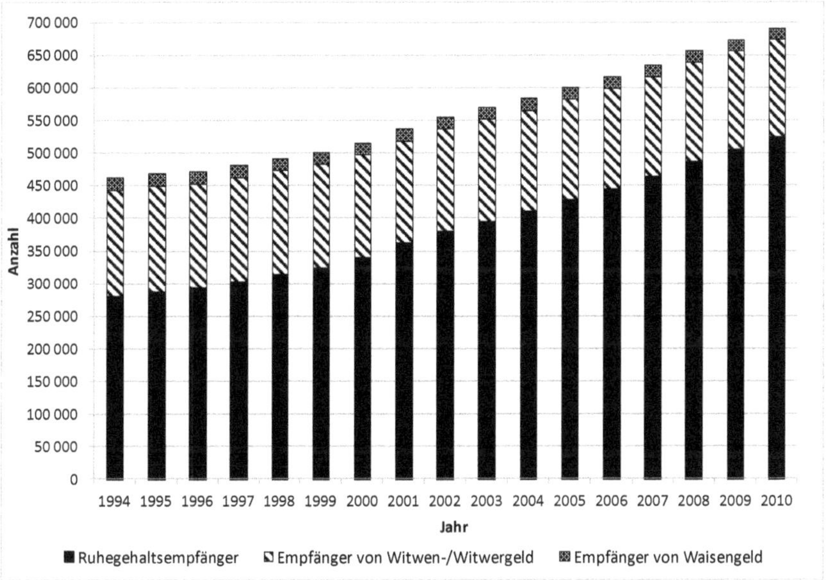

Quelle: Statistisches Bundesamt, eigene Darstellung

Diese Zahlen spiegeln sich in der Ausgabenentwicklung in Abbildung 7 wider: In den alten Bundesländern wuchsen die Versorgungsausgaben seit 1993 von 12,03 Mrd. Euro (8,19 Mrd. Euro Ruhegehälter, 2,64 Mrd. Euro Witwenversorgung, 1,12 Mrd. Euro Beihilfen und 81,8 Mio. Euro Waisengeld) auf 23,69 Mrd. Euro (17,26 Mrd. Euro Ruhegehälter, 3,30 Mrd. Euro Beihilfen, 3,01 Mrd. Euro Witwenversorgung und 71,3 Mio. Euro Waisengeld). Im Osten kam es seit der Wiedervereinigung zu einem Zuwachs von 1 Mio. Euro auf 363 Mio. Euro (298,2 Mio. Euro Ruhegehälter, 43 Mio. Euro Beihilfen, 20,1 Mio. Euro Witwenversorgung und 2,2 Mio. Euro Waisengeld). Auf die neuen Bundesländer entfielen 2009 nur 1,5 Prozent der gesamten Versorgungsausgaben. Es lässt sich also festhalten, dass es bereits in der Vergangenheit zu einem starken Anstieg der Ausgaben für die Beamtenversorgung gekommen ist.

Abbildung 7: Entwicklung der Versorgungsausgaben der 16 Bundesländer zwischen 1993-2009, differenziert nach Art der Versorgungsausgaben

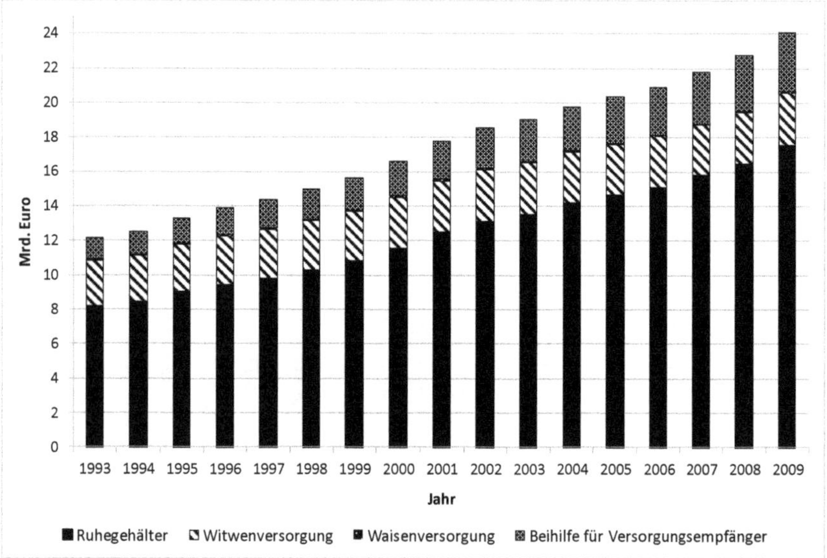

Quelle: Statistisches Bundesamt, eigene Darstellung

Die höchsten absoluten Versorgungsausgaben wies im Jahr 2009, wie Abbildung 8 zeigt, Nordrhein-Westfalen mit 5,77 Mrd. Euro auf, am niedrigsten fällt die absolute Belastung in Mecklenburg-Vorpommern mit 55 Mio. Euro aus. In Tabelle 9 wird die Aufteilung der Versorgungsausgaben der Bundesländer auf die einzelnen Versorgungarten veranschaulicht. Ergänzend hierzu summieren sich im Jahr 2009 die Versorgungsausgaben des Bundes für Pensionen (1,90 Mrd. Euro), Hinterbliebenenversorgung (0,41 Mrd. Euro) und Beihilfeleistungen (0,44 Mrd. Euro) auf 2,75 Mrd. Euro.[62]

62 Die Versorgungsausgaben des Bundes wurden bei den bisherigen Betrachtungen nicht berücksichtigt, da beim Statistischen Bundesamt hierfür keine entsprechende Zeitreihe vorliegt.

Abbildung 8: Aggregierte Versorgungsausgaben der 16 Bundesländer im Jahr 2009

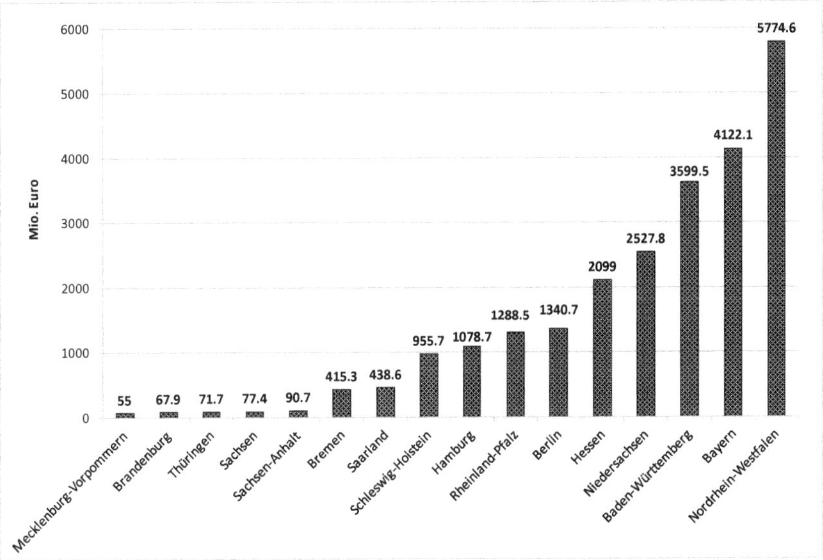

Quelle: Statistisches Bundesamt, eigene Darstellung

Tabelle 9: Aufteilung der aggregierte Versorgungsausgaben der Bundesländer im Jahr 2009

Bundesland	Versorgungsausgaben in Mio. Euro				
	Ruhegehälter	Witwen/Witwer	Waisen	Beihilfen	Gesamt
Mecklenburg-Vorpommern	46.3	2.9	0.3	5.5	55.0
Brandenburg	56.5	4.2	0.5	6.7	67.9
Thüringen	58.9	4.1	0.5	8.2	71.7
Sachsen	61.2	4.4	0.5	11.3	77.4
Sachsen-Anhalt	75.4	4.6	0.4	10.3	90.7
Bremen	324.8	56.6	0.9	33.0	415.3
Saarland	312.8	64.6	1.5	59.7	438.6
Schleswig-Holstein	707.7	122.5	2.9	122.6	955.7
Hamburg	810.9	138.3	2.8	126.7	1078.7
Rheinland-Pfalz	904.8	182.4	4.2	197.1	1288.5
Berlin	984.9	180.4	3.4	172.0	1340.7
Hessen	1568.7	281.3	5.9	243.1	2099.0
Niedersachsen	1888.0	325.4	8.5	305.9	2527.8
Baden-Württemberg	2616.7	427.1	11.9	543.8	3599.5
Bayern	2949.6	546.9	12.7	612.9	4122.1
Nordrhein-Westfalen	4187.4	682.0	16.6	888.6	5774.6

Quelle: Statistisches Bundesamt, eigene Darstellung

Da die Versorgungsausgaben für Landesbeamte und ihre Angehörigen direkt aus dem jeweiligen Landeshaushalt finanziert werden, ist es sinnvoll, sie im Verhältnis zu der Entwicklung der Steuereinnahmen zu betrachten. Dafür wird aus dem Quotienten der Versorgungsausgaben und der Steuereinnahmen die sogenannte Versorgungssteuerquote berechnet. Abbildung 9 zeigt, dass der Teil der Steuereinnahmen, der auf die Versorgungsausgaben (inkl. Beihilfe) entfällt, bereits in der Vergangenheit zugenommen hat. Im Jahr 1993 mussten die 16 Bundesländer durchschnittlich 9,1 Prozent ihrer Steuereinnahmen[63] dafür aufwenden, im Jahr 2009 waren es bereits 11,6 Prozent.[64] Zwischen 2005 und 2008 ging die durchschnittliche Versorgungssteuerquote der Bundesländer von 11,3 Prozent auf 10,3 Prozent zurück. Dies ist dadurch zu erklären, dass aufgrund der positiven konjunkturellen Lage in den genannten Jahren außerordentlich hohe Steuereinnahmen erzielt werden konnten, die den Anstieg der Versorgungsausgaben überkompensierten. Dieser kurzfristige konjunkturelle Einfluss darf aber nicht darüber hinwegtäuschen, dass der Anteil der Steuereinnahmen, der für die Finanzierung der Versorgungsausgaben verwendet wird, bereits in der Vergangenheit signifikant zugenommen hat und in Zukunft auch noch weiter steigen wird.[65]

Abbildung 9: Entwicklung der Versorgungssteuerquote (inkl. Beihilfe) zwischen 1993 und 2009

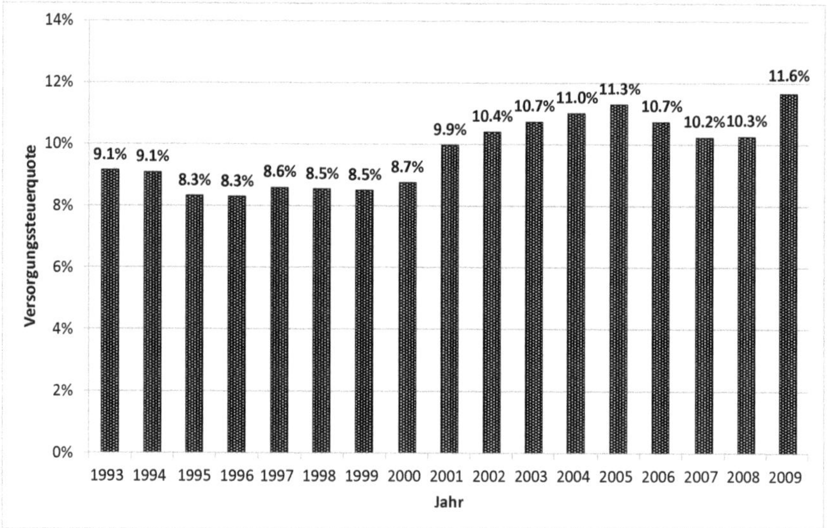

Quelle: Bundesministerium der Finanzen, eigene Berechnungen

63 Als Basis dienen sämtliche kassenmäßigen Steuereinnahmen der Bundesländer nach der Steuerverteilung, wie sie vom Bundesministerium der Finanzen (BMF) ausgewiesen werden.

64 Bezüglich der Versorgungssteuerquote bestehen deutliche Unterschiede zwischen den west- und ostdeutschen Bundesländern. Auf diesen Aspekt wird ausführlich in Kapitel 12.1 eingegangen.

65 Siehe hierzu Kapitel 12, in dem eine Projektion der Versorgungssteuerquote vorgenommen wird.

Abbildung 10: Anteil der Versorgungsausgaben (inkl. Beihilfe) an den bereinigten Gesamtausgaben der Haushalte des Bundes und der Länder im Jahr 2009

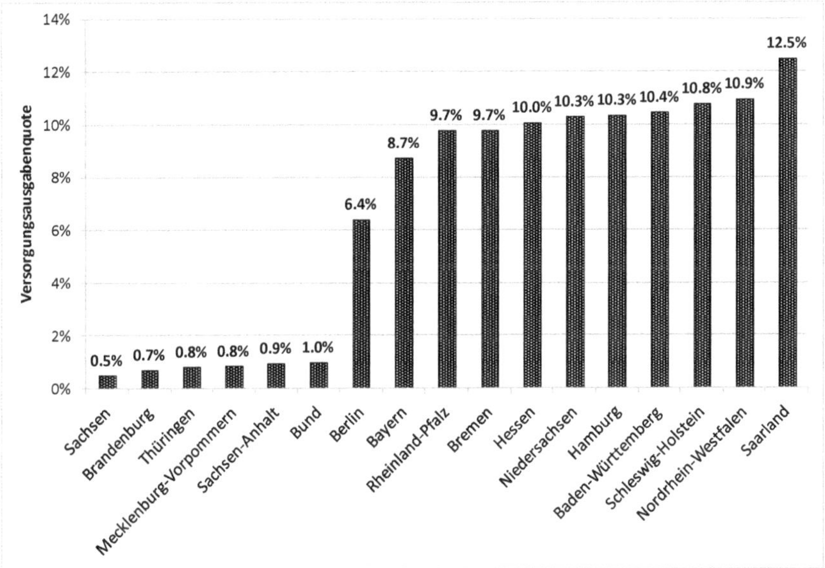

Quelle: Statistisches Bundesamt, eigene Berechnungen

Interessant ist auch ein Blick auf den Anteil der Versorgungsausgaben, wiederum inklusive Beihilfe, an den bereinigten Gesamtausgaben[66] der öffentlichen Haushalte. Während der Bund 1 Prozent seiner Ausgaben für die Versorgung seiner Beamten und deren Angehörigen aufwendet, schwanken die Anteile der neuen Bundesländer, wie aus Abbildung 16 hervorgeht, zwischen 0,5 Prozent (Sachsen) und 0,9 Prozent (Sachsen-Anhalt). Ganz anders sieht es wiederum in den westdeutschen Bundesländern aus: Dort entfallen auf die Beamtenversorgung zwischen 8,7 Prozent (Bayern) und 12,5 Prozent (Saarland) der bereinigten Gesamtausgaben. Der Durchschnitt der Flächenstaaten liegt bei rund 10 Prozent. Dies zeigt, dass die westdeutschen Bundesländer bereits im Basisjahr 2009 signifikante Teile ihrer Haushalte für die Finanzierung der Versorgungsausgaben aufwenden müssen. Deren absehbarer Anstieg wird dafür sorgen, dass sich der Ausgabenanteil der Beamtenversorgung weiter erhöhen wird. Dies belastet zukünftige Haushaltspläne massiv und verringert die Gestaltungsspielräume der Landespolitik.[67]

66 Darunter versteht man die Ausgaben des Haushaltes, bereinigt um besondere Finanzierungsvorgänge.

67 Die Mikro- und Makro-Daten zur Beamtenversorgung in diesem Kapitel sowie in der gesamten Arbeit stammen, soweit nicht anders angegeben, aus einer Sonderauswertung des Statistischen Bundesamtes, vgl. Statistisches Bundesamt (2010a).

2.5 Zum aktuellen Forschungsstand im Bereich der Beamtenversorgung

2.5.1 Bisherige Prognosen der zukünftigen Versorgungsausgaben

Nach Artikel 17 des Gesetzes zur Änderung des Beamtenversorgungsgesetzes und sonstiger dienst- und versorgungsrechtlicher Vorschriften (BeamtVGÄndG) vom Dezember 1989 erhält die Bundesregierung die Verpflichtung, in jeder Wahlperiode des Deutschen Bundestages einen Versorgungsbericht zu erstellen.[68] Darin soll unter anderem auf die Situation der Beamtenversorgung zum jeweiligen Zeitpunkt eingegangen sowie eine Projektion der zukünftigen Versorgungsempfänger sowie Versorgungsausgaben von Bund, Ländern und Kommunen vorgenommen werden. Im Jahr 1996 erschien der erste Versorgungsbericht der Bundesregierung, weitere Auflagen folgten in den Jahren 2001 und 2005. Der vierte Versorgungsbericht, der im Jahr 2009 herausgegeben wurde, bezieht sich ausschließlich auf die Beamten des Bundes. Dies ist eine direkte Folge der Föderalismusreform 2006, die die gesetzgeberische Zuständigkeit für die Versorgung der Beamten von Ländern und Kommunen auf die Bundesländer übertrug. Einige Bundesländer veröffentlichten in der Folge eigenständige Versorgungsberichte.[69] In den übrigen Bundesländern finden sich zumindest Landtagsdrucksachen mit Informationen über die Beamtenversorgung im Allgemeinen sowie über die zukünftige Entwicklung von Versorgungsempfängern und Versorgungsausgaben. In Tabelle 10 sind die öffentlich verfügbaren Projektionen der Versorgungsausgaben des Bundes und der 16 Bundesländer sowie die darin berücksichtigten Arten der Versorgungsausgaben, nämlich Ruhegehälter (R), Hinterbliebenenversorgung (HV) und Beihilfen (B), dargestellt. Dabei zeigt sich, dass eine durchgehende Projektion der schwebenden Versorgungsverpflichtungen bisher weitgehend unterblieben ist oder diese nur intern vorliegt. Teilweise entstammen die Werte mangels vorhandener Alternativen der auf fünf Jahre ausgerichteten mittelfristigen Finanzplanung oder parlamentarischen Beratungsvorlagen. Es fällt auch auf, dass eine umfassende Betrachtung aller drei Versorgungsarten, nämlich Pensionen, Beihilfe und Hinterbliebenenversorgung, ebenfalls nicht vorhanden ist. Besonders die Beihilfe

68 Vgl. Erster Versorgungsbericht (1996), Zweiter Versorgungsbericht (2001), Dritter Versorgungsbericht (2005) und Vierter Versorgungsbericht (2009).

69 Baden-Württemberg, Bayern, Rheinland-Pfalz und Nordrhein-Westfalen haben entsprechende offizielle Versorgungsberichte vorgelegt. Vgl. Statistisches Landesamt Baden-Württemberg (2010), Bayrisches Staatsministerium der Finanzen (2007), Landtag Rheinland-Pfalz (2011) sowie Finanzministerium Nordrhein-Westfalen (2007, 2011). In anderen Bundesländern, wie etwa Berlin, Bremen, Hamburg, Niedersachsen, Sachsen-Anhalt gibt es längerfristige Projektionen über die Entwicklung von Versorgungsempfänger und Versorgungsausgaben, die regelmäßig fortgeschrieben werden. Vgl. Tabelle 10.

bleibt beinahe gänzlich unberücksichtigt. Außerdem ist die den Projektionen zugrunde gelegte Wachstumsrate sehr unterschiedlich bzw. wird überhaupt nicht genannt.

Tabelle 10: Übersicht der Prognosen der Versorgungsausgaben, in Mrd. Euro

Jahr	BW	BY	BE	BB	HB	HH	HE	MV	NI	NW	RP	SL	SN	ST	SH	TH	Bund
2005	-	-	-	0.026	-	-	1.63	-	-		-	-	-	-	-	-	-
2006	-	3	-	-	-	-	-	-	-		-	-	-	-	-	-	-
2007	-	3.2	-	-	-	-	-	-	-		-	-	-	-	-	-	2.1
2008	2.83	3.3	-	-	-	-	-	-	-		-	-	-	-	-	-	2.2
2009	3.01	3.5	1.19	-	-	-	-	-	2.54		-	-	-	0.10	-	0.06	2.3
2010	3.15	3.6	1.21	0.15	-	-	1.97	-	2.63	5.02	-	-	-	0.12	0.87	0.08	2.3
2011	3.31	3.8	1.24	-	-	0.99	-	0.78	2.7	5.21	-	0.52	0.13	0.13	0.90	0.08	2.4
2012	3.52	4	1.28	-	0.37	1.03	-	0.89	2.78	5.5	1.47	0.53	0.16	0.16	0.92	0.10	2.5
2013	3.74	4.2	1.32	-	0.38	1.06	-	0.10	2.88	5.66	1.55	0.56	0.18	0.18	0.97	0.12	2.5
2014	3.97	4.4	1.36	-	0.39	1.09	-	0.12	2.96	5.83	1.67	0.58	0.22	0.20	1.01	0.13	2.6
2015	4.20	4.6	1.40	0.31	0.39	1.12	2.4	0.11	3.06	6.02	1.76	0.61	0.25	0.23	1.05	0.16	2.7
2016	4.43	4.8	1.45	-	0.40	1.15	-	0.15	3.18	6.18	1.86	-	0.28	0.25	1.09	0.18	2.8
2017	4.66	5	1.50	-	0.40	1.18	-	-	3.27	6.32	1.96	-	-	0.26	1.12	0.21	2.8
2018	4.88	5	1.56	-	0.40	1.21	-	-	3.32	6.45	2.05	-	-	0.27	1.14	0.24	2.9
2019	5.10	5.2	1.61	-	0.41	1.24	-	-	3.38	6.58	2.15	-	-	0.29	1.17	0.28	3.0
2020	5.30	5.4	1.67	0.49	0.41	1.27	2.9	-	3.47	6.68	2.22	-	-	0.32	1.19	0.31	3.1
2021	5.48	5.5	1.73	-	0.41	1.29	-	-	3.5	6.72	-	-	-	0.35	1.23	-	3.2
2022	5.66	5.6	1.79	-	0.40	1.32	-	-	3.52	6.77	-	-	-	0.38	-	-	3.3
2023	5.82	5.7	1.86	-	0.40	1.35	-	-	3.55	6.81	-	-	-	0.40	-	-	3.4
2024	5.98	5.8	1.92	-	0.40	1.38	-	-	3.57	6.83	-	-	-	0.43	-	-	3.5
2025	6.12	5.9	-	0.72	0.39	1.40	3.4	-	3.6	6.85	-	-	-	0.46	-	-	3.6
2026	6.26	5.9	-	-	0.39	1.42	-	-	3.6	6.85	-	-	-	-	-	-	-
2027	6.39	6	-	-	0.38	1.43	-	-	3.56	6.82	-	-	-	-	-	-	-
2028	6.52	6.1	-	-	0.37	1.45	-	-	3.55	6.8	-	-	-	-	-	-	-
2029	6.65	6.2	-	-	0.37	1.46	-	-	3.55	6.77	-	-	-	-	-	-	-
2030	6.78	6.3	-	0.85	0.36	-	-	-	3.52	6.73	-	-	-	-	-	-	4.1
2031	6.92	6.4	-	-	-	-	-	-	3.5	6.7	-	-	-	-	-	-	-
2032	7.07	6.5	-	-	-	-	-	-	3.5	6.68	-	-	-	-	-	-	-
2033	7.23	6.7	-	-	-	-	-	-	3.5	6.67	-	-	-	-	-	-	-
2034	7.40	7.2	-	-	-	-	-	-	3.49	6.66	-	-	-	-	-	-	-
2035	7.56	7.3	-	0.86	-	-	-	-	3.49	6.65	-	-	-	-	-	-	4.7
2036	7.72	7.4	-	-	-	-	-	-	3.49	6.66	-	-	-	-	-	-	-
2037	7.88	7.4	-	-	-	-	-	-	3.49	6.67	-	-	-	-	-	-	-
2038	8.04	7.5	-	-	-	-	-	-	3.48	6.68	-	-	-	-	-	-	-
2039	8.19	7.5	-	-	-	-	-	-	3.48	6.7	-	-	-	-	-	-	-
2040	8.33	7.6	-	-	-	-	-	-	3.47	6.71	-	-	-	-	-	-	5.2
2041	8.47	7.6	-	-	-	-	-	-	-	-	-	-	-	-	-	-	-
2042	8.60	7.6	-	-	-	-	-	-	-	-	-	-	-	-	-	-	-
2043	8.73	7.6	-	-	-	-	-	-	-	-	-	-	-	-	-	-	-
2044	8.86	7.7	-	-	-	-	-	-	-	-	-	-	-	-	-	-	-
2045	8.99	7.7	-	-	-	-	-	-	-	-	-	-	-	-	-	-	5.4
2046	9.14	7.8	-	-	-	-	-	-	-	-	-	-	-	-	-	-	-
2047	9.28	7.9	-	-	-	-	-	-	-	-	-	-	-	-	-	-	-
2048	9.43	7.9	-	-	-	-	-	-	-	-	-	-	-	-	-	-	-
2049	9.58	8	-	-	-	-	-	-	-	-	-	-	-	-	-	-	-
2050	9.73	8.1	-	-	-	-	-	-	-	-	-	-	-	-	-	-	5.7
Umfang	R, HV	R, HV	R, HV	R, HV	R, HV	R	R, HV	R, HV	R, HV, B	R, HV	R, HV, B	R, HV, B	R, HV, B	R, HV, B	R, HV	R, HV	R, HV

Quelle: Eigene Recherchen[70]

70 Vgl. Statistisches Landesamt Baden-Württemberg (2010), S. 82; Bayrisches Staatsministerium der Finanzen (2007), S. 94; Senatsverwaltung für Inneres und Sport Berlin (2010), S. 19; Ministerium der Finanzen Brandenburg (2006); Bremischer Senat (2012); Bürgerschaft der Freien und Hansestadt Hamburg (2011), S. 5; Hessischer Landtag 2010); Landtag Mecklenburg-Vorpommern (2012); Niedersächsischer Landtag (2010), S. 5; Finanzministerium Nordrhein-Westfalen (2011), S. 59.; Schriftliche Anfrage beim Ministerium der Finanzen Rheinland-Pfalz; Ministerium der Finanzen Saarland (2011), S. 20; Sächsisches Staatsministerium der Fi-

Die dritte Auflage der Versorgungsberichtes des Bundes aus dem Jahr 2005 enthielt letztmals eine Projektion der zukünftigen Versorgungsausgaben des Bundes und der 16 Bundesländer, da danach, wie bereits ausgeführt, die Zuständigkeit für die Versorgung der Landesbeamten auf die Bundesländer überging. Dieser Versorgungsbericht ging davon aus, dass die Versorgungsausgaben der alten Bundesländer unter der Annahme nominalen Nullwachstums der Versorgungsausgaben von 16,5 Mrd. Euro im Jahr 2003 auf 24,8 Mrd. Euro im Jahr 2020 ansteigen würden. Im Jahr 2035 würden die Aufwendungen bei 26 Mrd. Euro liegen, 2050 bei 26,4 Mrd. Euro. Bei einer durchschnittlichen Anpassung von jährlich 2 Prozent müssten 2020 (2035) 34,6 Mrd. Euro (48,6 Mrd. Euro) aufgebracht werden, im Jahr 2050 dann 65,9 Mrd. Euro. In den neuen Bundesländern werden sich die Versorgungsausgaben von 0,1 Mrd. Euro 2003 unter den beiden Wachstumsszenarien auf Werte zwischen 1,2 Mrd. Euro und 1,6 Mrd. Euro (2020), 2,2 Mrd. Euro und 4 Mrd. Euro (2035) sowie 2,3 Mrd. Euro und 5,7 Mrd. Euro (2050) erhöhen. Für die Beamten und Richter im unmittelbaren Bundesdienst steigen die Versorgungsausgaben laut viertem Versorgungsbericht bei einem jährlichen Wachstum von zwei Prozent von 2,1 Mrd. Euro im Jahr 2007 auf 3,6 Mrd. Euro im Jahr 2025. Im Jahr 2035 würden sie sich dann auf 4,7 Mrd. Euro belaufen und 15 Jahre später bei 5,7 Mrd. Euro liegen.[71] Abbildung 11 stellt die Ausgabenprojektion des dritten Versorgungsberichtes für Bund und Länder noch einmal graphisch dar.

Färber et al. (2011) berechnen für den Bund im Falle eines nominalen Nullwachstums eine Zunahme der Versorgungsausgaben von 4,9 Mrd. Euro im Jahr 2005[72] auf 5,2 Mrd. Euro im Jahr 2025 bzw. 6 Mrd. Euro im Jahr 2050, was einer Steigerung um 20 Prozent entspricht. Kommt es zu einer jährlichen Erhöhung der Versorgungsbezüge um 1,5 (2,5) Prozent, steigern sich die Aufwendungen auf 7 Mrd. Euro (8,5 Mrd. Euro) im Jahr 2025 bzw. 11,7 Mrd. Euro (18,2 Mrd. Euro) im Jahr 2050, also um bis zu 135 Prozent (265 Prozent). Auf der Ebene der Bundesländer kommt es bei nominalem Nullwachstum zu einer Steigerung von 17,7 Mrd. Euro auf 29,8 Mrd. Euro im Jahr 2025 und bis 34,5 Mrd. Euro im Jahr 2050 und damit langfristig beinahe zu einer Verdopplung. Wachsen die Versorgungsausgaben dagegen um 1,5 Prozent (2,5 Prozent), wird im Jahr 2025 bereits ein Wert von 40,2 Mrd. Euro (48,9 Mrd. Euro) erreicht. Ein Vierteljahrhundert später müssen die Bundesländer dann 67,5 Mrd. Euro (104,9 Mrd. Euro) für die Beamtenversorgung aufwenden. Dies entspricht dem 2,8-fachen

nanzen (2012), S. 34; Ministerium der Finanzen Sachsen-Anhalt (2012), S. 49; Finanzministerium Schleswig-Holstein (2011), S. 51; Thüringer Landtag (2011), S. 3; Vierter Versorgungsbericht der Bundesregierung (2009), S. 259.

71 Vgl. Dritter Versorgungsbericht (2005), S. 101ff. sowie Vierter Versorgungsbericht (2009), S. 259ff.

72 Darin enthalten sind aber auch Versorgungsausgaben der Bundeswehr.

(4,9-fachen) des Wertes von 2005.[73] Die Ergebnisse von Färber et al. (2011) liegen damit über den Ergebnissen des Dritten Versorgungsberichtes (Beamte von Bund und Ländern) und des Vierten Versorgungsberichtes (Beamte des Bundes).[74]

Besendorfer et al. (2005, 2006) analysieren die zukünftigen Pensionslasten der Bundesländer. Benz et al. (2009, 2010a, 2010b, 2010c) erstellen für die Bundesländer Baden-Württemberg, Niedersachsen, Nordrhein-Westfalen und Bremen detaillierte Projektionen der Pensionsausgaben und zeigen die Entlastungswirkung einer Übertragung der rentenrechtlichen Reformen auf die Beamtenversorgung auf. Außerdem nehmen Benz und Raffelhüschen (2011) für Rheinland-Pfalz eine Ausgabenprojektion vor. Die Ergebnisse dieser Arbeiten wurden vom Sachverständigenrat zur Begutachtung der gesamtwirtschaftlichen Entwicklung in seinem Jahresgutachten 2011/12 aufgegriffen.[75]

Abbildung 11: Entwicklung der Versorgungsausgaben des Bundes und der 16 Bundesländer

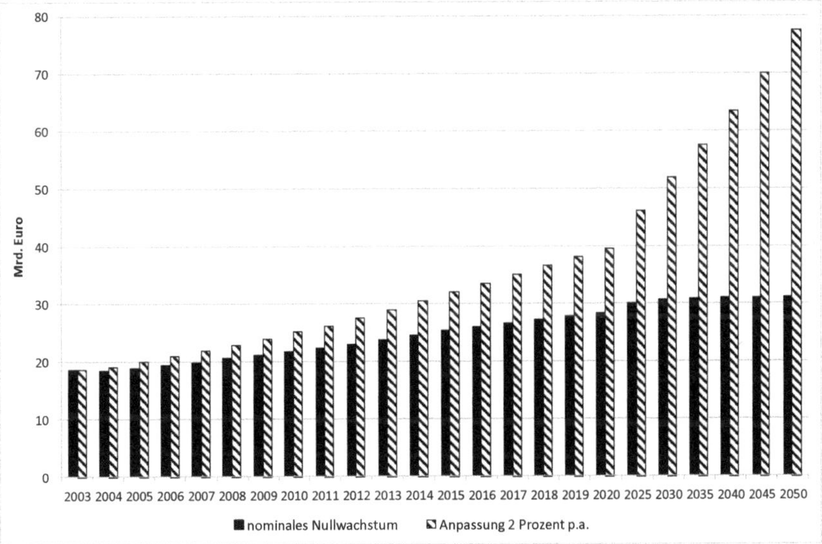

Quelle: Dritter Versorgungsbericht der Bundesregierung, eigene Darstellung

73 Vgl. Färber et al. (2011), S. 124ff.

74 Vgl. Färber et al. (2011), S. 127f.

75 Vgl. Sachverständigenrat (2011), S. 199.

2.5.2 Übersicht über sonstige relevante Forschungsarbeiten

Zum Bereich der Beamtenversorgung existiert eine große Anzahl juristischer Literatur. Aus wirtschafts- und finanzwissenschaftlicher Perspektive finden sich dagegen nur relativ wenige Veröffentlichungen.

Marburger (2011) und Ruland (2008) gehen deskriptiv auf das System der Beamtenversorgung in der Bundesrepublik Deutschland ein. Becker et al. (2010) betrachten aus juristischer Perspektive die Veränderungen der vergangenen Jahre und stellen diese rechtsvergleichend in den europäischen Kontext. Altis (2010) liefert einen Überblick über aktuelle Veränderungen im Bereich der Beamtenversorgung. Färber et al. (2009a, 2009b, 2010) sowie Funke und Walther (2010) betrachten einerseits die Entwicklung der Beamtenversorgung in Deutschland seit 1992 und beschäftigen sich mit Ansätzen zu einer nachhaltigen Finanzierung der Pensionen. Ein Schwerpunkt liegt dabei neben einer Projektion der Versorgungsausgaben auf dem Spannungsfeld zwischen Modernisierung des Beamtenrechts und zukünftiger Attraktivität des öffentlichen Dienstes einerseits und dem Sparzwang andererseits.

Maurer et al. (2009) gehen auf den grundsätzlichen Reformbedarf des deutschen Systems der Beamtenversorgung ein und setzen sich mit der Möglichkeit der Einführung eines kapitalgedeckten Versorgungssystems auseinander. Haug (2010) untersucht, wie sich die Anhebung der Altersgrenzen auf die Pensionsanwartschaften der Bundesbeamten auswirkt. Häcker et al. (2009) stellen einen Vergleich des Versorgungsniveaus bei Pflegebedürftigkeit zwischen den Leistungen der sozialen Pflegeversicherung und den Beihilfeverordnungen an.

Daneben existieren finanzwirtschaftliche Forschungsarbeiten, etwa von Zeis (2007) und Maurer et al. (2007), die sich in Bezug auf die Beamtenversorgung mit der Bildung, Anlage und Bilanzierung von kapitalgedeckten Vorsorgevermögen auseinandersetzen. Benz und Raffelhüschen (2011) unterziehen die Rücklagenbildung des Bundeslands Rheinland-Pfalz einer finanzwissenschaftlichen Analyse. Maurer und Rogalla (2011) untersuchen den Finanzierungsfonds für Beamtenversorgung Rheinland-Pfalz hinsichtlich der ökonomischen Angemessenheit der praktizierten Anlagepolitik.

Das Karl-Bräuer-Institut (2006) und Bomsdorf (2003) stellen grundsätzliche Reformansätze der Beamtenversorgung in Deutschland dar. Fürst (1984) beschäftigt sich mit den verfassungsrechtlichen Grenzen einer Neuregelung der Beamtenversorgung, während Ruland (1983) die Möglichkeiten und Grenzen einer Annährung der Beamtenversorgung an die gesetzliche Rentenversicherung untersucht.

Dang (2012) unternimmt eine Nachhaltigkeitsanalyse der Länderhaushalte und berücksichtigt darin neben der Schuldenbremse besonders den Anstieg der Versorgungsausgaben. Weilepp (1994), Denia (1994), das Deutsche Institut für

Wirtschaftsforschung (DIW) (1996), der Bundesbeauftrage für Wirtschaftlichkeit in der Verwaltung (BWV) (1967, 1984 und 1996), Roland Berger (1996), Färber et al. (1999) und Vosseler (2000) nehmen mit verschiedenen methodischen Ansätzen einen Vergleich der Beschäftigungskosten von vergleichbaren Beamten und Angestellten vor. Benz et al. (2013) vereinigen in einem einheitlichen Mikro-Modellansatz die unterschiedlichen Perspektiven, die bei der Entscheidung zwischen der Besetzung einer Stelle mit einem Beamten oder mit einem Angestellten auftreten. Außerdem wird zwischen den voneinander abweichenden Entscheidungskalkülen von Bund und Ländern einerseits und Kommunen andererseits differenziert.

2.6 Bisherige Berücksichtigung der Versorgungsverpflichtungen in den öffentlichen Haushalten

Traditionell existieren in der Bundesrepublik Deutschland große Unterschiede in der Buchführungs- und Bilanzierungspraxis von privatwirtschaftlichen Unternehmen und den Haushalten von Bund, Ländern und Kommunen. Während bei Ersteren die „Doppelte Buchführung in Konten" (Doppik) Anwendung findet, greift der öffentliche Bereich noch überwiegend auf das kameralistische Buchführungssystem zurück.[76]

Die Entwicklung zweier unterschiedlicher Buchführungsstile lässt sich mit den grundsätzlich divergierenden Anforderungen öffentlicher Haushalte und kaufmännischer Betriebe hinsichtlich des jeweiligen Rechnungssystems erklären.[77] Öffentlichen Haushalten kommt demnach eine Bedarfsdeckungsfunktion hinsichtlich öffentlicher Aufgaben zu. Die geplanten Einnahmen und Ausgaben werden den tatsächlichen Einnahmen und Ausgaben gegenüber gestellt. Auf diese Weise lässt sich kontrollieren, ob der durch das jeweilige politische Gremium beschlossene Haushalt ausgeführt wurde. Die Kameralistik ermöglicht jedoch keine Überwachung von Wirtschaftlichkeit (Effizienz) und Wirksamkeit (Effektivität) oder einen Nachweis des leistungsbezogenen Ressourcenverbrauchs, da sie nur monetäre Einzahlungen und Auszahlungen abbildet. Vorgänge, die keine Geldzahlungen darstellen, wie beispielsweise Abschreibungen, werden nicht erfasst. Investitionen etwa werden also im Anschaffungsjahr in vollem Umfang belastet, eine Verteilung über den Nutzungszeitraum unterbleibt. Dies hat zur Folge, dass der tatsächliche Ressourcenverbrauch eines Jah-

76 Für eine ausführliche Darstellung der beiden Buchführungssysteme sei bezüglich der Doppik im Allgemeinen auf Coenenberg et al. (2012) und bezüglich der Kameralistik auf Wiesner et al. (2008) verwiesen.

77 Vgl. Raupach und Stangenberg (2009), S. 15.

res nicht zutreffend dargestellt wird. Durch die Trennung von Einnahme- und Ausgabekonten wird ferner kein Zusammenhang zwischen Mittelherkunft und Mittelverwendung ermöglicht. Da es sich um eine reine Verlaufsrechnung handelt, können ohne zusätzliche Rechnungen weder die vorhandenen Vermögens- und Schuldenbestände dargestellt noch eine Kosten- und Leistungsrechnung durchgeführt werden. Es findet in der Kameralistik keine direkte Verbindung zwischen den Bestandsgrößen Vermögen und Schulden und den Stromgrößen Einnahmen und Ausgaben statt. Ein Geschäftsvorfall wird entweder als Einnahme oder Ausgabe erfasst und auf ein Konto gebucht.[78]

Bei kaufmännischen Betrieben stehen hingegen die Ermittlung des Erfolgs, also Gewinn oder Verlust, sowie die Feststellung des Vermögens im Mittelpunkt.[79] Jeder Geschäftsvorfall wirkt sich auf mindestens zwei Konten aus. Die Doppik stellt nicht nur monetäre Einzahlungen und Auszahlungen dar, sondern auch Erträge und Aufwendungen. Es findet somit eine periodengerechte Darstellung des Ressourcenverbrauchs statt. Der doppelte Buchungsansatz ermöglicht eine systematische, systemimmanente Erfassung und Fortschreibung des Bestandes von Vermögen und Kapital.[80]

Über die Einführung der Doppik in den öffentlichen Haushalten wird bereits seit längerer Zeit diskutiert. Unter dem Begriff „staatliche Doppik" entstand hierfür ein System, das auf den Grundsätzen der privatwirtschaftlichen Doppik beruht, zudem aber an die Besonderheiten der öffentlichen Verwaltung angepasst wurde.[81] Die Alternative zu einer kompletten Ablösung der Kameralistik durch das System der kaufmännischen Buchführung ist die Implementierung einer sogenannten erweiterten Kameralistik. Das klassische System würde dabei ergänzt um Elemente moderner Kosten- und Leistungsrechnung sowie um Methoden, die den tatsächlichen Ressourcenverbrauch einer Periode darstellen. Auf die Vor- und Nachteile der jeweiligen Reformoptionen soll an dieser Stelle nicht vertiefend eingegangen werden.[82]

Am 21. November 2003 beschloss die Innenministerkonferenz die Umstellung des kommunalen Haushalts- und Rechnungswesens „von der bislang zahlungsorientierten Darstellungsform auf eine ressourcenorientierte Darstellung".[83] Zwischen den einzelnen Bundesländern bestehen gegenwärtig große Unterschiede hinsichtlich des aktuellen Reformstandes. Während beispielsweise Bayern, Hessen, Schleswig-Holstein und Thüringen ihren Kommunen ein grund-

78 Vgl. Raupach und Stangenberg (2009), S. 15-18.

79 Vgl. Raupach und Stangenberg (2009), S. 15.

80 Vgl. Raupach und Stangenberg (2009), S. 19 sowie Wöhe und Kußmaul (2010).

81 Vgl. Bundesministerium der Finanzen (2012a) sowie Raupach und Stangenberg (2009)

82 Vgl. hierzu und zu den neuesten Entwicklungen Engels und Eibelshäuser (2010) sowie KPMG (2004).

83 Vgl. Ständige Konferenz der Innenminister und -senatoren (2003).

sätzliches Wahlrecht zwischen Doppik und der (erweiterten) Kameralistik einräumen, haben die übrigen Länder bis auf Sachsen und Sachsen-Anhalt (dort ab 1. Januar 2013) und Berlin (weiterhin Kameralistik) die Umstellung bereits verpflichtend vollzogen. In Baden-Württemberg besteht nach derzeitigem Stand bis 2016 (in der Diskussion ist eine Verlängerung bis 2020) ein Wahlrecht, danach ist das sogenannte Neue Kommunale Haushalts- und Rechnungswesens (NKHR) verpflichtend anzuwenden.[84]

Auf der Ebene der Bundesländer greifen bis dato nur Hessen, Bremen und Hamburg auf die Doppik zurück. Hamburg und Hessen verwenden das kaufmännische Rechnungswesen dabei noch nicht ersetzend, sondern parallel zum kameralistischen System. Die verbindlichen Anschläge im Haushaltsplan sind dabei noch kameral, zukünftig ist allerdings eine vollständige Umstellung geplant. Bremen verwendet bereits ebenfalls ein doppisches System, das aber aus der Kameralistik hergeleitet wird, also im Kern auf dem klassischen Ansatz basiert. In den übrigen Ländern und beim Bund wird derzeit über die zukünftige Vorgehensweise beraten und diskutiert. Grundsätzliche Einigkeit besteht dabei bezüglich der Einführung einer erweiterten Kameralistik.[85]

Im Kontext der vorliegenden Arbeit kommt der Wahl zwischen Doppik und Kameralistik eine wichtige Bedeutung zu. Wie bereits angeführt, werden in der klassischen Kameralistik lediglich die monetären Einnahmen einer Periode, etwa eines Haushaltsjahres, den entsprechenden Ausgaben gegenübergestellt. Eingegangene Verpflichtungen werden daher erst dann erfasst, wenn sie kassenwirksam werden. Die in der Vergangenheit eingegangenen, schwebenden Pensionszusagen des Bundes oder eines Bundeslandes für die vorhandenen Beamten tauchen in einem kameralen Haushaltsplan somit nicht auf. Sichtbar werden sie erst nach Erreichen der Regelaltersgrenze, wenn nach Eintritt in den Ruhestand also die entsprechenden Ruhegehaltszahlungen auf der Ausgabenseite kassenwirksam werden oder im Versorgungsfall wie Dienstunfähigkeit oder Hinterbliebenenversorgung. Dies ist ein weiteres Beispiel dafür, dass im kameralen Rechnungssystem kein Ausweis des tatsächlichen Ressourcenverbrauchs einer Periode stattfindet.

In der Doppik würde eine solche Versorgungsverpflichtung nach § 249 Abs. 1 Satz 1 Handelsgesetzbuch (HGB) als Verbindlichkeit angesehen, für die grundsätzlich in der Bilanz eine Rückstellung gebildet werden muss, also eine Passivierungspflicht besteht.[86] Rückstellungen sind demnach für Aufwendungen zu bilden, „die ihren wirtschaftlichen Grund in der abgelaufenen Periode haben,

84 Vgl. Fischer (2010), S. 13f.

85 Vgl. Hessisches Ministerium der Finanzen (2011a), Senatorin der Finanzen (2011) und Hamburger Finanzbehörde (2011).

86 Vgl. Coenenberg et al. (2012), S. 422ff. Auf die Möglichkeiten bilanzieller Auslagerungen von Pensionsverpflichtungen wird im Folgenden nicht eingegangen, vgl. hierzu Kolvenbach und Sartoris (2009).

die aber erst in einer spätere Periode zu Auszahlungen (...) führen".[87] Nach § 266 Abs. 3 HGB sind die Versorgungszusagen in der Bilanz unter dem Unterposten „Rückstellungen für Pensionen und ähnliche Verbindlichkeiten" auszuweisen.[88] Nach § 253 Abs. 1 Satz 2 HGB sind Rückstellungen „in Höhe des Erfüllungsbetrages anzusetzen, der nach vernünftiger kaufmännischer Beurteilung notwendig ist".[89]Im Falle von bereits laufenden Versorgungsleistungen sowie bei unverfallbaren Anwartschaften von Mitarbeitern, die bereits ausgeschieden sind, ist in der Bilanz grundsätzlich der Barwert der Verpflichtung anzusetzen.[90] Bei noch aktiven Mitarbeitern muss durch geeignete versicherungsmathematische Methoden eine Verteilung über die Dienstzeit vorgenommen werden. Dahinter steckt der Gedanke, dass die Verpflichtung nicht vollständig zu einem Zeitpunkt entsteht, sondern über die gesamte Dienstzeit angesammelt wird. Bei der Erteilung der Versorgungszusage bildet ein Unternehmen nicht sofort eine Rückstellung in Höhe des gesamten Barwerts der Versorgungszusage, sondern die Rückstellung wird über die verbleibende Dienstzeit bis zum Eintritt des Leistungsfalls angesammelt.[91]

Steuer- und handelsrechtlich ist dabei das sogenannte Teilwertfahren (Anwartschaftsdeckungsverfahren) anzuwenden. In der Handelsbilanz wäre auch die aus den internationalen Rechnungslegungsstandards stammende Projected Unit Credit (PUC)-Methode möglich.[92] Die bilanzielle und steuerrechtliche Bewertung von Pensionsverpflichtungen unterscheidet sich von den finanzwissenschaftlichen Methoden, die in Kapitel 7 dargestellt werden. Dem Teilwertverfahren liegt die Idee zugrunde, dass die Rückstellung mit gleichbleibendem jährlichen Aufwand angesammelt wird. Die Prämie ist so zu bestimmen, dass der Barwert der zukünftigen Pensionsleistungen zu Beginn dem Barwert der während der aktiven Zeit zu erwartenden Prämien entspricht.[93] Für den Bilanzansatz einer Versorgungszusage wird die Differenz vom Barwert der zukünftigen Pensionsleistungen und dem Barwert der noch ausstehenden, gleich bleibenden fiktiven Jahresprämien gebildet (Anwartschaftsbarwert). Die Projected Unit Credit-Methode beruht dagegen auf dem Ansammlungsverfahren, bei

87 Vgl. Wöhe und Mock, S. 96.

88 Vgl. Coenenberg et al. (2012), S. 424.

89 Vgl. Coenenberg et al. (2012), S. 428.

90 Ausnahmen bilden Altzusagen, die vor dem 01.01.1987 entstanden sind. Für diese formuliert Art. 28 Einführungsgesetz zum Handelsgesetzbuch (EGHGB) ein Passivierungswahlrecht. Vgl. hierzu Coenenberg et al. (2012), S. 425 sowie Heyd und Kreher (2009), S. 76ff.

91 Vgl. Derbort et al. (2012), S. 72.

92 Zur Bilanzierung von Pensionsverpflichtungen in der deutschen Handels- und Steuerbilanz sowie in den internationalen Rechnungslegungsstandards vgl. Derbort et al. (2012), S. 78ff, S. 110ff., S. 124ff. sowie Petersen (2002). Ein wichtiger Unterschied liegt insbesondere in den vorgeschriebenen Rechnungszinssätzen.

93 Vgl. Derbort et al. (2012), S. 72.

dem die Verpflichtung nach den arbeitsrechtlichen Vorschriften des Erdienens angesammelt wird. Hier verläuft die jährliche Prämie nicht konstant, sondern ansteigend. Bei beiden Verfahren wird jedoch gewährleistet, dass die Rückstellung ab Erreichen des Pensionseintritts dem kapitalisierten Barwert der zu erwartenden Pensionsleistung entspricht.[94] Die jährlichen Zuführungen an die Rückstellung werden aufwandswirksam in der Gewinn- und Verlustrechnung (GuV) verbucht.[95] Abweichend vom sonst herrschenden Verrechnungsverbot der Vermögensgegenstände und Schulden darf Deckungsvermögen, darunter versteht man Vermögensgegenstände, die dem Zugriff aller übrigen Gläubiger entzogen sind und ausschließlich der Erfüllung von Altersversorgungsverpflichtungen dienen, mit den Pensionsrückstellungen saldiert werden, so dass nur die Differenz auf der Passivseite auszuweisen ist.[96]

Die Doppik bildet damit schwebende Versorgungsverpflichtungen ab und sorgt für eine periodengerechte Ausweisung des Ressourcenverbrauchs bzw. illustriert den tatsächlichen, aktuarischen Rückstellungsbedarf. In einem verpflichtend doppischen System bestünden damit auch in der kurzen Frist eigentlich keine Anreize, aufgrund ihrer im Vergleich niedrigeren Beschäftigungskosten während der aktiven Zeit Beamte gegenüber Angestellten bevorzugt einzustellen.[97] Da in der öffentlichen Doppik aber, wie im Folgenden gezeigt werden wird, auch negatives Eigenkapitel ausgewiesen werden kann und bei öffentlichen Haushalten das Insolvenzrecht keine Anwendung findet, sorgen Verbeamtungen trotz der damit verbundenen Aufwandsbuchungen für eingegangene Versorgungsverpflichtungen de facto allerdings weiterhin für einen kurzfristigen Liquiditätsgewinn. Immerhin werden die eingegangenen Zusagen aber nun, im Gegensatz zur Kameralistik, explizit auf der Passivseite unter dem Posten „Rückstellungen", der aufwandswirksam zu bilden ist, dargestellt. Belastungen zukünftiger Haushalte, die in der Vergangenheit verursacht wurden, kommen auf diese Weise nun freilich ans Licht. Die Doppik führt hier zu einer höheren Transparenz bezüglich der tatsächlichen Beschäftigungskosten. Im Folgenden sollen nun die Bilanzansätze der drei Bundesländer Hessen, Bremen und Hamburg bezüglich ihrer schwebenden Versorgungszusagen analysiert werden.

Das Bundesland Hessen wies in seiner Eröffnungsbilanz vom 1. Januar 2009 Pensionsrückstellungen in Höhe von 38,25 Mrd. Euro sowie Beihilferückstellungen in einem Umfang von 4,96 Mrd. Euro aus.[98] Im Geschäftsbericht zum 31.

94 Vgl. Coenenberg (2012), S. 429 und Derbort et al. (2012), S. 74. Für eine ausführliche Darstellung der versicherungsmathematischen Bewertung von Pensionsverpflichtungen vgl. Hagemann (2011).

95 Vgl. Wöhe und Kußmaul (2010), S. 295ff.

96 Vgl. Heyd und Kreher (2009), S. 80f.

97 Vgl. hierzu Kapitel 5.

98 Vgl. Hessisches Ministerium der Finanzen (2009), S. 88.

Dezember 2010 belaufen sich die Rückstellungen für Pensionen auf 40,35 Mrd. Euro und für Beihilfe auf 4,86 Mrd. Euro.[99] Die versicherungsmathematischen Berechnungen der Rückstellungshöhe beruhen auf den Heubeck-Richttafeln 2005 G. Als jährliche Wachstumsrate wird bei den Pensionen 1,3 Prozent p.a. zugrunde gelegt, bei den Beihilfeleistungen 2,7 Prozent. Der gewählte Diskontierungszinssatz beträgt jeweils 4,5 Prozent.[100] Hessen macht von dem sogenannten Ansammlungswahlrecht gemäß Art. 67 Abs. 1 Satz 1 EGHGB Gebrauch. Demnach werden die durch das Bilanzrechtsmodernisierungsgesetz (BilMoG) herbeigeführten Bewertungsänderungen[101] (Berücksichtigung von Preis- und Kostensteigerungen der laufenden Pensionen oder Anwartschaften, inkl. Beihilfe) bis zum 31. Dezember 2024 in fünfzehn gleich hohen Raten den Rückstellungen zugeführt. In Hessen stehen zum 31.12.2010 noch 7,71 Mrd. Euro Pensionsrückstellungen und 2,04 Mrd. Euro Beihilferückstellungen aus, die in jährlichen Raten von 550,9 Mio. Euro bzw. 145,6 Mio. Euro aufwandswirksam zugeführt werden.[102] Zusammen mit der verwendeten Teilwertmethode werden sich die ausgewiesenen Pensionsrückstellungen des Bundeslandes bis 2030 auf rund 57 Mrd. Euro erhöhen.[103] Interessant ist in diesem Zusammenhang, dass in der Bilanz von Hessen auf der Aktivseite ein Anlage- und Umlaufvermögen in Höhe von 35,86 Mrd. Euro aufgeführt ist. Auf der Passivseite summieren sich die Verbindlichkeiten auf 50,69 Mrd. Euro und die Rückstellungen auf 51,90 Mrd. Euro, insgesamt also 102,94 Mrd. Euro. Das Eigenkapital ist damit negativ, der formale Bilanzausgleich erfolgt durch den Posten „Nicht durch Eigenkapital gedeckter Fehlbetrag“ in Höhe von 66,75 Mrd. Euro.[104] Dies entspricht knapp 65 Prozent der gesamten Bilanzsumme.

Die Hansestadt Bremen weist in ihrer Eröffnungsbilanz vom 1. Januar 2010 eine „Rückstellung für Pensionen und ähnliche Verpflichtungen“ in einem Umfang von 4,59 Mrd. Euro aus.[105] Bremen berücksichtigt für laufende Leistungen und unverfallbare Anwartschaften pensionierter oder ausgeschiedener Beamter den Barwert der Verpflichtung, bei aktiven Beamten wird auf das Teilwertverfahren zurückgegriffen. Bei der Berechnung des Rückstellungsbedarfs wird von einer jährlichen Anpassung von 1 Prozent ausgegangen, der Diskontierungszins beträgt 4,5 Prozent. Die Rückstellungen teilen sich auf in 3,64 Mrd. Euro für Beamte, die sich bereits im Ruhestand befinden, 897,1 Mio. Euro für aktive Beam-

99 Vgl. Hessisches Ministerium der Finanzen (2011a), S. 85.

100 Vgl. Hessisches Ministerium der Finanzen (2011a), S. 77f.

101 Vgl. hierzu auch Heyd und Kreher (2009).

102 Vgl. Hessisches Ministerium der Finanzen (2011a), S. 80.

103 Vgl. Hessisches Ministerium der Finanzen (2011b), S. 28.

104 Vgl. Hessisches Ministerium der Finanzen (2011a), S. 68f.

105 Vgl. Senatorin der Finanzen (2010), S. 19.

te sowie 52,1 Mio. Euro für Beihilfen.[106] Im Jahresabschluss zum 31. Dezember 2010 wurde der Rückstellungsbedarf der Eröffnungsbilanz rückwirkend um 738,3 Mio. Euro auf 5,33 Mrd. Euro erhöht. 4,01 Mrd. Euro entfallen auf Passive, 1,06 Mrd. Euro auf Aktive und 251,9 Mio. Euro auf Beihilfen. Begründet wurde diese Anpassung mit der Verwendung einer aktualisierten Software und einer optimierten Berechnungsmethode, die im Kern auf Generationensterbetafeln beruht. Innerhalb des Haushaltsjahres 2010 erhöhte sich die Rückstellung leicht auf 5,34 Mrd. Euro (3,98 Mrd. Euro Passive, 1,11 Mrd. Euro Aktive, 250,8 Mio. Euro Beihilfe). Die Bilanz Bremens zum 31.12.2010 weist auf der Aktivseite einen nicht durch Eigenkapitel gedeckten Fehlbetrag von 14,11 Mrd. Euro aus. Dies entspricht 60,3 Prozent der Bilanzsumme von 23,41 Mrd. Euro. Das auf der Passivseite angeführte Eigenkapitel beträgt null.[107]

In ihrer Eröffnungsbilanz vom 1. Januar 2006 führt die Freie und Hansestadt Hamburg Rückstellungen für Pensionen von 16,35 Mrd. Euro und für Beihilfeleistungen von 1,83 Mrd. Euro an, insgesamt also 18,18 Mrd. Euro. Dabei wurde von einem Rechnungszinsfuß von 6 Prozent ausgegangen, die versicherungsmathematische Ermittlung des Rückstellungsbedarfs basiert wiederum auf den Generationensterbetafeln 2005 G nach Heubeck. [108] Bei den Pensionsrückstellungen wird vom Wahlrecht des Art. 28 Abs.1 S.1 des Einführungsgesetzes zum Handelsgesetzbuch (EGHGB) dahingehend Gebrauch gemacht, dass sämtliche Altzusagen passiviert werden, die vor dem 1. Januar 1987 erworben wurden. Der Rückstellungsbedarf für die Beihilfe wird anhand von Vorjahreswerten als prozentualer Anteil an den Pensionsrückstellungen ermittelt.[109] Die Bilanz der Kernverwaltung verzeichnet zum 31.12.2010 Rückstellungen für „Pensionen und ähnliche Verpflichtung“ von 19,59 Mrd. Euro. Dieser Wert setzt sich zusammen aus 16,52 Mrd. Euro für Pensionsrückstellungen, 974 Mio. Euro für pensionsähnliche Verpflichtungen sowie 2,09 Mrd. Euro für Beihilfen.[110] Für den Bereich der aktiv Beschäftigten wird in Abweichung zum Teilwertverfahren der volle Barwert der Pensionsverpflichtungen für jede anspruchsberechtigte Person angesetzt. Es findet also kein Abzug der bis zum Pensionsalter zu zahlenden, diskontierten fiktiven jährlichen Versicherungsprämien statt. Auch die Bilanz der Hamburger Kernverwaltung weist auf der Aktivseite einen Posten „Nicht durch Eigenkapital gedeckter Fehlbetrag“ in Höhe von 1,21 Mrd. Euro aus, was knapp 2,5 Prozent der Bilanzsumme entspricht. [111] Das Bundesland

106 Vgl. Senatorin der Finanzen (2010), S. 41.

107 Vgl. Senatorin der Finanzen (2011), S. 16f.

108 Vgl. Hamburger Finanzbehörde (2006), S. 39f.

109 Vgl. Hamburger Finanzbehörde (2006), S. 33.

110 Vgl. Hamburger Finanzbehörde (2011), S. 113.

111 Vgl. Hamburger Finanzbehörde (2011), S. 91.

Schleswig-Holstein erstellt zwar noch keine doppische Bilanz, weist in der Finanzplanung 2011-2015 aber in einer Größenordnung von 36 Mrd. Euro Pensionsverpflichtungen als implizite Verschuldung aus. [112] Mecklenburg-Vorpommern beziffert den Barwert zukünftiger Versorgungsausgaben auf 4 Mrd. Euro (Stand Ende 2010), das Bundesland Sachsen führt zum Jahresende 2010 einen versicherungs-mathematischen Teilwert von 9,78 Mrd. Euro an.[113] Zusammenfassend kann damit gesagt werden, dass mit Hilfe der Doppik die zukünftigen Versorgungsverpflichtungen von Bund und Ländern für ihre Beamten ans Licht kommen, da für sie Rückstellungen auf der Passivseite der Bilanz auszuweisen sind. Zusagen, die bereits in der Vergangenheit eingegangen wurden, aber erst in zukünftigen Haushalten Kassenwirksamkeit entfalten, werden so sichtbar.[114] Die Doppik erhöht insofern einerseits die Transparenz öffentlicher Haushalte und ermöglicht ferner eine periodengenaue Ausweisung entstehender Aufwendungen.[115]

---

112 Vgl. Finanzministerium Schleswig-Holstein (2011), S. 11.

113 Vgl. Finanzministerium Mecklenburg-Vorpommern (2012), S. 45 sowie Sächsisches Staatsministerium der Finanzen (2011), S.47.

114 Dies kann auch mit einer geeigneten erweiterten Form der Kameralistik erreicht werden. In der Doppik ist die Ausweisung zukünftiger Verpflichtungen systemimmanent.

115 Von den Kommunen wird in diesem Kontext aufgrund ihrer Mitgliedschaft in kommunalen Versorgungskassen und -verbänden abstrahiert. Die Verpflichtung zur Rückstellungsbildung für die zu zahlenden Umlagen bei Mitgliedschaft im kommunalen Versorgungsverband wird in der Literatur diskutiert bzw. hängt von der Frage ab, ob eine verpflichtende Mitgliedschaft vorliegt und ob ein Wahlrecht hinsichtlich der Einführung der Doppik besteht. Vgl. hierzu Zeis (2007) sowie Rechnungshof des Saarlandes (2010).

3. Finanzsituation von Bund und Ländern

Da die Versorgungsausgaben des Bundes und der 16 Bundesländer unmittelbar aus dem jeweiligen Haushalt zu leisten sind, ist es hilfreich, zunächst die Finanzsituation im Status quo des Basisjahres 2009 zu betrachten, von der ausgehend dann die zukünftige Belastungswirkung beurteilt werden kann. Das Kapitel verfolgt somit nicht das Ziel einer umfassenden Darstellung oder Analyse, sondern möchte einige „Stylized facts" anführen und einen weiteren Schwerpunkt auf die neuen Schuldenregeln von Bund und Ländern legen.

Die gesamtstaatliche Verschuldung der Bundesrepublik Deutschland war in den zurückliegenden Jahren und Jahrzehnten einem stetigen, ungebremsten Wachstum unterworfen. Ende 2010 beliefen sich die gesamten Schulden von Bund, Ländern und Gemeinden auf 1.998,8 Mrd. Euro, davon waren 1.926 Mrd. Euro Kreditmarktschulden. Der Großteil der Kreditmarktschulden entfällt mit 1.285,1 Mrd. Euro auf den Bund, gefolgt von den 16 Bundesländern (577,4 Mrd. Euro) und den Gemeinden (79,2 Mrd. Euro). Abbildung 12 stellt die Entwicklung der Verschuldung am Kreditmarkt in den zurückliegenden 60 Jahren dar. Während die Gemeinden ihre Kreditmarktschulden ausgehend von 94,9 Mrd. Euro im Jahr 1995 auf 79,2 Mrd. Euro im Jahr 2010 verringern konnten, kam es auf der Ebene des Bundes und der Länder zu einem schier ungebremsten Wachstum. In dem angeführten Zeitraum erhöhte sich die Verschuldung des Bundes von 657,1 Mrd. Euro auf 1.269,3 Mrd. Euro, die der 16 Bundesländer von 257,3 Mrd. Euro auf 577,4 Mrd. Euro. Allein im Jahr 2010 wuchs der gesamtstaatliche Schuldenstand um 289,8 Mrd. Euro:[116] 236 Mrd. Euro entfielen hiervon auf den Bund, 53,6 Mrd. Euro auf die Länder und 0,1 Mrd. Euro auf die Gemeinden.

Für eine tiefer gehende Analyse ist ein Vergleich zwischen der Entwicklung der Verschuldung, der Steuereinnahmen und des Bruttoinlandsproduktes interessant. Abbildung 13 nimmt, beginnend im Jahr 1950, eine nominale Indexierung der drei genannten Größen vor. Zunächst fällt auf, dass sich in dem betrachteten Zeitraum BIP und Steuereinnahmen beinahe parallel entwickelten und 2010 nominal rund 50 Mal so hoch waren wie 1950. Bis Mitte der 1970er Jahre verlief auch die Erhöhung der gesamtstaatlichen Verschuldung gleichförmig. Im selben Verhältnis wie die Einnahmen erhöhte sich auch die Verschuldung, analog zu einem Privathaushalt, der mit steigendem Einkommen ebenfalls ein größeres Kreditvolumen realisieren kann.

116 Der Wert beinhaltet auch Sonderhaushalte.

Abbildung 12: Entwicklung der nominalen Verschuldung von Bund, Ländern und Gemeinden seit 1950

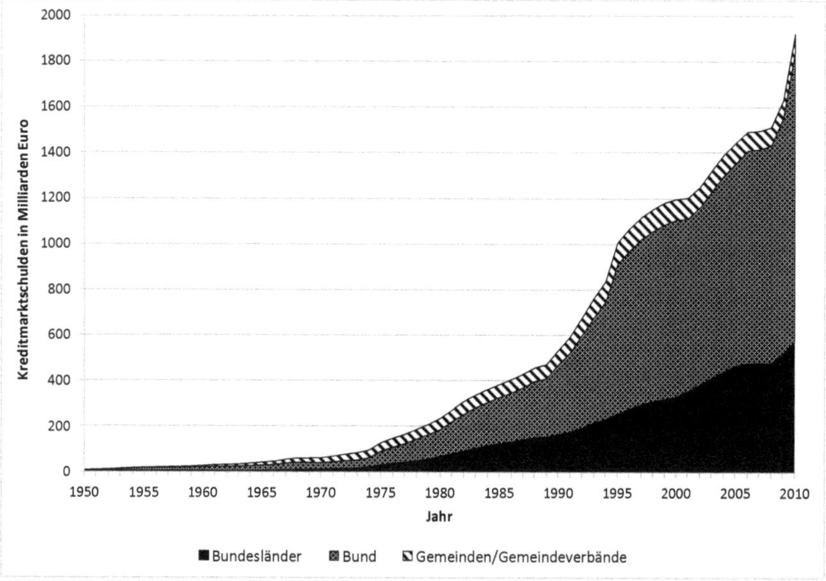

Quelle: Statistisches Bundesamt, eigene Darstellung

Abbildung 13: Nominale Entwicklung von BIP, Steuereinnahmen und Staatsverschuldung seit 1950

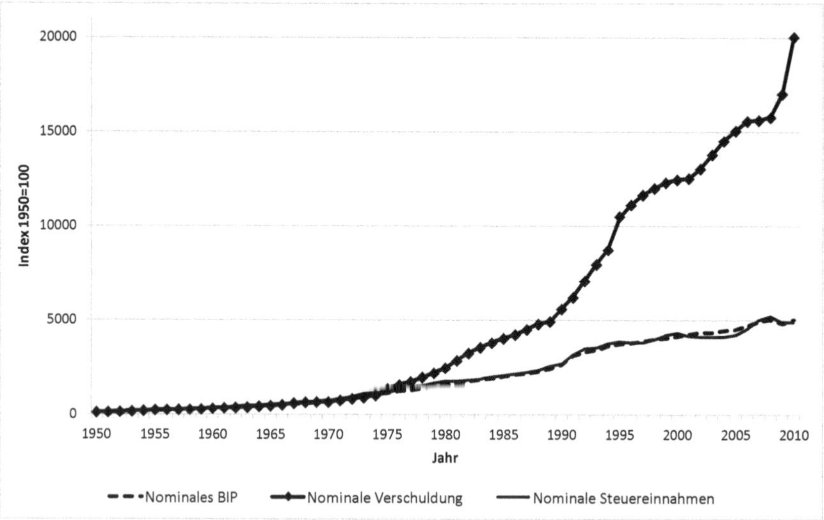

Quelle: Statistisches Bundesamt, eigene Berechnungen

Die gesamtstaatliche Schuldenquote, die als Verhältnis von Schulden und Bruttoinlandsprodukt definiert ist, blieb auch, wie Abbildung 14 illustriert, lange Zeit recht konstant unterhalb von 20 Prozent. Ab Mitte der 1970er Jahre begann sich das Wachstum der Verschuldung aber von der Entwicklung der Steuereinnahmen und des Bruttoinlandsproduktes abzukoppeln. Bereits 1980 lag die nominale Verschuldung bei dem 40-fachen des Wertes von 1950, während sich Steuereinnahmen und BIP nur um den Faktor 21 erhöht hatten. Diese Entwicklung setzte sich rasant fort: Im Jahr 2000 betrug der Indexwert der Verschuldung 12480 und war damit drei Mal so hoch wie die Indexwerte von BIP (4150) und Steuereinnahmen (4333). Zehn Jahre später lag der Schuldenstand nominal um den Faktor 200 über dem Ausgangswert, während Wirtschaftsleistung und Steuereinnahmen nur um den Faktor 50 bzw. 49 gewachsen waren.

Abbildung 14: Entwicklung der gesamtstaatlichen Schuldenquote

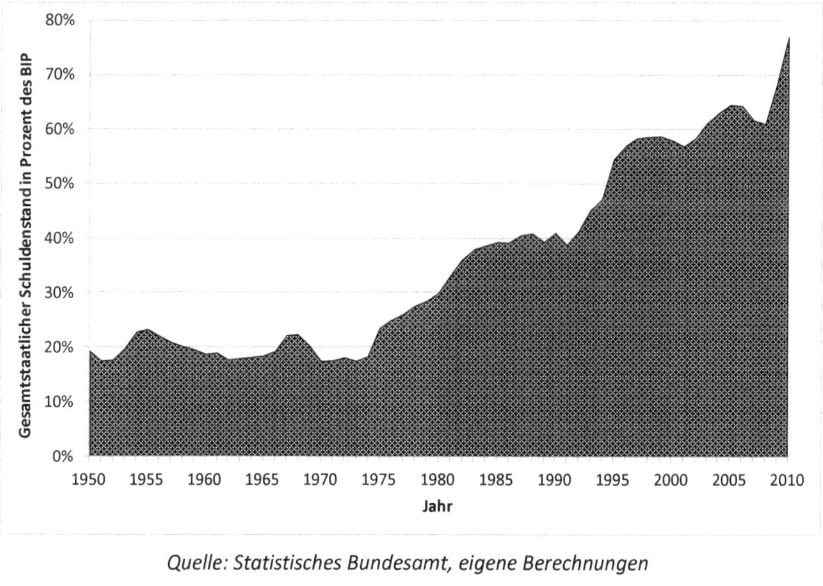

Quelle: Statistisches Bundesamt, eigene Berechnungen

Dies hatte unmittelbar zur Folge, dass auch die gesamtstaatliche Schuldenquote rasant wuchs. Allein zwischen 1974 und 1987 erhöhte sie sich von 18,3 Prozent auf 40,5 Prozent. Nach einer zwischenzeitlichen Stabilisierung auf dem 40-Prozent-Niveau wurde 1995 erstmals die 50-Prozent-Marke erreicht, um dann für einige Zeit unter dem Niveau von 60 Prozent zu verharren. Seit 2003 liegt die Schuldenquote aber stets über dieser Marke und damit über dem im europäischen Stabilitäts- und Wachstumspakt vereinbarten Maximalwert. Begünstigt durch die positive konjunkturelle Entwicklung kam es 2007 und 2008 zu einem zwischenzeitlichen leichten Rückgang auf bis zu 61,1 Prozent, ehe die Schuldenquote 2009 dann wieder bei 68,3 Prozent lag. Ende 2010 wurde ein Wert von 77,1 Prozent erreicht, mittlerweile wurde sogar die 80-Prozent-Marke überschritten.

Die Gesamtverschuldung der 16 Bundesländer, die Ende des Jahres 2010 bei 595,3 Mrd. Euro lag, teilt sich sehr unterschiedlich auf, wie aus Abbildung 15 hervorgeht. Sachsen weist mit 6,5 Mrd. Euro den absolut betrachtet niedrigsten Schuldenstand aus, Spitzenreiter ist Nordrhein-Westfalen mit 173 Mrd. Euro. Aussagekräftiger ist allerdings ein Vergleich in Pro-Kopf-Größen. Abbildung 16 zeigt, dass auch bei dieser Betrachtungsweise Sachsen mit 1.559 Euro den kleinsten Wert aufweist, gefolgt von Bayern (2.342 Euro). Die westdeutschen Flächenstaaten liegen zwischen 5.417 Euro (Baden-Württemberg) und Nordrhein-Westfalen (9.680 Euro). Spitzenreiter sind die drei Stadtstaaten Hamburg (14.034 Euro), Berlin (17.544 Euro) und, mit deutlichem Vorsprung, Bremen (26.900 Euro). Berücksichtigt man ferner die Verschuldung des Bundes, würden sich die Pro-Kopf-Größen der einzelnen Bundesländer um jeweils 15.698 Euro erhöhen. Bei Gleichverteilung der Außenstände der Gemeinden auf alle Bundesbürger kämen weitere 1.460 Euro pro Einwohner hinzu.

Abbildung 15: Gesamtverschuldung der 16 Bundesländer Ende 2010

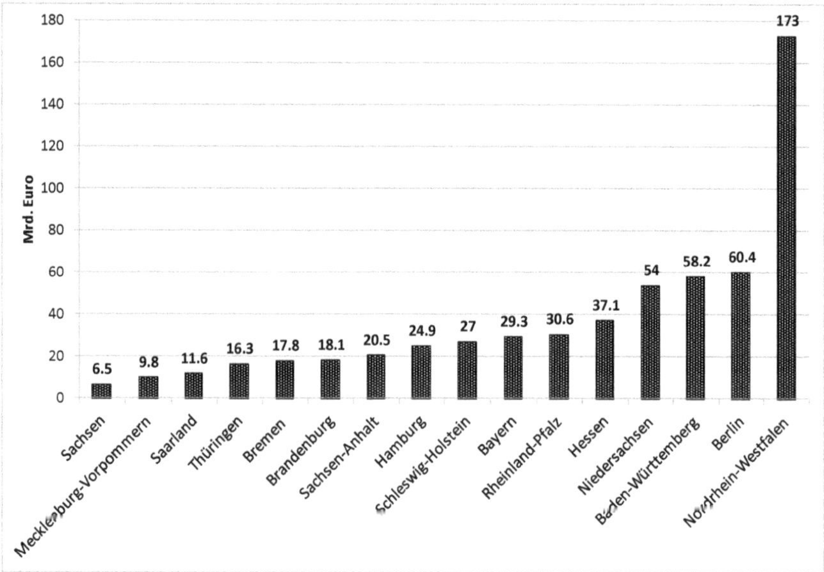

Quelle: Statistisches Bundesamt, eigene Berechnungen

Abbildung 16: Pro-Kopf-Verschuldung der 16 Bundesländer im Jahr 2010

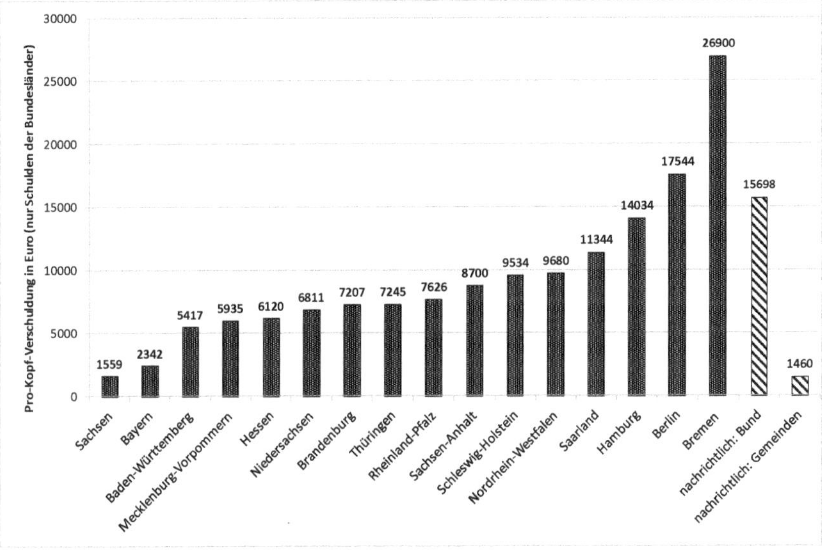

Quelle: Statistisches Bundesamt, eigene Berechnungen

Eine unmittelbare Folge der wachsenden Verschuldung ist, dass der Bund und die 16 Bundesländer immer größere Teile ihres Haushaltes für Zinszahlungen aufwenden müssen, was zwangsläufig Einschnitte bei anderen Ausgaben zur Folge hat. Im Jahr 2009 gab der Bund trotz des aufgrund der Finanzkrise niedrigen Zinsniveaus allein für Zinsen 38,06 Mrd. aus, die Bundesländer wurden dadurch mit 19,94 Mrd. Euro belastet. Die Zinslastquote eines öffentlichen Haushaltes gibt den Anteil der Zinsausgaben für Kreditmarktmittel an den bereinigten Gesamtausgaben[117] an. Spitzenreiter im Ranking ist, wie aus Abbildung 17 hervorgeht, das Bundesland Bayern, das im Jahr 2009 nur 1,9 Prozent seiner bereinigten Gesamtausgaben für Zinsen aufwenden muss, gefolgt von Sachsen (2,4 Prozent) und Baden-Württemberg (4,6 Prozent). Die höchsten Werte weisen der Bund und Bremen auf, die bereits heute 13 Prozent bzw. 14,4 Prozent ihres jeweiligen Ausgabenvolumens nur für Zinszahlungen aufbringen müssen. Steigt zukünftig wieder der staatliche Refinanzierungszins oder wird die Verschuldung weiter ausgedehnt, wird die Zinslastquote ceteris paribus zunehmen. Berücksichtigt man neben den Zinszahlungen zusätzlich noch die Personalausgaben, zu denen die Versorgungsausgaben gehören, zeigt sich, dass in elf Bundesländern schon im Status quo über 40 Prozent der jährli-

117 Darunter versteht man die um besondere Finanzierungsvorgänge und Verrechnungen bereinigten Ausgaben eines öffentlichen Haushaltes.

chen bereinigten Ausgaben für die beiden genannten Kategorien aufgewendet werden müssen. Der absehbare Anstieg der Versorgungsausgaben wird insbesondere in den Bundesländern dazu führen, dass immer größere Haushaltsanteile für die Ruhestandsbeamten und ihre Angehörigen aufzubringen sein werden. Im Kontext von steigenden Zinsausgaben führt dies dazu, dass die Gestaltungsfreiheit der Politik deutlich eingeschränkt wird und zukunftsträchtige Investitionen, beispielsweise in Forschung und Bildung, zurückgefahren werden müssen.

Abbildung 17: Zinslast- und Personalausgabenquoten des Bundes und der 16 Bundesländer im Jahr 2009

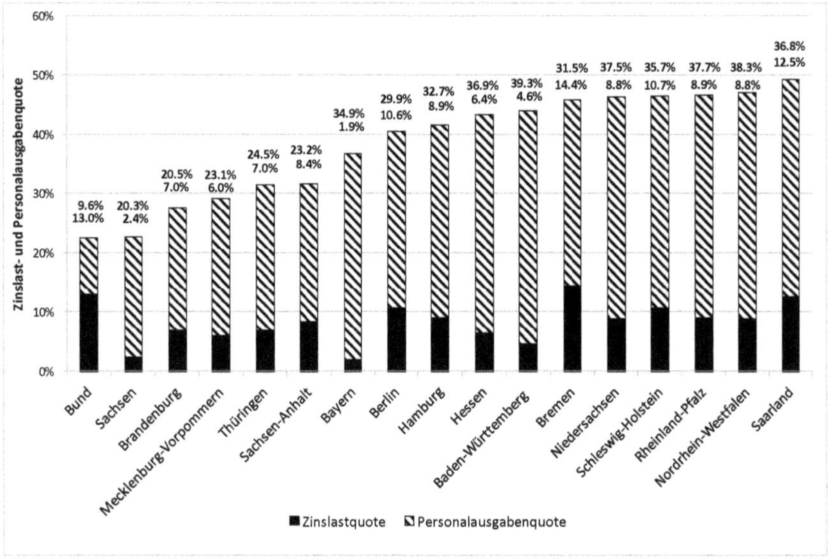

Quelle: Statistisches Bundesamt, eigene Berechnungen

Wie konnte es überhaupt zu diesem hohen Schuldenstand kommen, durch den die Haushalte von Bund und Ländern bereits heute massiv belastet werden? Die Antwort ist im Prinzip einfach: Über Jahrzehnte wurde in den Haushalten mehr Geld ausgegeben als auf der anderen Seite als Einnahmen zu verzeichnen war. Eine positive Nettokreditaufnahme, also die Ausweitung der Verschuldung, wurde zu einem ganz selbstverständlichen Instrument der Haushaltsfinanzierung. Eine Betrachtung auf der Ebene der 16 Bundesländer (bis 1990 nur westdeutsche Bundesländer) zeigt, dass seit 1970 nur in 9,3 Prozent der Jahre und Länderhaushalte ohne eine positive Nettokreditaufnahme ausgekommen wurde. Seit 2006 sind bei mehreren Bundesländern deutliche Konsolidierungsbemühungen zu erkennen. Betrachtet man nur den Zeitraum zwischen 1970 und 2005, sinkt der Wert auf 4,8 Prozent. Daraus wird ersichtlich, dass in den vergangenen Dekaden nur einige wenige Länder und dann auch meist nur in einzelnen Jahren ohne eine Ausweitung der Verschuldung ausgekommen sind. Abbildung 18 verdeutlicht diesen Befund, indem die Entwicklung der sogenannten Kreditfinanzierungsquote der 16 Bundesländer seit 1970 dargestellt wird. Unter diesem Wert versteht man den Anteil der Nettoschuldenaufnahme am Kreditmarkt an den bereinigten Gesamtausgaben. Mithin handelt es sich dabei um jenen Ausgabenanteil, der durch neue Schulden finanziert wird. Seit 1970 weisen die Bundesländer insgesamt eine positive Kreditfinanzierungsquote auf, die im Durchschnitt bei 7,3 Prozent lag. In 18 Jahren betrug sie mehr als 8 Prozent, in 8 Jahren sogar über 10 Prozent. Selbst im Jahr 2008, in dem nominal die bisher höchsten Steuereinnahmen der deutschen Geschichte realisiert werden konnten, kamen die deutschen Bundesländer nicht ohne neue Schulden aus, sondern finanzierten 1,4 Prozent ihrer Ausgaben durch eine positive Nettokreditaufnahme.

Abbildung 18: Entwicklung der Kreditfinanzierungsquote der 16 Bundesländer

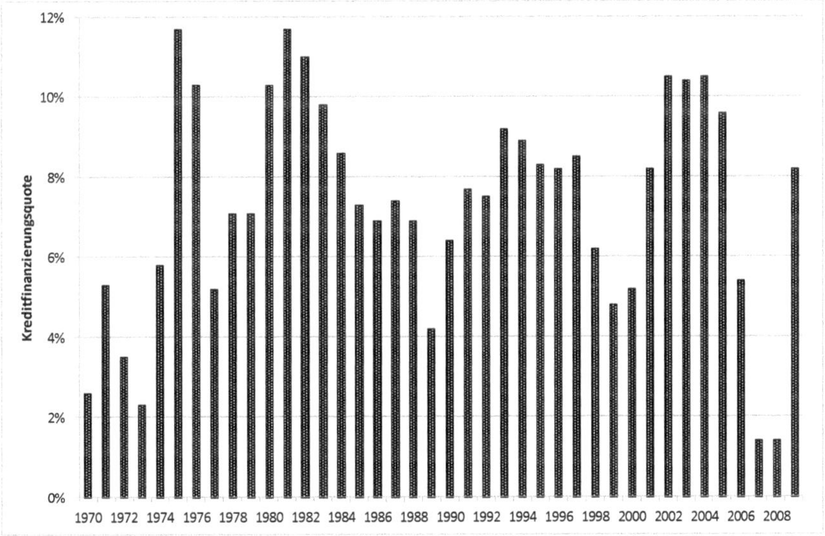

Quelle: Bundesministerium der Finanzen, eigene Darstellung

Beim Bund ist der jährliche Haushaltsanteil, der durch Neuverschuldung finanziert wird, noch ausgeprägter, wie aus Abbildung 19 hervorgeht. Seit 1993 lag die jährliche Kreditfinanzierungsquote im Durchschnitt bei 11,6 Prozent. Der bisherige Maximalwert wurde 1996 mit 17,2 Prozent erreicht. Selbst im Jahr der höchsten Steuereinnahmen 2008 stammten 4,1 Prozent der Ausgaben des

Bundeshaushaltes aus neuen Krediten. Im Jahr 2009 lag der Anteil wieder bei 11,7 Prozent. Bei Betrachtung aller 16 Bundesländer betrug die Kreditfinanzierungsquote im Jahr 2009 dagegen „nur“ 8,2 Prozent. Wie Abbildung 20 zeigt, bestehen zwischen den Bundesländern erhebliche Unterschiede. Während Sachsen eine negative Kreditfinanzierungsquote aufwies, verzeichneten Mecklenburg-Vorpommern, Sachsen-Anhalt, Thüringen, Baden-Württemberg und Hamburg einen Wert von null, kamen in dem betrachteten Jahr also ohne die Aufnahme neuer Schulden aus. Acht Bundesländer hatten 2009 dagegen Kreditfinanzierungsquoten von rund 10 Prozent. Rekordhalter sind Bremen und das Saarland mit 23,9 Prozent bzw. 26,2 Prozent.

Abbildung 19: Entwicklung der Kreditfinanzierungsquote des Bundes

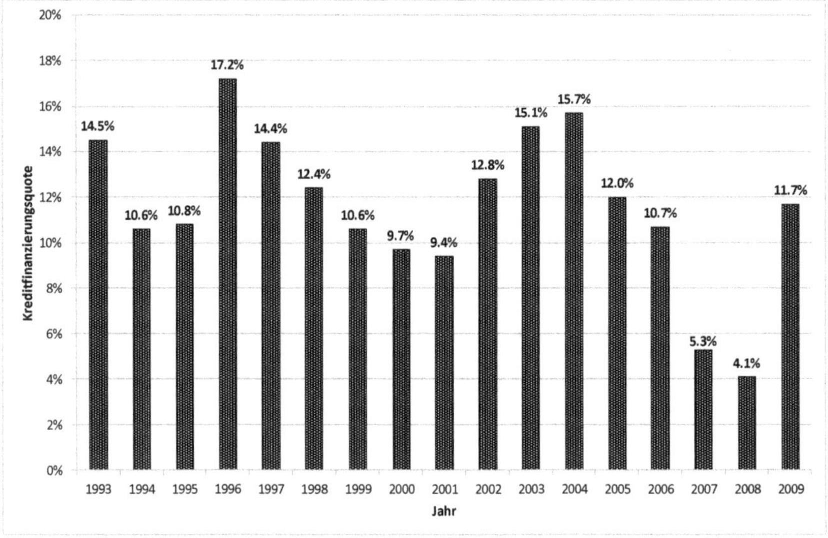

Quelle: Bundesministerium der Finanzen, eigene Darstellung

Abbildung 20: Kreditfinanzierungsquoten der 16 Bundesländer im Jahr 2009

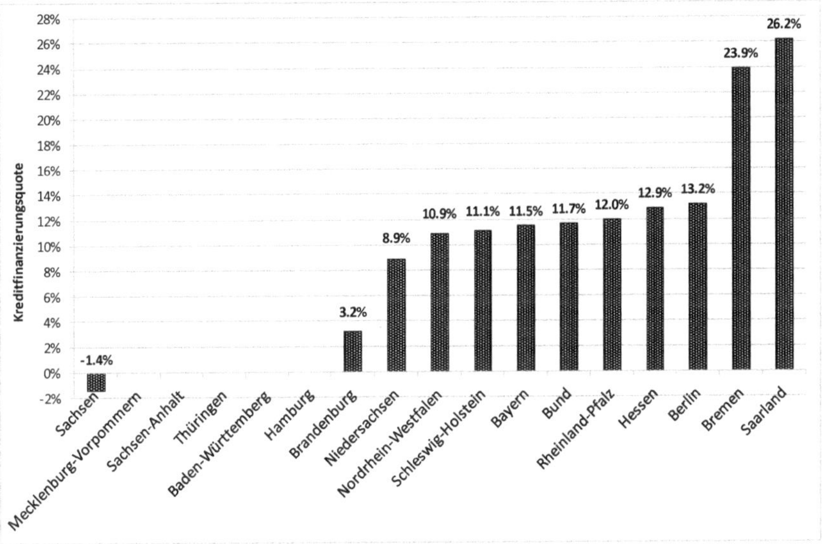

Quelle: Bundesministerium der Finanzen, eigene Darstellung

Als problematisch erweist sich auch das häufige Auftreten sogenannter Primärdefizite in den Haushalten. Dies bedeutet, dass die jährlichen Einnahmen ohne Kreditaufnahme unter den Ausgaben ohne Zinszahlungen liegen. Als Folge davon steigt die Verschuldung an und die Zinsen auf die bestehenden Außenstände werden vollständig aus neuen Schulden bezahlt, was auf Dauer zu einem Teufelskreis in Form steigender Schuldenquoten[118] führt. Zwischen den deutschen Bundesländern bestehen zwar recht große Unterschiede in Bezug auf die Primärsalden, die sich zudem als stark schwankend erweisen. Zwischen 1991 und 2001 wies die Gesamtheit aller 16 Bundesländer, abgesehen von den Jahren 1998, 1999 und 2000, ein Primärdefizit auf.[119] In den Jahren 2008 bis 2010 war der Primärsaldo bei Betrachtung aller Bundesländer dagegen positiv. Nur Hessen, Nordrhein-Westfalen, das Saarland, Schleswig-Holstein und Bremen wiesen 2010 ein Primärdefizit auf.[120] Auf der gesamtstaatlichen Ebene verzeichnete die Bundesrepublik Deutschland in den Jahren zwischen 2002 und 2005 Primärdefizite, zwischen 2006 und 2008 Primärüberschüsse und 2009 so-

118 Dies ist unter der Annahme der Fall, dass das reale gesamtwirtschaftliche Wachstum nicht höher als der reale Zinssatz liegt. Vgl. Blanchard und Illing (2006), S. 766f.

119 Vgl. Rosenschon (2003), S. 13.

120 Vgl. Sachverständigenrat (2011), S. 194.

wie 2010 wieder negative Werte von 0,4 bzw. 1,6 Prozent des jeweiligen BIP.[121] Zur wirksamen Begrenzung der ausufernden Staatsverschuldung beschloss die Föderalismusreformkommission die Einführung einer Schuldenbremse für den Bund und die 16 Bundesländer.[122] Bundestag und Bundesrat führten 2009 hierzu eine Verfassungsänderung durch.[123] Hintergrund war, dass die bis dato geltende Regelung zur Eindämmung der jährlichen Neuverschuldung aus dem Jahr 1969 keine befriedigenden Ergebnisse brachte. Diese besagte, dass die Einnahmen aus Krediten nicht die Summe der im Haushaltsplan veranschlagten Ausgaben für Investitionen überschreiten durften.[124] Ausnahmen waren aber zulässig zur „Abwehr einer Störung des gesamtwirtschaftlichen Gleichgewichts“. Von der Möglichkeit, auf eine solche Störung des gesamtwirtschaftlichen Gleichgewichts zu verweisen, um Kredite in einem Umfang aufzunehmen, der über den Investitionen liegt, wurde von der Politik regelmäßig Gebrauch gemacht – selbst in Zeiten guter Konjunktur. Es gelang folglich nicht, die jährliche Nettokreditaufnahme zu begrenzen und das im Rahmen der Europäischen Währungsunion anvisierte Maximum der gesamtstaatlichen Verschuldung von 60 Prozent des BIP einzuhalten.[125]

Die neue Schuldenbremse sieht vor, dass der Bund ab 2016 pro Jahr nur eine Nettoneuverschuldung in einem Umfang von 0,35 Prozent des Bruttoinlandsproduktes aufweisen darf. In einem konjunkturellen Abschwung können darüber hinausgehend weitere Kredite aufgenommen werden, die aber, ähnlich einem Dispo-Kredit, auf einem Kontrollkonto festgehalten und während des folgenden Aufschwungs wieder getilgt werden müssen. Im Falle des Auftretens von Naturkatastrophen und außergewöhnlichen Notsituationen dürfen außerdem zusätzliche Mittel aufgenommen werden, die „binnen eines angemessenen Zeitraums“ mittels eines Tilgungsplans wieder zurückzuführen sind.[126] Für die 16 Bundesländer besteht ab dem Jahr 2020 ein prinzipielles strukturelles Neuverschuldungsverbot.[127] Bestehende Finanzierungsdefizite sind ab dem

121 Vgl. Europäische Zentralbank (2012).

122 Für eine ausführliche und umfassende Darstellung der neuen Schuldenregeln sei auf Baumann und Schneider (2010) sowie Mattil et al. (2010) verwiesen. Zum Entstehungsprozess vgl. Dönnebrink et al. (2010).

123 Unter anderem wurden die Artikel 109, 115 und 143d des Grundgesetzes (GG) geändert.

124 Vgl. Dönnebrink et al. (2010), S. 23ff.

125 Die 60-Prozent-Marke ist jene konstante Schuldenquote, die sich bei einer jährlichen Inflationsrate von 2 Prozent, einem nominalen Wachstum von 3 Prozent p.a. und einer nominalen konstanten Defizitquote von 3 Prozent p.a. langfristig einstellen würde. Vgl. Blanchard (2006), S. 769.

126 Vgl. Bundesministerium der Finanzen (2012b) sowie Kastrop und Marklein (2012), S. 1ff.

127 Im Falle von Naturkatastrophen oder außergewöhnlichen Notsituationen sind wiederum Ausnahmen möglich. Zur symmetrischen Berücksichtigung einer von der Normallage abweichenden Konjunkturentwicklung soll außerdem auch eine antizyklische Finanzpolitik und damit verbunden eine Kreditaufnahme erlaubt werden. Auch hierfür ist jeweils wieder ein Tilgungsplan vorzulegen. Um die konjunkturelle Abweichung nachzuweisen, ist die Schätzung einer Produktionslücke erforderlich. Auf der Ebene der Bundesländer wird über die hierfür anzuwendenden Verfahren noch diskutiert. Die genaue Ausgestaltung regeln die Bundesländer im

Haushaltsjahr 2011 schrittweise zurückzuführen. Für einige Bundesländer wird die Vorschrift dazu führen, dass sie ab 2020 erstmals seit Jahrzehnten wieder einen Haushalt ohne positive Nettokreditaufnahme aufweisen werden. Bis zum Erreichen dieses Ziels wird sich während des Abbaupfades die Verschuldung der Bundesländer aber noch einmal erhöhen. Die Schuldenbremse hat Verfassungsrang: Verletzt ein Haushaltsgesetz die Regelung, kann es vom Bundesverfassungsgericht bzw. dem jeweiligen Landesverfassungsgericht für ungültig erklärt werden. Um die Vorgaben der Schuldenbremse einhalten zu können, erhalten fünf Bundesländer für den Zeitraum von 2011 bis 2019 eine finanzielle Unterstützung in Höhe von 800 Mio. Euro pro Jahr, die sogenannten Konsolidierungshilfen, insgesamt also 7,2 Mrd. Euro. Bremen bezieht jährlich 300 Mio. Euro, das Saarland 260 Mio. Euro, Berlin, Sachsen-Anhalt und Schleswig-Holstein jeweils 80 Mio. Euro. Die Finanzierung tragen Bund und Länder hälftig. Voraussetzung für die Gewährung ist die Einhaltung des Konsolidierungspfades[128], der die genannten Länder in die Lage versetzt, ihre Haushalte strukturell dergestalt umzugestalten, dass sie ab 2020 ohne Neuverschuldung auskommen und damit die Schuldenbremse einhalten. Der im Jahr 2010 gegründete Stabilitätsrat ist für die Haushaltsüberwachung von Bund und Ländern verantwortlich und kontrolliert die Einhaltung des eingeschlagenen Konsolidierungspfades.[129]
Zu der in diesem Kapitel aufgezeigten expliziten Staatsverschuldung des Bundes und der Bundesländer muss noch die implizite hinzugefügt werden.[130] Diese besteht zu einem großen Teil aus den in der Vergangenheit eingegangenen Zahlungsverpflichtungen für die Versorgung der Landesbeamten und deren Angehörigen. Die im Rahmen der vorliegenden Arbeit vorgenommene Ausgabenprojektion der Beamtenversorgung muss daher im Kontext der Haushaltssituation von Bund und Ländern, der Belastungen der bereits vorhandenen Verschuldung sowie der mit der neuen Schuldenbremse einhergehenden Konsolidierungsverpflichtungen gesehen werden.[131]

Rahmen ihrer verfassungsrechtlichen Kompetenzen. Zur Problematik der Konjunkturbereinigung vgl. Hetschko (2012), S. 61ff. sowie Truger und Will (2012), S. 75ff.

128 Zum Konsolidierungsbedarf der Bundesländer vgl. Sachverständigenrat (2011), S. 201.

129 Zum Stand der Umsetzung der Schuldenbremse in den 16 Bundesländern vgl. Brügelmann und Schaefer (2012), S. 19ff., Bravidor (2012), S. 11ff. sowie Sachverständigenrat (2011), S. 186.

130 Für eine umfassende Darstellung der impliziten Staatsverschuldung der Bundesrepublik Deutschland sowie eine europäische Betrachtung vgl. Moog und Raffelhüschen (2012). Für eine Analyse zur langfristigen Tragfähigkeit der gesamtstaatlichen Finanzpolitik in Deutschland vgl. Werding (2011).

131 Die haushalts- und finanzstatistischen Daten dieses Abschnitts stammen aus Statistisches Bundesamt (2009) sowie Bundesministerium der Finanzen (2011a).

4. Bisherige Rücklagenbildung: Überblick und finanzwissenschaftliche Analyse

Im vorherigen Abschnitt wurde bereits erläutert, dass bis zum Jahr 1998 für den Bund und die 16 Bundesländer keine Verpflichtung bestand, Rücklagen[132] zur Finanzierung der Versorgungsausgaben ihrer Beamten zu bilden. Dies änderte sich mit dem auf Bundesebene beschlossenen Versorgungsreformgesetz (VReformG), das zur Bildung von Versorgungsrücklagen des Bundes und der Länder führte.[133] Um die langfristige Finanzierung der Beamtenversorgung sicherzustellen, sollten die 15 folgenden Besoldungs- und Versorgungsanpassungen um jeweils 0,2 Prozentpunkte verringert werden. Die dadurch eingesparten Mittel fließen Sondervermögen des Bundes und der Länder zu, die zweckgebunden zur Finanzierung zukünftiger Versorgungsaufwendungen eingesetzt werden sollen.

Ab dem Jahr 2002 wurde die Verminderung der Besoldungs- und Versorgungsanpassung um jeweils 0,2 Prozentpunkte ausgesetzt. Nur der Basiseffekt, also die Zuführungen der Jahre 1999 bis 2002, wurde fortgeschrieben und an die Sondervermögen überwiesen. Auf diese Weise soll, wie im vorhergehenden Abschnitt bereits dargestellt, eine Doppelbelastung vermieden werden. Denn in den acht auf den 1. Januar 2003 folgenden Anpassungen der Besoldungs- und Versorgungsbezüge wird der Höchstruhegehaltssatz schrittweise von 75 Prozent auf 71,75 Prozent gesenkt. Der Versorgungsrücklage wird die Hälfte der durch diese Maßnahme erzielten Einsparungen zugeführt. Nach der achten Anpassung wird der Aufbau der Versorgungsrücklage bis zum Jahr 2017 wieder mit durchschnittlich 0,2 Prozentpunkten je Gehaltsanpassung fortgeführt, ehe ab 2018 dann mit der Auflösung der Versorgungsrücklagen begonnen wird. Die Versorgungsrücklagengesetze des Bundes und der Bundesländer regeln die rechtlichen Details und machen etwa Vorgaben bezüglich der erlaubten Anlagestrategie und der Verwaltung der Rückstellungsmittel.

Aus Tabelle 11 geht hervor, dass die Versorgungsrücklagen der 16 Bundesländer Ende des Jahres 2010 insgesamt einen Bestand von rund 9 Mrd. Euro aufwiesen. Hinzu kommt die Versorgungsrücklage des Bundes für seine Beamten, Richter und Soldaten in einem Umfang von 3,8 Mrd. Euro. Nur Baden-Württemberg, Bayern, Berlin und Hessen erlauben, einen Teil der vorhandenen

---

132 Wenn im Folgenden von der Bildung von Sondervermögen zur Finanzierung zukünftiger Versorgungsausgaben die Rede ist, wird der Begriff Rücklagen verwendet und ist in diesem Kontext somit nicht in seiner Bedeutung aus dem Bilanzrecht (vgl. Wöhe und Mock (2010), S. 95ff.) zu verstehen. Für den bilanziellen Ausweis der Versorgungsverpflichtungen wird der Begriff Rückstellungen verwendet.

133 Vgl. §14a Bundesbesoldungsgesetz (BBesG). Der Bund und die Länder setzten in der Folge für ihren Bereich mit jeweils eigenen Gesetzen die Errichtung von Versorgungsrücklagen für ihre Beamten um.

Tabelle 11: Versorgungsrücklagen des Bundes und der Länder

Gebietskörperschaft	Bestand Versorgungsrücklage	Anlage ausschließlich in Anleihen und Schuldverschreibungen
Baden-Württemberg	1,2 Mrd. Euro (Ende 2010)	nein (max. 50 Prozent Aktienanteil)
Bayern	1,08 Mrd. Euro (Ende 2010)	nein (max. 20 Prozent Aktienanteil, realisiert 20,8%)
Berlin	324,2 Mio. Euro (Ende 2009) 376,8 Mio. Euro (Ende 2010)	nein (max. 15 Prozent Aktienanteil)
Brandenburg	91,1 Mio. Euro (Ende 2010)	ja
Bremen	63,6 Mio. Euro (Ende 2009)	ja
Hamburg	196,2 Mio. Euro (Ende 2009)	ja
Hessen	755,1 Mio. Euro (Ende 2009) 918,9 Mio. Euro (Ende 2010)	nein (max. 30 Prozent Aktienanteil, realisiert 16,5 Prozent)
Mecklenburg-Vorpommern	37,2 Mio. Euro (Ende 2009)	ja
Niedersachsen	469,9 Mio. Euro (Ende 2009) 491,4 Mio. Euro (Ende 2010)	ja
Nordrhein-Westfalen	3,2 Mrd. Euro (Ende 2010)	ja
Rheinland-Pfalz	294,5 Mio. Euro (Ende 2009)	ja
Saarland	80,4 Mio. Euro (Ende 2009)	ja
Sachsen	70,3 Mio. Euro (Ende 2009) 81,9 Mio. Euro (Ende 2010)	ja (nur Schuldverschreibungen und Schuldscheindarlehen des Freistaates Sachsen)
Sachsen-Anhalt	52,4 Mio. Euro (Ende 2009) 60,8 Mio. Euro (Ende 2010)	ja
Schleswig-Holstein	202,7 Mio. Euro (Ende 2009)	ja
Thüringen	172,3 Mio. Euro (Ende 2010)	ja (ausschließlich langfristige Schuldscheine des Freistaates Thüringen)
Bund	3,05 Mrd. Euro (Ende 2009) 3,8 Mrd. Euro (Ende 2010), gilt für Richter, Beamte und Berufssoldaten	ja

Quelle: Eigene Recherchen

Mittel in Aktien anzulegen. Der Bund und die restlichen Bundesländer schreiben für ihre Sondervermögen vor, in mündelsichere Anleihen und Schuldverschreibungen zu investieren. Dabei fällt auf, dass der Bestand teilweise sogar vollständig in eigene Anleihen der jeweiligen Gebietskörperschaft investiert wird. Auf diese Anlagestrategie und den Umstand, dass die Bildung der Sondervermögen größtenteils kreditfinanziert erfolgte, wird im Folgenden noch ausführlich eingegangen.

Neben der verpflichtend vorgeschriebenen Versorgungsrücklage führten der Bund und zwölf Bundesländer auf freiwilliger Basis zusätzliche Versorgungsfonds ein, die sich hinsichtlich ihrer konkreten Ausgestaltung aber stark unterscheiden. Rheinland-Pfalz nahm hier eine Vorreiterstellung ein und errichtete 1996 als erstes Bundesland ein solches Sondervermögen. Wie Tabelle 12 zu entnehmen ist, beläuft sich der Bestand der freiwilligen Rückstellungsbildung Ende 2010 auf Ebene der Bundesländer auf über 6 Mrd. Euro, im Versorgungsfonds des Bundes sind 226,4 Mio. Euro enthalten.

Tabelle 12: Versorgungsfonds des Bundes und der Länder

Gebietskörperschaft	Bestand Versorgungsfonds	Art der Zuführung	einbezogene Beamte	Anlage ausschließlich in Anleihen und Schuldverschreibungen
Baden-Württemberg	650 Mio. Euro (Ende 2010)	500 Euro/Monat 500 Mio. Euro Startguthaben	alle ab dem 1. Januar 2009 begründeten Dienstverhältnisse	nein (max. 50 Prozent Aktienanteil)
Bayern	203,3 Mio. Euro (Ende 2010)	526 Euro/Monat	alle nach dem 31. Dezember 2007 begründeten Dienstverhältnisse	nein (max. 20 Prozent Aktienanteil, realisiert 20,5 Prozent)
Berlin	nicht vorhanden	-	-	-
Brandenburg	217,3 Mio. Euro (Ende 2010)	versicherungsmathematisch berechnete Prozentsätze, im Durchschnitt 30 Prozent der Bezüge	Vollfinanzierung für alle Beamte und Richter ab dem Verbeamtungsjahrgang 2009, für vorher bestehende Dienstverhältnisse Teilfinanzierung	nein (max. 50 Prozent in Aktien, aktuell kein Aktienanteil)
Bremen	193,7 Mio. Euro (Ende 2009)	schwankend	hauptsächlich Liquiditätsgewinne durch Verbeamtungseffekte	ja
Hamburg	97,3 Mio. Euro (Ende 2009)	schwankend	hauptsächlich Liquiditätsgewinne durch Verbeamtungseffekte	ja
Hessen	Zuführung an Versorgungsrücklage	500 Euro/Monat	alle ab dem 1. Januar 2005 begründeten Dienstverhältnisse	nein (max. 30 Prozent Aktienanteil, realisiert 19 Prozent)

Mecklenburg-Vorpommern	44,4 Mio. Euro (Ende 2009)	20 Prozent der Bezüge	alle nach dem 1. Januar 2008 begründete Dienstverhältnisse	nein (max. 20 Prozent Aktienanteil, realisiert 24 Prozent ETF)
Niedersachsen	Einführung eigtl. geplant ab 2010, mittlerweile verworfen	-	-	-
Nordrhein-Westfalen	476 Mio. Euro (Ende 2010	544,55 Euro/Monat	alle nach dem 31. Dezember 2005 begründeten Dienstverhältnisse	*ja*
Rheinland-Pfalz	1,9 Mrd. Euro (Ende 2009)	versicherungsmathematisch berechnete Vomhundertsätze (max. 38,8 Prozent der monatlichen Bezüge)	alle nach dem 30. September 1996 begründeten Dienstverhältnisse	*ja*
Saarland	nicht vorhanden	-	-	-
Sachsen	1,64 Mrd. Euro (Ende 2009) 2,19 Mrd. Euro (Ende 2010)	versicherungsmathematisch berechnete Vomhundertsätze	Vollfinanzierung für alle Beamte und Richter ab dem Verbeamtungs-jahrgang 1997, für vorher bestehende Dienstverhältnisse Teilfinanzierung	ja (nur Schuldverschreibungen und Schuldscheindarlehen des Freistaates Sachsen)
Sachsen-Anhalt	157,6 Mio. Euro (Ende 2009	versicherungsmathematisch berechnete Vomhundertsätze (max. 42,2 Prozent	Vollfinanzierung für alle Beamte und Richter ab dem Verbeamtungs-jahrgang 2007, für vorher bestehende Dienstverhältnisse Teilfinanzierung	ja (nur Schuldverschreibungen und Schuldscheindarlehen des Freistaates Sachsen)
Schleswig-Holstein	nicht vorhanden	-	-	-
Thüringen	nicht vorhanden	-	-	-

Bund	108,2 Mio. Euro (Ende 2009) 226,24 Mio. Euro (Ende 2010), gilt für Richter, Beamte und Berufs-soldaten	versicherungs-mathematisch berechnete Vomhundert-sätze (max. 29,6 Prozent)	alle nach dem 31. Dezember 2006 begründeten Dienstverhältnisse	nein (realisiert 9,6 Prozent Aktienanteil, max. 10 Prozent)

Quelle: Eigene Recherchen

Baden-Württemberg, Bayern und Nordrhein-Westfalen führen ihren Versorgungsfonds für alle Beamte, deren Dienstverhältnis nach einem bestimmten Stichtag begonnen hat, monatlich einen Betrag zwischen 500 und 544 Euro zu. Eine pauschale Zuführung findet auch in Hessen statt, allerdings nicht in einen zusätzlichen Versorgungsfonds, sondern in die bereits bestehende Versorgungsrücklage.

In Hamburg und Bremen wird die Zuführung in den jeweiligen Versorgungsfonds hauptsächlich über sogenannte Verbeamtungseffekte gespeist. Dies bedeutet, dass Beschäftigte, die ursprünglich Angestelltenstatus hatten, verbeamtet wurden. Der daraus resultierende Liquiditätsgewinn in Form eingesparter Sozialversicherungsbeiträge wird dann an das Sondervermögen überwiesen. Brandenburg, Mecklenburg-Vorpommern, Rheinland-Pfalz, Sachsen, Sachsen-Anhalt und der Bund führen dem Versorgungsfonds bestimmte Vomhundertsätze der monatlichen Besoldung zu. Diese sind teilweise versicherungsmathematisch berechnet, also so gestaltet, dass sie die im statistischen Durchschnitt anfallenden Versorgungsausgaben eines Beamten decken sollen.[134] Auf diese Weise werden die tatsächlichen Beschäftigungskosten eines Beamten sichtbar, was einen Vergleich mit den sozialversicherungspflichtigen Angestellten des öffentlichen Dienstes ermöglicht. Der einzelne Beamte hat gegenüber dem Sondervermögen aber keinen rechtlichen Anspruch, es handelt sich dabei also nicht um individuelle, personalisierte Versorgungskonten. Neben den regelmäßigen monatlichen Zuführungen sind auch diskretionäre Überweisungen an den Versorgungsfonds möglich, etwa im Falle einer überdurchschnittlichen Haushaltsentwicklung. Aus den freiwilligen Fonds dürfen nur Versorgungsleistungen der eingeschlossenen Beamten, deren Dienstverhältnis nach einem bestimmten Stichtag begonnen hat, bezahlt werden.[135] Bremen, Hamburg, Nordrhein-

134 Die versicherungsmathematisch berechneten Vomhundertsätze differieren nach Laufbahngruppe. Wird das Dienstverhältnis erst nach dem 45. oder 50. Lebensjahr begründet, erhöhen sich die Vomhundertsätze in einigen Bundesländern um 50 bzw. 100 Prozent. Vgl. etwa für Sachsen-Anhalt § 1 der Pensionsfonds-Zuführungsverordnung (PZVO).

135 Bei einigen Versorgungsfonds bezieht sich dies nur auf Ruhegehälter und Hinterbliebenenversorgung, während Beihilfeausgaben nicht mit eingeschlossen sind.

Westfalen, Rheinland-Pfalz und Sachsen investieren die Mittel des Sondervermögens ausschließlich in Anleihen und Schuldverschreibungen. Dabei handelt es sich meist um sogenannte mündelsichere Anleihen oder sogar um landeseigene Anleihen. Eine breite Diversifikation unterbleibt in den meisten Fällen.[136] Der Bund sowie die anderen Bundesländer mit Versorgungsfonds haben einen Aktienanteil bzw. erlauben zumindest grundsätzlich den Kauf dieser Wertpapierklasse. Die Anlage und Verwaltung der Sondervermögen wird nur in Sachsen-Anhalt von privaten Asset-Management-Unternehmen übernommen, beim Bund und den anderen Bundesländern wurde die Aufgabe an die Bundesbank, an Landesbanken, das Finanzministerium oder eigens hierfür gegründete Gremien übertragen.

Der relativ geringe Umfang der vorhandenen Mittel lässt sich damit erklären, dass von den 1960er Jahren bis zum Anfang der 1980er Jahre zwar massiv neue Beamte eingestellt wurden, mit der Bildung entsprechender Rücklagen für zukünftige Versorgungsausgaben aber erst Ende der 1990er Jahre, und dann recht zaghaft, begonnen wurde. Auch die auf freiwilliger Basis eingerichteten Versorgungsfonds des Bundes und der Länder können hier kaum Abhilfe leisten. Denn sie dürfen ihre Mittel nur für die Versorgungs- bzw. Beihilfeleistungen jener Landesbeamten verwenden, deren Dienstverhältnis nach einem bestimmten Stichtag geschlossen wurde. In Rheinland-Pfalz gilt dies etwa für alle Beamte, die nach dem 30. September 1996 eingestellt wurden. Die kohortenstarken Beamtenjahrgänge werden von den Versorgungsfonds aber nicht erfasst. Sie sind es jedoch, die, wie in den Kapiteln 8 bis 10 ausführlich gezeigt werden wird, in den kommenden zehn bis fünfzehn Jahren einen erheblichen Anstieg der Versorgungsausgaben bewirken. Dieser ist determiniert durch die Einstellungswellen der zurückliegenden Jahrzehnte. Für diese Jahrgänge sorgen die Sondervermögen für keinerlei Entlastung, so dass die steigenden Aufwendungen unmittelbar aus dem jeweiligen Landeshaushalt zu finanzieren sind. Ab 2018 sollen die verpflichtenden Versorgungsrücklagen zwar aufgelöst werden. Um eine deutliche Entlastungswirkung zu entfalten, ist ihr Volumen aber zu gering bemessen. Eine gewisse Ausnahme bilden hier Brandenburg, Sachsen und Sachsen-Anhalt, die für die vor den Jahren 2009 (Brandenburg), 1997 (Sachsen) bzw. 2007 (Sachsen-Anhalt) vorhandenen Beamten durch ihre Versorgungsfonds zumindest eine Teilfinanzierung anstreben. Allerdings ist dies nicht mit der Situation im früheren Bundesgebiet vergleichbar, da es in den neuen Bundesländern erst ab 1990 Verbeamtungen gab und damit erst ab diesem Zeitpunkt auch beamtenrechtliche Versorgungsansprüche begründet wurden.

136 Während zum Beispiel Bayern oder Brandenburg ein breit diversifiziertes Portfolio haben, investiert Sachsen ausschließlich in landeseigene Anleihen, Rheinland-Pfalz zu überwiegenden Teilen. Die meisten Bundesländer veröffentlichen die detaillierte Zusammensetzung ihrer Sondervermögen nicht und geben diesbezüglich auch keine Auskunft.

Der politische Wille, Rücklagen für zukünftig steigende Versorgungsausgaben zu bilden, ist aus finanzwissenschaftlicher Perspektive grundsätzlich lobenswert. Die Errichtung der verpflichtenden Versorgungsrücklage, finanziert durch eine Verminderung der Dienst- und Versorgungsbezüge, war ein richtiger Schritt, der aber zum einen zu spät kam und zum anderen in seinem Umfang keinesfalls ausreichend ist.

Als problematisch bei der Schaffung zusätzlicher Versorgungsfonds auf freiwilliger Basis ist aber anzusehen, dass beim Bund und bei den Bundesländern, von einigen Ausnahmen abgesehen, die jährliche Nettokreditaufnahme deutlich höher war als die jeweilige Zuführung in das Sondervermögen. Dies bedeutet, dass die Überweisungen an die Rücklagen überwiegend vollständig aus neuen Krediten finanziert wurden. Anders ausgedrückt: Der Bund und die Bundesländer verschuldeten sich am Kreditmarkt, etwa durch die Ausgabe entsprechender Anleihen, und leisteten dann die entsprechenden Zahlungen an ihren Versorgungsfonds bzw. ihre Versorgungsrücklage. In dem Maß, in dem den Rücklagen Mittel zugeführt wurden, erhöhte sich auch die jährliche Nettokreditaufnahme. Der Vorsorge-Kapitalstock wurde folglich meist nicht aus Ersparnissen, sondern aus neuen Schulden errichtet, für die natürlich Zinsen zu bezahlen sind. Beispielsweise wiesen selbst im Jahr 2008 mit den bis dato höchsten Steuereinnahmen nur Baden-Württemberg, Bayern, Brandenburg, Mecklenburg-Vorpommern, Sachsen und Hamburg trotz der Zuführungen eine negative Nettokreditaufnahme aus. Zwischen 2001 und 2005 hatten alle Bundesländer dagegen eine positive Nettokreditaufnahme, die meist höher war als die Zuführung an die Rücklagevermögen.[137] Abbildung 21 zeigt beispielhaft für Rheinland-Pfalz, dass dort die Rücklagenbildung vollständig kreditfinanziert stattfand: Die Nettokreditaufnahme übersteigt während des gesamten Betrachtungszeitraums deutlich die Überweisungen an die Sondervermögen.

Die damit verfolgte Strategie liegt auf der Hand, denn politisch kann mit der Versorgungsrücklage und dem freiwilligen Versorgungsfonds, denen umfangreiche Mittel zugeführt wurden, gepunktet werden. Dass diese Zuweisungen aber größtenteils kreditfinanziert waren, damit kein Zugewinn an Nachhaltigkeit erzielt wird und, je nach Ausgestaltungsform, die daraus resultierenden Zinszahlungen langfristig die Haushalte von Bund und Ländern belasten, bleibt unerwähnt. An dieser Stelle lohnt sich ein Vergleich mit privatwirtschaftlichen Unternehmen, die handelsrechtlichen Bestimmungen unterworfen sind. Der Aufbau von Pensionsrückstellungen erfolgt hier aufwandswirksam über die Gewinn- und Verlustrechnung. Um das Eigenkapital bzw. das Verhältnis von Eigenkapital zu Fremdkapital nicht zu verringern, muss der Rückstellungsbetrag

137 Vgl. Bundesministerium der Finanzen (2011a).

Abbildung 21: Jährliche Zuführungen und Nettokreditaufnahme Rheinland-Pfalz

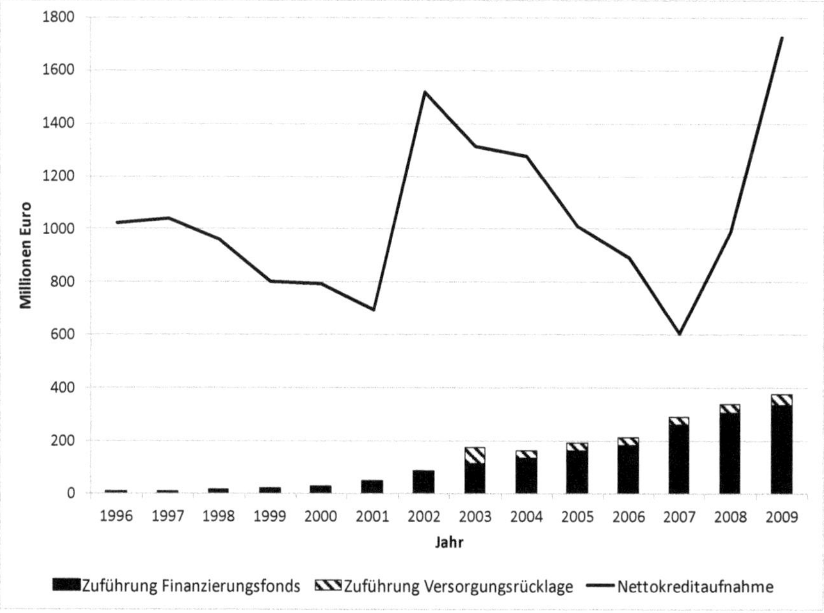

Quelle: Finanzierungsfonds für die Beamtenversorgung Rheinland-Pfalz und Statistisches Bundesamt

zunächst tatsächlich erwirtschaftet werden. Rückstellungen, die nicht aus erzielten Gewinnen erfolgen, zehren ceteris paribus, also unter sonst gleichbleibenden Rahmenbedingungen, das Eigenkapital auf und führen langfristig zu Überschuldung und letztlich in die Insolvenz des Unternehmens.

Verfassungsrechtlich durften bisher die Einnahmen aus Krediten die Summe der im Haushaltsplan veranschlagten Ausgaben für Investitionen nicht überschreiten.[138] Ein haushaltstechnischer Trick, der in Rheinland-Pfalz Anwendung findet, behandelt die Zuführungen an den dortigen Versorgungsfonds, den „Finanzierungsfonds für die Beamtenversorgung Rheinland-Pfalz" seit 2007 als Investitionen. Dies hat zur Folge, dass die verfassungsrechtliche Kreditobergrenze anstieg. Gleichzeitig erhöhte sich durch die Darlehensqualifizierung auch die Investitionsquote, also der Anteil der Investitionen an den bereinigten Gesamtausgaben. Der Rechnungshof Rheinland-Pfalz bemerkt in seinem Jahresbericht 2010, dass etwa im Jahr 2008 die von der Landesverfassung zugelassene Kreditobergrenze offiziell zwar um 53 Mio. Euro unterschritten wurde. Ohne die Zuordnung der Zuführungen an den Finanzierungsfonds für die Beam-

138 Hierbei handelt es sich um die „Goldene Regel der Finanzpolitik", vgl. Artikel 115, Abs. 1, Satz 2 GG a.F.

tenversorgung Rheinland-Pfalz zu den Investitionsausgaben wäre die Kreditobergrenze dagegen um mehr als 240 Mio. Euro überschritten worden. Der Rechnungshof weist außerdem darauf hin, dass vom Bund und von anderen Bundesländern Ausgaben für künftige Versorgungsleistungen nicht investiv behandelt werden.[139]

Die Frage, ob die Zuführungen an die Versorgungsfonds als Investitionen zu behandeln sind, hat zwar Auswirkungen auf die verfassungsmäßig erlaubte Nettokreditaufnahme, ist aber nicht nur eine ökonomische, sondern auch eine juristische Frage. Schwerer wiegt da schon die bereits dargestellte Praxis, die Zuführungen aus zusätzlichen Krediten zu finanzieren, was die Verschuldung wachsen lässt. In diesem Kontext soll nun die Anlagepolitik der Versorgungsfonds und Versorgungsrücklagen einer finanzwissenschaftlichen Analyse unterzogen werden.

Zunächst wird der Fall betrachtet, dass von den Sondervermögen lediglich eigene Schuldverschreibungen des jeweiligen Bundeslandes bzw. vom Bund Bundesschuldverschreibungen erworben werden. Diese Variante ist in Abbildung 22 illustriert und bedeutet nichts anderes, als dass beispielsweise die Versorgungsrücklage eines Bundeslandes wieder Anleihen des eigenen Bundeslandes aufkauft. Das Bundesland emittiert also Anleihen am Kapitalmarkt und finanziert aus den daraus erzielten Einnahmen die Zuführungen an die Rücklage. Diese erwirbt mit den erhaltenen Zuführungen wiederum Anleihen des Bundeslandes. Die Zinseinnahmen der Versorgungsrücklage stammen damit unmittelbar aus dem Landeshaushalt und werden mit den erzielten (Steuer-)Einnahmen bzw. weiterer Verschuldung finanziert. Diese Praxis hat mit der grundsätzlichen Idee und Funktionsweise von Kapitaldeckung nichts zu tun, eher mit „einem Umlageverfahren im Deckmantel der Kapiteldeckung".[140] Der Landesrechnungshof Rheinland-Pfalz bestätigt damit die Analyseergebnisse von Benz und Raffelhüschen (2011) und resümiert: „Ein zentrales Ziel, zukünftige Haushalte zu entlasten, wird nicht erreicht, soweit der Fonds seine Mittel in Landesschuldverschreibungen anlegt."[141]Auch nutze die Finanzierung von Zuführungen durch zusätzliche Kredite und gleichzeitige Anlage in Landesanleihen die Vorteile eines Kapitaldeckungsverfahrens nicht aus.[142] Die dargestellte Vorgehensweise erweckt den Anschein einer nachhaltigen Finanzpolitik, erhöht de facto aber nur die Verschuldung. Dabei spielt es keine Rolle, ob das Vorsorgevermögen die Anleihen unmittelbar vom Bundesland oder auf dem Sekundärmarkt erwirbt. Dagegen entsteht, je nach konkreter Ausgestaltung, ein zusätzlicher Zinsaufwand:

139 Vgl. Landesrechnungshof Rheinland-Pfalz (2010), S. 31 sowie S. 35.

140 Vgl. Landesrechnungshof Rheinland-Pfalz (2011), S. 49.

141 Vgl. Landesrechnungshof Rheinland-Pfalz (2011), S. 42.

142 Vgl. Landesrechnungshof Rheinland-Pfalz (2011), S. 49.

Für ein Ereignis, das beispielsweise erst in 20 Jahren eintritt, nämlich die Pensionierung einer Alterskohorte von Landesbeamten, wird bereits heute ein Kredit aufgenommen. Genauso wie ein „Häuslebauer" einen Kredit erst dann aufnimmt, wenn er mit dem Projekt beginnt und nicht Jahre vorher, wäre es für das Land günstiger, sich erst dann zu verschulden, wenn die entsprechenden Ausgaben anfallen. Wo zudem aufgrund der demographischen Veränderungsprozesse langfristig Steuerzahler fehlen, fehlen auch die Köpfe zur Tilgung der emittierten Landesanleihen. Die gestrichelte Linie in Abbildung 22 verdeutlicht, dass es sich bei der Anlagepolitik in der dargestellten Variante im Prinzip um ein In-Sich-Geschäft handelt. Das Vorsorgevermögen und der Landeshaushalt sind zwar formaljuristisch unabhängig, gehören aber dennoch zusammen.

Abbildung 22: Kauf von Landesschuldverschreibungen durch das Sondervermögen

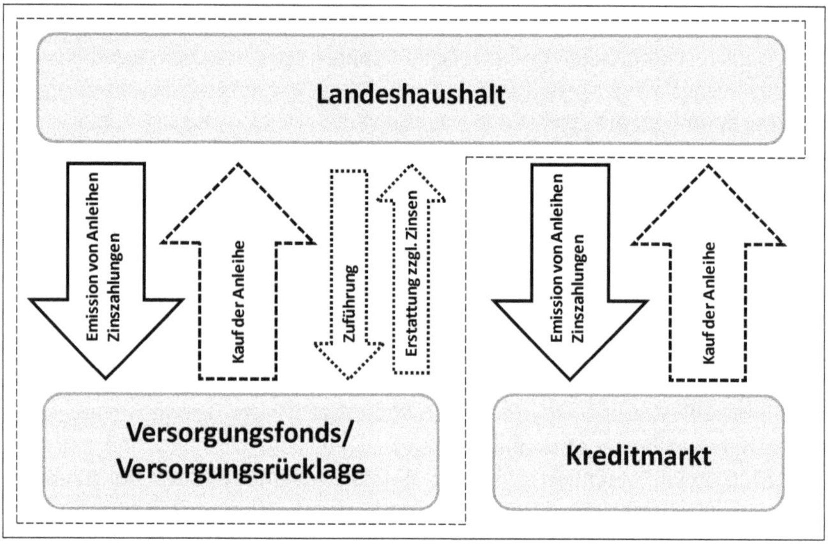

Quelle: Eigene Darstellung

Maurer und Rogolla (2011) untersuchen im Auftrag des Rechnungshofes Rheinland-Pfalz die ökonomische Angemessenheit der Anlagepolitik des Finanzierungsfonds Rheinland-Pfalz. Die Autoren bestätigen die bisher vorgebrachten Kritikpunkte und stellen zudem fest, dass die verfolgte Vermögensanlagestrategie dem Grundsatz der Risikodiversifikation nicht gerecht werde. Es wird empfohlen, im Rahmen einer regelmäßig durchzuführenden Asset-Liability-Betrachtung eine optimale Anlagestrategie zu entwickeln, die 30-45 Prozent Substanzwertanlagen (diversifizierte Aktien- und Immobilienportfolios) und 50-70 Prozent Nominalanlagen (diversifizierte Portfolios aus Staatsanleihen aus dem Euroraum) enthält. Die Autoren betonen, dass die kreditfinanzierte Ausgestaltung und die Anlage in landeseigene Anleihen die Vorteile des Kapitaldeckungsverfahrens nicht nutzen würde. Es wird ferner empfohlen, die Zuführungen als Personalausgaben und nicht als Investitionen auszuweisen, da dies die Möglichkeit erschwere, sie aus neuen Schulden zu finanzieren. Außerdem solle die Verwaltung des Sondervermögens von einer externen, kompetenten Institution durchgeführt werden, die nicht unmittelbar an Weisungen des Landes gebunden ist.[143]

Bei der zweiten Variante, die in Abbildung 23 aufgezeigt wird, erwirbt der Versorgungsfonds bzw. die Versorgungsrücklage mit den zugeführten Mitteln Wertpapiere von dritten, außenstehenden Emittenten, die den geltenden Anlagerichtlinien entsprechen. Entspricht der Zinssatz, für den das Bundesland am Kreditmarkt Geld aufgenommen hat, der Höhe nach jenem Zinssatz, zu dem das Vorsorgevermögen seine Mittel anlegen kann, liegt fiskalisch betrachtet ein Nullsummenspiel vor. Der Landeshaushalt und das Sondervermögen sind bei dieser Betrachtungsweise wiederum als Einheit anzusehen. Bei einem Unternehmen würde man in diesem Zusammenhang von einer Bilanzverlängerung sprechen. Durch eine Kreditaufnahme erhöht sich zwar die Bilanzsumme, Aktiv- und Passivseite sind aber um den gleichen Betrag gewachsen.

Abbildung 23: Kauf von Wertpapieren Dritter durch das Sondervermögen

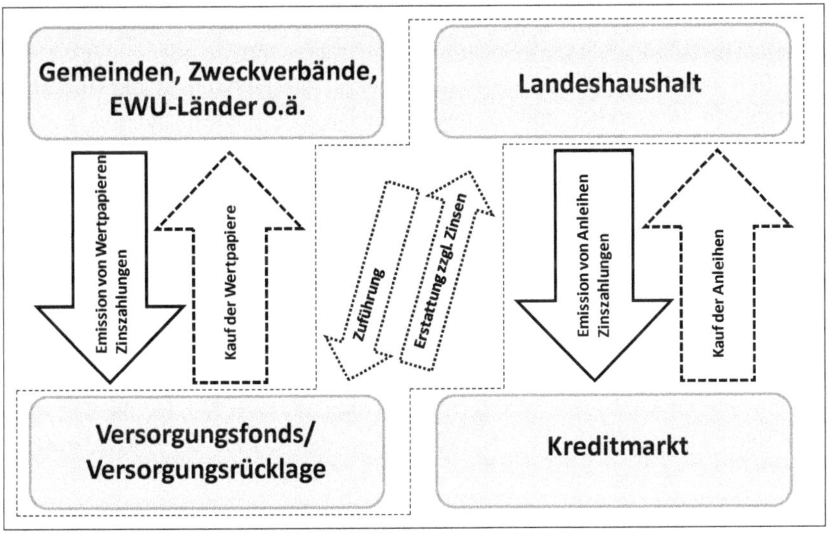

Quelle: Eigene Darstellung

143 Vgl. Maurer und Rogolla (2011), S. 27f.

Die Rückführungen an das Bundesland zuzüglich der erwirtschafteten Zinsen entsprechen genau der Rückzahlung des Anleihebetrages und der Zinszahlungen. Immerhin liegt hier kein In-Sich-Geschäft vor, da die vom Landeshaushalt zu leistenden Zinsen durch die nun tatsächlich erfolgte Wiederanlage der Zuführungen von dritter Seite finanziert werden. Dieses Szenario entspricht dem eines Investors, der bei einer Bank ein Darlehen aufnimmt und das Geld zum selben Habenzins anlegt, den er als Schuldzins zu entrichten hat.
Um bei diesem Bild zu bleiben: Kreditfinanziertes Investieren sorgt dann für einen Gewinn, wenn eine positive Zinsarbitrage erzielt wird, also höhere Renditen erwirtschaftet werden als umgekehrt Schuldzinsen zu entrichten sind. Dies wäre der Fall, wenn das betrachtete Sondervermögen Erträge zu verzeichnen hat, die über dem Zinskupon liegen, den das Bundesland für seine emittierten Landeschuldverschreibungen leisten muss. Gemeinhin würde man diesen Vorgang allerdings unter dem Begriff der kreditfinanzierten Spekulation subsummieren. Das Ziel, eine positive Zinsarbitrage zu erwirtschaften und auf diese Weise den zukünftigen Anstieg der Versorgungsausgaben abzumildern, entspricht keineswegs den Grundsätzen ordnungsgemäßer Haushaltsführung. Diese Betrachtung gilt auch für den kreditfinanzierten Erwerb anderer Assets, wie zum Beispiel Aktien oder ETF[144] durch das Sondervermögen, in der Hoffnung, höhere Renditen zu erwirtschaften als auf der anderen Seite an Zinsdienst für die zusätzlich eingegangene Verschuldung zu leisten ist. Echte Kapitaldeckung würde nur dann vorliegen, wenn die Zuführungen an das Vorsorgevermögen aus Haushaltsüberschüssen geleistet werden. Hierzu müsste aber zunächst eine Situation vorliegen, bei der vereinfacht gesagt die Einnahmen die Ausgaben übersteigen. Angesichts der fortlaufenden Finanzierungsdefizite des Bundes und des Großteils der Bundesländer scheint dieser Zustand aber weit entfernt. Auch müsste es, wie bereits angeführt, zu einer größeren Diversifikation der gewählten Assets kommen. Dies würde bedeuten, dass zu einem gewissen begrenzten Anteil auch anderen Anlageformen wie internationale Anleihen oder auch Aktien in das Portfolio aufzunehmen sind.[145] Ein Vergleich mit dem Generationenfonds Norwegens (Statens pensjonsfond utland) belegt dies eindrucksvoll. Dabei handelt es sich mit einem Volumen von 512 Mrd. US-Dollar (Stand Oktober 2010) um einen der größten Staatsfonds der Welt. In diesen fließen die Einnahmen Norwegens aus der Ölförderung mit dem Ziel, für die Zeit nach dem Versiegen der Ölquellen vorzusorgen. Bei der Analyse der Anlagestrategie

144 Bei Exchange-Traded Funds (ETF) handelt es sich um börsennotierte Indexfonds, die ein sehr günstiges Instrument für die Abbildung eines bestimmten Index darstellen.

145 Dies bestätigt der Landesrechnungshof in seinem Jahresbericht 2010. Dort heißt es: „Investitionen in Substanzwerte wie Aktien, Immobilien finden nicht statt. Eine solche Vermögenspolitik ist (...) für einen langfristig zur Verfügung stehenden Kapitalstock (...) ökonomisch nicht sachgerecht." Vgl. hierzu etwa Landesrechnungshof Rheinland-Pfalz (2011), S. 24, 26.

fällt auf, dass 60 Prozent der Mittel in Aktien, 35 Prozent in Anleihen und 5 Prozent in Immobilien investiert werden. Der Fonds investiert außerdem stark diversifiziert und agiert ausschließlich im Ausland. Der Erwerb norwegischer Staatsanleihen ist ausdrücklich ausgeschlossen.[146]

Zu bemängeln bezüglich der Versorgungsrücklagen und -fonds ist auch die Transparenz der Mittelanlage. Von einigen Ausnahmen abgesehen wurden keine Wirtschaftspläne, Portfolio-Zusammensetzungen sowie Anlageberichte der Öffentlichkeit zugänglich gemacht. Von Alois Schumpeter stammt das Zitat: „Eher legt sich ein Hund einen Wurstvorrat an als eine demokratische Regierung eine Budgetreserve." Dies könnte auch auf die bestehenden Sondervermögen übertragen werden, die stets von einem Zugriff von Seiten der Politik bedroht sind. Die zeitweilige Aussetzung von Zuführungen ist dabei noch die harmlose Variante.[147] Beispielsweise beschloss Niedersachsen, die Zuführungen in die Versorgungsrücklage einzustellen und bereits ab dem Haushaltsjahr 2009 vorzeitig für den Haushaltsausgleich aufzulösen.[148]

Auf die grundsätzliche Problematik einer kreditfinanzierten Rücklagenbildung für zukünftige Versorgungsausgaben wurde im vorangegangenen Abschnitt ausführlich eingegangen. Bei aller berechtigten Kritik lassen sich an dieser Vorgehensweise trotzdem zumindest einige positive Aspekte finden. Durch die versicherungsmathematisch berechneten monatlichen Zuführungen an das Sondervermögen, die im Beispiel von Rheinland-Pfalz je nach Laufbahngruppe zwischen 27,7 und 38,8 Prozent der monatlichen Bezüge liegen, werden die tatsächlichen Beschäftigungskosten eines Landesbeamten dargestellt. Dies ermöglicht, wie im folgenden Kapitel 5 verdeutlicht wird, im Sinne der Transparenz einen Vergleich mit einem Beschäftigten im Angestelltenverhältnis, für den der Arbeitgeber, in diesem Fall das Bundesland, die Arbeitgeberanteile der Sozialversicherungsbeiträge abzuführen hat. Die monatlichen Zuführungen haben den Effekt, dass sie den Eindruck entkräften, Beamte seien gegenüber Angestellten die günstigeren Arbeitskräfte. Auch sorgen die Zahlungen an den Versorgungsfonds für eine periodengenaue Ausweisung der durch die Versorgungszusage entstehenden Verpflichtungen. Sie weisen unmittelbar die Belastungen aus, die in Zukunft auf den Landeshaushalt zukommen werden und erhöhen so die Transparenz. Insgesamt kann man sagen, dass die implizite Staatsverschuldung, also die in der Vergangenheit begründeten, schwebenden Versorgungsansprüche der Landesbeamten durch die Zuführungen sichtbar gemacht werden. Dies geschieht dadurch, dass die explizite, also die ausgewiesene Verschuldung des Bundes und der Länder wächst.

146 Vgl. Norges Bank Investment Management (2009).

147 Vgl. etwa §12 Haushaltsgesetz (HG) Bayern 2011/2012.

148 Vgl. Niedersächsischer Landtag (2009).

Zusammenfassend erhöht die Bildung der Versorgungsfonds damit zwar die Transparenz und macht in Zukunft anfallende Pensionsausgaben sichtbar. In ihrer jetzigen Ausgestaltung bringen sie aber weder einen Zugewinn an Nachhaltigkeit noch sorgen sie für eine tatsächliche Entlastung der Haushalte des Bundes und der Länder angesichts des sich abzeichnenden rasanten Wachstums der Versorgungsausgaben. [149]

149 Die finanzwissenschaftliche Analyse des Kapitels bezieht sich inhaltlich auf Benz und Raffelhüschen (2011).

5. Politikökonomische Analyse des Einstellungsverhaltens

5.1 Einführung in die Fragestellung

Die in Kapitel 2.4 durchgeführte Analyse des geschlechts- und altersspezifischen Aufbaus der deutschen Beamtenpopulation im Status quo hat bereits auf die Einstellungswellen zwischen Ende der 1960er und Anfang der 1980er Jahre hingewiesen. Damals wurden, insbesondere auf der Ebene der Bundesländer, zahlreiche neue Dienstverhältnisse begründet. Das folgende Kapitel, das inhaltlich auf Benz et al. (2013) basiert, entwirft ein polit-ökonomisches Modell, mit dessen Hilfe dieses Einstellungsverhalten erklärt werden kann.

Im Allgemeinen ist es in der Bundesrepublik Deutschland bis heute akzeptiert, dass Beschäftigte in bestimmten staatlichen Bereichen den Status eines Beamten haben, dessen rechtliche Sonderstellung, wie bereits erläutert, bis in das 18. Jahrhundert zurückgeht. Es tauchen zwar in regelmäßigem Abstand Diskussionen über die Frage auf, für welche hoheitlichen staatlichen Aufgaben es tatsächlich des rechtlichen Status eines Beamten bedarf. Allerdings kam es hierzulande, im Gegensatz zu anderen europäischen Ländern[150], diesbezüglich bis dato noch zu keinen tiefgreifenden Veränderungen.

Während es in Polizei und Justiz weitgehend unbestritten ist, dass in diesen sehr sensiblen hoheitlichen Aufgabenbereichen Beamte Angestellten vorgezogen werden sollen, stellt sich die Situation beispielsweise im Bildungsbereich, besonders bei den Lehrern von Sonder-, Grund-, Hauptschulen und Gymnasien, gegenteilig dar. Beispielsweise hat Berlin als erstes deutsches Bundesland beschlossen, Lehrer grundsätzlich nicht mehr zu verbeamten, sondern im Angestelltenstatus zu beschäftigen. Laut der Gewerkschaft Erziehung und Wissenschaft (GEW) haben 200.000 der 750.000 deutschen Lehrkräfte den Status eines Angestellten.[151] Sieht man von den bereits genannten sensiblen hoheitlichen Aufgaben ab, existiert für den Bund und die Länder für einen großen Teil ihrer Beschäftigten damit die grundsätzliche Wahlmöglichkeit, eine offene Stelle mit einem Angestellten oder mit einem Beamten zu besetzen.

Das folgende Modell liefert mittels einer Barwertbetrachtung eine Erklärung für die Frage, weshalb in der Vergangenheit, hauptsächlich während der großen Einstellungswellen, die Entscheidungsträger auf Ebene des Bundes und der Länder zumeist dem Beamten den Vorzug gaben und damit mehr oder weniger bewusst Urheber zukünftig stark ansteigender Versorgungsausgaben sind. Aber

150 Vgl. die Darstellung der Versorgung von Staatsbediensteten in anderen europäischen Ländern in Becker et al. (2010).

151 Vgl. Die Welt (2011).

auch bis zum heutigen Tag scheint es Anreize zur Verbeamtung zu geben, wie das Beispiel der Stadt Offenbach aus dem Jahr 1998 zeigt, welche die Verbeamtung sämtlicher städtischer Angestellter unter 45 Jahren in die Wege leitete, um gemäß ihrer Berechnung, zumindest kurz- und mittelfristig, jährlich Personalkosten im Umfang von 10 Mio. DM zu sparen.[152]
Da die Diskussion pro und contra Verbeamtung vornehmlich im Bildungsbereich geführt wird, wird als Ausgangsbasis zunächst vereinfachend von einem Gymnasiallehrer ausgegangen, der als Beschäftigter des Landes, als Beispiel dient das Bundesland Baden-Württemberg, seine Laufbahn entweder als Beamter in der Besoldungsgruppe A13 des höheren Dienstes oder als Angestellter in der Entgeltgruppe E13 des Tarifvertrags der Länder (TV-L) beginnen kann. Beim Vergleich der Beschäftigungskosten wird nach Geschlecht sowie Familienstand differenziert und zudem von drei unterschiedlichen Perspektiven ausgegangen: Für den einzelnen Beschäftigten ist das verbleibende Netto-Einkommen die relevante Zielgröße, während der Arbeitgeber vornehmlich die in seinem Haushalt anfallenden Beschäftigungskosten berücksichtigt. Ein benevolenter Planer schließlich blickt auf die gesamtwirtschaftlichen Kosten der Stellenbesetzung.
Es erfolgt zudem eine Analyse, ob sich Unterschiede im Einstellungsverhalten zwischen Bund und Ländern auf der einen und Kommunen auf der anderen Seite durch unterschiedliche institutionelle Rahmenbedingungen, wie etwa die Mitgliedschaft von Kommunen in kommunalen Versorgungskassen, erklären lassen. Wie Abbildung 24 zu entnehmen ist, erhöhte sich zwischen 1960 und 1990 die Zahl der Beamten auf der Ebene der Bundesländer um 116 Prozent, während die der Angestellten und Arbeiter nur um 78 Prozent zunahm. Bei den Gemeinden steigerten sich die verbeamteten Dienstverhältnisse im selben Zeitraum dagegen nur um 44 Prozent, während die Menge der Beschäftigten im Angestelltenstatus um 93 Prozent wuchs. Es scheint also empirisch nachweisbare Unterschiede im Einstellungsverhalten zwischen Bundesländern und Kommunen zu geben, die mit Hilfe des Modells erklärt werden sollen.
Auf die rechtlichen Besonderheiten des deutschen Berufsbeamtentums sowie die Ausgestaltung der Beamtenversorgung wurde bereits in den Kapiteln 2.1 und 2.2 ausführlich eingegangen. Die Beschäftigung von Angestellten des öffentlichen Dienstes basiert demgegenüber auf einem gewöhnlichen arbeitsrechtlichen Vertrag. Die Höhe des Gehaltes und andere sozialrechtlichen Regelungen sind in zwischen Arbeitgebervertretungen (Bundesinnenministerium, Tarifgemeinschaft der Länder[153], Verband kommunaler Arbeitgeber) und Arbeitnehmervertretungen (Verdi, dbb Beamtenbund und Tarifunion) ausgehan-

152 Vgl. Spiegel (1998), S. 123 sowie Vosseler (2000), S. 3, der dieses Beispiel ebenfalls anführt.

153 Darin sind alle Bundesländer außer Hessen und Berlin Mitglied.

Abbildung 24: Einstellungspräferenzen von Ländern und Gemeinden im Vergleich

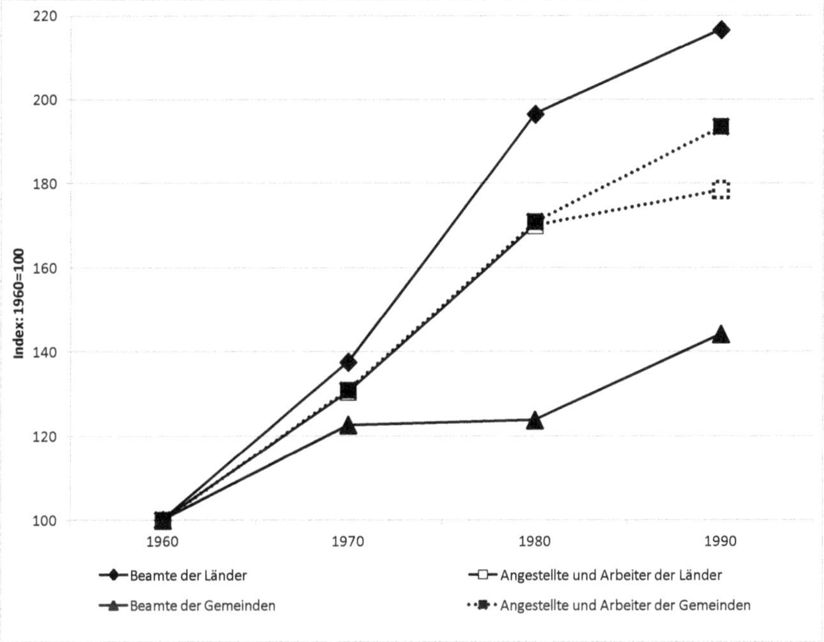

Quelle: Erster Versorgungsbericht der Bundesregierung

delten Tarifverträgen (TV-L für Angestellte der Bundesländer, TVöD für die Angestellten von Bund und Kommunen) festgelegt.[154] Angestellte des öffentlichen Dienstes sind pflichtversichert in der gesetzlichen Renten-, Pflege-, Arbeitslosen- und Krankenversicherung, in die Arbeitgeber und Arbeitnehmer jeweils Beiträge abführen. Dementsprechend richten sich die Leistungen nach den Bestimmungen der jeweiligen Sozialversicherungssysteme.[155] Daneben besteht für Angestellte des öffentlichen Dienstes eine Pflichtversicherung in der Versorgungsanstalt des Bundes und der Länder (VBL), die nach Eintritt in den Ruhestand Leistungen betrieblicher Altersvorsorge gewährt.[156] Basierend auf ihrem jeweiligen rechtlichen Status weisen Beamte und Angestellte auch Unterschiede bezüglich der Höhe von Brutto- und Nettoentlohnung sowie der Versorgung nach Eintritt in den Ruhestand auf. Wichtig ist in diesem Zusammenhang die unterschiedliche steuerliche Behandlung von Pensionen und Leistun-

154 Vgl. Conze und Karb (2012).

155 Vgl. hierzu Sozialgesetzbuch (SGB) V, VI und XI.

156 Auf diese Weise soll eine Angleichung der Versorgungshöhe von Angestellten und Beamten erreicht werden. Vgl. VBL (2011), S. 8ff.

gen der gesetzlichen Rentenversicherung, die aber langfristig als Folge des Übergangs zur nachgelagerten Rentenbesteuerung keinen Bestand haben wird.[157]

An dieser Stelle wird bereits der grundlegende (ökonomische) Unterschied zwischen Beamten und Angestellten aus Sicht des Dienstherrn deutlich: Im Fall des Angestellten muss der Arbeitgeber nur in der aktiven Zeit Zahlungen in Form von Gehalt und Sozialversicherungsbeiträgen leisten, während nach Eintritt in den Ruhestand bzw. im Fall von Krankheit und Pflegebedürftigkeit oder bei der Versorgung von Witwen, Witwer und Waisen die umlagefinanzierten staatlichen Sozialversicherungssysteme einspringen. Das Beamtenverhältnis ist hingegen lebenslänglich, geht also weit über die aktive Periode hinaus und verpflichtet den Dienstherrn im Versorgungsfall zu Zahlungen aus dem laufenden Haushalt. Die Kommunen sind dagegen in der Regel Mitglied in einem kommunalen Versorgungsverband und führen für jeden Beamten monatlich eine lebenslange Umlage ab, die beispielsweise in Baden-Württemberg 37 v.H. der monatlichen Bezüge bzw. Versorgungsleistung beträgt.[158] Hinzu kommt eine jährlich zu entrichtende Beihilfeumlage, die im Jahr 2011 bei 3.556 Euro für aktive Beamte und 8.000 Euro für Ruhegehalts- bzw. Hinterbliebenenversorgungsbezieher lag.[159] Im Gegenzug übernimmt die Versorgungskasse nach Erreichen des Ruhestands oder beim Eintritt des Versorgungsfalls die Versorgungsausgaben des Beamten, seiner Angehörigen bzw. Hinterbliebenen. Auf Ebene des Landes besteht im Gegensatz hierzu keine Mitgliedschaft in einem Versorgungsverband. Sämtliche Versorgungsausgaben für die Beamten werden hier aus dem laufenden Haushalt bezahlt.

Das folgende Modell soll folgende Hypothesen belegen: Zum einen, dass Entscheidungsträger bei einer Stellenbesetzung nur die kurze und mittlere zeitliche Frist berücksichtigen. Dies hatte und hat zur Folge, dass auf Bundes- und Landesebene Beamte gegenüber Angestellten bevorzugt eingestellt wurden bzw. immer noch werden, da ihre Beschäftigungskosten während der aktiven Zeit unter denen vergleichbarer Angestellten liegen. Dies führte direkt zur Verbeamtungswelle der Vergangenheit. Auf der anderen Seite sind die Beschäfti-

157 Vgl. Alterseinkünftegesetz (AltEinK) Art. 1.

158 Im vorliegenden Fall des Landes Baden-Württemberg sind alle Kommunen Pflichtmitglieder des kommunalen Versorgungsverbandes. In anderen Bundesländern gibt es teilweise, insbesondere für größere Städte, abweichende Regelungen. Eine Pflichtmitgliedschaft aller Gemeinden, Städte und Landkreise besteht laut der Arbeitsgemeinschaft kommunale und kirchliche Altersversorgung (AKA) ferner in Brandenburg, Mecklenburg-Vorpommern, Saarland, Sachsen, Sachsen-Anhalt, Schleswig-Holstein und Thüringen. In Bayern und Rheinland-Pfalz sind Städte unter 100.000 bzw. 50.000 Einwohner zur Mitgliedschaft verpflichtet, für größere Städte besteht ein Wahlrecht. In Nordrhein-Westfalen gehören kreisangehörige Gemeinden obligatorisch einem kommunalen Versorgungsverband an, Städte und Landkreise freiwillig. In Niedersachsen und Hessen besteht teilweise Verpflichtung und teilweise Freiwilligkeit, für die übrigen Bundesländer liegen keine Angaben vor.

159 Vgl. KVBW (2011).

gungskosten eines Beamten entsprechend höher, wenn der gesamte Lebenszyklus betrachtet wird, also auch die langfristig anfallenden Versorgungsausgaben in das Kalkül einbezogen werden.
Darüber hinaus soll die Hypothese untermauert werden, dass aufgrund der (Pflicht-) Mitgliedschaft von Kommunen in Versorgungskassen auf dieser Gebietskörperschaftsebene bzw. im Allgemeinen durch die Verpflichtung der Ausweisung versicherungsmathematisch ermittelter Rückstellungen in adäquater Höhe der umgekehrte Fall eintritt. Die Kommunen berücksichtigen demnach bei ihrer Einstellungsentscheidung die tatsächlichen Beschäftigungskosten des Beamten über den gesamten Lebenszyklus und vergleichen sie mit denen eines Angestellten, für den etwa die Arbeitgeberanteile zur Sozialversicherung zu entrichten sind. Diese institutionellen Rahmenbedingungen schaffen demnach Anreize für die Bevorzugung von Dienstverhältnisse auf Angestelltenbasis, zumindest dort, wo prinzipiell eine rechtliche Wahlmöglichkeit besteht.

5.2 Berechnung der Lebenszyklus-Beschäftigungskosten

Die Analyse der Vorteilhaftigkeit der Verbeamtung bzw. der Einstellung als Angestellter erfolgt anhand einer Barwertbetrachtung. Dabei wird zwischen vier verschiedenen Perspektiven differenziert: Erstens die des Gesamtstaates, welche auch der Sichtweise einer Landesregierung entspricht, zweitens die Betrachtung aus Sicht eines einzelnen Etats wie des Kultusministeriums, drittens aus Sicht einer baden-württembergischen Kommune als Arbeitgeber und viertens aus Sicht des Beamten bzw. Angestellten. Je nach Betrachtungsweise ergeben sich dabei einzelne Variablen, die nur aus bestimmten Perspektiven zum Tragen kommen. Als Beispiel sei hier die Ruhegehaltsumlage genannt, welche in Baden-Württemberg Kommunen für ihre Beamten leisten müssen, das Land als Dienstherr von Lehren, Polizisten und Hochschullehren aber nicht.
Des Weiteren werden vier sozioökonomische Szenarien unterschieden: Einmal der Fall des lebenslangen Singles sowie zweitens die Variante eines öffentlichen Beschäftigten mit einem nicht-erwerbstätigen Ehegatten und zwei Kindern. Diese beiden Fälle werden jeweils mit einer Frau bzw. einem Mann als Haushaltsvorstand (und damit öffentlich Beschäftigtem) durchgerechnet.
Aufgrund der Vielzahl an Möglichkeiten vergleicht das Modell nur stilisierte Karriere- und Lebensverläufe. Eine Karriere beginnt im öffentlichen Dienst bzw. als Beamter des Landes Baden-Württemberg im vorliegenden Fall im Jahr 2011 mit 30 Jahren und endet mit 65 Jahren bei Beamten und 67 Jahren bei Ange-

stellten.[160] Der Beamte beginnt seine Karriere in der Besoldungsgruppe A13 und beendet die Laufbahn auch in dieser. Analog wird der Angestellte mit TV-L E13 modelliert. Von einer Berücksichtigung eines Erwartungswertes in Bezug auf die Sterblichkeit wird in dieser Phase abgesehen. Mit 65 bzw. 67 Jahren beginnt dann der Eintritt in den Ruhestand bzw. in die Rentenbezugsphase. Die Zahlungsströme hier werden nun als Erwartungswert der altersspezifischen Sterblichkeit berechnet. Das gleiche Prinzip findet sich bei der Berechnung des Erwartungswerts für die Hinterbliebenenversorgung bzw. die Witwenrente. Stilisiert wird ferner die familiäre Struktur. So wird von einem Altersabstand der Eheleute von Mann zu Frau von drei Jahren ausgegangen. Die Geburt des ersten Kindes, welches geschlechtsneutral betrachtet wird, erfolgt im Alter von 30 Jahren des Haushaltsvorstands, die Geburt des zweiten Kindes dann mit 33 Jahren. Hieraus resultieren dann folgende vier bzw. acht Betrachtungen. Der Barwert der Lebenszyklus-Beschäftigungskosten aus Sicht des Gesamtstaates ist für den Beamten durch Gleichung (1) gegeben. Die Betrachtung nimmt das Jahr 2011 als Basis, in dem das Individuum 30 Jahre alt ist:

$$
\begin{aligned}
&Barwert_{KostenGesamtstaatBeamte} = \\
&= \sum_{a=30}^{65} (Bezüge_a - Steuern_a^{Bezüge} + Beihilfe_a^{Beamter} + Beihilfe_a^{Ehegatte} + Beihilfe_a^{Kind1} \\
&\qquad + Beihilfe_a^{Kind2}) * (1+\gamma)^{a-30} * (1+\omega)^{-a+30} \\
&+ \sum_{a=66}^{100} ((1-p_a) * (Versorgungsbezüge_a - Steuern_a^{Vers.} + Beihilfe_a^{Beamter}) \\
&\qquad + (1-q_{a-3}) Beihilfe_t^{Ehegatte} + p_a(1-q_{a-3})(Hinterbliebenenbezüge_a \\
&\qquad - Steuern_a^{Hint.})) * (1+\gamma)^{a-30} * (1+\omega)^{-a+30}
\end{aligned} \tag{1}
$$

Die Sterbewahrscheinlichkeit des Beamten im Alter a ist dabei gegeben durch p_a. q_a bezeichnet die Sterbewahrscheinlichkeit des Ehegatten bzw. der Ehegattin im Alter a. Die Bezüge gemäß Laufbahnverlauf[161], Steuern, Beihilfeleistungen, Versorgungsbezüge, die der Beamte im Alter a erhält, sowie der Erwartungswert der Hinterbliebenenbezüge, die auf ihn entfallen, sind in Größen des Basisjahres 2011 angegeben, werden aber entsprechend der Wachstumsrate fortgeschrieben bzw. für die Barwertbetrachtung diskontiert. Ein Kind ist in der Betrachtung 25 Jahre beihilfeberechtigt. γ bezeichnet die unterstellte jährliche

160 Mittlerweile haben 11 der 16 Bundesländer die Erhöhung der Regelaltersgrenze auf 67 Jahre bei Beamten beschlossen. Vgl. hierzu auch Kapitel 8.3.

161 Bei der Modellierung des Karriereverlaufs finden beim Angestellten sowie bei den Beamten die jeweiligen Stufenaufstiege laut Entgelt- und Besoldungsordnung Anwendung.

reale Wachstumsrate, ω den realen Diskontierungszins. Für den Angestellten gilt dann entsprechend:

$$Barwert_{KostenGesamtstaatAngestellte} =$$
$$= \sum_{a=30}^{67} (Lohn_a - Steuern_a^{Lohn} + Arbeitgeberbeiträge_a) * (1+\gamma)^{a-30} * (1+\omega)^{-a+30}$$
$$- \sum_{a=68}^{100} ((1-p_a) * Steuern_a^{Rente} + p_a(1-q_{a-3})Steuern_a^{Witwenrente})(1+\gamma)^{a-30} * (1+\omega)^{-a+30} \quad (2)$$

Die gesamtstaatliche Perspektive ergibt sich aus der Nettobetrachtung aller Zahlungsströme an den öffentlichen Beschäftigen, also der erhaltenen Bezüge bzw. Lohnzahlungen abzüglich der Steuern und ggf. Beiträge. Dabei werden die Sozialversicherungssysteme im Falle des Angestellten, also insbesondere die Renten-, Kranken- und Pflegeversicherung, als Parafisci in eigener Verantwortung angesehen. Dies bedeutet, dass beispielsweise die Rentenzahlung an den ehemaligen Angestellten nicht in das Kalkül einbezogen wird. Gleichungen (1) und (2) lassen dann auch bereits die unterschiedlichen Charakteristika der beiden Dienstverhältnisse erkennen. Während der Gesamtstaat im Falle des Beamten ein Leben lang Zahlungen leistet, fallen diese beim Angestellten im Alter aus. Grundsätzlich unterscheiden sich die Perspektiven des Gesamtstaates und des Landes Baden-Württemberg nur bei den Steuern, welche zum Teil an den Bund und über den Länderfinanzausgleich auch an andere Länder fließen. Hiervon soll im Weiteren abstrahiert werden.
Für einen Kommune in Baden-Württemberg, die Mitglied in einem umlagefinanzierten kommunalen Versorgungsverband, ändert sich Gleichung (1) in:

$$Barwert_{KostenKommuneBeamte} =$$
$$= \sum_{a=30}^{65} (Bezüge_a + Umlagen_a) * (1+\gamma)^{a-30} * (1+\omega)^{-a+30}$$
$$+ \sum_{a=66}^{100} ((1-p_a) * Umlagen_a + p_t(1-q_{a-3}) * Umlagen_a) * (1+\gamma)^{a-30} * (1+\omega)^{-a+30} \quad (3)$$

Aus Gleichung (2) wird entsprechend:

$$Barwert_{KostenKommuneAngestellte} = \\ = \sum_{a=30}^{67} (Lohn_a + Arbeitgeberbeiträge_a) * (1+\gamma)^{a-30} * (1+\omega)^{-a+30} \tag{4}$$

Das System der kommunalen Umlagen nähert sich somit dem System der Angestellten an, in welchem über die Arbeitgeberbeiträge ja ebenfalls eine Form von Umlagen gezahlt wird. Als letztes bleibt noch die (Cash-Flow)-Perspektive des einzelnen Beamten bzw. Angestellten zu betrachten. Diese bezeichnet jeweils den Barwert des verfügbaren Nettoeinkommens und ist beim Beamten gegeben durch:

$$Barwert\ Cash-Flow_{Beamte} = \\ = \sum_{a=30}^{65} (Bezüge_a - Steuern_a^{Bezüge} - Prämie_a^{PKV}) * (1+\gamma)^{a-30} * (1+\omega)^{-a+30} \\ + \sum_{a=66}^{100} ((1-p_a) * (Versorgungsbezüge_a - Steuern_a^{Vers.} - PrämiePKV_a^{Beamter}) \\ + p_a(1-q_{a-3})(Hinterbliebenenbezüge_a - Steuern_a^{Hint.} \\ - PrämiePKV_a^{Witwe})) * (1+\gamma)^{a-30} * (1+\omega)^{-a+30} \tag{5}$$

bzw. im Fall des Angestellten:

$$Barwert\ Cash-Flow_{Angestellte} = \\ = \sum_{a=30}^{67} (Lohn_a - Steuern_a^{Lohn} - Arbeitnehmerbeiträge_a) * (1+\gamma)^{a-30} * (1+\omega)^{-a+30} \\ + \sum_{a=68}^{100} \big((1-p_a) * (Rente_a - Sozialbeiträge_a^{Rente} - Steuern_a^{Rente}\big) \\ + p_a(1-q_{a-3})(Witwenrente_a - Sozialbeiträge_a^{Witwenrente} \\ - Steuern_a^{Witwenrente})) * (1+\gamma)^{a-30} * (1+\omega)^{-a+30} \tag{6}$$

In den Sozialbeiträgen spiegeln sich die Beiträge für die gesetzliche Renten-, Kranken-, Pflege- und Arbeitslosenversicherung sowie für die im öffentlichen Dienst obligatorische Zusatzversorgung über die Versorgungsanstalt des Bundes und der Länder (VBL) wider. Die Rente bzw. die Witwenrente setzt sich dann analog aus den Zahlungen der gesetzlichen Rentenversicherung und der VBL zusammen. Da das Kindergeld eine Steuerleistung darstellt und dem Prinzip nach im Kinderfreibetrag gründet, wird von diesem im Weiteren abstrahiert.

Das Basis- bzw. Eintrittsjahr der Analyse ist 2011. Folglich sind alle Grunddaten auf Basis des Jahres 2011 gewählt und steigen – sofern gesetzlich vorgesehen bzw. volkswirtschaftlich gegeben – mit einer allgemeinen Wachstumsrate γ und werden mit einer allgemeinen, realen Diskontrate ω auf das Basisjahr abgezinst. Die Grunddaten zu den Beamtenbezügen der Besoldungsgruppe A13 bzw. zur Entlohnung der Angestellten gemäß TV-L E13 werden den entsprechenden Tarif-Tabellen entnommen.[162] Der Entwicklung des aktuellen Rentenwerts und der Beitragssätze der gesetzlichen Renten-, Kranken- und Pflegeversicherung liegen die Berechnungen von Hackmann, Moog und Raffelhüschen (2011) zugrunde. Die Steuerlast jeder Besoldungsgruppe bzw. Entgeltstufe und den dazugehörigen Pensionen bzw. Renten wird mit dem Abgabenrechner des Bundesfinanzministeriums 2011 gemäß dem untersuchten Familienstand errechnet.[163] Hinsichtlich der Beihilfezahlungen erfolgt eine alters- und geschlechtsspezifische Abschätzung.[164] Für die Prämien zur privaten Krankenversicherung wird auf den Beitragsrechner der HUK-Coburg zurückgegriffen.[165] Die Sterbewahrscheinlichkeiten sind den Sterbetafeln 2008/2010 des Statistischen Bundesamtes entnommen.

5.3 Ergebnisse der Berechnungen

Das Kalkül der unterschiedlichen Träger eines Angestellten- bzw. Beamtenverhältnisses wird in Abbildung 25 deutlich. Die Darstellung zeigt die Kostenverläufe für einen männlichen Kandidaten ohne Familie, welcher im Jahr 2011 mit 30 Jahren in das Angestelltenverhältnis bzw. in den Dienst als Beamter eintritt. Dabei wird unterstellt, dass ein Angestellter mit 67 Jahren in Rente geht und ein Beamter mit 65 Jahren in den Ruhestand eintritt.

Sowohl in der aktiven also auch in der Ruhestandsphase ist ein Beamter für einen kommunalen Arbeitgeber in Baden-Württemberg deutlich teurer als ein Angestellter. Dies geht auf die relativ hohen Umlagen an den kommunalen Versorgungsverband zurück, die die tatsächlichen Beschäftigungskosten eines Beamten darstellen und auf diese Weise internalisieren. Das Kalkül bspw. des Kultusministeriums[166] unterscheidet sich demgegenüber. Ein angestellter Lehrer ist für das Ministerium gleich teuer wie ein vergleichbarer Angestellter einer

162 Vgl. Landesamt für Besoldung und Versorgung Baden-Württemberg (2011).

163 Vgl. Bundesministerium der Finanzen (2011b).

164 Vgl. hierzu Kapitel 9.

165 Vgl. HUK-Coburg (2011).

166 Da der konkrete Beispielfall auf einen Lehrer bezogen ist, wird das Kultusministerium genannt.

Kommune. Der verbeamtete Lehrer ist in der aktiven Phase jedoch deutlich günstiger, da keine Sozialversicherungsbeiträge bzw. Umlagen abzuführen sind. Das Kultusministerium müsste eigentlich aber auch die Pensions- und Beihilfezahlungen während der Ruhestandsphase einbeziehen, welche beim Angestellten nicht anfallen.[167] Die hierbei auftretende Frage, ob die Stellenbesetzung mit einem Angestellten oder mit einem Beamten das Kultusministerium teurer kommt, kann nur ein Barwertvergleich beantworten. Analog gilt dies auch für den Gesamtstaat bzw. für die Perspektive der Landesregierung, welche durch die Lohnsteuerzahlungen niedrigere, jedoch ähnliche Kostenverläufe aufweisen.

Abbildung 25: Kostenverläufe über eine Angestellten- bzw. Beamtenkarriere verschiedener Träger

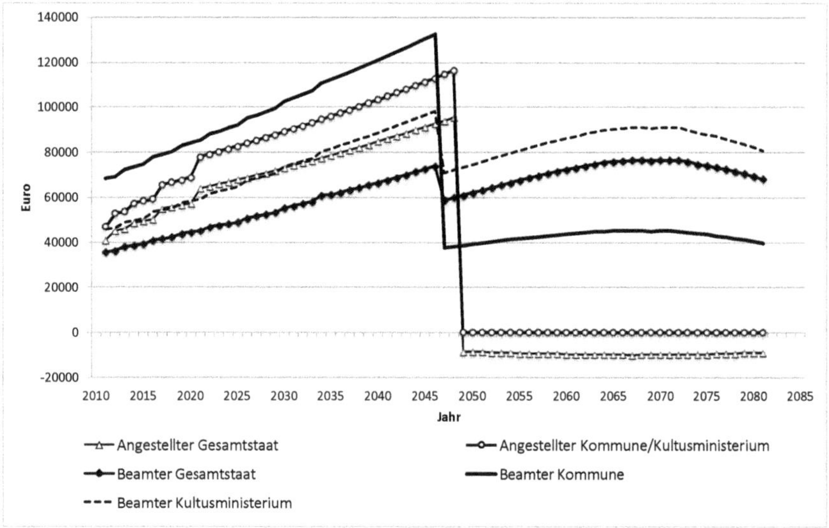

Quelle: Eigene Berechnungen

Tabelle 13 zeigt die Barwerte aus drei Perspektiven – dem Gesamtstaat, einer Kommune und dem privaten Haushalt. Es werden vier Varianten unterschieden: Einmal wird der Fall des männlichen bzw. weiblichen Single dargestellt sowie die Situation einer Familie mit zwei Kindern mit einem staatlich beschäftigten Familienvorstand, welcher männlich oder weiblich sein kann. Dabei weisen die Eheleute sowie die beiden Kinder eine Altersdifferenz von drei Jahren auf, wobei der Ehemann in beiden Fällen der Ältere ist. Gerechnet wird mit ei-

167 Wie bereits oben erwähnt, werden dabei die gesetzlichen Sozialversicherungen als echte Parafisci angesehen, welche in der Theorie bis auf versicherungsfremde Leistungen keine Verbindung bzw. Rückkopplungswirkung zu staatlichen Haushalten kennen.

ner jährlichen Steigerung aller Zahlungen von real 1,5 Prozent und einem realen Rechnungszins von drei Prozent.
Wie man deutlich erkennen kann, ist in der Barwertbetrachtung bei den unterstellten Parametern ein Angestelltenverhältnis immer günstiger für den Staat als ein Beamtenverhältnis.[168] Dies gilt insbesondere für das Familienszenario. Zwar steigen hier auf der gesamtstaatlichen Betrachtungsebene aufgrund der niedrigeren Steuerlast von Familien ebenfalls die Kosten für den Gesamtstaat, allerdings nicht in dem Ausmaße wie bei Beamten.
Auf der Ebene des Gesamtstaates liegen die Netto-Beschäftigungskosten (also inkl. Steuerrückflüsse) eines Beamten, je nach Geschlecht und Familienstand, im Barwert zwischen 13 Prozent (männlicher Singlehaushalt) und 31,8 Prozent (Familienhaushalt mit weiblicher Haushaltsvorsteherin) über jenen eines entsprechenden Angestellten. Beispielsweise muss der Gesamtstaat für einen verheirateten Beamten mit zwei Kindern (Szenario Familienhaushalt mit Mann als Haushaltsvorsteher) im Barwert über den gesamten Lebenszyklus Netto-Beschäftigungskosten von 2,16 Mio. Euro aufwenden. Bei einem vergleichbaren Angestellten beläuft sich dieser Wert nur auf 1,64 Mio. Euro.
Der Kostenabstand vergrößert sich drastisch in der kommunalen Perspektive und liegt nun zwischen 30,9 und 37,4 Prozent. Dies liegt nur an den Ruhegehalts- und Beihilfeumlagen, welche der kommunale Versorgungsverband erhebt. Da diese Umlagen auch schon den Altbestand der kommunalen Beamtenschaft mitfinanzieren, gehen sie versicherungs-mathematisch über die Kosten des Einzelfalles deutlich hinaus.[169] Im kommunalen Angestelltenverhältnis können auf der Kostenseite keine Veränderungen beim Angestellten aufgrund des Geschlechts oder des Familienstatus beobachtet werden, da die Sozialversicherungsbeiträge nur dem Lohne nach erhoben werden (mit Ausnahme des Pflegeversicherungsbeitrags, der eine Familienkomponente enthält, welche aber nur vom Arbeitnehmer zu tragen ist).
Bei der Beamtenschaft sind weibliche Beamte aufgrund der höheren Lebenserwartung grundsätzlich teurer. Lediglich im Fall des kommunalen Arbeitgebers bei einer Beamtin mit Familie kippt dieses Resultat. Dies ist bedingt durch die Annahme, dass der Ehemann immer drei Jahre älter ist als seine Ehefrau. Somit ist die Wahrscheinlichkeit für ein Ableben beider Ehepartner zum Zeitpunkt *t*

168 In der Barwertbetrachtung in Tabelle 13 wird die Ebene des Kultusministeriums, die die reinen Beschäftigungskosten ohne Steuerrückflüsse betrachtet, nicht dargestellt. Wie sich anhand Abbildung 25 einfach nachvollziehen lässt, bleibt das Verhältnis der Beschäftigungskosten dadurch weitgehend unverändert. Denn der Kostenverlauf deckt sich bis auf die Lohnsteuereinnahmen mit dem der gesamtstaatlichen Betrachtungsweise.

169 Vgl. KVWB (2008).

beim Haushalt mit weiblichem Vorstand immer größer als beim Haushalt mit männlichem Vorstand.[170]

Tabelle 13: Barwertbetrachtung der Lebenszykluskosten von Beamten und Angestellten

		Perspektive (Barwerte in Tausend Euro) θ=1,5%, ω=3%, Basisjahr 2011					
Haushalts-art	**Haushalts-vorstand**	**Gesamtstaat/Land**		**Kommunaler Arbeitgeber**		**Privater Haushalt**	
		Beamter	Angest.	Beamter	Angest.	Beamter	Angest.
Single-Haushalt	Mann	1.668	1.476	2.438	1.863	1.467	1.176
	Frau	1.694	1.474	2.446	1.863	1.457	1.183
Familien-Haushalt	Mann	2.155	1.640	2.566	1.863	1.748	1.367
	Frau	2.161	1.640	2.560	1.863	1.690	1.369

Quelle: Eigene Berechnungen

Obwohl Haushalte mit weiblicher Beamtin für den Gesamtstaat teurer sind, sind diese Haushalte im Vergleich zum Fall mit einem männlichem Pendant gemessen an ihren Lebensnettozuweisungen aus ihrer Tätigkeit schlechter gestellt. Dies liegt insbesondere an den teureren Prämien für Frauen in der privaten Krankenversicherung. Deutlich zeigt sich dieser Zusammenhang im Familienfall, in welchem bei nicht-erwerbstätiger Ehefrau ein höherer Beihilfesatz greift als für die Beamtin. Aus diesem Grund ist hier die Differenz besonders signifikant.

Für die Angestellten kann konstatiert werden, dass sie aus Sicht des privaten Haushaltes in allen untersuchten Fällen deutlich schlechter gestellt sind als die vergleichbaren Beamten. Der Barwert des Nettoeinkommens eines Angestellten über seinen gesamten Lebenszyklus liegt zwischen 23,2 Prozent (weiblicher Singlehaushalt) und 27,9 Prozent (Familienhaushalt mit männlichem Familienvorstand) unter dem eines vergleichbaren Beamten. Bei Angestellten dreht sich jedoch das Geschlechterkalkül, da die längere Lebenserwartung von Frauen höhere Erträge aus der gesetzlichen Rentenversicherung und der VBL-Betriebsrente generiert.[171] Aus Sicht des Gesamtstaates reagieren die Ergebnisse qualitativ auf Veränderungen der Zins-Wachstums-Annahmen, die anderen Perspektiven indes verändern sich nur in quantitativer Hinsicht. So sind bei einer konstanten realen Wachstumsrate von 1,5 Prozent und einem Zinssatz von 5 Prozent die Beamten im Falle der Single-Haushalte aus Sicht einer Lan-

170 Wie oben beschrieben, müssen die baden-württembergischen Kommunen auch für die Hinterbliebenen – im Falle des Ablebens des Ruheständlers – weiterhin pauschale Beihilfeumlagen sowie Ruhegehaltsumlagen auf die Hinterbliebenenbezüge abführen. Das heißt für einen Haushalt mit bspw. 70-jähriger Beamtin (und 73-jährigem Ehegatten) ist die Wahrscheinlichkeit, überhaupt keine Umlagen mehr abführen zu müssen, aufgrund der höheren Sterbewahrscheinlichkeit, größer als bei einem Haushalt mit 70-jährigem Beamten und 67-jähriger Ehegattin.

171 Siehe zu den geschlechterspezifischen Renditen aus der gesetzlichen Rentenversicherung Heidler (2009), S. 125ff.

desregierung nun günstiger als ein vergleichbarer Angestellter, wie Tabelle 14 zeigt.[172]

Tabelle 14: Barwertbetrachtung bei alternativem Zins-Wachtsums-Szenario

Haushalts-art	Haushalts-vorstand	Perspektive (Barwerte in Tausend Euro) θ=1,5%, ω=5%, Basisjahr 2011					
		Gesamtstaat/Land		Kommunaler Arbeitgeber		Privater Haushalt	
		Beamter	Angest.	Beamter	Angest.	Beamter	Angest.
Single-Haushalt	Mann	1.046	1.101	1.699	1.358	937	746
	Frau	1.063	1.101	1.702	1.358	928	749
Familien-Haushalt	Mann	1.345	1.208	1.784	1.358	1.104	863
	Frau	1.351	1.208	1.782	1.358	1.082	864

Quelle: Eigene Berechnungen

Dies kann aus Abbildung 25 gut nachvollzogen werden. Während die Abgaben für die Angestellten mit einer relativ niedrigen Diskontierung in die Berechnung eingehen, da sie in den aktiven Jahren zu leisten sind, werden die Leistungen für Pensionen stark abdiskontiert. Für Familienhaushalte ergibt sich dieses umgekehrte Ergebnis jedoch erst bei sehr hohen Zinssätzen um 100 Prozent bei gleichem angenommenem Wachstum. Das individuelle Kalkül und jenes eines kommunalen Arbeitgebers ändern sich jedoch qualitativ bei keinen Parameteränderungen.

Da das „Risiko" einer Familiengründung aber vom Kostenträger kaum gesteuert werden kann (und durch die Familienzulagen und Beihilferegelungen ja eher begünstigt wird), sollte eine entsprechende Mischkalkulation auch bei höheren Zinssätzen zum Ergebnis führen, dass eine Verbeamtung generell auch den Gesamtstaat teurer kommt als ein entsprechendes Angestelltenverhältnis.

Keinen Einfluss auf die Ergebnisse in qualitativer Hinsicht hat hingegen das Verschieben des Pensionseintrittsalters auf 67 Jahre, welches mittlerweile beim Bund sowie elf Bundesländern realisiert ist. So bekommt der männliche Single als Beamter für die beiden zusätzlichen Arbeitsjahre im Barwert netto 11.000 Euro mehr, der Gesamtstaat hat in dieser Betrachtung Mehrausgaben von 12.000 Euro. Diese Analyse trägt natürlich nicht den Umständen Rechnung, dass bei einer längeren Lebensarbeitszeit der Staat mehr Arbeitskraft des Beamten bekommt als in der pensionierten Lebensphase.

Die Barwertbetrachtung hat damit gezeigt, dass aus finanzwissenschaftlicher und politökonomischer Sicht die Verbeamtung die Möglichkeit bietet, Kosten, welche in einem entsprechenden Angestelltenverhältnis über Sozialbeiträge bereits während der aktiven Zeit anfallen, in die Zukunft zu verschieben und somit der nächsten oder übernächsten Politiker- und Steuerzahlergeneration

172 Die Ergebnisse ändern sich auf der Ebene des Gesamtstaates qualitativ bei Männern bei einem Rechnungszins von 4,3 Prozent und bei Frauen von 4,5 Prozent.

zu überlassen. Im Barwert über den gesamten Lebenszyklus betrachtet sind Beamte aber, wie gezeigt werden konnte, in der Regel teurer als ihre angestellten Pendants. Dabei wurde die längere Lebenserwartung von Beamten, welche etwa Himmelreicher et al. (2008) attestieren, noch gar nicht berücksichtigt. Auf kommunaler Ebene stellt sich aufgrund der verpflichtenden Mitgliedschaft in kommunalen Versorgungskassen das Bild anders da. Die Umlagezahlungen internalisieren die durchschnittlich anfallenden Versorgungsausgaben für einen Beamten und seine Angehörigen. Der Beamte ist nun auch in der kurzen Frist nicht mehr günstiger als ein vergleichbarer Angestellter, was zu niedrigeren Verbeamtungsanreizen führt. Auf diese Weise lassen sich die empirisch beobachtbaren Unterschiede im Einstellungsverhalten, insbesondere auf der Ebene der Bundesländer und der Kommunen, begründen und die eingangs aufgestellten Hypothesen untermauern. Das Modell liefert damit nicht zuletzt eine politökonomische Erklärung für die Verbeamtungswellen zwischen den späten 1960er und beginnenden 1980er Jahren: Kurzfristig waren Verbeamtungen der günstigere Weg, den öffentlichen Dienst in der Bundesrepublik Deutschland auszubauen. Diese an den Tag gelegte Kurzsichtigkeit rächt sich aber spätestens dann, wenn die jeweiligen Beamtenjahrgänge in den Ruhestand eintreten und ihre Versorgungsausgaben dann aus den laufenden Haushalten von Bund und Ländern zu leisten sind.

Um das Kalkül zwischen Angestellten- und Beamtenverhältnis auf eine transparente Basis zu stellen, sollten auch der Bund und die Länder bei jeder Verbeamtung zum Aufbau versicherungsmathematisch ermittelter Rücklagen bzw. zum Ausweis entsprechender Rückstellungen verpflichtet werden. Wie die Kommunen des Landes Baden-Württemberg zeigen, verringern sich auf diese Weise dann die Anreize zur Verbeamtung nicht einschlägiger Hoheitsträger. Dabei muss aber auch beachtet werden, dass der Beamte bei Betrachtung des Barwerts seines Lebens-Netto-Einkommens besser gestellt ist als der vergleichbare Angestellte. Dies kann, verbunden mit der versorgungsrechtlichen Sonderstellung eines Beamten, natürlich ein nicht unerhebliches Argument im Wettbewerb um gute Fachkräfte für den öffentlichen Dienst sein. Das eingangs genannte Bundesland Berlin, das Lehrer grundsätzlich nicht mehr verbeamtet, hatte als Folge hiervon eine starke Abwanderung von Lehrern in andere Bundesländer verzeichnen. Um dem entgegenzuwirken, musste der Verdienst der Lehrer im Angestelltenstatus deutlich angehoben werden.[173] Doch auch dieser Aspekt führt nicht an der Notwendigkeit einer versicherungsmathematisch korrekten Rücklagenbildung für Beamte vorbei. Alternativ müsste der vergleichbare Angestellte des öffentlichen Dienstes in einer höheren Entgeltgruppe ein-

173 Vgl. Der Tagesspiegel (2009) sowie Berliner Abgeordnetenhaus (2012).

gruppiert werden. Beide Wege haben wiederum höhere Ausgaben auf Seite des Bundes und der Länder zur Folge.

6. Entwicklung der Beamtenpopulation

Ausgangspunkt für die Projektion der Beamtenpopulation des Bundes und der 16 Bundesländer ist die Altersverteilung der aktiven Beamten und Pensionäre im Basisjahr 2009, wie sie in Abbildung 26 veranschaulicht wird. Analysiert man die Struktur, fällt die hohe Anzahl der männlichen Beamten über 50 Jahre auf, die innerhalb der kommenden Jahre in den Ruhestand eintreten werden. Bei den Frauen sind die Lebensalter zwischen 35 und 40 Jahren sowie ab 53 Jahren besonders stark ausgeprägt. Zur Fortschreibung der Beamtenpopulation des Bundes wird auf die gesamtdeutsche Sterbetafel 2008/10 des Statistischen Bundesamtes zurückgegriffen, bei den 16 Bundesländern finden landesspezifische Sterbetafeln Anwendung. Leider werden keine gesonderten Sterbetafeln für Beamte veröffentlicht, obwohl diese existieren. Aufgrund der vorliegenden Daten kann aber davon ausgegangen werden, dass die Sterbewahrscheinlichkeit unter und die Lebenserwartung von Beamten über den Werten der Gesamtbevölkerung liegen.[174]

Für die Vorausberechnung der Beamtenpopulation bis zum Jahr 2050 und die Projektion der zukünftigen Pensionslasten wird von einer fernen Lebenserwartung von 88 Jahren bei Frauen und 83,5 Jahren bei Männern ausgegangen.[175] Die Projektion beschränkt sich auf die im Basisjahr 2009 vorhandenen Beamten, auf einen Neuzugang wird verzichtet. Zum einen spielt die Höhe der jährlichen Verbeamtungen für die Berechnung der zukünftigen Pensionslasten so gut wie keine Rolle. Denn die Beamten, die im Jahr 2009 und in den Folgejahren eingestellt werden, erreichen bis zum Jahr 2050 nur in geringem Umfang überhaupt das Pensionsalter bzw. treten in den vorzeitigen Ruhestand. Die Versorgungsausgaben der kommenden 40 Jahre hängen vielmehr entscheidend von der aktuellen Beamtenpopulation ab, die mit Hilfe der Projektion fortgeschrieben wird. Durch die Beschränkung auf die vorhandenen Beamten soll der Umfang der durch die Verbeamtungen der vergangenen Jahrzehnte eingegangenen Versorgungszusagen aufgezeigt werden. Zudem erweist sich die Abschätzung einer zukünftigen Wiederbesetzungsquote für pensionierte Beamte aufgrund zahlreicher Einflussfaktoren als schwierig. Formal basiert die Bevölkerungsprojektion auf einer diskreten und deterministischen Formulierung der Kohorten-Komponenten-Methode.[176] Die Entwicklung der Überlebensraten er-

174 Vgl. Himmelreicher et al. (2008), S. 274ff., der für einen 65-jährigen Pensionär gegenüber einem entsprechenden Rentner der gesetzlichen Rentenversicherung eine um zwei Jahre höhere Restlebenserwartung ausweist.

175 Die entspricht auch der Annahme der Basisvariante der 12. koordinierten Bevölkerungsprojektion des Statistischen Bundesamtes für das Jahr 2050.

176 Für eine detaillierte Beschreibung des demographischen Modells vgl. Bonin (2001), S. 245ff.

folgt durch eine exponentielle Anpassung der Werte der jeweiligen Sterbetafel im Basisjahr.[177]

Abbildung 26: Altersstruktur der Beamten von Bund und Ländern im Jahr 2009

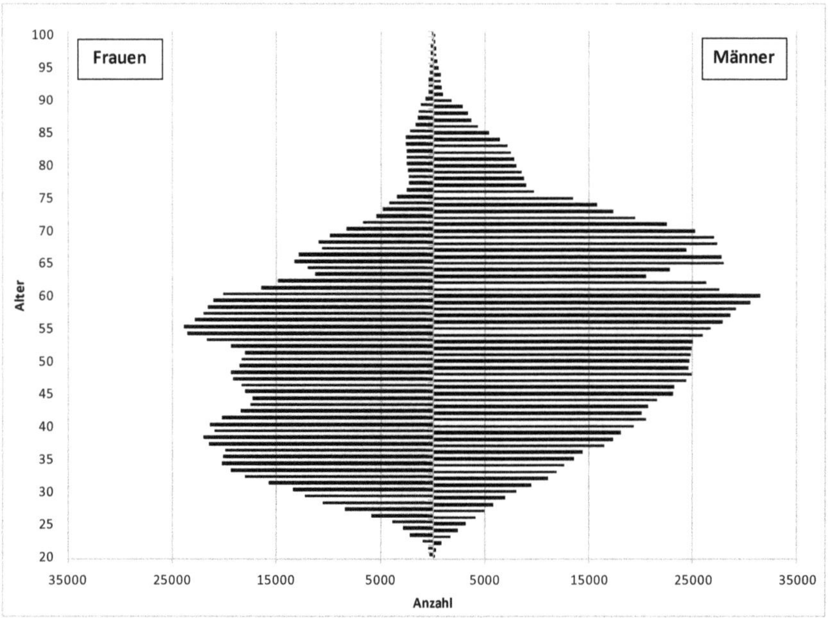

Quelle: Statistisches Bundesamt, eigene Darstellung

Abbildung 27 stellt die Situation im Jahr 2015 dar. Die kohortenstarken Jahrgänge beiden Geschlechts sind entweder schon in den Ruhestand gegangen oder stehen kurz davor. Während es im Jahr 2009 345.400 männliche und 122.600 weibliche Beamte gab, die 65 Jahre und älter waren, hat sich diese Zahl nun auf 400.800 bzw. 191.400 erhöht. Von den 1,96 Mio. Beamten des Basisjahres sind noch 1,81 Mio. vorhanden. Zehn Jahre später sind, wie Abbildung 28 veranschaulicht, die kohortenstarken männlichen und weiblichen Jahrgänge alle in den Ruhestand eingetreten. Deutlich erkennbar ist ein Teil der im Basisjahr großen Männerjahrgänge bereits verstorben: Von der Ausgangspopulation des Jahres 2009 in Höhe von 1,96 Mio. sind noch 1,51 Mio. Personen vorhanden, davon sind 447.700 Männer und 328.800 Frauen über 65 Jahre alt. Im Vergleich zum Basisjahr hat sich die Zahl der Pensionärinnen über 65 Jahre damit um den Faktor 2,7 erhöht. Auffällig ist der Zuwachs bei der

177 Vgl. Bonin (2001), S. 248.

Abbildung 27: Altersstruktur der Beamten von Bund und Ländern im Jahr 2015

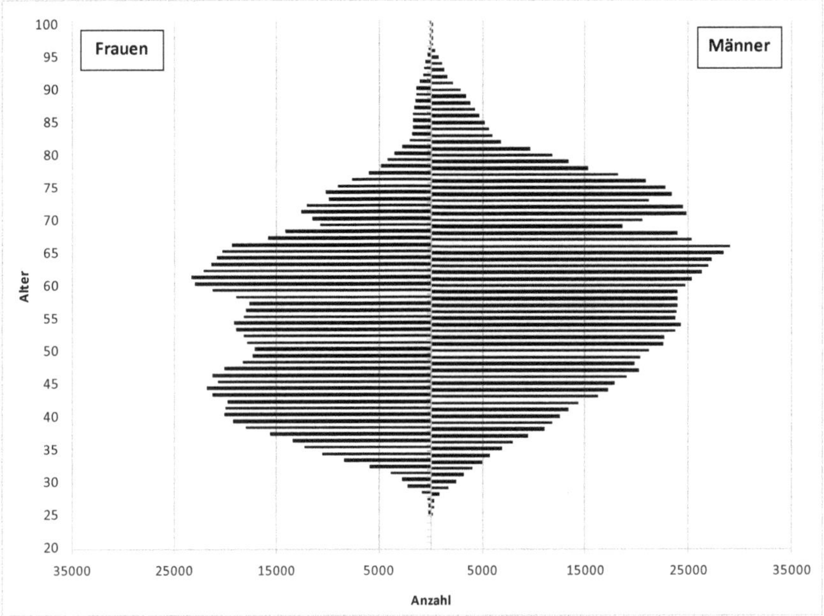

Quelle: Eigene Berechnungen

Gruppe der über 80-Jährigen. Gab es im Jahr 2009 noch 62.100 männliche und 23.300 weibliche Ruhegehaltsempfänger über 80 Jahre, liegt dieser Wert nun bereits bei mehr als 132.000 bzw. 68.000, was einem Wachstum um den Faktor 2,1 bzw. 2,9 entspricht.

Im Jahr 2035 ist die Zahl der aus der Bestandspopulation noch lebenden männlichen Ruhestandsbeamten über 65 Jahre auf 425.000 zurückgegangen, während die entsprechende weibliche Altersgruppe noch einmal auf 402.300 gestiegen ist (Abbildung 29). Die Zahl der über 80-jährigen Männer ist auf 161.500 gewachsen, die der Frauen auf 150.700, was gegenüber dem Basisjahr einer Steigerung um den Faktor 2,6 bzw. 6,5 entspricht. Berücksichtigt man, dass die Wahrscheinlichkeit, pflegebedürftig zu werden, ab diesem Alter signifikant ansteigt, wird dies für die staatlichen Beihilfezahlungen, wie in Kapitel 9 noch aufgezeigt werden wird, eine Kostenexplosion bedeuten, zumal Frauen gegenüber Männern eine signifikant höhere Restlebenserwartung aufweisen. Von im Basisjahr 2009 vorhandenen aktiven Beamten und Pensionären sind 2035 noch 1,17 Mio. am Leben.

Abbildung 28: Altersstruktur der Beamten von Bund und Ländern im Jahr 2025

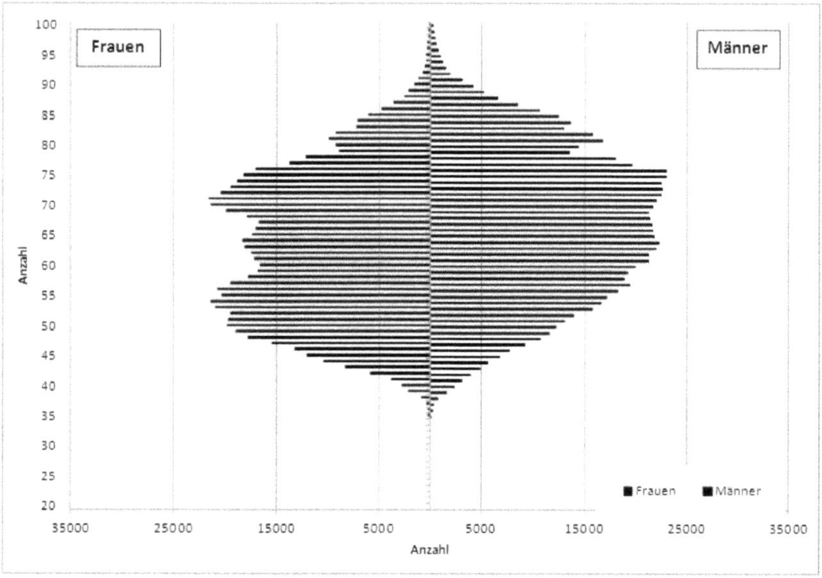

Quelle: Eigene Berechnungen

Abbildung 29: Altersstruktur der Beamten von Bund und Ländern im Jahr 2035

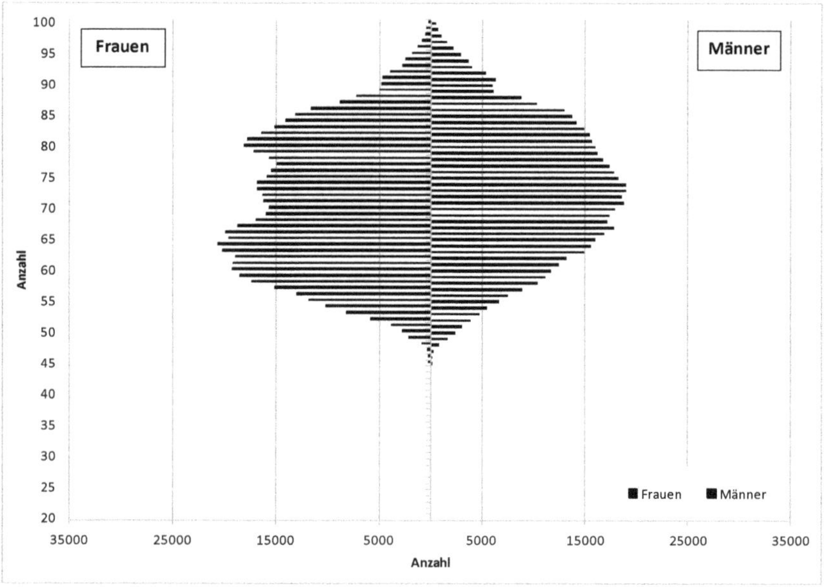

Quelle: Eigene Berechnungen

Im Jahr 2050 sind, wie in Abbildung 30 zu erkennen ist, die im Basisjahr 2009 kohortenstarken Jahrgänge der über 50-Jährigen zu einem großen Teil verstorben. Von der Ausgangspopulation haben bis zum jetzigen Zeitpunkt 638.800 Personen überlebt, was einem knappen Drittel entspricht. Von den im Jahr 2009 vorhandenen Beamten haben nun so gut wie alle das Ruhestandsalter erreicht: 261.000 Männer und 371.300 Frauen sind 65 Jahre und älter, 151.400 Männer und 184.100 Frauen der Bestandspopulation sind über 80 Jahre alt. Die Menge der über 80-jährigen Beamtinnen ist damit gegenüber dem Basisjahr um den Faktor 7,8 gewachsen.

Abbildung 30: Altersstruktur der Beamten von Bund und Ländern im Jahr 2050

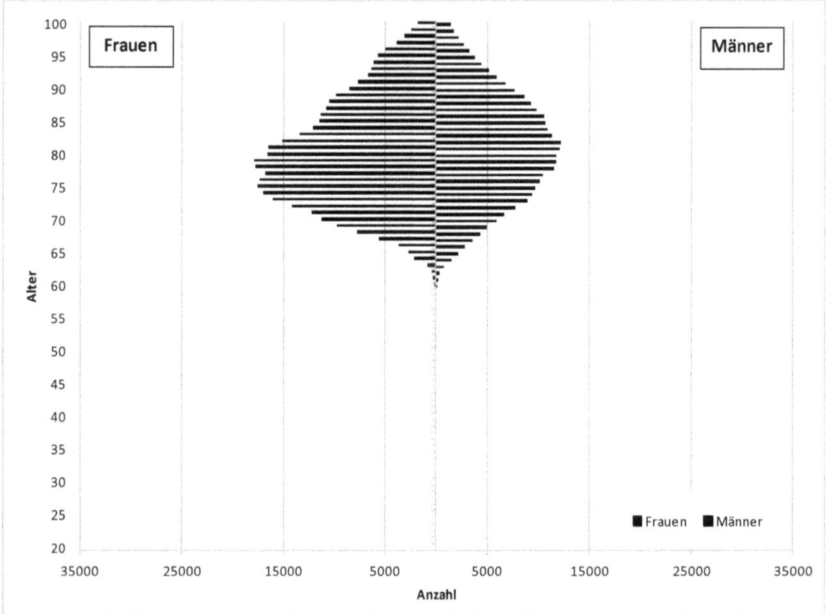

Quelle: Eigene Berechnungen

In den Abbildungen 31 und 32 ist zusammenfassend die Veränderung der Altersstruktur der gesamten Beamtenpopulation als Ergänzung zu der geschlechtsspezifischen Analyse in einer Gesamtbetrachtung dargestellt bzw. wird die Alterung der gesamtdeutschen Beamtenpopulation in Indexform jeweils für die Gruppen der über 65-Jährigen bzw. über 80-Jährigen illustriert. Wichtig für die zukünftige Entwicklung der Versorgungsausgaben ist der Teil rechts der Regelaltersgrenze, die im Beispiel bei 65 Jahren belassen wurde. Die Betrachtung des Verlaufs verdeutlicht die gesamte Dimension der zukünftigen Belastungen: Im Jahr 2009 gab es 468.000 Beamte über 65 Jahre und 85.500

Beamte über 80 Jahre. Innerhalb der folgenden elf Jahre erhöht sich die Gruppe der über 65-Jährigen auf 710.000 und liegt 2035 bei 827.000 – jeweils auf den Ausgangsbestand ohne Zugänge bezogen. Im Jahr 2036 wird mit 828.800 Pensionären über 65 Jahren das Maximum erreicht, um bis 2050 dann wieder deutlich auf 632.400 zurückzugehen. In der Spitze ist das gegenüber dem Basisjahr eine Zunahme um den Faktor 1,8. Exponentiell wachsen werden die Ruhegehaltsempfänger, die 80 Jahre und älter sind. Während es bis zum Jahr 2020 eine Steigerung um den Faktor 1,7 auf 144.500 geben wird, liegt der Wert des Jahres 2035 bereits bei 312.200 – also 3,7 Mal so hoch wie im Basisjahr. Im Jahr 2035 gibt es 335.500 Pensionäre, die 80 Jahre und älter sind. Dies entspricht dem 3,9-fachen des Ausgangswertes.[178]

Abbildung 31: Entwicklung der gesamten Beamtenpopulation

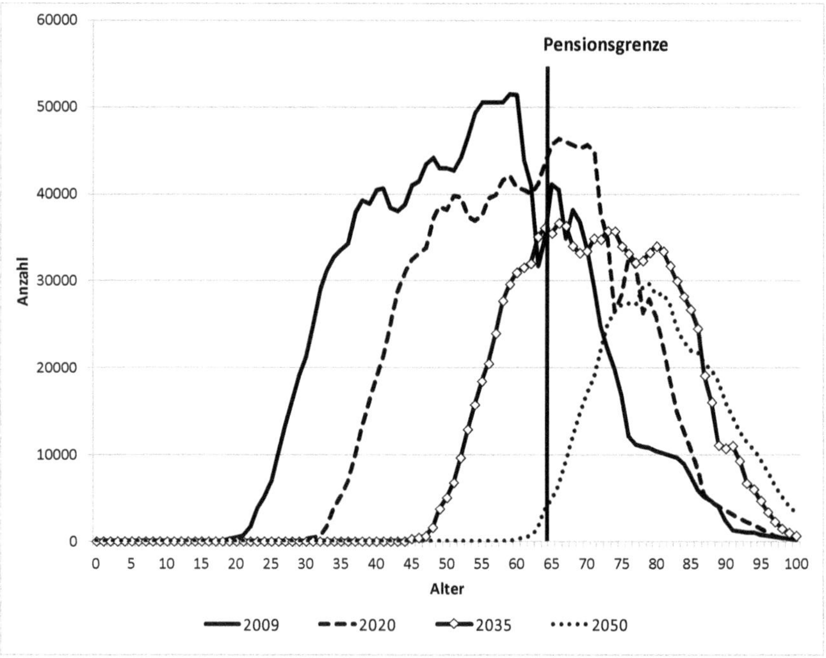

Quelle: Eigene Berechnungen

178 In diesen Zahlen sind nur die männlichen und weiblichen Beamten über 65 Jahre berücksichtigt. Sonstige Versorgungsempfänger wie Frühpensionäre, Witwen oder Waisen sind darin nicht enthalten.

Abbildung 32: Entwicklung der Beamtenpopulation: indexierte Darstellung

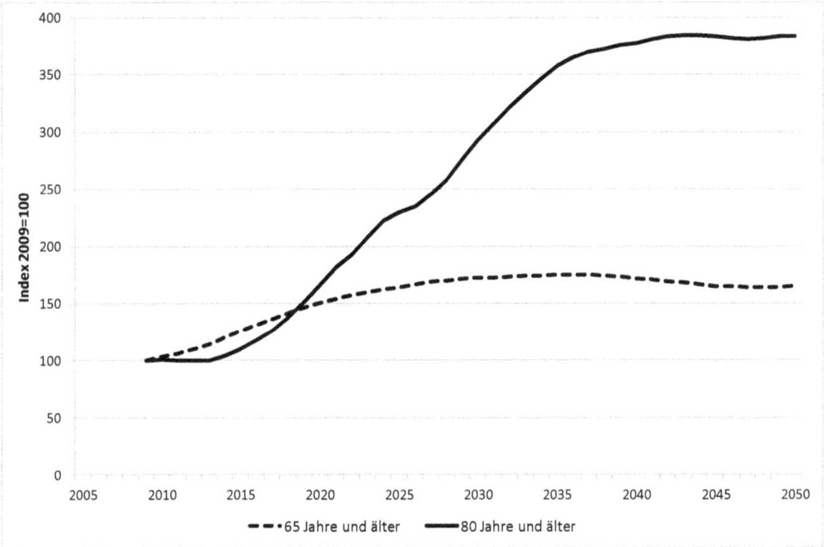

Quelle: Eigene Berechnungen

Abbildungen 33 und 34 veranschaulichen noch einmal die Entwicklung der Altersstruktur der Beamten des Bundes und der Länder in den kommenden Jahren, indem das Basisjahr 2009 jeweils der Situation in den Jahren 2025 und 2050 gegenübergestellt wird. Diese vergleichende Darstellung unterstreicht noch einmal eindrucksvoll den Umfang der Problematik. Selbst im Jahr 2050 wird rund ein Drittel der heute vorhandenen Beamten noch am Leben sein. Der gegenwärtige Altersaufbau der deutschen Beamtenpopulation hat damit Nachwirkungen für die nächsten vier Dekaden und darüber hinaus – ganz unabhängig vom zukünftigen Einstellungsverhalten. Diese Entwicklung der Altersstruktur schlägt sich natürlich unmittelbar, wie in den Kapiteln 8 bis 10 gezeigt werden wird, in der Höhe der Versorgungsausgaben nieder, die aus den Haushalten von Bund und Ländern zu finanzieren sein werden.

Abbildung 33: Beamtenpopulation 2009 und 2025 im Vergleich

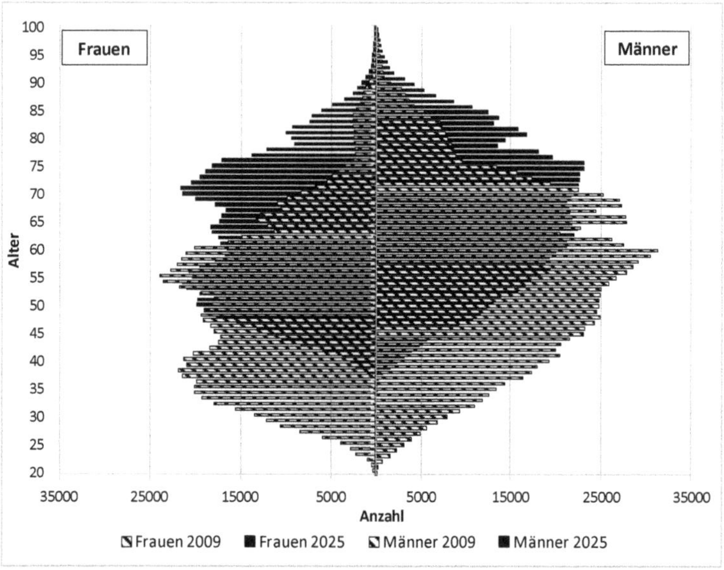

Quelle: Eigene Berechnungen

Abbildung 34: Beamtenpopulation 2009 und 2050 im Vergleich

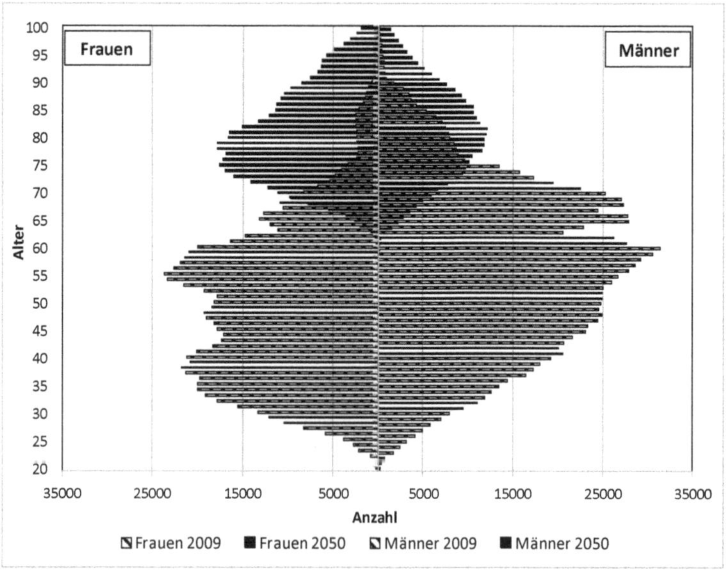

Quelle: Eigene Berechnungen

Die Ruhegehälter der Pensionäre werden bekanntlich aus den Einnahmen der laufenden Haushalte von Bund und Ländern und damit größtenteils aus Steuermitteln finanziert. Bei umlagefinanzierten Sozialversicherungssystemen definierte die Finanzwissenschaft den sogenannten Altenquotienten (ALQ). Der ALQ65 gibt demnach das Verhältnis der Menschen über 65 Jahre zu der Bevölkerung im erwerbsfähigen Alter zwischen 15 und 64 Jahren an. Analog zu diesem Konzept soll nun ein Pensionärsquotient (PQ) berechnet werden. Dieser setzt die Anzahl der Pensionäre des Bundes und der 16 Bundesländer in das Verhältnis zu den Einwohnern der Bundesrepublik Deutschland, die potentiell erwerbstätig sind. Letztgenannte finanzieren im Prinzip mit ihren Steuerzahlungen die Versorgung der Ruhestandsbeamten.[179] Analog zum Altenquotienten umlagefinanzierter Sozialversicherungssysteme werden auf diese Weise, bildlich gesprochen, Leistungsempfänger ins Verhältnis zu Beitragszahlern gesetzt. Im Basisjahr 2009 liegt, wie Abbildung 36 zeigt, der gesamtdeutsche Pensionärsquotient (PQ) bei 8,7. Auf 1.000 Einwohner Deutschlands im erwerbsfähigen Alter kommen 8,7 Pensionäre. Dieser Wert steigt in den folgenden Jahren stark an und liegt 2025 bei 15,9, um sich danach bis 2040 noch einmal auf dann 19,6 zu erhöhen.[180] Noch drastischer ist die Entwicklung, wenn man die Pensionäre über 80 Jahre analysiert, zumal in dieser Altersgruppe die Wahrscheinlichkeit, pflegebedürftig zu werden, stark ansteigt. Im Basisjahr kommen auf 1.000 Einwohner Deutschlands in erwerbsfähigem Alter statistisch 1,6 Ruhestandsbeamte über 80 Jahre. Dieser Wert wird sich bis 2030 auf 5,6 mehr als verdreifachen, um dann bis 2040 noch einmal auf 7,9 zu wachsen – insgesamt also rund eine Steigerung um den Faktor fünf. Bei der Entwicklung des Pensionärsquotienten wirken sich zwei Effekte aus. Zum einen, wie bereits gezeigt wurde, die Projektion der im Basisjahr 2009 vorhandenen Beamtenpopulation. Gleichzeitig sinkt in der Bundesrepublik Deutschland bis zum Jahr 2040 aufgrund des demographischen Wandels gemäß aktueller Vorausberechnung die Bevölkerung im erwerbsfähigen Alter zwischen 15 und 64 Jahren von 53,87 Mio. auf 41,62 Mio.[181]

---

179 Natürlich bezahlen auch Pensionäre Einkommensteuer, aus der wiederum zum Teil ihre Ruhegehälter finanziert werden. Die Steuerhöhe ist aber niedriger als in der aktiven Zeit. Der Pensionärsquotient (PQ) ist ein sinnvolles Maß, um die steigenden Belastungen der Menschen im Erwerbsalter bei der Finanzierung der Beamtenversorgung darzustellen. In der Finanzwissenschaft benutzt man analog auch den „Pflegequotienten", um das Verhältnis von Menschen über 80 Jahren zu jungen Menschen im erwerbsfähigen Alter zu berechnen. Dies geschieht, obwohl auch Rentner Beiträge für die soziale Pflegeversicherung abführen.

180 Der Bevölkerungsprojektion für die Bundesrepublik Deutschland liegt die Variante 1-W1 der 12. koordinierten Bevölkerungsvorausberechnung des Statistischen Bundesamtes zugrunde, die eine Untergrenze der mittleren Bevölkerung beschreibt.

181 Vgl. wiederum Variante 1-W1 der 12. koordinierten Bevölkerungsvorausberechnung des Statistischen Bundesamtes.

Abbildung 35: Entwicklung des Verhältnisses der Pensionäre zur Gesamtbevölkerung zwischen 15 bis 64 Jahre

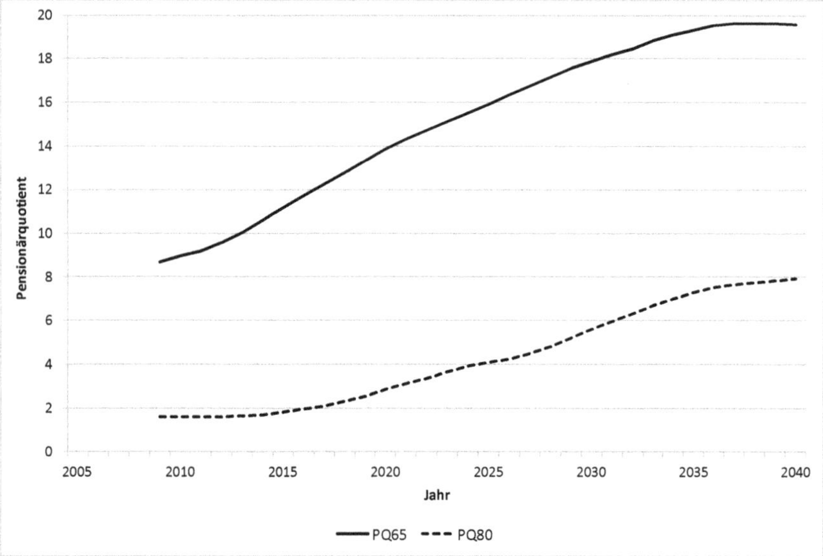

Quelle: Statistisches Bundesamt, eigene Berechnungen

Tabelle 15 verdeutlicht auf der Ebene der 16 Bundesländer die Entwicklung des Pensionärsquotienten PQ65. Dabei zeigen sich bereits im Status quo des Basisjahres 2009 deutliche Unterschiede. Unter den westdeutschen Bundesländern weist Bremen mit 20,5 Pensionären über 65 Jahre je 1.000 Einwohner im Alter zwischen 15 und 64 Jahren den höchsten Wert auf, gefolgt von Hamburg (16,9) sowie Berlin und dem Saarland mit jeweils 11,9. Den niedrigsten Pensionärsquotienten verzeichnet Bayern mit 8,8. Die Spanne der ostdeutschen Bundesländer reicht von Brandenburg und Sachsen mit je 0,7 bis hin zu Sachsen-Anhalt (1,7). Somit zeigt sich auch hier ein deutliches Ost-Westgefälle, dessen Gründe bereits erläutert wurden.

In den westdeutschen Flächenstaaten ist auf Sicht der kommenden zwei bzw. drei Jahrzehnte ungefähr eine Verdopplung des Pensionärsquotienten PQ65 zu beobachten. Bremen bleibt Spitzenreiter, hier ereignet sich ein weiterer Anstieg auf 26,8 im Jahr 2025. In Berlin erhöht sich der Indikator bis zum Jahr 2040 sogar auf 26,3, was der höchsten Steigerung unter den alten Bundesländern entspricht.

Im Osten fällt der Anstieg aufgrund der Kombination aus dem beginnenden Eintritt der Beamtenjahrgänge in den Ruhestand und der allgemeinen demographischen Entwicklung dramatisch aus. In Thüringen kommen im Jahr 2040 auf

1.000 Personen im erwerbsfähigen Alter 22,5 Pensionäre über 65 Jahre, in Brandenburg 20,4. In Sachsen ist der PQ65 mit 10,2 gerade einmal halb so hoch. Der Pensionärsquotient ist somit ein wichtiger Indikator zur Darstellung der Unterschiede zwischen den 16 Bundesländern hinsichtlich der zukünftigen Belastungswirkungen der Beamtenversorgung. Zusammengefasst stehen in allen Bundesländern immer weniger Menschen im Erwerbsalter auf der einen Seite einer wachsenden Anzahl an Pensionären gegenüber, was jeweils zu einem steigenden Wert des Pensionärsquotienten führt.

Tabelle 15: Entwicklung des Pensionärsquotienten PQ65 in den 16 Bundesländern

Jahr	BW	BY	BE	HH	HB	HE	NI	NW
2009	9.2	8.8	11.9	16.9	20.5	9.9	9.5	8.9
2015	12.4	11.0	15.9	19.2	24.7	12.8	12.7	11.6
2020	15.2	13.2	19.2	19.9	26.3	15.1	15.4	13.9
2025	16.9	15.0	22.1	21.0	26.8	16.7	17.2	15.1
2030	18.0	16.7	26.0	22.8	26.4	17.8	18.5	15.9
2040	19.3	19.0	26.3	23.0	23.5	18.8	19.0	16.7
2050	15.7	16.2	19.4	19.0	17.3	15.1	14.9	12.9
Jahr	**RP**	**SL**	**SH**	**BB**	**MV**	**SN**	**ST**	**TH**
2009	8.9	11.9	10.3	0.7	1.2	0.7	1.7	1.4
2015	12.0	14.4	12.7	2.9	2.8	1.9	3.7	3.3
2020	14.8	16.5	14.8	6.6	5.0	3.7	5.9	7.2
2025	16.6	17.8	16.0	11.2	7.7	5.6	8.6	12.2
2030	17.8	18.3	17.2	16.6	10.7	7.7	12.3	18.1
2040	19.1	17.8	18.6	20.4	12.2	10.2	16.2	22.5
2050	15.6	15.0	14.9	16.4	9.9	9.4	13.6	18.3

Quelle: Statistisches Bundesamt, eigene Berechnungen

7. Finanzwissenschaftliche Konzepte zur Messung von Versorgungsverpflichtungen

In Kapitel 2.6 wurde auf die grundsätzlichen Unterschiede zwischen dem klassischen kameralistischen System öffentlicher Haushalte und der doppischen Rechnungslegung eingegangen. Die Bilanzen der drei Bundesländer Hessen, Bremen und Hamburg, die bei der Umstellung auf die Doppik eine Vorreiterrolle einnehmen, weisen Rückstellungen für zukünftige Versorgungsausgaben aus. Dabei handelt es sich um Verpflichtungen, die bereits in der Vergangenheit eingegangen wurden, aber erst in Zukunft kassenwirksam werden. Gemäß den geltenden deutschen handels- und steuerrechtlichen Vorschriften findet bei der Berechnung des Rückstellungsbedarfes von Pensionsverpflichtungen von aktiven Beamten individuell für jeden Bediensteten die versicherungsmathematische Teilwertmethode Anwendung. Bei Versorgungsempfängern ist jeweils der Barwert des verbleibenden Anspruchs auszuweisen.

Neben dieser bilanziellen Betrachtungsweise existieren in der modernen Finanzwissenschaft verschiedene Konzepte zur Messung von öffentlichen Renten- und Pensionsansprüchen, die teilweise auf einem abweichenden Zielsystem sowie auch auf einer anderen Datenbasis[182] gründen. In der Handels- und Steuerbilanz liegt der Schwerpunkt auf der korrekten periodengerechten Ausweisung des Ressourcenverbrauchs bzw. der Darstellung der aktuellen finanziellen Situation in Form des Verhältnisses von Fremd- und Eigenkapitel. In der Finanzwissenschaft geht es hingegen primär um die statistische Berechnung aller schwebenden Ansprüche gegenüber einem öffentlichen Haushalt. Dabei handelt es sich um eine implizite Verschuldung, denn die erworbenen Pensionsansprüche der Beamten stellen zukünftige Zahlungsverpflichtungen dar. Diese sind unverbrieft, bestehen also dem Grund nach, sind aber nicht konkret der Höhe nach bestimmt. Ihre Höhe kann grundsätzlich durch gesetzgeberische Maßnahmen beeinflusst werden, war bei privatrechtlichen konkreten Zusagen nicht der Fall ist.[183] Auch stehen bei der finanzwissenschaftlichen Betrachtung Entlastungs- und Verteilungswirkungen von Reformen sowie Vergleiche zwischen Gebietskörperschaften sowie ganzen Ländern hinsichtlich des Ausmaßes der erteilten Versorgungszusagen im Vordergrund.

---

182 So wird beispielsweise in der vorliegenden Arbeit nicht, wie im Bereich des Bilanzrechts, jeder im Basisjahr 2009 vorhandene Beamte einzeln bezüglich seiner individuellen schwebenden Versorgungsansprüche analysiert, sondern es erfolgt eine Gesamtbetrachtung mithilfe von Mikro-Daten in Form statistischer Durchschnitte.

183 Vgl. Sachverständigenrat (2003), S. 271. Da die Beamtenversorgung aber grundgesetzlich geschützt ist, ist für den Gesetzgeber der Rahmen für Reformen begrenzt. Dies verringert den dargestellten Unterschied wiederum und macht den Umfang schwebenden Versorgungsverpflichtungen für Beamte auch der Höhe nach weitgehend bestimmbar.

Grundsätzlich wird bei der Berechnung von Renten- und Pensionsanwartschaften in der Finanzwissenschaft zwischen einem Bruttoansatz *(Gross Pension Liability)* und einer Nettobetrachtung *(Net Pension Liability)* unterschieden. Die Bruttovariante betrachtet grundsätzlich nur die Ansprüche selbst, während beim Nettoansatz darüber hinaus auch, falls vorhanden, Beitragszahlungen sowie teilweise auch zukünftig nach Eintritt in den Ruhestand entstehende Steuerrückflüsse berücksichtigt werden. Die Konzepte unterscheiden sich ferner hinsichtlich der zeitlichen Perspektive und der eingeschlossenen Personengruppe. Im Folgenden wird auf die Klassifizierung von Holzmann et al. (2004) sowie Franco (1995) zurückgegriffen, wobei aber nur auf die Bruttovariante eingegangen wird. *Accrued-to-date Liabilities (ADL)* geben den Barwert zukünftiger Renten- oder Pensionszahlungen an, die eine gegebene Personengruppe bis zu einem bestimmten Zeitpunkt erworben hat. Zukünftig noch entstehende Ansprüche der betrachteten Individuen oder Ansprüche von erst in Zukunft neu eingestellten Personen fließen hierbei nicht mit ein. Im Kontext der Beamtenversorgung würde das ADL-Konzept bedeuten, dass man den Stellenkegel des Basisjahres als Grundlage nehmen würde. Bei Beamten, die bereits im Ruhestand sind, würde man den Barwert des verbleibenden Pensionsanspruchs einbeziehen, bei den aktiven Beamten aber nur jene Ansprüche, die sie sich bis zum Basisjahr erworben haben. Bei einem 50-jährigen Beamten, der seit 20 Jahren im Beamtenverhältnis steht, würde also nur der Barwert seiner bis dato erdienten Ansprüche aufgenommen. Jene Ansprüche, die er in den verbleibenden 15 Dienstjahren erwirbt, sind für den ADL-Ansatz nicht von Relevanz.

Die *Projected liabilities of current workers and pensioners* berücksichtigen zusätzlich genau diese in Zukunft erst noch zu erwerbenden Ansprüche der Personengruppe. Daneben existieren noch die *Open-system liabilities*, die auch Ansprüche von in Zukunft erst noch einzustellenden Personen aufführen. Diesem am weitestgehenden Ansatz liegt entweder ein endlicher, im Extremfall sogar unendlicher Zeithorizont zugrunde. Übertragen auf die Beamten würden hierbei nicht nur die bereits vorhandenen sowie in Zukunft noch entstehenden Versorgungsansprüche der heutigen Beamtenpopulation berücksichtigt, sondern auch jene zukünftiger Beamtengenerationen, wobei gewisse Annahmen bezüglich der Neueinstellungen zu treffen sind.[184]

Um die schwebenden Versorgungsverpflichtungen des Bundes und der Länder für ihre Beamten zu berechnen, werden im Folgenden die *Projected liabilities of current workers and pensioners* als grundlegendes Konzept verwendet. Allerdings wird der Betrachtungszeitraum bis zum Jahr 2050 beschränkt, statt den gesamten Zeitraum zu modellieren, bis der letzte im Basisjahr 2009 lebende Beamte verstorben ist. Den Kern der vorliegenden Arbeit bildet eine Projektion

184 Zur Definition der einzelnen Konzepte vgl. Holzmann et al. (2004), S. 12f. sowie Franco (1995).

der Versorgungsausgaben und damit verbunden eine Analyse der Belastung der öffentlichen Haushalte durch die Beamtenversorgung in den kommenden vier Dekaden.

Für den Bereich der Beamtenversorgung macht die Verwendung des Ansatzes *Projected liabilities of current workers and pensioners* aufgrund der besonderen Funktionsweise auch Sinn, während bei der Berechnung von Pensions- und Rentenanwartschaften ganzer Volkswirtschaften meist der *Accrued-to-date*-Ansatz Verwendung findet.[185] Wie bereits in Abschnitt 2.1 dargestellt, wird mit dem Rechtsakt der Verbeamtung ein lebenslanges, von Seiten des Dienstherrn nicht kündbares Treue-, Dienst- und Versorgungsverhältnis zwischen dem Dienstherrn und dem Beamten begründet. Zwar ist es grundsätzlich möglich, den Beamtenstatus auf Wunsch des Beamten, etwa bei einem Wechsel in die Privatwirtschaft, wieder abzulegen und die geleisteten Dienstzeiten in der umlagefinanzierten gesetzlichen Rentenversicherung nachzuversichern. Dies geschieht aber nur in sehr wenigen Fällen. Es kann damit davon ausgegangen werden, dass mit hinreichend hoher Wahrscheinlichkeit ein heute aktiver Beamter bis zum Eintritt in den Ruhestand den Beamtenstatus behält und zu den bereits vorhandenen Versorgungsansprüchen in den verbleibenden Dienstjahren noch zusätzliche erwirbt. Auch die Höhe des noch hinzukommenden Versorgungsanspruchs lässt sich aufgrund der grundlegenden Prinzipien der Beamtenversorgung, die Verfassungsrang besitzen, recht exakt berechnen. Aus Sicht des Dienstherren ist es im Rahmen des Vorsichtsprinzips und aus Gründen der Transparenz damit geboten, die aus dem Rechtsakt der Verbeamtung entstehende Verpflichtung vollumfänglich auszuweisen und nicht nur den zum Basisjahr tatsächlich erdienten Versorgungsanspruch. Auch können ausgehend von dieser Basis auch die Auswirkungen von Reformen analysiert werden.

Zusammenfassend werden bei den folgenden Berechnungen somit die bereits vorhandenen sowie die zukünftig bis zum Eintritt in den Ruhestand noch entstehenden Versorgungsansprüche der im Status quo vorhandenen Beamten berücksichtigt. Der Betrachtungszeitraum ist jedoch bis zum Jahr 2050 beschränkt. In Abgrenzung zum Ansatz der *Open System liabilities* wird von Neueinstellungen abgesehen. Außerdem wird der Gross-Ansatz gewählt, zukünftige Steuerzahlungen auf Versorgungsleistungen finden damit keine Berücksichtigung.

185 Vgl. hierzu Weddige (2011), Müller und Raffelhüschen (2012), S. 11ff. sowie Heidler et al. (2009).

8. Projektion der Ruhegehaltsausgaben: Status quo und Reformszenarien

8.1 Methode und Datengrundlage

Die offiziell ausgewiesene Verschuldung des Bundes und der 16 Bundesländer in Höhe von aktuell 1,88 Bio. Euro (Stand Ende 2010) ist ein unzureichender Indikator zur Beurteilung fiskalischer Aktivität. Zahlungsverpflichtungen, die bereits in der Vergangenheit begründet wurden, aber erst in zukünftigen Haushaltsplänen kassenwirksam werden, schlagen sich in dieser sogenannten expliziten Staatsverschuldung nicht nieder. Ferner sind keine Aussagen über die Nachhaltigkeit einer Fiskalpolitik und ihre intergenerativen Lastenverschiebungen möglich.

Die drei amerikanischen Ökonomen Auerbach, Gokhale und Kotlikoff entwickelten mit der Methode der Generationenbilanzierung *(Generational Accounting)* ein Analyseinstrument zur Betrachtung langfristiger Wirkungen fiskalischer Maßnahmen.[186] Im Folgenden wird die Generationenbilanzierung zur Darstellung der Zahlungsverpflichtungen benutzt, die in Zukunft für die Versorgung der Beamten des Bundes und der Länder aufzuwenden sein werden. Auch hierbei handelt es sich, wie bereits erörtert, um eine Form impliziter Staatsverschuldung: Durch den Rechtsakt der Verbeamtung einer Person auf Lebenszeit geht der Dienstherr im Rahmen des grundgesetzlich verankerten Alimentationsprinzips die Verpflichtung ein, während des aktiven Dienstes, bei Krankheit und Invalidität sowie nach Eintritt in den Ruhestand die Versorgung des Beamten und ggf. seiner Ehefrau und seiner Kinder sicherzustellen.[187] Mit Hilfe der Methode der Generationenbilanzierung soll nun zunächst der Barwert der bis 2050 anfallenden Pensionsverpflichtungen berechnet werden. Dieser stellt den Umfang der Mittel dar, die im Basisjahr 2009 auf der Ebene des Bundes und der Bundesländer hätte vorhanden sein müssen, um die in den kommenden vier Jahrzehnten anfallenden Versorgungsausgaben finanzieren zu können. In diesem Kapitel werden zunächst nur die zukünftigen Ruhegehaltszahlungen betrachtet. Ausgaben für Beihilfeleistungen sowie die Witwen- und Waisenversorgung werden dann in den Kapiteln 9 und 10 gesondert ausgewiesen.

Methodisch findet für die Berechnung der schwebenden Pensionsverpflichtungen das sogenannte „Freiburg-Model" Anwendung, das zwischen einem Be-

186 Die Methodik der Generationenbilanzierung wurde von Auerbach et al. (1991, 1992 und 1994) Anfang der neunziger Jahre entwickelt. Genaueres zur Methode und zur Kritik an der Generationenbilanzierung findet sich in Raffelhüschen (1999) und Bonin (2001).

187 Vgl. die ausführliche Darstellung der deutschen Beamtenversorgung in Kapitel 2.2.

stands- und einem Zugangsprofil differenziert[188]. Dabei erfolgt eine Unterscheidung zwischen den im Basisjahr vorhandenen Pensionären und zukünftigen Pensionären, die nach dem Basisjahr in den Ruhestand eintreten. In einem ersten Schritt wird mittels der Personalstatistik des Statistischen Bundesamtes für den Bund und die 16 Bundesländer jeweils eine Population aus allen aktiven Beamten und den derzeitigen Pensionären gebildet. Dabei wird zwischen männlichen und weiblichen Beamten differenziert. Mittels spezifischer Sterbetafeln lassen sich die Beamtenpopulationen nun, wie in Kapitel 6 erläutert, in die Zukunft fortschreiben.

Aus Datensätzen des Statistischen Bundesamtes wird dann jeweils das geschlechtsspezifische Ruhegehalts-Bestandsprofil der derzeitigen Pensionäre gebildet. Dieses stellt die durchschnittliche, vom Geschlecht abhängige jährliche Pensionszahlung für einen Angehörigen der jeweiligen Alterskohorte dar. In Abbildung 36 ist das reskalierte Bestandsprofil des Basisjahres 2009 durch die linke durchgezogene Linie repräsentiert.[189] Eine Differenzierung nach den verschiedenen Laufbahngruppen (einfacher, mittlerer, gehobener und höherer Dienst) erfolgt nicht. Vielmehr wird von einem repräsentativen Beamten der jeweiligen Alterskohorte ausgegangen. Wichtig ist zu beachten, dass sich die Pro-Kopf-Werte des Bestandsprofils auf die gesamte Beamtenpopulation beziehen. Der Profilwert eines 50-Jährigen gibt damit nicht das durchschnittliche absolute Ruhegehalt eines Frühpensionärs im entsprechenden Alter an, sondern vielmehr das durchschnittliche Ruhegehalt als Pro-Kopf-Größen aller 50-jährigen Beamten, von denen die große Mehrheit ja noch aktiv ist.[190] Formal ermittelt sich der Profilwert des Basisjahres b für ein Individuum der im Jahr k geborenen Kohorte, indem das durchschnittliche Ruhegehalt $A_{b,k}$ eines Pensionärs der Kohorte k im Basisjahr b zunächst mit der Anzahl der Pensionäre $M_{b,k}$ in dieser Alterskohorte multipliziert und dann durch die gesamte Kohortenstärke $C_{b,k}$ dividiert wird[191]:

$$p_{b,k} = \frac{A_{b,k} * M_{b,k}}{C_{b,k}}. \qquad (7)$$

Theoretisch müsste die aggregierte jährliche Pensionszahlung des Bundes und jedes Bundeslandes der durchschnittlichen Pension jeder Alterskohorte, multi-

188 Vgl. Heidler et al. (2009) sowie Müller und Raffelhüschen (2012).

189 Durch die Reskalierung werden Mikro- und Makroebene in Übereinstimmung gebracht. Dies wird nachfolgend noch ausführlich beschrieben.

190 Auf diese Weise finden auch Ausgaben für Frühpensionierungen, beispielswiese als Folge von Dienstunfähigkeit, Berücksichtigung.

191 Aus Vereinfachungsgründen wird auf eine geschlechtsspezifische Differenzierung bei der Darstellung der Methode verzichtet.

pliziert mit der jeweiligen Kohortenstärke entsprechen. Formal lässt sich diese Beziehung wie folgt ausdrücken:

$$P_b = \sum_{k=b-D}^{b} p_{b,k}\, C_{b,k}\,. \tag{8}$$

P_b stellt die Summe sämtlicher Pensionszahlung an Beamte im Ruhestand im Basisjahr b dar, $p_{b,k}$ bezeichnet die geschlechtsspezifische, aus Mikro-Daten gewonnene Pensionszahlungen eines Beamten, der der Alterskohorte k angehört. $C_{b,k}$ schließlich ist wiederum die jeweilige Kohortenstärke und D die Anzahl der betrachteten Kohorten. In die Berechnung werden die Geburtskohorten 1909 bis 2009 einbezogen. Ein Individuum kann maximal ein Alter von 100 Jahren erreichen.

Diese Beziehung zwischen Mikro- und Makroebene ist aber nur in der Theorie erfüllt. Während sich die tatsächlichen jährlichen Pensionsausgaben den Haushaltsplänen des Bundes und der Länder entnehmen lassen, handelt es sich bei den Pensionsprofilen um statistische Durchschnitte, was zu gewissen Ungenauigkeiten führt. Zur Lösung dieses Problems wird daher in einem Zwischenschritt eine Reskalierung der geschlechtsspezifischen Pensionsprofile vorgenommen. Das Mikro-Pensionsprofil wird reskaliert und so mit dem vorliegenden Makro-Aggregat der in einem Jahr insgesamt geleisteten Pensionszahlungen in Einklang gebracht. Dazu wird zunächst für jedes Geschlecht ein Vektor

$$V_{b,k} = \begin{bmatrix} p_{b,b} \\ . \\ . \\ p_{b,k} \\ . \\ . \\ p_{b,b-D} \end{bmatrix} \tag{9}$$

gebildet, der aus den durchschnittlichen, der Statistik entnommenen altersspezifischen Pensionszahlungen besteht. $p_{b,k}$ ist wiederum die durchschnittliche Pensionszahlung im Basisjahr b für einen Angehörigen der Alterskohorte k. Zur Reskalierung wird dieser Vektor nun mit einem Skalar θ multipliziert, so dass für alle lebenden Alterskohorten $b - D \leq k \leq b$ gilt:

$$p_{b,k}^{reskal} = \theta p_{b,k}\,. \tag{10}$$

Formal wird θ so berechnet, dass das Makroaggregat der Pensionen P_b durch die Summe der Produkte zwischen den altersspezifischen durchschnittlichen Ruhegehälter und der jeweiligen Kohortenstärke, also das Aggregat auf Mikroebene, dividiert wird:

$$\theta = \frac{P_b}{\sum_{k=b-D}^{b} p_{b,k} C_{b,k}}. \tag{11}$$

Auf diese Weise findet eine Verknüpfung zwischen Mikro- und Makroebene statt und Gleichung (8) ist unter Verwendung des reskalierten Profils für alle Werte erfüllt[192].

Für alle Beamten, die im Basisjahr bereits eine Pension beziehen, wird diese mit der Wachstumsrate $(1+g)$ in die Zukunft fortgeschrieben:

$$p_{t,k}^{exis} = p_{b,k}^{reskal}(1+g)^{t-b}. \tag{12}$$

Diese Gleichung sagt aus, dass ein im Jahr k $(b - D \leq k \leq b)$ geborener Beamter, der im Basisjahr b eine Pension in Höhe von $p_{b,k}$ bezieht, diese auch in den Folgejahren t erhält, aber jeweils erhöht um einen Wachstumsfaktor g. Die Bestandspensionäre des Basisjahres sterben im Lauf der Zeit und werden zu einem bestimmten zukünftigen Zeitpunkt vollständig verschwunden sein. Dieses Bestandsprofil verschiebt sich, wie anhand Abbildung 36 deutlich wird, auf der Zeitachse nach rechts.[193] Die Pension eines 65-Jährigen im Basisjahr 2009 vorhandenen Ruhestandsbeamten entspricht daher der des 86-Jährigen im Jahr 2030, wenn, wie im vorliegenden Beispiel, von jährlichen Anpassungen abstrahiert wird. Die maximale Kohortenlebensdauer liegt bei 100 Jahren. Mit anderen Worten kommt es zu einem „Phasing out" der Bestandspensionäre: Zu dem Zeitpunkt, an dem der jüngste im Basisjahr lebende Pensionär verstorben ist, verschwindet das Bestandsprofil vollständig.[194]

192 Zur Profilerstellung und Reskalierung vgl. Müller und Raffelhüschen (2012), S. 114ff.

193 Um den Abbau des Bestandsprofils zu illustrieren, wurde in Abbildung 36 von einer jährlichen Anpassung der Pensionen abgesehen.

194 Vgl. Müller und Raffelhüschen (2012), S. 116.

Abbildung 36: Abbau Bestandsprofil am Beispiel männlicher Pensionäre im Bundesland Baden-Württemberg

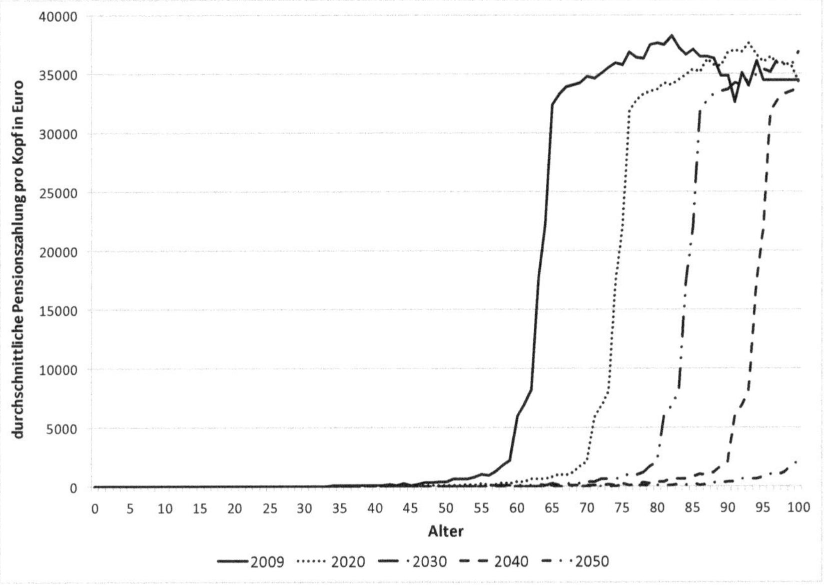

Quelle: Eigene Berechnungen

Nun gilt es, ausgehend von den Daten des Basisjahrs die altersspezifischen Pensionsprofile zukünftiger Zugangspensionäre zu bestimmen. Im Gegensatz zur gesetzlichen Rentenversicherung liegen bei den Beamtenpensionen keine öffentlich zugänglichen Daten über die Zugangspensionäre vor. Aus diesem Grund müssen gewisse Annahmen getroffen werden, um ein alters- und geschlechtsspezifisches Profil für Zugangspensionäre zu generieren.

Die Zugangspension $p_{t,k}^{neu}$ im Jahr t für eine Alterskohorte k berechnet sich, indem man in dem reskalierten Pensionsprofil des Basisjahres die absolute Differenz zwischen der Pensionshöhe eines Angehörigen der Kohorte $b-(t-k)$, der im Basisjahr also $(t-k)$ Jahre alt ist, und der Pensionshöhe eines Angehörigen der Kohorte $b-(t-k-1)$, der im Basisjahr $(t-k-1)$ Jahre alt und damit um ein Jahr jünger ist, bildet. Die so ermittelte Zugangspension wird nun noch bis zum betrachteten Jahr t mit der jährlichen Wachstumsrate $(1+g)$ erhöht und jeweils für alle lebenden Kohorten $b-D \leq k \leq b$ berechnet[195]:

195 Die Differenzen werden jeweils nur bis zum Alter von 67 Jahren berechnet, da es in höherem Alter zu keinem nennenswerten Pensionszugang mehr kommt.

$$p_{t,k}^{neu} = \left(p_{b,b-(t-k)}^{exis} - p_{b,b-(t-k-1)}^{exis}\right)(1+g)^{t-b}. \qquad (13)$$

Dem liegt die Idee zugrunde, dass sich beispielsweise ein Teil der 60-jährigen Beamten bereits im Ruhestand befindet, während ein anderer Teil dieser Kohorte im betrachteten Jahr neu in den Ruhestand eintritt. Die obige Differenz bezeichnet somit die Pension eines Zugangspensionärs eines bestimmten Alters im jeweiligen Jahr. Folgendes Beispiel soll die Vorgehensweise verdeutlichen: Gesucht ist die Zugangspension eines 60-Jährigen Beamten im Jahr 2020 (Geburtskohorte 1960). Diese wird ermittelt, indem von dem durchschnittlichen Ruhegehalt des im Basisjahr 2009 60-jährigen Beamten (Geburtskohorte 1949) die durchschnittliche Pension des 59-jährigen Beamten (Geburtskohorte 1950) subtrahiert und dann mit der jährlichen Dynamisierungsrate bis zum Jahr 2020 fortgeschrieben wird. Diese Vorgehensweise ist gewiss vereinfachend, jedoch aufgrund mangelnder Mikrodaten über den Pensionszugang aber notwendig.[196] In Abbildung 37 stellt die untere Linie das Zugangsprofil des Basisjahres 2009 dar. Es gibt die durchschnittliche Pension als Pro-Kopf-Größe eines männlichen Beamten eines bestimmten Alters an, der im Jahr 2009 neu in den Ruhestand eintritt. Das Zugangsprofil baut sich nun nach und nach zu einem vollständigen Profil auf. Die akkumulierte alters- und geschlechtsspezifische zukünftige Pensionszahlung der Kohorte k in einem Jahr t ist formal definiert als:

$$p_{t,k}^{fut} = p_{t-1,k}^{fut}(1+g) + p_{t,k}^{neu}, \qquad (14)$$

wiederum für alle Kohorten $b - D \leq k \leq b$. Ein durchschnittlicher Beamter, der im Jahr k geboren ist, erhält damit im Jahr t $(t > b)$ eine Pension $p_{t,k}^{fut}$, die sich aus der zusammengesetzten Pension der Vorperiode $(t-1)$, erhöht um die Wachstumsrate g, und der Zugangspension der in diesem Jahr neu hinzugekommenen Pensionäre seines Alters zusammensetzt. Jahr für Jahr werden die neu hinzugekommenen Pensionen eines Beamten der Geburtskohorte k über seinen verbleibenden Lebenszyklus aufaddiert. Auf diese Weise wird der zunehmenden Wahrscheinlichkeit Rechnung getragen, dass z. B. ein im Basisjahr 59-Jähriger in den folgenden Jahren in den Ruhestand eintritt. Mit anderen Worten ist ein Beamter, der erst nach dem Basisjahr pensioniert wird, im Jahr t zu gewissen Teilen ein Zugangspensionär, der zusätzlich $p_{t,k}^{neu}$ erhält, und zu gewissen Teilen ein „alter" Pensionär, der bereits in der Vorperiode eine Pension erhalten hat, die entsprechend dynamisiert wurde.[197] Sind alle Beamten ei-

196 Vgl. Müller und Raffelhüschen (2012), S. 119f.

197 Vgl. Müller und Raffelhüschen (2012), S. 120f.

ner Kohorte in den Ruhestand eingetreten, ist der Aufbau des Zugangsprofils für die betrachtete Alterskohorte abgeschlossen und es kommt wiederum zu einem „Phasing out". Dies verdeutlicht die Bewegung der gestrichelten Linien nach rechts. Langfristig entsteht auf diese Weise ein neues, vollständiges Profil.

Abbildung 37: Aufbau des Zugangsprofils am Beispiel männlicher Pensionäre im Bundesland Baden-Württemberg

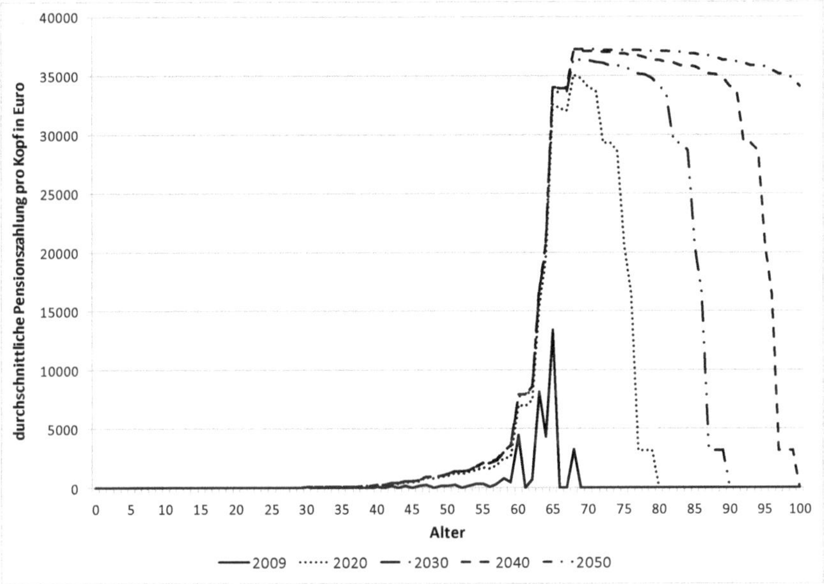

Quelle: Eigene Berechnungen

In einem letzten Schritt wird nun ausgehend vom Basisjahr b der Barwert sämtlicher zukünftiger Pensionszusagen (BPV) gegenüber aktiven bzw. sich bereits im Ruhestand befindenden Landesbeamten ermittelt. Dabei werden die aus dem Bestands- und Zugangsprofil berechneten jährlichen Pensionszahlungen aufsummiert und auf das Basisjahr diskontiert:

$$BPV_b = \sum_{t=b}^{T} \sum_{k=b-D}^{b} \frac{\left(p_{t,k}^{exis} + p_{t,k}^{fut}\right)}{(1+r)^{t-b}} C_{t,k}. \qquad (15)$$

Für jede Periode t mit $T \geq t \geq b$ werden somit die Pensionen im Status quo ($p_{t,k}^{exis}$) und die zukünftigen Pensionsverpflichtungen ($p_{t,k}^{fut}$) zunächst mit der Größe der jeweiligen Alterskohorte ($C_{t,k}$) multipliziert und dann für jedes Jahr

$(t > b)$ entsprechend mit dem Faktor $(1 + r)$ diskontiert.[198] T bezeichnet das Ende des Betrachtungszeitraums, im vorliegenden Fall das Jahr 2050. Um für eine gegebene Wachstumsrate g eine Projektion des zukünftigen Verlaufs der Pensionsausgaben zu erhalten, wird einfach auf eine Diskontierung und das anschließende Aufaddieren der jährlichen Zahlungsströme zu einer Summe verzichtet.

8.2 Projektion der Versorgungsausgaben im Status quo

Durch die Übertragung der Riester-Treppe der gesetzlichen Rentenversicherung auf den Bereich der Beamtenversorgung sinkt der maximale Ruhegehaltssatz schrittweise von 75 Prozent auf 71,75 Prozent und entsprechend auch der jährliche Steigerungsfaktor von 1,875 Prozent auf 1,79375 Prozent. Von dieser Maßnahme sind neben den aktiven Beamten auch die Pensionäre betroffen. Auf der anderen Seite wurden auch Beamte in den Kreis der Riester-Förderberechtigten aufgenommen, können also staatlich unterstützte private Altersvorsorge betreiben. Diese Maßnahme, die im Kern nichts anderes als eine Kürzung des Ruhegehaltes ist, verringert die zukünftigen Pensionslasten des Bundes und der 16 Bundesländer. Im Basisjahr 2009 wurde, wie in Abschnitt 2.3 erläutert, annahmegemäß die 6. Stufe der schrittweisen Absenkung des maximalen Ruhegehaltssatzes von 75 Prozent auf 71,75 Prozent erreicht. Bei der Modellierung ist der stufenweise Übergang zum neuen Ruhegehaltssatz von 71,75 Prozent damit bis zum Jahr 2012 vollzogen.

Eine wichtige Rolle bei der Projektion der Ruhegehaltsausgaben kommt der Wahl der jährlichen Dynamisierungsrate zu. Im Bereich der Beamtenversorgung wird die jährliche Erhöhung für die aktiven Beamten unmittelbar auch auf die Versorgungsempfänger übertragen. In Abbildung 38 ist in indexierter Form die Entwicklung der Besoldung und der Verbraucherpreise von 1960 bis 2004 dargestellt.[199] Dabei wird deutlich, dass die Besoldung stärker als die Verbraucherpreise gestiegen ist, es also zu einer realen Erhöhung kam. Über den gesamten Zeitraum wuchs die Besoldung durchschnittlich jährlich um 3,97 Prozent, während die Preissteigerungsrate bei 2,98 Prozent p.a. lag. Ein etwas anderes Bild zeigt sich, wenn nur die Periode zwischen 1990 und 2004 (kleine Grafik) betrachtet wird. Hier kam es kaum zu realen Zuwächsen: Während die Besoldung

198 Vgl. Müller und Raffelhüschen (2012), S. 123f.

199 Die Daten stammen aus den Quellen Bayrisches Staatsministerium der Finanzen (2007), S. 136 und Statistisches Bundesamt (2011), S. 12. Einmalzahlungen fanden keine Berücksichtigung. Der Betrachtungszeitraum ist bis 2004 beschränkt, da dann die Gesetzgebungskompetenz auf die Bundesländer überging und es dort in den Folgejahren zu einer divergierenden Besoldungsentwicklung kam.

um durchschnittlich 2,35 Prozent pro Jahr zunahm, betrug die Inflationsrate 2,18 Prozent. Zwischen 2002 und 2011 lag die durchschnittliche jährliche Preissteigerung sogar nur bei 1,6 Prozent. Dennoch kam es aufgrund von Nullrunden und geringen nominalen Erhöhungen beim Bund und den Bundesländern, wenn überhaupt, in der vergangenen Dekade tendenziell wiederum nur zu geringen realen Zugewinnen.[200]

Abbildung 38: Entwicklung von Besoldung und Verbraucherpreisen 1960-2004

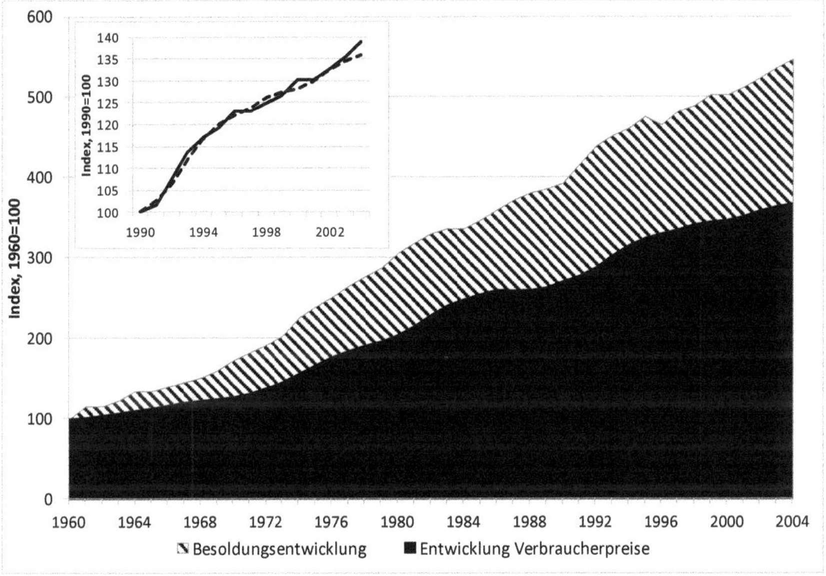

Quelle: Statistisches Bundesamt, Bayrisches Staatsministerium der Finanzen, eigene Berechnungen

Im Folgenden wird von einer nominalen jährlichen Dynamisierungsrate in Höhe von zwei Prozent ausgegangen. Dies entspricht im Prinzip dem erklärten Inflationsziel der Europäischen Zentralbank von „unter, aber nahe zwei Prozent"[201] und würde somit den Realwert der Pensionen weitgehend unverändert lassen. Bei Preissteigerungsraten unterhalb der 2-Prozent-Marke, wie es in den zurückliegenden zehn Jahren der Fall war, käme es bei dieser Dynamisierungsrate zu einem leichten Realwertzuwachs. Des Weiteren wird unterstellt, dass die jährliche Besoldungserhöhung auch in Zukunft auf die Versorgungsempfänger übertragen wird.

200 Vgl. dbb Beamtenbund und Tarifunion (2005, 2006, 2007, 2008,. 2009, 2010, 2011,2012)

201 Vgl. Europäische Zentralbank (2003), S. 32.

Geht man nun bezüglich der Entwicklung der Lebenserwartung vom Basisszenario, einer jährliche nominalen Dynamisierungsrate von zwei Prozent, einem nominalen Diskontierungszinssatz von drei Prozent sowie der Fortsetzung der Absenkung des maximalen Ruhegehaltssatzes aus, beliefe sich der Barwert aller bis zum Jahr 2050 anfallenden Ruhegehaltsausgaben des Bundes und der 16 Bundesländer auf 870 Mrd. Euro. Dieser Betrag gibt den finanzwissenschaftlichen Rückstellungsbedarf für die schwebenden Pensionszusagen an. Abbildung 39 veranschaulicht die Verteilung des aggregierten Barwertes. Dabei wird die schon erwähnte Feststellung untermauert, dass es sich bei den schwebenden Versorgungsverpflichtungen für Beamte des Bundes und der Länder aufgrund der dort stattgefundenen Verbeamtungswellen in erster Linie um ein westdeutsches Problem handelt. Der Anteil der fünf neuen Bundesländer an den gesamten Pensionslasten von 870 Mrd. Euro beträgt gerade einmal 20 Mrd. Euro oder 2,3 Prozent. Auf den Bund entfallen 88,7 Mrd. Euro (10,2 Prozent). Die höchsten absoluten Ruhegehaltsverpflichtungen weist das bevölkerungsreichste Bundesland Nordrhein-Westfalen mit 182,6 Mrd. Euro auf, gefolgt von Bayern (138,1 Mrd. Euro) und Baden-Württemberg (121,3 Mrd. Euro). Allein auf die Stadtstaaten Bremen, Hamburg und Berlin entfallen 88,1 Mrd. Euro, was einem Anteil von 10,1 Prozent der gesamtdeutschen Pensionsverpflichtungen entspricht. Im Fall eines dauerhaften nominalen Nullwachstums der Ruhegehälter verringert sich der aggregierte Barwert auf 619 Mrd. Euro.

Abbildung 39: Barwert der schwebenden Pensionsverpflichtungen, r=3 Prozent

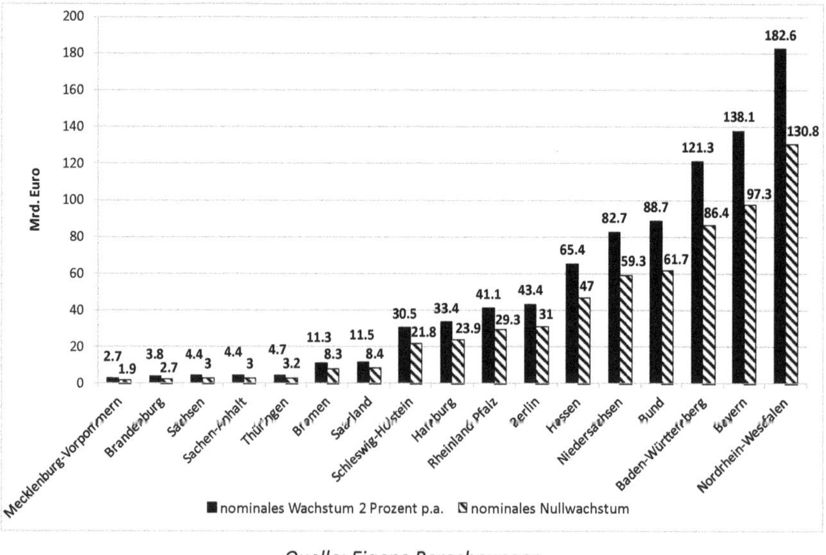

Quelle: Eigene Berechnungen

Wird neben der expliziten Verschuldung des Bundes und der 16 Bundesländer am Kreditmarkt in Höhe von 1,56 Bio. Euro (Stand Ende 2009) auch die zusätzliche implizite Verschuldung in Form schwebender Leistungsversprechen berücksichtigt, erhält man eine Gesamtverschuldung in Höhe von 2,43 Bio. Euro, was knapp 100,9 Prozent des deutschen Bruttoinlandsproduktes (BIP) des Jahres 2009 entspricht. Die Kreditmarktschulden von Bund und Ländern betragen 64,8 Prozent des BIP, die schwebenden Pensionsverpflichtungen 36,1 Prozent.[202] Abbildung 40 setzt nun für den Bund und jedes Bundesland die explizite Verschuldung am Kreditmarkt sowie die implizite Verschuldung in Form schwebender Pensionsverpflichtungen in das Verhältnis zur Wirtschaftsleistung. Bei den Bundesländern wird dabei auf das im jeweiligen Bundesland erwirtschaftete BIP, beim Bund auf das gesamtdeutsche BIP zurückgegriffen. Dabei wird deutlich, dass in den westdeutschen Flächenstaaten Hessen, Bayern, Nordrhein-Westfalen, Baden-Württemberg, Rheinland-Pfalz, Niedersachsen und Schleswig Holstein sowie im Stadtstaat Hamburg der Umfang der Pensionsverpflichtungen an der Gesamtverschuldung noch einmal über den ohnehin schon hohen expliziten Kreditmarktschulden liegt, jeweils gemessen als Anteil des jeweiligen BIP. Die Stadtstaaten Bremen und Berlin weisen zwar ebenfalls umfangreiche schwebende Pensionszusagen auf, trotzdem überwiegt hier die explizite Verschuldung. Beim Bund ebenso wie bei den neuen Bundesländern Sachsen, Brandenburg, Mecklenburg-Vorpommern, Sachsen-Anhalt Thüringen liegen die Ruhegehaltsverpflichtungen, ausgedrückt als Anteil des Bruttoinlandsproduktes, im einstelligen Bereich. Abgesehen von Sachsen, das mit 7,4 Prozent des BIP auch eine recht niedrige explizite Verschuldung aufweist, ist das Problem des Bundes und der neuen Bundesländer die hohe Verschuldung am Kreditmarkt und weniger der Umfang der Pensionsverpflichtungen.

Unter Berücksichtigung der Gesamtverschuldung, also der Summe aus impliziter und expliziter Verschuldung, weist Sachsen mit 12,1 Prozent seines BIP den niedrigsten Wert auf. Brandenburg, Mecklenburg-Vorpommern und Bayern bleiben noch unter der Marke von 40 Prozent. Hamburg, das Saarland, Rheinland-Pfalz, Niedersachsen, Schleswig-Holstein, Bremen und Berlin verzeichnen dagegen sogar Werte über 60 Prozent. Spitzenreiter sind Bremen und Berlin mit 102,3 bzw. 113,5 Prozent ihres jeweiligen Bruttoinlandsproduktes.

202 Dabei wird wiederum vom Basisszenario ausgegangen, also einem nominalen jährlichen Wachstum der Pensionen von 2 Prozent sowie einem Diskontierungszins von 3 Prozent.

Abbildung 40: Pensionsverpflichtungen und Kreditmarktschulden in Prozent des BIP

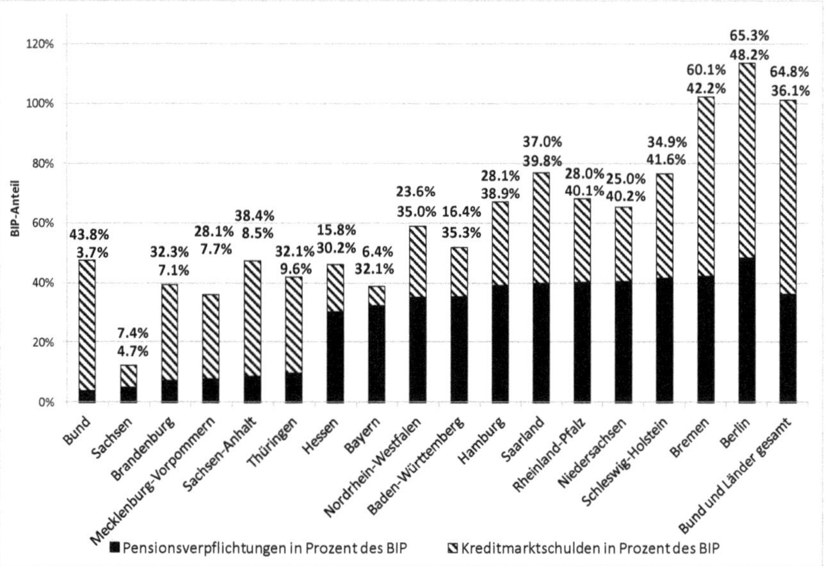

Quelle: Eigene Berechnungen

Die aggregierten jährlichen Ruhegehaltsausgaben, bezogen auf die vorhandene Beamtenpopulation, würden im Falle einer jährlichen Wachstumsrate von 2 Prozent von 19,45 Mrd. Euro im Jahr 2009 auf 38,06 Mrd. Euro im Jahr 2025 ansteigen. Abbildung 41 illustriert den Ausgabenverlauf: Das Maximum würde im Jahr 2042 mit 49,56 Mrd. Euro erreicht werden, bis zum Jahr 2050 kommt es dann zu einem leichten Rückgang auf 44,58 Mrd. Euro. Legt man ein jährliches nominales Wachstum der Pensionen in Höhe von einem Prozent zugrunde, betragen die Ruhegehaltsausgaben des Jahres 2025 32,83 Mrd. Euro und steigen bis 2038 auf 36,86 Mrd. Euro. In den folgenden Jahren gehen sie wieder zurück und erreichen 2050 einen Wert von 30,06 Mrd. Euro. Selbst unter der unwahrscheinlichen Annahme eines dauerhaften nominalen Nullwachstums, was mit einem enormen Realwertverlust der Pensionen einhergehen würde, steigen die aggregierten Ausgaben auf bis zu 28,8 Mrd. Euro im Jahr 2030, um in den Jahren bis 2050 wieder auf 20,19 Mrd. Euro zurückzugehen. Im Basisszenario, also bei einer angenommenen Wachstumsrate von zwei Prozent pro Jahr, liegen die Pensionsaufwendungen des Jahres 2025 um den Faktor 1,96 über dem Status quo, es kommt also zu einer nominalen Verdopplung. Bei einer jährlichen Steigerung um ein Prozent liegen die Ausgaben 69 Prozent über dem Ausgangsniveau und selbst bei einem nominalen Nullwachstum wären 45 Prozent mehr aufzuwenden. Im Jahr 2035 betragen die Erhöhungen im Vergleich zum Basisjahr 2009 141 Prozent (g=2), 88 Prozent (g=1) bzw. 47 Prozent (g=0), um bis zum Jahr 2050 wieder zurückzugehen auf 129 Prozent, 55 Prozent bzw. 4 Prozent. Unter der realistischen Annahme eines durchschnittlichen Wachstums von jährlich 2 Prozent werden sich die reinen Pensionsausgaben des Bundes und der Bundesländer damit bis 2025 nominal beinahe verdoppeln und liegen im Maximum (2042) um den Faktor 2,55 über dem Ausgangswert des Jahres 2009. Interessant ist die Variante des nominalen Nullwachstums, da sie jenen Teil des Wachstums der Ruhegehaltsausgaben angibt, der direkt auf den Altersaufbau der Beamtenpopulation im Status quo zurückzuführen ist. Es kommt somit zu einem Anstieg der Ruhegehaltsausgaben, der nichts mit der gewählten jährlichen Wachstumsrate der Pensionen zu tun hat. Der in allen drei Varianten auftretende bogenförmige Verlauf lässt sich damit erklären, dass in den kommenden Jahren zunächst die kohortenstarken Beamtenjahrgänge in den Ruhestand eintreten und sich die ohnehin schon große Anzahl an Pensionären vergrößert. Dies sorgt für einen Anstieg der Pensionsausgaben, dessen Ausmaß freilich abhängig ist von der zugrunde gelegten nominalen Wachstumsrate. Nach und nach versterben aber immer größere Anteile der heutigen Beamtenpopulation. Da von Zugängen, also neuen Verbeamtungen, abgesehen wird, kommt es nach Erreichen des Maximums wieder zu einem Rückgang der Ruhegehaltsausgaben.

Abbildung 41: Entwicklung der Ruhegehaltsausgaben des Bundes und der 16 Bundesländer

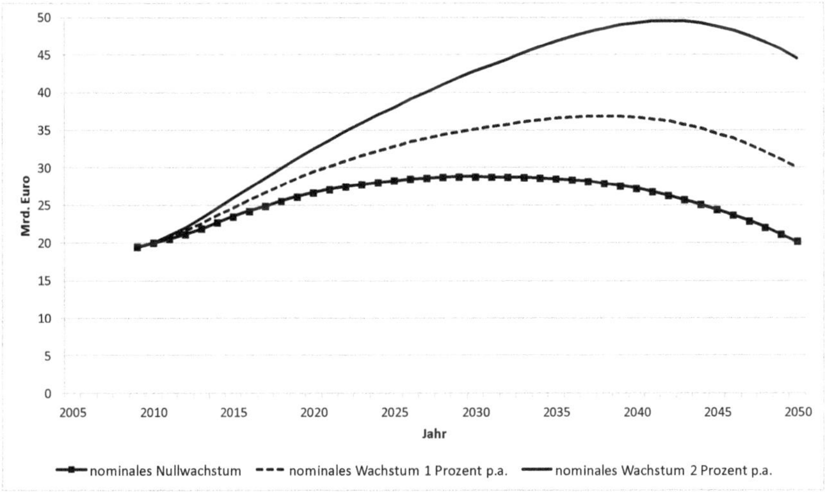

Quelle: Eigene Berechnungen

Um einen Vergleich zwischen alten und neuen Bundesländern zu ermöglichen, stellt Abbildung 42 die Entwicklung der Pensionsausgaben jeweils in indexierter Form da. Dabei zeigt sich, dass sich die Ruhegehälter der westdeutschen Bundesländer unter der Annahme einer jährlichen nominalen Steigerungsrate von 2 Prozent bis zum Jahr knapp verdoppeln werden. Im selben Zeitraum kommt es in Ostdeutschland zu einer Zunahme um 215 Prozent. In der Spitze werden in den Jahren 2041/42 Indexwerte von 445 (Ost) bzw. 246 (West) erreicht. Die unterschiedliche Entwicklung lässt sich damit erklären, dass im Basisjahr 2009 in den neuen Bundesländern kaum Pensionäre vorhanden sind, es aber ausgehend von diesem niedrigen Niveau aufgrund des Altersaufbaus der Population zu einem starken Anstieg kommt. In den westdeutschen Bundesländern erhöhten sich bereits in den vergangenen Jahren die Pensionsausgaben bzw. die Anzahl der Versorgungsempfänger. Obwohl hier von einem bereits recht hohen Niveau ausgegangen wird, ist als Folge der Einstellungswellen der Vergangenheit eine weitere signifikante Zunahme zu verzeichnen. Die abnehmende Kurve nach Erreichen des Maximums hat ihre Ursache wiederum jeweils darin, dass in der vorliegenden Betrachtung von Neueinstellungen in Form neuer Verbeamtungen abgesehen wurde.

Abbildung 42: Indexierte Darstellung der Entwicklung der Pensionsausgaben in den alten und neuen Bundesländern

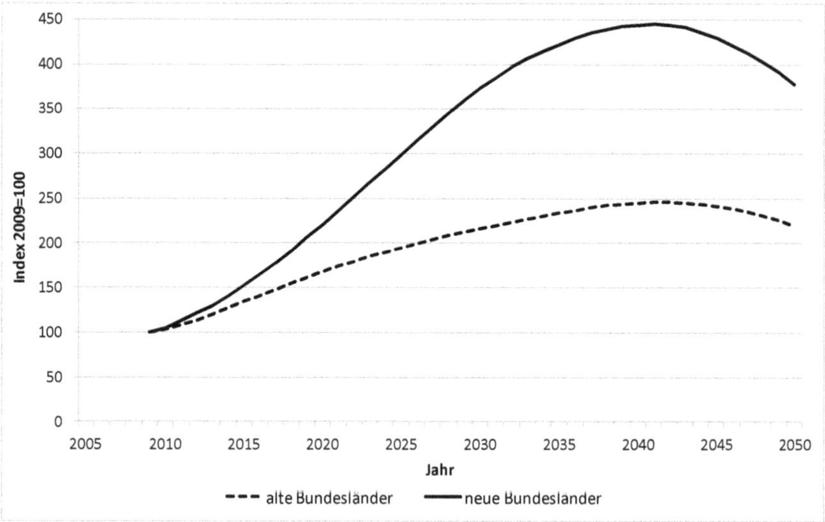

Quelle: Eigene Berechnungen

Interessant ist auch eine Analyse der unterschiedlichen Entwicklung der Pensionsausgaben zwischen den einzelnen Bundesländern. Um einen Vergleich zu ermöglichen, wurde in Tabelle 16 hierfür eine indexierte Darstellung gewählt. Unter der Annahme, dass das Jahr 2030 als Vergleichsbasis dient, weißen unter den westdeutschen Flächenstaaten Bayern und Baden-Württemberg die höchsten Zunahmen auf. Auffällig ist, dass in Bremen und im Saarland die Erhöhung der Pensionsausgaben unterdurchschnittlich ausfällt. Während sie sich in den anderen westlichen Bundesländern bis 2030 durchweg mehr als verdoppeln, liegt der Zuwachs gegenüber dem Basisjahr in Bremen bei 64 Prozent und im Saarland bei 73 Prozent. Dies lässt sich zum einen mit Unterschieden im Altersaufbau erklären: In beiden Bundesländern gab es bereits im Jahr 2009 überdurchschnittlich viele Ruhestandsbeamte, die Alterung der Beamtenpopulation ist mithin bereits stärker fortgeschritten. Außerdem weisen Bremen und das Saarland die geringsten Beamtenquoten im öffentlichen Dienst aus. Das Saarland hat außerdem mit 14,2 Beamten je 1.000 Einwohner eine recht niedrige Beamtenintensität.[203] Dies führt dazu, dass der zukünftige Anstieg der jährlich zu leistenden Pensionen damit niedriger ausfällt.

Tabelle 16: Indexierte Entwicklung der Ruhegehälter beim Bund und den 16 Bundesländern

Jahr	BW	BY	BE	HB	HH	HE	NI	NW	RP
2009	100	100	100	100	100	100	100	100	100
2015	140	133	132	126	129	131	136	134	136
2020	178	168	164	146	153	162	171	169	173
2025	206	200	195	158	177	185	197	195	202
2030	227	229	227	164	202	203	216	214	221
2040	260	278	246	161	227	225	236	238	254
2050	233	264	198	135	204	199	209	210	235

Jahr	SL	SH	BB	MV	SA	ST	TH	Bund
2009	100	100	100	100	100	100	100	100
2015	124	132	161	148	157	145	154	122
2020	148	165	238	207	230	195	242	150
2025	164	190	323	269	313	250	350	185
2030	173	210	391	322	386	310	464	230
2040	183	239	422	357	487	386	566	298
2050	169	214	326	296	447	338	475	290

Quelle: Eigene Berechnungen

Obwohl die neuen Bundesländer nach der Wiedervereinigung im Jahr 1990 im Prinzip die gleiche Ausgangssituation hatten, verläuft die Entwicklung der Ruhegehaltausgaben sehr unterschiedlich, was wiederum direkte Folge des Einstellungsverhaltens der Vergangenheit, also des Umfangs der vorgenommenen

203 Vgl. die in Kapitel 2.4 dargestellten Unterschiede zwischen den Bundesländern in der Höhe der Beamtenquoten (Tabelle 2), der Beamtenintensität (Tabelle 5) und hinsichtlich des Altersaufbaus der jeweiligen Beamtenpopulation (Tabelle 6).

Verbeamtungen, ist. Während sich in Thüringen, das die höchste Beamtenintensität der neuen Bundesländer aufweist, die Pensionsaufwendungen bis zum Jahr 2040 um 466 Prozent im Vergleich zum 2009er Wert erhöhen werden, liegt der Anstieg in Mecklenburg-Vorpommern im selben Zeitraum bei 257 Prozent. Der Bund entspricht hinsichtlich des zukünftigen Anstiegs weitgehend dem Durchschnitt der westdeutschen Flächenstaaten.

Ohne die Übertragung des Riester-Faktors auf die Beamtenversorgung würde der aggregierte Barwert der Ruhegehaltsverpflichtungen 908,3 Mrd. Euro betragen. Diese Reform brachte damit eine Entlastung in Höhe von 4,2 Prozent. Abbildung 43 stellt die Auswirkungen der Übertragung des Riester-Faktors auf den zukünftigen Verlauf der jährlichen Ruhegehaltsausgaben dar: Ohne die schrittweise Absenkung des Versorgungsniveaus hätten Bund und Länder im Jahr 2009 Pensionszahlungen in Höhe von 19,98 Mrd. Euro leisten müssen, was mehr als eine halbe Milliarde über dem tatsächlich realisierten Wert liegt. Im Jahr 2025 wären ohne diesen Reformschritt 39,74 Mrd. aufzuwenden (+1,68 Mrd. Euro), zehn Jahre später 48,86 Mrd. Euro (+2,07 Mrd. Euro) und im Jahr 2050 dann 46,55 Mrd. Euro (+1,97 Mrd. Euro). Das Maximum würde wiederum im Jahr 2042 mit 51,75 Mrd. Euro erreicht, was um 2,19 Mrd. Euro über dem Riester-Szenario liegt.

Abbildung 43: Entlastung durch die Einführung des Riester-Faktors

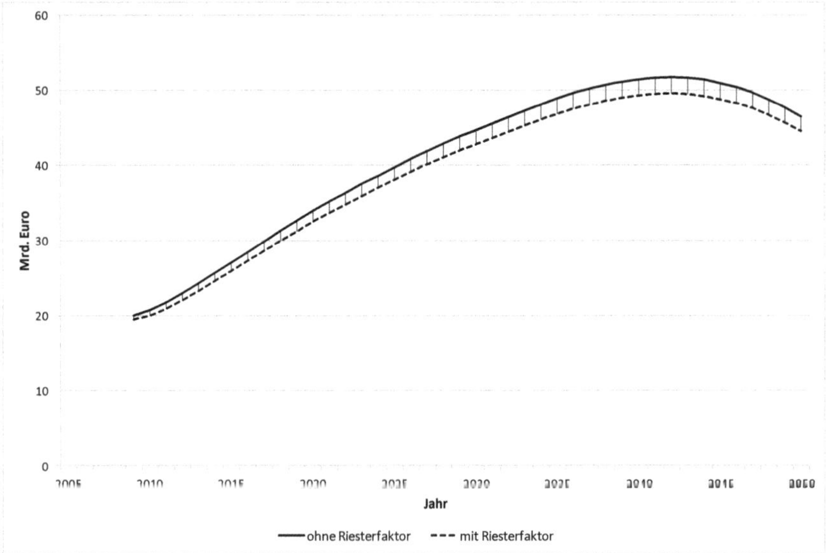

Quelle: Eigene Berechnungen

Doch auch im aktuellen Status quo, also mit umgesetzter Übertragung des Riester-Faktors auf die Beamtenversorgung, wird es zu einem deutlichen Anstieg der jährlichen Ruhegehaltsausgaben kommen. Die prozentuale Zunahme verläuft sehr unterschiedlich. Abbildung 44 stellt die jährliche Wachstumsrate im Basisszenario dar. Bis zum Jahr 2024 treten Wachstumsraten auf, die drei Prozent und größer sind. Das Maximum wird im Jahr 2014 mit einer Wachstumsrate von 5,7 Prozent erreicht. In den Folgejahren sinkt der Wert und bleibt ab 2031 dauerhaft unter zwei Prozent. Ab dem Jahr 2043 werden negative Wachstumsraten erreicht. Der anfänglich starke Anstieg der Pensionsausgaben ist auf den Eintritt der kohortenstarken Beamtenjahrgänge in den Ruhestand zu erklären: Die unterstellte jährliche nominale Dynamisierungsrate der Pensionen beträgt 2 Prozent, das darüber hinausgehende Wachstum ist bedingt durch die Altersstruktur. Die abnehmende Zuwachsrate und das Auftreten negativer Werte am Ende des Betrachtungszeitraums basieren darauf, dass die kohortenstarken Jahrgänge nach und nach sterben und nur die im Jahr 2009 vorhandene Beamtenpopulation ohne weitere Zugänge in Form neuer Verbeamtungen berücksichtigt wird.

Abbildung 44: Jährliche Wachstumsrate der Ruhegehaltsausgaben

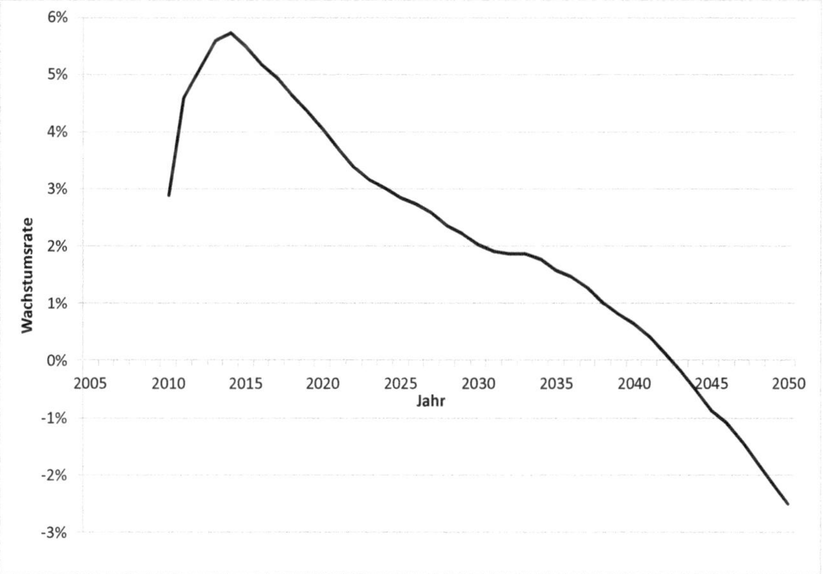

Quelle: Eigene Berechnungen

In diesem Zusammenhang sei noch einmal erwähnt, dass es sich bei den genannten Werten nur um die Ruhegehaltsausgaben für die Pensionäre handelt.

Aufwendungen für die Versorgung von Witwen und Waisen sowie Beihilfen sind hierbei noch nicht berücksichtigt. Die Übertragung des Riesterfaktors war damit zwar grundsätzlich ein Schritt in die richtige Richtung. Die sich abzeichnenden Belastungen der Haushalte des Bundes und der Länder durch zukünftige Ruhegehaltszahlungen, selbst unter dem unrealistischen Szenario eines nominalen Nullwachstums der Pensionen, sind aber noch immer erheblich. Bei der Reform der Beamtenversorgung besteht damit weiterhin Handlungsbedarf. Im Folgenden werden daher verschiedene Reformszenarien untersucht, denen im Prinzip der Ansatz zugrunde liegt, die im Bereich der gesetzlichen Rentenversicherung beschlossenen Reformen auf die Beamtenversorgung zu übertragen. Ausgangsbasis ist dabei der rechtliche Status quo der Ruhegehälter mit bereits eingeführtem Riesterfaktor.

8.3 Erhöhung der Regelaltersgrenze

8.3.1 Einführung der Pension mit 67 bis 2029

Das Rentenversicherungs-Altersgrenzenanpassungsgesetz erhöhte im Jahr 2007 die rentenrechtliche Regelaltersgrenze von 65 auf 67 Jahre. Die Umstellung erfolgt schrittweise und beginnt im Jahr 2012. Betroffen sind also alle Jahrgänge, die 1947 und später geboren sind. Zunächst wird das Renteneintrittsalter bis 2024 jährlich um jeweils einen Monat angehoben, zwischen 2024 und 2029 dann um zwei Monate pro Jahr. Der Jahrgang 1964 ist damit der erste, der mit 67 Jahren in Rente gehen wird. Ein früherer Renteneintritt ist zwar prinzipiell möglich, allerdings kommt dann für jedes Jahr ein Abschlag von 3,6 Prozent zum Tragen. Im Prinzip ist die „Rente mit 67" nichts anderes als im Barwert eine Rentenkürzung um 7,2 Prozent.[204] Seit der Einführung der „Rente mit 67" für die Versicherten der gesetzlichen Rentenversicherung wurde darüber diskutiert, diese Maßnahme auch auf die Beamten des Bundes, der Länder und der Kommunen zu übertragen. Der Bund beschloss im Jahr 2008 für seine Beamten im Rahmen des „Gesetzes zur Neuordnung und Modernisierung des Bundesdienstrechts" (Dienstrechtsneuordnungsgesetz) unter anderem die Einführung der „Pension mit 67". Die Übergangsphase zwischen den Jahren 2012 und 2029 wurde analog zum Rentenrecht gestaltet.[205] Nach anfangs nur recht zaghafter Übertragung, sind mittlerweile 11 Bundesländer, wie Abbildung 45 zeigt, die-

204 Vgl. Heidler (2009), S. 107.

205 Vgl. § 51 Dienstrechtsneuordnungsgesetz (DNeuG).

sem Beispiel gefolgt.[206] In Rheinland-Pfalz, Berlin, Brandenburg, Sachsen-Anhalt und im Saarland liegt die Regelaltersgrenze noch immer bei 65 Jahren (Stand Dezember 2012).

Abbildung 45: Aktueller Stand der Einführung der „Pension mit 67"

Quelle: Eigene Recherchen anhand der Beamtenversorgungsgesetze der Bundesländer

In diesem Zusammenhang ist ergänzend anzuführen, dass die Anhebung der Lebensarbeitszeit für Beamte auf 67 Jahre nur eine Eins-zu-eins-Übertragung der in der GRV beschlossenen Maßnahmen darstellt, jedoch keine wirkungs-

206 Für bestimmte Beamtengruppen (z.B. Angehörige der Feuerwehr oder im Streifendienst der Polizei) gelten abweichende Regelaltersgrenzen, von denen an der dieser Stelle aber abstrahiert wird.

gleiche. Denn auch wenn offiziell keine gesonderten Sterbetafeln für Beamte veröffentlicht werden, hat statistisch betrachtet, wie bereits ausgeführt wurde, ein heute 65-jähriger Beamter eine um etwa zwei Jahre längere Restlebenserwartung als die Gesamtbevölkerung. Daher müsste die Regelaltersgrenze eigentlich auf 68 Jahre erhöht werden, um tatsächlich eine wirkungsgleiche Übertragung zu erreichen.[207] Auf der anderen Seite wären dann aber auch die Abschläge für einen früheren Eintritt in den Ruhestand von aktuell 3,6 Prozent pro Jahr zu verändern. Diese wurden für die gesetzliche Rentenversicherung auf der Basis der fiskalischen Neutralität berechnet. Aufgrund der längeren Lebenserwartung der Beamten sollten die Versorgungsabschläge niedriger sein.[208] Die politische Durchsetzbarkeit einer derart differenzierten Betrachtungsweise ist allerdings äußerst unsicher. Daher werden nun die Auswirkungen einer Einführung der „Pension mit 67“ auf die zukünftigen Ruhegehaltsausgaben für den Fall untersucht, dass es zu einer Eins-zu-eins-Übertragung der rentenrechtlichen Vorschriften kommt.

Der Barwert der aggregierten Ruhegehaltsausgaben verringert sich durch diese Maßnahme von 870 Mrd. Euro auf 849,3 Mrd. Euro, was einem Rückgang um 2,4 Prozent entspricht. Dies deckt sich mit den Ergebnissen von Haug (2010), der im Rahmen einer Modellrechnung durch die Erhöhung der Regelaltersgrenze eine Verminderung des Barwertes der Pensionsanwartschaften um 2,5 Prozent ermittelt.[209]

Auf der Ebene des Bundes und der 16 Bundesländer ist eine Entlastungswirkung zu beobachten, die sich ebenfalls auf diesem Niveau bewegt. Abbildung 46 stellt dar, wie sich die Übertragung der „Pension mit 67“ auf den zukünftigen Verlauf der Pensionsaufwendungen auswirkt. In den ersten Jahren, während der stufenweisen Einführungsphase, wirkt sich die Reform nur geringfügig aus. Bis zum Jahr 2017 liegen die jährlich eingesparten Ruhegehälter auf aggregierter Ebene unter 100 Millionen Euro, bis zum Jahr 2030 bleiben die jährlichen Minderausgaben unter einer Milliarde Euro. Die begrenzte Wirkung lässt sich damit begründen, dass ausschließlich neue Pensionäre von der Erhöhung der Altersgrenze betroffen sind und diese schrittweise eingeführt wird. Die Bestandspensionäre bleiben davon unberührt. Hinzu kommt, dass besonders die kohortenstarken Beamtenjahrgänge, die im Basisjahr 2009 50 Jahre und älter waren, von dieser Maßnahme entweder überhaupt nicht oder nur in geringem Maße betroffen sind. Erst wenn nach 2029 die Übergangsphase abgeschlossen

207 Vgl. Dritter Versorgungsbericht (2005), S. 335.

208 Zur Berechnung der Abschläge bei vorzeitigem Renteneintritt in der gesetzlichen Rentenversicherung vgl. Börsch-Supan (2004). Eine Analyse der Angemessenheit der Versorgungsabschläge auf Beamtenpensionen bei vorzeitiger Pensionierung findet sich bei Nguyen und Osygus-Axt (2005).

209 Vgl. Haug (2010), S. 1065.

und die neue Altersgrenze für immer mehr Pensionäre relevant geworden ist, kommt die volle Entlastungswirkung zum Tragen. Im Jahr 2035 (2040) belaufen sich die Einsparungen der „Pension mit 67" auf 1,69 Mrd. Euro (2,25 Mrd. Euro), 15 Jahre später auf 2,62 Mrd. Euro. Die Ruhegehaltsausgaben des Jahres 2050 betragen statt 44,58 Mrd. Euro dann 41,96 Mrd. Euro. Es bleibt also festzuhalten, dass die „Pension mit 67" in der dargestellten Variante gerade in den Jahren bis 2025, in denen die Pensionsausgaben die höchsten Zuwachsraten verzeichnen, kaum für eine Entlastung der öffentlichen Haushalte sorgt.

Abbildung 46: Übertragung der „Pension mit 67" aus der GRV

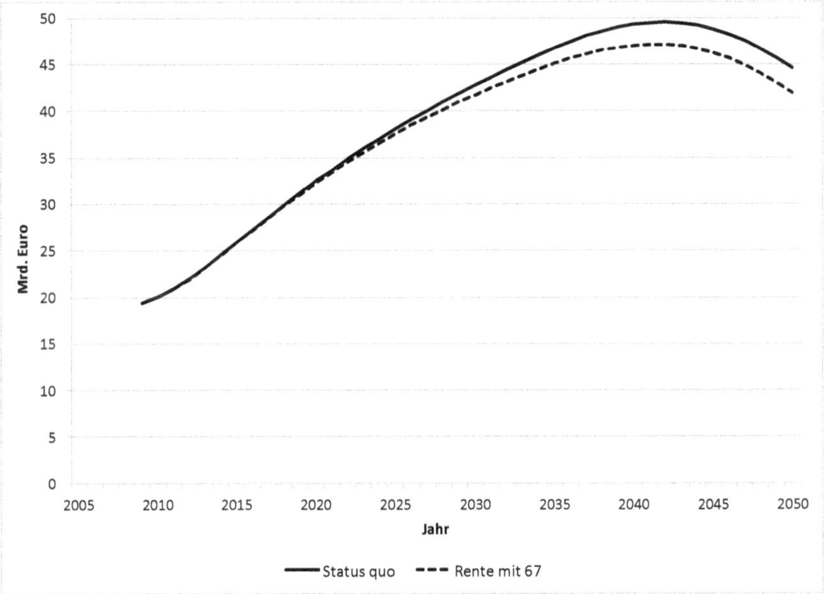

Quelle: Eigene Berechnungen

8.3.2 Beschleunigte Einführung der Pension mit 67 bis 2019

Um auch die kohortenstarken Beamtenjahrgänge in die Wirkung der „Pension mit 67" einzubeziehen und eine aufgrund der höheren Lebenserwartung von Pensionären wirkungsgleiche Übertragung der rentenrechtlichen Reform zu erreichen, könnte die Einführung beschleunigt werden. Beginnend im Jahr 2012 wird die Altersgrenze jährlich um drei Monate angehoben, sodass sich das in Tabelle 17 dargestellte Schema ergibt.

Tabelle 17: Stufenweise Anhebung der Regelaltersgrenze

Jahrgang	Anhebung in Monaten	Altersgrenze	
		Jahr	Monat
1947	3	65	3
1948	3	65	6
1949	3	65	9
1950	3	66	0
1951	3	66	3
1952	3	66	6
1953	3	66	9
1954	3	67	0

Quelle: Eigene Konzeption

Die Einführung der „Pension mit 67" wäre demnach bereits im Jahr 2019 abgeschlossen und nicht erst im Jahr 2029. Die volle Wirkung setzt somit zehn Jahre früher ein. Alle Beamten, die 1954 und später geboren sind, sind von der Erhöhung der Altersgrenze voll betroffen. Betrachtet man die Auswirkungen dieser Maßnahme auf den Barwert der zukünftigen Ruhegehaltsausgaben, so verringert sich dieser von 870 Mrd. Euro im Basisszenario auf 838,8 Mrd. Euro im Fall einer vorzeitigen Einführung der Pension mit 67 bis 2019. Dies entspricht einem Rückgang um 3,6 Prozent. Im Vergleich zur GRV-Variante sinkt der Barwert der schwebenden Pensionsverpflichtungen um 10,5 Mrd. Euro. Aussagekräftiger sind allerdings die zusätzlichen jährlichen Entlastungen, wie sie in Abbildung 47 illustriert werden. Die beschleunigte Einführung der „Pension mit 67" bewirkt weitergehende Einsparungen gerade in den Jahren mit den höchsten Wachstumsraten der Ruhegehälter. Dies liegt daran, dass nun ein größerer Teil der kohortenstarken Beamtenjahrgänge von den Kürzungen betroffen ist. Ab dem Jahr 2016 liegt die zusätzliche aggregierte Entlastung über der Grenze von 100 Mio. Euro und steigt bis 2029 auf 785,6 Mio. Euro. In den Folgejahren gehen die dämpfenden Effekte der beschleunigten Einführung der „Pension mit 67" langsam zurück und betragen 2050 noch 371,7 Mio. Euro. Grund hierfür ist, dass die Beamtenjahrgänge, die von der früheren Erhöhung der Altersgrenze betroffen waren, langsam versterben. Alle Kohorten, die nach 2029 in Pension gehen, haben bei beiden Varianten dieselben Abschläge, sodass in der langen Frist die Entlastungswirkung einer beschleunigten Einführung ganz verschwindet.

Abbildung 47: Zusätzliche Einsparungen einer beschleunigten „Pension mit 67"

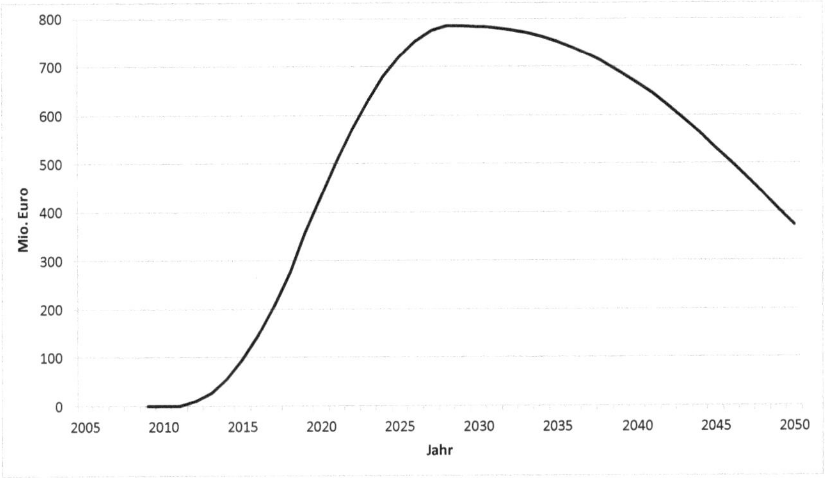

Quelle: Eigene Berechnungen

8.4 Einführung eines Nachhaltigkeitsfaktors

8.4.1 Übertragung des rentenrechtlichen Nachhaltigkeitsfaktors

Das im Jahr 2004 verabschiedete und 2005 in Kraft getretene Rentenversicherungs-Nachhaltigkeitsgesetz führte den sogenannten Nachhaltigkeitsfaktor (NHF) in die Rentenanpassungsformel ein.[210] Auf diese Weise wird das Rentenniveau an die demographische Entwicklung, aber auch an die konjunkturelle Situation angepasst. Formal ist der Nachhaltigkeitsfaktor (NHF) wie folgt definiert:

$$NHF^{GRV} \equiv \left[\left(1 - \frac{\frac{\ddot{A}R_{t-1}}{\ddot{A}BE_{t-1}}}{\frac{\ddot{A}R_{t-2}}{\ddot{A}BE_{t-2}}} \right) \times \alpha + 1 \right] \qquad (16)$$

210 Die gesamte Formel zur Berechnung des aktuellen Rentenwertes lautet:

$$AR_t = AR_{t-1} \times \frac{BE_{t-1}}{BE_{t-2}} \times \left(\frac{100 - RVB_{t-1} - AVA_{t-1}}{100 - RVB_{t-2} - AVA_{t-2}} \right) \times NHF$$

Neben dem Nachhaltigkeitsfaktor (NHF) geht auch die Entwicklung der Bruttoentgelte (BE), die Höhe des Rentenversicherungsbeitrags (RVB) sowie der sogenannten Altersvorsorgeanteil (AVA) in die Berechnung ein.

Grundsätzlich macht der Nachhaltigkeitsfaktor den aktuellen Rentenwert, also den Wert eines Entgeltpunktes, abhängig von dem Verhältnis zwischen Rentnern und Beitragszahlern. Dabei fließt aber nicht die tatsächliche Anzahl ein, sondern das Verhältnis von Äquivalenzrentnern (ÄR) zu Äquivalenzbeitragszahlern (ÄBE). Die ÄR werden berechnet, indem man das Gesamtrentenvolumen durch den Zahlbetrag einer Regelaltersrente mit 45 Entgeltpunkten (Standardrente) dividiert. Die Anzahl der Äquivalenzbeitragszahler (ÄBE) ergibt sich als Quotient aus der Summe der beitragspflichtigen Entgelte und dem Durchschnittsentgelt.[211] Aufgrund dieser Konstruktion des Nachhaltigkeitsfaktors wirkt sich sowohl die demographische als auch die konjunkturelle Entwicklung auf die Berechnung des aktuellen Rentenwertes aus. Steigt (sinkt) die Anzahl der sozialversicherungspflichtig Beschäftigten, verbessert (verschlechtert) sich also die Lage am Arbeitsmarkt, erhöht (verringert) sich ceteris paribus der aktuelle Rentenwert im Vergleich zum Vorjahr.[212] Außerdem reagiert der Nachhaltigkeitsfaktor auf eine Veränderung der Erwerbsquoten: Steigt diese Größe, wächst auch ceteris paribus der aktuelle Rentenwert. Aufgrund der demographischen Entwicklung der deutschen Gesellschaft wird sich in der gesetzlichen Rentenversicherung das Verhältnis zwischen Rentnern und Beitragszahlern verschlechtern. Während es immer weniger Menschen im erwerbsfähigen Alter gibt, nimmt die Anzahl alter Menschen zu, die zusätzlich als Folge der gestiegenen Lebenserwartung immer älter werden. Diesem sogenannten doppelten Alterungsprozess trägt der Nachhaltigkeitsfaktor insofern Rechnung, als dass er, wiederum ceteris paribus, unmittelbar den aktuellen Rentenwert (AR) senkt, wenn das Verhältnis zwischen Beitragszahlern und Rentnern durch die Überalterung der deutschen Gesellschaft zunehmend ungünstiger wird. Der Wert α ist ein Gewichtungsparameter, der die Belastungen der demographischen Veränderung zwischen Rentnern und Beitragszahlern aufteilt.[213] Nach aktuellen Schätzungen bewirkt der Nachhaltigkeitsfaktor in der Rentenanpassungsformel, dass das Nettorentenniveau der gesetzlichen Rentenversicherung im Jahr 2030 bei etwa 42,8 Prozent liegen wird. Im Vergleich zum Jahr 2006 ist dies ein Rückgang um rund 18 Prozent.[214] Der Nachhaltigkeitsfaktor trägt entscheidend dazu bei, einen starken Anstieg der Rentenversicherungsbeiträge zu verhindern.

---

211 Vgl. Sachverständigenrat (2006), S. 211.

212 An dieser Stelle wird von den rentenrechtlichen Schutzklauseln, die eine nominale Rentensenkung verhindern und nicht erfolgte Kürzungen in Jahren mit höherem Zuwachs nachholen, abstrahiert.

213 Im Fall $\alpha=0$ nimmt der Nachhaltigkeitsfaktor (NHF) den Wert 1 ein. Die Belastungen würden ausschließlich von den Beitragszahlern getragen. Wenn $\alpha=1$ ist, werden ausschließlich die Rentner belastet. Die Politik beschloss für α einen Wert von 0,25.

214 Vgl. Ehrentraut und Heidler (2008), S. 431.

Eine Übertragung des Nachhaltigkeitsfaktors auf den Bereich der Beamtenversorgung fand bis dato nicht statt. Die rot-grüne Bundesregierung brachte im Juni 2005 zwar den Entwurf eines Versorgungsnachhaltigkeitsgesetzes (VersorgNG) in den Deutschen Bundestag ein, der Bundesrat kündigte aber Widerstand an. Durch die vorgezogene Bundestagswahl scheiterte das Gesetzgebungsverfahren, die damals regierende Große Koalition aus CDU und SPD griff den Entwurf nicht wieder auf, genauso wenig die nachfolgende schwarz-gelbe Bundesregierung, zumal das Versorgungsrecht mittlerweile sowieso in die Gesetzgebungskompetenz der Bundesländer übergegangen war. Das Versorgungsnachhaltigkeitsgesetz sah eine Übertragung der bereits umgesetzten Reformen der gesetzlichen Rentenversicherung vor. Neben der Einführung des Nachhaltigkeitsfaktors sollte sich auch die Ruhegehaltsfähigkeit von Ausbildungszeiten verringern.[215]

Zunächst werden die Auswirkungen einer direkten Übertragung des Nachhaltigkeitsfaktors der gesetzlichen Rentenversicherung auf die Beamtenversorgung dargestellt. Dabei wird davon ausgegangen, dass der Nachhaltigkeitsfaktor die jährliche Erhöhung der Pensionen dämpft. Der Nachhaltigkeitsfaktor der gesetzlichen Rentenversicherung findet folgendermaßen Anwendung auf die Pensionen:

$$Pension_t = Pension_{t-1} \times g_t \times NHF_t \qquad (17)$$

g_t bezeichnet hier die Wachstumsrate der Bezüge und Pensionen im Jahr t, NHF_t ist der Wert, den der Nachhaltigkeitsfaktor der gesetzlichen Rentenversicherung im Jahr t annimmt. Dies führt dazu, dass sich das tatsächliche Versorgungsniveau der Beamten im Ruhestand, das aktuell noch bei 71,75 Prozent der ruhegehaltsfähigen Bezüge liegt, im Lauf der Jahre verringert.[216] Ausgehend vom Basisszenario würde sich durch den rentenrechtlichen Nachhaltigkeitsfaktor der Barwert der bis zum Jahr 2050 anfallenden aggregierten Ruhegehaltszahlungen von Bund und Ländern von 870 Mrd. Euro auf 801,7 Mrd. Euro reduzieren, was einem Rückgang um 7,8 Prozent entspricht.

Die deutliche Entlastungswirkung des Nachhaltigkeitsfaktors wird anhand der jährlichen Ausgabenentwicklung im Vergleich zum Status quo sichtbar (vgl. Abbildung 48). Bereits im Jahr 2015 verringern sich die aggregierten Ruhegehaltszahlungen um 498,6 Mio. Euro von 25,91 Mrd. Euro auf 25,41 Mrd. Euro. In den Folgejahren steigt der Unterschied stark an. Im Jahr 2020 (2025) sinken die Aufwendungen von 32,49 Mrd. Euro (38,06 Mrd. Euro) auf 31,17 Mrd. Euro

215 Vgl. Deutscher Bundestag (2005).

216 Diese Darstellung ist leicht vereinfacht. In vollständiger Form müsse die Formel lauten:

$$Pension_t = Ruhegehaltssatz \times Ruhegehaltsfähige\ Bezüge_{t-1} \times g_t \times NHF_t$$

(35,34 Mrd. Euro). Die Ruhegehaltsausgaben des Jahres 2040 (2050) betragen in diesem Szenario statt 49,28 Mrd. Euro (44,58 Mrd. Euro) nun 43,31 Mrd. Euro (38,9 Mrd. Euro), was Einsparungen in Höhe von 5,97 Mrd. Euro (5,68 Mrd. Euro) entspricht.

Abbildung 48: Einführung des GRV-Nachhaltigkeitsfaktors

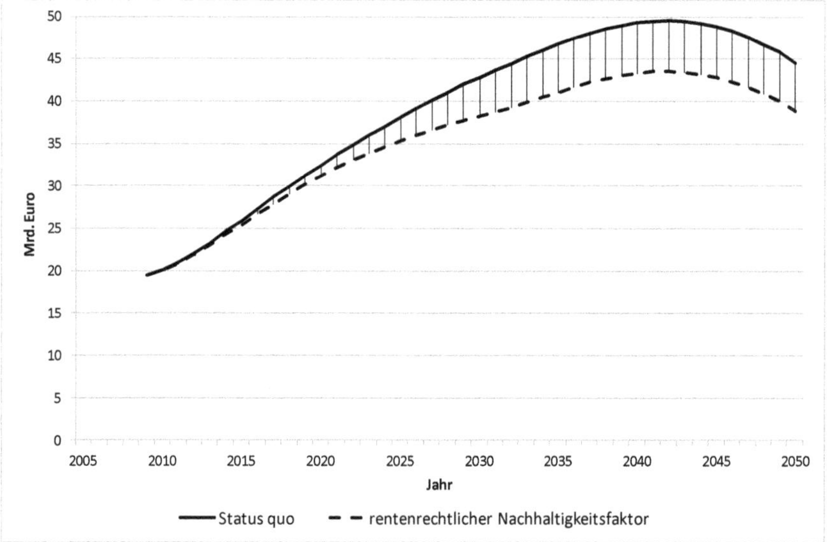

Quelle: Eigene Berechnungen

Die Übertragung des Nachhaltigkeitsfaktors auf die Beamtenversorgung hat damit eine deutliche Dämpfungswirkung auf die Entwicklung der zukünftigen jährlichen Ruhegehaltszahlungen. Im Gegensatz zur „Pension mit 67" sind vom Nachhaltigkeitsfaktor nicht nur die Zugangspensionäre betroffen, sondern auch die Beamten, die sich bereits im Ruhestand befinden.[217] Denn die Ruhegehälter aller Pensionäre wachsen de facto nicht mehr mit der Wachstumsrate der Besoldung der aktiven Beamten. Der Anstieg wird somit für alle Beamten im Ruhestand dauerhaft gedämpft, das tatsächliche Versorgungsniveau sinkt. Dies

217 Gegen die Einführung des rentenrechtlichen Nachhaltigkeitsfaktors könnte das Argument vorgebracht werden, dass es sich bei der Beamtenversorgung um eine Vollversorgung handelt. Der Nachhaltigkeitsfaktor würde sich daher auf die gesamte Altersversorgung erstrecken, während er sich bei GRV-Versicherten nur auf die umlagefinanzierten Leistungen der gesetzlichen Rentenversicherung bezieht. Dies lässt sich sehr einfach damit entkräften, dass mittlerweile auch Beamte staatliche Förderung für private zusätzliche Altersvorsorge erhalten können. Dies führt zu dem Schluss, dass die Pension keine Vollversorgung mehr darstellt und damit zumindest teilweise ihre Bifunktionalität (vgl. Abschnitt 2.1) verliert. Der Nachhaltigkeitsfaktor wirkt sich somit auch bei Beamten nur auf die Ruhegehälter aus. Die Analogie zur gesetzlichen Rentenversicherung ist wieder hergestellt.

erklärt die deutlich höhere Entlastungswirkung des Nachhaltigkeitsfaktors gegenüber der „Pension mit 67".

8.4.2 Einführung eines systemkonformen Nachhaltigkeitsfaktors

In einem umlagefinanzierten Sozialversicherungssystem wie der gesetzlichen Rentenversicherung ist das Verhältnis zwischen Beitragszahlern und Leistungsempfängern eine wichtige Größe. Verschlechtert sich dieser Wert, muss gegengesteuert werden, um die langfristige Finanzierbarkeit zu gewährleisten. Wie bereits ausgeführt, kommt in der Rentenanpassungsformel dem Nachhaltigkeitsfaktor diese Aufgabe zu, indem er in diesem Fall ceteris paribus zu einer Kürzung des aktuellen Rentenwertes führt. Natürlich ist es grundsätzlich möglich, den Nachhaltigkeitsfaktor der gesetzlichen Rentenversicherung eins-zueins auf die Beamtenversorgung zu übertragen. Bei genauer ökonomischer Betrachtung ist dies aber nicht sinnvoll, da das Verhältnis von Äquivalenzrentnern zu Äquivalenzbeitragszahlern für die Beamtenversorgung eine exogene Größe ist. In der GRV sorgt der Nachhaltigkeitsfaktor dann für die größte Entlastung, wenn der demographische Alterungsprozess Mitte der 2035er Jahre seinen Höhepunkt erreicht, was in Bezug auf die die Beamtenpopulation etwa zehn Jahre früher der Fall ist. Im Gegensatz zur umlagefinanzierten gesetzlichen Rentenversicherung liegt der Beamtenversorgung zudem das sogenannte Alimentationsprinzip zugrunde. Im Rahmen seiner besonderen Fürsorge- und Treuepflicht gegenüber dem Beamten sichert der Dienstherr die Versorgung des Beamten während seiner Dienstzeit und im Ruhestand. Die Ruhegehälter der Pensionäre werden unmittelbar aus den Einnahmen des laufenden Haushaltes bezahlt, im Prinzip also aus den Steuereinnahmen.

Aus diesem Grund liegt der Vorschlag nahe, für die jährliche Anpassung der Ruhegehaltsausgaben einen Nachhaltigkeitsfaktor zu konstruieren, der konform zum System der deutschen Beamtenversorgung ist. Dieser könnte dergestalt definiert sein, dass statt des Rentnerquotienten nun die Entwicklung des Verhältnisses aus Pensionären und nach ihrer Zahllast gewichteten Einkommensteuerzahlern[218] im Nachhaltigkeitsfaktor berücksichtigt wird. Formal ausgedrückt:

218 Der Verlauf des durchschnittlichen Einkommensteuerprofils eines Individuums ist von Geschlecht und Alter abhängig. Beispielsweise bezahlt ein 50-jähriger Mann im Durchschnitt eine höhere Einkommensteuer als ein 18-jähriger Jugendlicher oder ein 80-jähriger Rentner. In den systemkonformen Nachhaltigkeitsfaktor fließt also nicht nur die reine Zahl der Köpfe ein, sondern es erfolgt für jedes Jahr eine Gewichtung der jeweiligen Bevölkerung mittels alters- und geschlechtsspezifischer Mikro-Steuerprofile, die EVS- und SOEP-Daten entnommen wurden (vgl. Kapitel 12.1). Dadurch wird der absehbaren Veränderung der Einkommensteuereinnahmen als Folge des demographischen Wandels Rechnung getragen.

$$NHF^{systemkonform} \equiv \left[\left(1 - \frac{\frac{PE_{t-1}}{EZ_{t-1}}}{\frac{PE_{t-2}}{EZ_{t-2}}}\right) \times \alpha + 1\right] \tag{18}$$

PE_{t-1} ist dabei die Anzahl der Pensionäre im Jahr $t - 1$, EZ_{t-1} die Anzahl der nach der Zahllast gewichteten Einkommensteuerzahler. Der Berechnung des systemkonformen Nachhaltigkeitsfaktors liegt wiederum die Variante 1-W1 der 12. Koordinierten Bevölkerungsvorausberechnung des Statistischen Bundesamtes zugrunde.

α ist ein Gewichtungsparameter, der darüber bestimmt, wie sich die Verschlechterung des Verhältnisses zwischen einer steigenden Anzahl von Pensionären und einer durch den demographischen Wandel tendenziell rückläufigen Anzahl von Einkommensteuerzahlern auf die jährliche Anpassung des Ruhegehaltes auswirkt. Im Fall $\alpha = 0$ werden die Pensionäre überhaupt nicht belastet, der steigende Pensionärsquotient wirkt sich für sie nicht aus. Wenn α den Wert eins annimmt, werden die Ruhegehaltsempfänger dagegen voll herangezogen, die Veränderung des Verhältnisses schlägt sich vollständig auf sie nieder. Analog zur gesetzlichen Rentenversicherung könnte im Rahmen einer Schutzklausel festgelegt werden, dass die Pensionen nominal nicht sinken, sondern nur in ihrem Anstieg gedämpft werden dürfen. Für den Fall, dass der Nachhaltigkeitsfaktor die Wachstumsrate g betragsmäßig übersteigt, könnte die Pensionskürzung ausgesetzt und in Jahren mit positivem Wachstum nachgeholt werden.[219]

Durch die Einführung des eben definierten systemkonformen Nachhaltigkeitsfaktors würde der Barwert der bis zum Jahr 2050 anfallenden Ruhegehaltsausgaben im Basisszenario von 870 Mrd. Euro auf 775,6 Mrd. Euro sinken. Die ist ein Rückgang um 10,9 Prozent. Die Entlastungswirkung liegt damit über der des rentenrechtlichen Nachhaltigkeitsfaktors. Die jährlichen Ruhegehaltsausgaben verringern sich für das Jahr 2015 (2020) von 25,91 Mrd. Euro (32,49 Mrd. Euro) auf 24,49 Mrd. Euro (29,46 Mrd. Euro) – eine Einsparung von 1,42 Mrd. Euro bzw. 3,03 Mrd. Euro. Im Jahr 2025 beträgt die Entlastung 4,55 Mrd. Euro: Statt 38,06 Mrd. Euro müssen 33,51 Mrd. Euro aufgewendet werden. Der systemkonforme Nachhaltigkeitsfaktor senkt für das Jahr 2035 (2050) die aggregierten Ruhegehaltsausgaben von 46,79 Mrd. Euro (44,58 Mrd. Euro) auf 39,76 Mrd. Euro (39,89 Mrd. Euro), was einer Reduktion um 7,04 Mrd. Euro (4,69 Mrd. Euro) entspricht.

219 Der hier definierte systemkonforme Nachhaltigkeitsfaktor bezieht sich auf die nach der Zahllast gewichteten Einkommensteuerzahler. Alternativ könnte auch die Umsatzsteuer gewählt werden. Der Unterschied ist vernachlässigbar gering, da beide Steuern einen ähnlichen altersspezifischen Profilverlauf aufweisen.

Den Unterschied zwischen den Auswirkungen der beiden Nachhaltigkeitsfaktoren verdeutlicht Abbildung 49. Per definitionem geht in die systemkonforme Variante die Veränderung des Verhältnisses zwischen Pensionären und Einkommensteuerzahlern als entscheidendes Argument ein. In den Jahren, in denen überdurchschnittlich viele neue Beamte pensioniert werden, kommt es ceteris paribus zu einer Dämpfung des Pensionsanstieges. Daher sorgt der systemkonforme Nachhaltigkeitsfaktor in den Jahren mit den höchsten Zuwachsraten der Ruhegehaltsempfänger gegenüber der GRV-Variante für eine zusätzliche Entlastung, die sich im Jahr 2023 in der Spitze auf 1,86 Mrd. Euro beläuft. In den folgenden Jahren geht die zusätzliche Einsparung wieder leicht auf 1,23 Mrd. Euro im Jahr 2035 zurück, um dann bis 2039 wieder auf 1,51 Mrd. anzusteigen. Der systemkonforme Nachhaltigkeitsfaktor bildet damit unmittelbar die einzelnen Pensionierungswellen ab, die aus dem Altersaufbau der Beamtenpopulation resultieren.

Abbildung 49: Zusätzliche Entlastung des systemkonformen Nachhaltigkeitsfaktors im Vergleich zum GRV-Nachhaltigkeitsfaktor

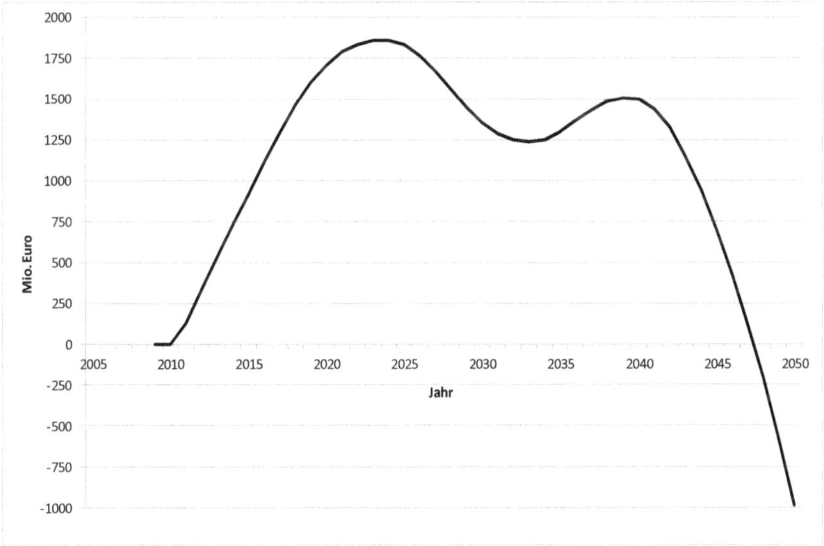

Quelle: Eigene Berechnungen

In den Jahren ab 2040 geht die Entlastungswirkung zurück und liegt 2046 bei 422,78 Mio. Euro. Ab 2048 werden sogar negative Werte erreicht, im Jahr 2050 sogar in einem Umfang von 985,61 Mrd. Euro. Dieser Effekt lässt sich damit erklären, dass die vorliegende Studie auf der Beamtenpopulation des Jahres 2009 basiert und keine Zugänge in Form weiterer Verbeamtungen modelliert werden. In den Jahren nach 2040 geht die Zahl der Pensionäre daher relativ stark zurück, da die kohortenstarken Jahrgänge versterben. Als Folge davon verbessert sich im systemkonformen Nachhaltigkeitsfaktor das Verhältnis zwischen Pensionären und gewichteten Einkommensteuerzahlern wieder. Da aber absehbar ist, dass auch in Zukunft neue Beamte eingestellt werden und diese irgendwann das Ruhestandsalter erreichen, wird es in praxi auch in den Jahren nach 2040 einen stetigen Zugang neuer Pensionäre geben. Die Entlastungswirkung des systemkonformen Nachhaltigkeitsfaktors wird somit dauerhaft über der rentenrechtlichen Variante liegen.

Interessant ist ein Blick auf die durch den Nachhaltigkeitsfaktor hervorgerufenen Veränderungen der Barwerte auf der Ebene des Bundes und der 16 Bundesländer. Abbildung 50 zeigt, dass der rentenrechtliche Nachhaltigkeitsfaktor für eine sehr gleichmäßige Entlastung in der Größenordnung von rund 8 Prozent sorgt. Dieses Ergebnis liegt auch nahe, da es sich hierbei um eine exogene Größe handelt, die für Bund und alle 16 Bundesländer in gleicher Form Anwendung findet.

Abbildung 50: Auswirkungen der Nachhaltigkeitsfaktoren auf die Pensionsverpflichtungen

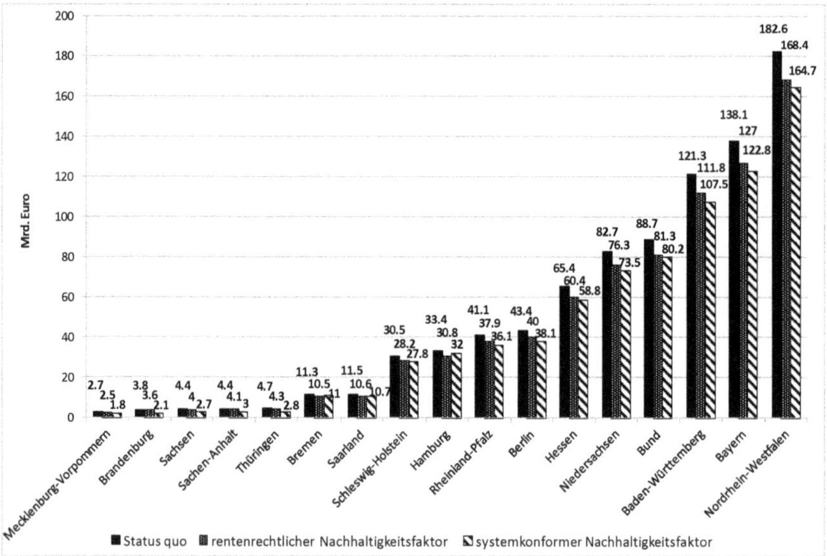

Quelle: Eigene Berechnungen

Beim systemkonformen Nachhaltigkeitsfaktor treten hingegen zwei Besonderheiten auf. Zum einen liegt in den beiden Stadtstaaten Bremen und Hamburg sowie im Saarland die Entlastungswirkung unter der rentenrechtlichen Varian-

te. Eine tiefer gehende Betrachtung zeigt, dass sich dieser Effekt mittels der landesspezifischen Entwicklung des Verhältnisses von Pensionären zu gewichteten Einkommensteuerzahlern erklären lässt. Im Basisjahr gibt es in beiden Bundesländern bereits relativ viele Ruhegehaltsempfänger. Ihr zukünftiger Anstieg ist aufgrund der Altersstruktur der Beamtenpopulation in Relation zu der demographischen Entwicklung beider Bundesländer relativ gering. Dies wirkt sich direkt auf den systemkonformen Nachhaltigkeitsfaktor aus, der, wie bereits angeführt, eine endogene Größe darstellt.
Des Weiteren fällt die hohe Entlastungswirkung bei den fünf neuen Bundesländern Mecklenburg-Vorpommern, Brandenburg, Sachsen, Sachsen-Anhalt und Thüringen ins Auge. Der systemkonforme Nachhaltigkeitsfaktor verringert hier den Barwert zwischen 32 und 45 Prozent. Konsequenz davon ist ein im Vergleich zu den anderen Bundesländern deutlich niedrigeres Niveau des durchschnittlichen Ruhegehaltes. Die ausgeprägte Dämpfung geht auf den Umstand zurück, dass es im Basisjahr 2009 in den genannten fünf Bundesländern nur sehr wenige Pensionäre gibt. Denn bis dato ist nur ein sehr geringer Teil der seit der Wiedervereinigung im Jahr 1990 verbeamteten Personen in den Ruhestand eingetreten. Ausgehend von diesem niedrigen Bestand an Ruhestandsbeamten wird es in den kommenden Jahrzehnten einen starken Zuwachs an Pensionären geben. Diese hohen Wachstumsraten bewirken die bei den fünf neuen Bundesländern zu beobachtende stark dämpfende Wirkung. Der Vollständigkeit halber wurde der systemkonforme Nachhaltigkeitsfaktor auch in den ostdeutschen Bundesländern angewandt, von einer tatsächlichen Implementierung ist aber aus folgenden Gründen abzuraten: Zum einen kommt es zu der bereits genannten starken Absenkung des Versorgungsniveaus, das dann deutlich unter dem des früheren Bundesgebietes liegen wird. Die neuen Bundesländer sind aber aufgrund der Besonderheit, dass erst ab 1990 Beamte eingestellt wurden, nicht mit den alten Bundesländern vergleichbar, wo insbesondere in den 1970er und 1980er Jahren umfangreiche Verbeamtungswellen stattfanden. Mecklenburg-Vorpommern, Brandenburg, Sachsen, Sachsen-Anhalt und Thüringen haben noch keinen vollständigen Zyklus aus Verbeamtungen, Pensionierungen und wiederum neuen Verbeamtungen durchlaufen. Eine Anwendung des systemkonformen Nachhaltigkeitsfaktors, der auf der Situation in den alten Bundesländern beruht und quasi für sie „maßgeschneidert" ist, würde zu einer Ungleichbehandlung führen. Außerdem haben die neuen Bundesländer nur vergleichsweise geringe Pensionsverpflichtungen und haben in relativ großem Umfang Rücklagen in Form von Sondervermögen zur Finanzierung der zukünftig ansteigenden Versorgungsausgaben gebildet. Die genannten Gründe könnten rechtfertigen, entweder in den fünf neuen Bundesländern ganz auf die Einführung des systemkonformen Nachhaltigkeitsfaktors

zu verzichten oder ihn zumindest in Form einer gesamtdeutschen Variante einzuführen, die die Entwicklung des Verhältnisses aller Pensionäre des Bundes und der Länder in Relation setzt zu den gewichteten Einkommensteuerzahlern aus der Gesamtbevölkerung.[220] Alternativ könnte dieser gesamtdeutsche systemkonforme Nachhaltigkeitsfaktor generell für den Bund und alle 16 Bundesländer Anwendung finden. Möglich wäre ferner eine diskretionäre, pensionskürzende Maßnahme für die fünf neuen Bundesländer zu implementieren, um für eine gewisse Gleichbehandlung mit den alten Bundesländern zu sorgen, in denen der jeweilige systemkonforme Nachhaltigkeitsfaktor gelten würde.

8.4.3 Auswirkungen auf die Versorgungshöhe

Ausgehend von einem Bruttoversorgungsniveau im Status quo in Höhe von 71,75 Prozent der ruhegehaltsfähigen Bezüge wird die Einführung des Nachhaltigkeitsfaktors das tatsächliche Verhältnis zwischen früherer Besoldung und der Höhe des Ruhegehalts verringern. In Abbildung 51 ist die Entwicklung für die beiden vorgestellten Varianten des Nachhaltigkeitsfaktors aufgezeigt. Bei der Variante des systemkonformen Nachhaltigkeitsfaktors kommt es per definitionem in jedem Bundesland zu einer unterschiedlichen Entwicklung des Versorgungsniveaus, denn als Argument fließt jeweils die Entwicklung der Anzahl der Ruhestandsbeamten relativ zu den gewichteten Einkommensteuerzahlern ein. In den westdeutschen Flächenstaaten gestaltet sich der Verlauf recht gleichförmig. In diesem Abschnitt wird beispielhaft auf den gesamtdeutschen systemkonformen Nachhaltigkeitsfaktor zurückgegriffen. Dieser betrachtet die Veränderung aller Pensionäre von Bund und Ländern im Verhältnis zu den gewichteten Einkommensteuerzahlern Deutschlands.
Eine unmittelbare Übertragung des Nachhaltigkeitsfaktors der gesetzlichen Rentenversicherung würde dazu führen, dass das langfristige Bruttoversorgungsniveau auf etwa 63 Prozent der ruhegehaltsfähigen Bezüge sinkt. Dieses Minimum wird im Jahr 2032 erstmals erreicht. Bis zu diesem Zeitpunkt verläuft der Rückgang mehr oder weniger linear. Der Wert des Jahres 2050 liegt bei 62,7 Prozent. Der systemkonforme Nachhaltigkeitsfaktor bewirkt über den gesamten betrachteten Zeitraum ein niedrigeres Versorgungsniveau.
In der langen Frist liegt das Versorgungsniveau in dieser Variante unter 60 Prozent. Der 2041 wieder einsetzende leichte Anstieg auf dann wieder 60,2 Prozent im Jahr 2050 ist wiederum dem Umstand geschuldet, dass nur von der Bestandspopulation der Beamtenschaft im Jahr 2009 ausgegangen wurde und keine Zugänge in Form neuer Verbeamtungen Berücksichtigung fanden. Die Absenkung vollzieht sich beim systemkonformen Nachhaltigkeitsfaktor deutlich

220 Vgl. hierzu auch den folgenden Abschnitt.

Abbildung 51: Absenkung des Versorgungsniveaus durch den Nachhaltigkeitsfaktor (gesamtdeutsche Variante)

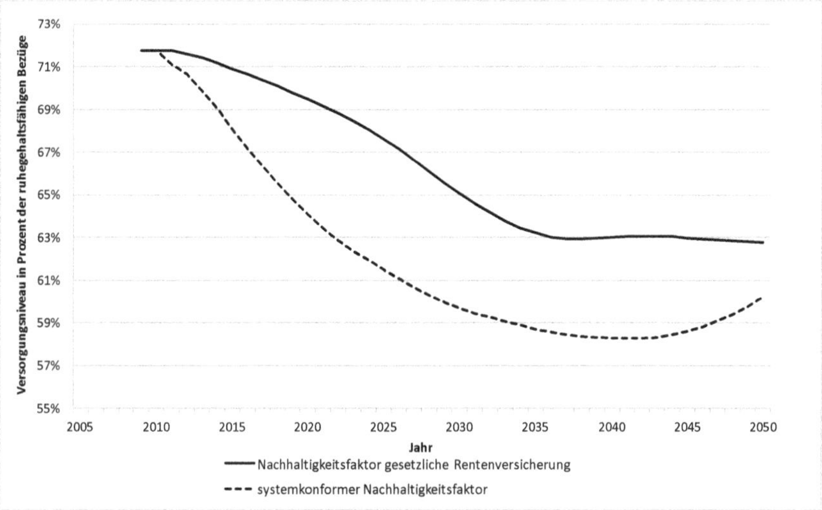

Quelle: Eigene Berechnungen

schneller als bei der rentenrechtlichen Variante. Die größte Differenz tritt im Jahr 2024 auf und liegt bei 6,1 Prozentpunkten. Während sich bei der GRV-Variante ein Level von 68,1 Prozent ergibt, führt der systemkonforme Nachhaltigkeitsfaktor zu einem Wert von 61,9 Prozent. Die exponentielle Abnahme des Versorgungsniveaus lässt sich unmittelbar auf die Konzeption des systemkonformen Nachhaltigkeitsfaktors zurückführen. Gerade in den Jahren, in denen die kohortenstarken Beamtenjahrgänge der im Basisjahr über 50-Jährigen in den Ruhestand eintreten und somit die Pensionslawine ins Rollen bringen, sorgt er für zusätzliche Entlastung der Haushalte von Bund und Ländern. Dann nämlich verschlechtert sich das Verhältnis zwischen Pensionären und Einkommensteuerzahlern. Die systemkonforme Variante des Nachhaltigkeitsfaktors führt dann entsprechend zu einem deutlichen Rückgang des Bruttoversorgungsniveaus. An dieser Stelle wird der große Vorteil des systemkonformen Nachhaltigkeitsfaktors deutlich: Er ist im Bereich der Beamtenversorgung keine exogene Variable, wie es der aus der gesetzlichen Rentenversicherung übertragene Nachhaltigkeitsfaktor wäre, sondern reagiert unmittelbar auf Veränderungen des Verhältnisses von Pensionären zu Einkommensteuerzahlern. Vergleichbar zur gesetzlichen Rentenversicherung hängt die Entwicklung des Bruttoversorgungsniveaus von der Veränderung des Verhältnisses zwischen Leistungsbeziehern (im vorliegenden Fall die Pensionäre) und Beitragszahlern (hier die Einkommensteuerzahler) ab. In Jahren, in denen sich das zahlenmäßige

Verhältnis zwischen Pensionären und gewichteten Einkommensteuerzahlern verschlechtert (verbessert), wirkt die systemkonforme Variante ceteris paribus pensionssenkend (pensionserhöhend).
Bereits im vorangegangenen Abschnitt wurde aufgezeigt, dass der systemkonforme Nachhaltigkeitsfaktor in den neuen Bundesländern den Barwert der schwebenden Pensionsverpflichtungen vergleichsweise deutlich stärker verringert. Dies liegt daran, dass es in Ostdeutschland gegenwärtig kaum Pensionäre gibt. Aufgrund der nach der Wiedervereinigung getätigten Verbeamtungen wird es mittelfristig aber zu einem starken Zuwachs kommen. Zudem schlägt sich die allgemeine demographische Entwicklung nieder, die sich auf die Anzahl der gewichteten Einkommensteuerzahler auswirkt. Hierauf reagiert der systemkonforme Nachhaltigkeitsfaktor unmittelbar und senkt das Versorgungsniveau deutlich ab. Tabelle 18 stellt diese Entwicklung auf der Ebene der 16 Bundesländer dar. Dabei zeigen sich deutliche Unterschiede zwischen den Bundesländern, die im Kern auf den Altersaufbau der Beamtenpopulation sowie die demographischen Veränderungen zurückzuführen sind.

Tabelle 18: Entwicklung des Versorgungsniveaus durch den systemkonformen Nachhaltigkeitsfaktor

Jahr	BW	BY	BE	HB	HH	HE	NI	NW	RP
2015	67.1%	68.4%	67.7%	69.2%	70.2%	67.7%	67.0%	67.6%	66.8%
2020	62.8%	65.6%	63.1%	68.1%	68.8%	63.7%	62.7%	63.8%	62.3%
2030	61.7%	62.2%	60.6%	68.4%	67.3%	62.5%	61.5%	62.9%	61.1%
2040	60.7%	60.3%	61.4%	70.7%	67.1%	61.8%	61.3%	62.3%	60.2%
2050	64.0%	62.8%	67.9%	76.0%	70.1%	65.3%	65.3%	66.4%	63.4%

Jahr	SL	SH	BB	MV	SN	ST	TH	Bund	BRD
2015	68.3%	68.5%	53.2%	58.8%	57.1%	61.0%	58.1%	70.5%	68.1%
2020	65.3%	65.0%	38.3%	46.1%	44.3%	49.8%	42.6%	66.4%	61.9%
2030	64.9%	63.6%	34.1%	41.9%	40.3%	44.7%	37.8%	63.0%	59.7%
2040	65.5%	62.6%	33.0%	40.5%	37.4%	42.0%	36.0%	60.9%	58.3%
2050	68.6%	66.4%	36.2%	42.7%	38.4%	43.9%	37.8%	63.2%	60.2%

Quelle: Eigene Berechnungen

Der systemkonforme Nachhaltigkeitsfaktor würde in Bremen das Versorgungsniveau langfristig nach einem zwischenzeitlichen Rückgang sogar auf 76 Prozent erhöhen. In Hamburg würde beinahe wieder das Ausgangsniveau erreicht und im Saarland fände nur eine geringe Reduktion statt. Daher führt bei diesen drei Bundesländern der systemkonforme Nachhaltigkeitsfaktor im Vergleich zur rentenrechtlichen Variante zu einer geringeren Entlastungswirkung. In den westdeutschen Flächenstaaten würde sich das Versorgungsniveau recht gleichförmig verringern. In den neuen Bundesländern käme es hingegen zu einer starken Reduktion: Im Jahr 2040 würde in Brandenburg mit 33 Prozent der niedrigste, in Sachsen-Anhalt mit 42 Prozent der höchste Wert erreicht. Ein derart niedriges Versorgungsniveau, das deutlich unter dem westdeutschen liegt, wird kaum realisierbar sein und dürfte gegen die verfassungsrechtlich geschützten Grundsätze des Berufsbeamtentums verstoßen. Auf mögliche Lösungen der Problematik, die die Anwendung des systemkonformen Nachhaltigkeitsfaktors für die fünf neuen Bundesländer mit sich bringt, wurde bereits im vorangegangenen Abschnitt eingegangen.

8.5 Ruhegehaltsfähigkeit von Ausbildungszeiten

Das RV-Nachhaltigkeitsgesetz beschränkte im Jahr 2004 deutlich die Berücksichtigung von Ausbildungszeiten an Universitäten und Fachhochschulen bei der Berechnung der Rentenhöhe. Bereits die vorangegangenen Rentenreformen hatten hier zu Kürzungen geführt, die noch einmal ausgebaut wurden. Im Kern beinhaltet das RV-Nachhaltigkeitsgesetz, dass nach einer Übergangszeit ab dem Jahr 2009 Ausbildungszeiten an Universitäten und Fachhochschulen, zusammen mit Schulzeiten ab dem 17. Lebensjahr, nur noch als rentenrechtliche Anrechnungszeit[221] zählen. Die alte Rechtslage sah, vereinfacht ausgedrückt, vor, dass eine Bewertung dieser Perioden mit Entgeltpunkten erfolgte, sie also rentenerhöhend wirkten. Die Ausbildungszeiten an Hochschulen flossen in die Rentenberechnung so ein, als hätte der Akademiker in dieser Zeit ein durchschnittliches rentenversicherungspflichtiges Einkommen bezogen und damit pro Jahr einen Entgeltpunkt (EP) erzielt. Das RV-Nachhaltigkeitsgesetz schuf nun eine neue Rechtslage, nach der Zeiten beruflicher Ausbildung und des Besuchs von Fachschulen weiter mit Entgeltpunkten bewertet werden, Hochschulzeiten aber nur noch als Anrechnungszeiten zählen. Letztere dienen dazu, die Wartezeiten bei der Regelaltersrente zu erfüllen. Der schon erwähnte Entwurf des Versorgungsnachhaltigkeitsgesetzes sah die Übertragung dieser Regelung auf die Beamtenversorgung vor. Laut Beamtenversorgungsgesetz sind bis dato Ausbildungszeiten, die für die jeweilige Laufbahnstufe erforderlich sind, in einer Höhe von bis zu drei Jahren ruhegehaltsfähig, werden also mit dem jährlichen Steigerungsfaktor in Höhe von 1,7935 Prozent bewertet. Der Gesetzentwurf sollte diese Berücksichtigung auf 855 Tage beschränken, was

221 Rentenrechtlich sind Anrechnungszeiten solche Zeiten, in denen zwar keine Beiträge zur gesetzlichen Rentenversicherung gezahlt wurden, die aber trotzdem bei der Prüfung des Rentenanspruchs und der Berechnung der Rente berücksichtigt werden können. Hierzu zählen Zeiten, in denen der Versicherte krank, schwanger oder arbeitslos war, aber auch Zeiten der Schulausbildung und des Studiums nach dem 17. Lebensjahr. Vgl. DRV (2012), S. 7f.

aus Sicht des Gesetzgebers eine wirkungsgleiche Übertragung der rentenrechtlichen Reformen darstellt.

Das Dienstrechtsneuordnungsgesetz setzte im Jahr 2009, also mit einer Verzögerung von rund fünf Jahren, diese Veränderung schließlich um. Nach §12 der neuen Fassung des Beamtenversorgungsgesetzes sind für Bundesbeamte nun Ausbildungszeiten an Hochschulen in einem Umfang von maximal 855 Tagen ruhegehaltswirksam. In diesem Zusammenhang ist die Frage zu stellen, ob diese Maßnahme tatsächlich mit den bereits umgesetzten Kürzungen im Bereich der gesetzlichen Rentenversicherung vergleichbar ist. Während dort Ausbildungszeiten an Hochschulen nur noch Anrechnungszeiten sind, erhöht sich bei Beamten dadurch der individuelle Ruhegehaltssatz durch Berücksichtigung der maximalen Dauer von 855 Tagen um den Steigerungsfaktor von 4,2012 Prozent. Mittlerweile haben einige Bundesländer diese Neuregelung ebenfalls übernommen.

Da die Bundesländer aufgrund ihrer neu gewonnenen Gesetzgebungskompetenz vom Bundesbeamtenrecht abweichen dürfen, wird nun im Folgenden untersucht, wie sich ein kompletter Wegfall der Berücksichtigung von Ausbildungszeiten bei der Berechnung des individuellen Ruhegehaltssatzes auf die Entwicklung der zukünftigen Versorgungsausgaben auswirken würde. Dabei wird davon ausgegangen, dass in Zukunft nicht nur Hochschulzeiten, sondern auch alle anderen beruflichen Ausbildungszeiten keine Berücksichtigung mehr finden.

Diese Maßnahme wäre primär für Beamte des gehobenen und höheren Dienstes relevant. Den maximalen Ruhegehaltssatz in Höhe von 71,75 Prozent erreicht man nach 40 Dienstjahren.[222] Da die Angehörigen des einfachen und mittleren Dienstes in der Regel deutlich vor dem Alter von 25 Jahren in den Beruf eintreten, wirkt sich für sie eine mögliche Berücksichtigung ihrer Ausbildungszeit in der Regel nicht pensionssteigernd aus. Betroffen davon sind dagegen die Angehörigen des gehobenen und höheren Dienstes. Zugangsvoraussetzung zu ersterem ist ein abgeschlossenes Studium an einer Fachhochschule, im Fall des höheren Dienstes an einer Universität. Je nach individueller Studiendauer hätte der Wegfall der Anrechenbarkeit dieser Ausbildungszeiten Konsequenzen für die spätere Pensionshöhe.[223]

Die Modellierung der fiskalischen Auswirkungen gestaltet sich recht schwierig, da bei der Berechnung der zukünftigen Ruhegehaltsausgaben nicht nach Laufbahnart differenziert wird. Auch innerhalb der einzelnen Laufbahngruppen lässt sich die Höhe der möglichen Ersparnis aufgrund der heterogenen Er-

222 Dieser Wert ergibt sich durch die Division des maximalen Ruhegehaltssatzes von 71,75 Prozent durch den jährlichen Steigerungsfaktor (1,7935 Prozent).

223 Zum Eintrittsalter in den einzelnen Laufbahngruppen vgl. Dritter Versorgungsbericht (2005), S. 335.

werbsbiographien nur recht unpräzise berechnen. Daher wird der Versuch unternommen, mittels verschiedener Szenarien eine untere bzw. obere Grenze der Entlastungswirkung zu schätzen. Dabei wird angenommen, dass der Wegfall der Berücksichtigung von Ausbildungszeiten für einen Beamten im Durchschnitt mit einem Verlust ruhegehaltsfähiger Zeiten einhergeht, der durch den Parameter δ repräsentiert wird. $\delta = 1$ würde demnach bedeuten, dass der Wegfall der Anrechenbarkeit von Ausbildungszeiten dazu führt, dass sich der maximale Ruhegehaltssatz eines durchschnittlichen Beamten in Höhe von 71,75 Prozent um den Steigerungswert eines Jahres (1,7935 Prozent) verringert. Tabelle 19 gibt die Barwerte der zukünftigen aggregierten Ruhegehaltsausgaben für verschiedene Werte von δ an.

Tabelle 19: Effekte verschiedener Wirkungsannahmen bezüglich des Wegfalls der Ruhegehaltsfähigkeit von Ausbildungszeiten

	δ=0	δ=1	δ=2	δ=3
Barwert	870 Mrd. Euro	855,4 Mrd. Euro	839,4 Mrd. Euro	823,8 Mrd. Euro
Δ	-	-1,7%	-3,5%	-5,3%

Quelle: Eigene Berechnungen

Für den Fall, dass sich die Abschaffung der Ruhegehaltsfähigkeit der Ausbildungszeiten auch tatsächlich in voller Höhe auf alle Beamte auswirkt, würde dies eine Verringerung des Barwerts von 870 Mrd. Euro auf 823,8 Mrd. Euro bewirken. Die Entlastungswirkung würde sich damit auf maximal 5,3 Prozent belaufen. Aufgrund der Struktur der Laufbahngruppen ist aber eher $\delta \in]0; 2]$ realistisch, was bedeutet, dass der Parameter δ in seiner Wirkungsweise Werten zwischen 0 und 2 entspricht. Das Einsparvolumen liegt damit bei maximal 3,5 Prozent und ergibt als obere Grenze einen Barwert von 839,4 Mrd. Euro. Abbildung 52 verdeutlicht die Entlastungswirkung auf die zukünftigen jährlichen Ruhegehaltsausgaben. Der Status quo (also der Fall $\delta = 0$) wird dem Fall $\delta = 3$ gegenübergestellt. Die tatsächlichen Aufwendungen werden damit zwischen diesen beiden Extremen liegen. Interessant sind in diesem Zusammenhang die jährlichen Einspareffekte verschiedener Werte von δ, die Abbildung 53 beispielhaft aufzeigt. Geht man davon aus, dass δ in seiner Wirkung die Werte 0,5 und 3 annimmt, schwanken die Werte für das Jahr 2015 (2030) zwischen 130 Mio. Euro und 790 Mio. Euro (430 Mio. Euro und 2,65 Mrd. Euro). Im Jahr 2040 würde die obere Grenze (im Fall $\delta = 3$) bei 3,5 Mrd. Euro liegen, für 2050 bei 3,31 Mrd. Euro. Für $\delta = 0{,}5$ würden sich in den beiden letztgenannten Jahren dagegen Einsparungen in Höhe von 580 Mio. Euro bzw. 550 Mio. Euro ergeben. Der Wert 1,5 würde ein mittleres Szenario beschreiben, dessen Effekte sich auf 400 Mio. Euro (720 Mio. Euro) im Jahr 2015 (2030) bzw. 1,75 Mrd. Euro (1,65 Mrd. Euro) im Jahr 2040 (2050) belaufen würden.

Abbildung 52: Auswirkungen des Wegfalls der Ruhegehaltsfähigkeit von Ausbildungszeiten auf den Ausgabenverlauf

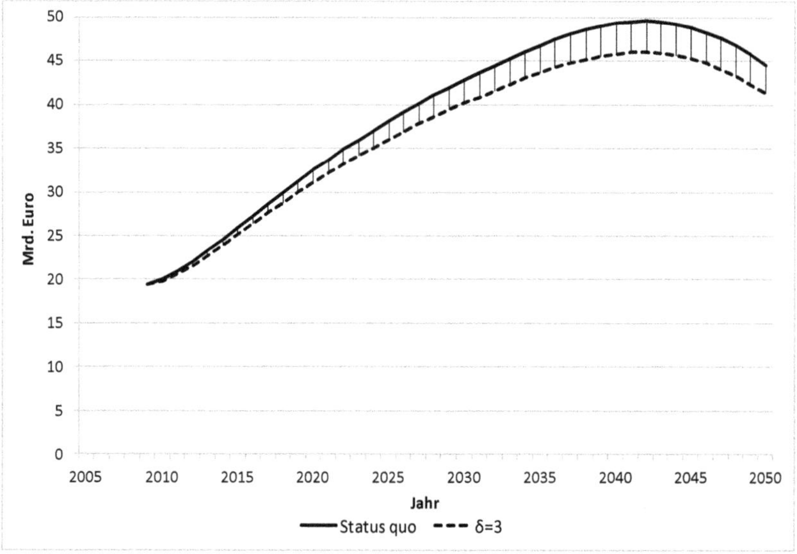

Quelle: Eigene Berechnungen

Abbildung 53: Jährliche Entlastung durch den Wegfall der Berücksichtigung von Ausbildungszeiten

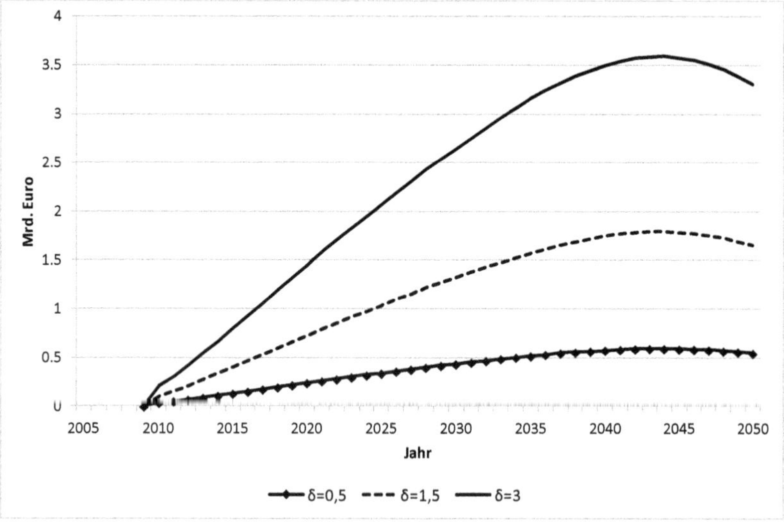

Quelle: Eigene Berechnungen

8.6 Die Reformpakete im Vergleich

In den vorangegangenen Abschnitten wurden die Auswirkungen einzelner Reformschritte auf die zukünftige Entwicklung der Ruhegehaltsausgaben detailliert dargestellt. Nun geht es darum, die Entlastungswirkung der gesamten Reformpakete aufzuzeigen. Dabei wird eine Eins-zu-eins-Übertragung der in der gesetzlichen Rentenversicherung umgesetzten Maßnahmen („GRV-Reformpaket") mit dem weitergehenden „Reformpaket II" verglichen. Letzteres sieht die beschleunigte Einführung der „Pension mit 67" bis zum Jahr 2019 sowie den systemkonformen Nachhaltigkeitsfaktor (NHF) vor, der die Entwicklung des Quotienten zwischen Pensionären und Einkommensteuerzahlern berücksichtigt. Beiden Reformvorschlägen gemeinsam ist der vollständige Wegfall der Ruhegehaltsfähigkeit von Ausbildungszeiten.[224]

Bei einer nominalen Wachstumsrate g der Beamtenpensionen in Höhe von jährlich zwei Prozent sowie einem nominalen Zinssatz r von drei Prozent beträgt der Barwert der bis zum Jahr 2050 für den Bund und die 16 Bundesländer anfallenden Ruhegehaltsausgaben im Status quo 870 Mrd. Euro. Eine unmittelbare Eins-zu-eins-Übertragung der in der gesetzlichen Rentenversicherung bereits implementierten Reformen würde den Barwert auf 769,6 Mrd. Euro verringern und damit zu einer Entlastung in Höhe von 11,5 Prozent führen. Am wirksamsten erweist sich der Nachhaltigkeitsfaktor, der allein zu einem Rückgang des Barwertes um 7,9 Prozent führt. Die „Pension mit 67" ergibt isoliert betrachtet ein Einsparvolumen von 2,4 Prozent, der Wegfall der Ausbildungszeiten mit der angenommenen Wirkung entlastet um 1,7 Prozent. Aufgrund von Rückkopplungseffekten fällt die Entlastung des gesamten Pakets etwas geringer aus als die Summe der einzelnen Reformschritte. Abbildung 54 bildet die Entwicklung der jährlichen Ruhegehaltsausgaben im Status quo sowie im Fall der beiden Reformpakete ab. Die gestrichelte Linie illustriert dabei die GRV-Reformvariante.

Die Übertragung der rentenrechtlichen Reformen auf die Beamtenversorgung führt zu einer deutlichen Dämpfung des zukünftigen Anstiegs der Ruhegehaltsausgaben. Im Jahr 2020 (2030) müssen statt 32,49 Mrd. Euro (42,8 Mrd. Euro) nun 30,50 Mrd. Euro (36,54 Mrd. Euro) aufgewendet werden. Die Ersparnis liegt damit bei 6,1 Prozent (14,6 Prozent). Die Entlastungswirkung nimmt in der Folge stark zu. Die Ruhegehaltsausgaben des Jahres 2040 verringern sich um 18,1 Prozent von 49,28 Mrd. Euro auf 40,35 Mrd. Euro. Im Jahr 2050 müssen Bund und Länder statt 44,58 Mrd. Euro im Status quo 35,7 Mrd. Euro für Pensionen ausgeben, insgesamt also 19,9 Prozent oder knapp ein Fünftel weniger.

224 Hier wird von dem Fall $\delta=1$ ausgegangen. Jeder zukünftige Pensionär verliert im Durchschnitt also ein Jahr ruhegehaltsfähiger Dienstzeit.

Abbildung 54: Wirkung der beiden Reformpakete auf den Verlauf der Ruhegehaltsausgaben

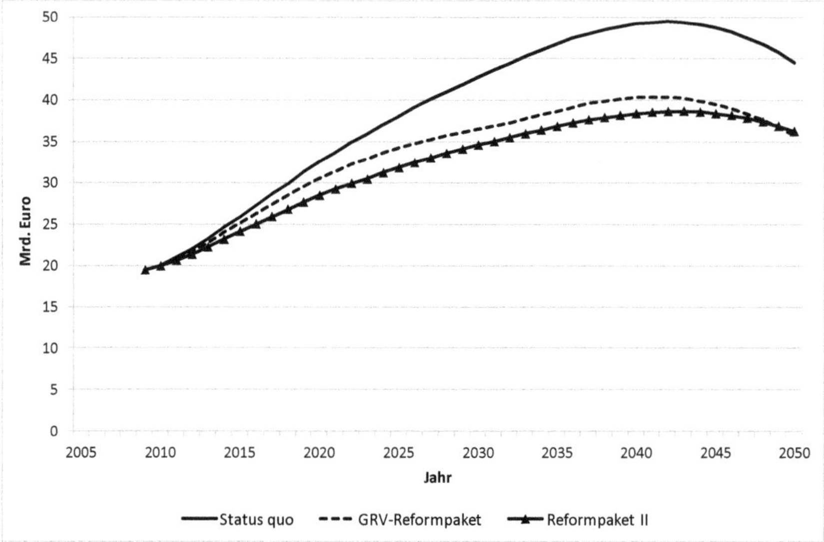

Quelle: Eigene Berechnungen

Eine konsequente Eins-zu-eins-Übertragung würde damit bereits in naher Zukunft zu deutlich vergrößerten Spielräumen für die Haushalte des Bundes und der Länder führen. Die Entlastungswirkung steigt kontinuierlich an und würde im Jahr 2015 (2025) bereits 803 Mio. Euro (3,84 Mrd. Euro) betragen. Im Jahr 2035 wären es 8,11 Mrd. Euro, für das Jahr 2050 liegt die Einsparung bei 8,88 Mrd. Euro. Das Maximum wird im Jahr 2045 mit 9,29 Mrd. Euro erreicht.

Wunderwerke kann aber auch eine noch so weitgehende Reform nicht leisten. Denn aufgrund des Einstellungsverhaltens in der Vergangenheit wird es zu einem deutlichen Anstieg der Ruhegehaltsausgaben kommen. Bis zum Jahr 2015 (2025) werden sie sich trotz der durchgeführten Reformen im Vergleich zum Basisjahr 2009 um den Faktor 1,29 (1,76) erhöhen. Im Jahr 2035 betragen sie 199 Prozent des 2009er Wertes, um dann bis 2050 wieder leicht auf 184 Prozent zurückzugehen. Das Maximum wird im Jahr 2042 mit 208 Prozent erreicht. Zum Vergleich: Im Status quo, ohne Übertragung der rentenrechtlichen Reformen, wären es 2015 (2025) 133 Prozent (196 Prozent) und 2035 (2050) dann 241 Prozent (229 Prozent) des Ausgangswertes. Im Jahr 2042 würde ein Wert von 255 Prozent erreicht. Das Reformpaket kann den starken Anstieg der Pensionsausgaben damit zwar nicht verhindern, freilich aber in seiner Intensität verringern.

Die Kombination einer beschleunigten Einführung der „Pension mit 67" mit dem systemkonformen Nachhaltigkeitsfaktor und dem Wegfall der Ruhegehaltsfähigkeit von Ausbildungszeiten stellt, wie bereits ausgeführt, eine wirkungsgleiche Übertragung der rentenrechtlichen Reformen dar. Im Folgenden wird diese Variante als Reformpaket II bezeichnet. Unter diesem Szenario würde der Barwert der bis zum Jahr 2050 anfallenden Versorgungsausgaben um 15,5 Prozent von 870 Mrd. Euro auf 735,1 Mrd. Euro zurückgehen. Der systemkonforme Nachhaltigkeitsfaktor, der die Entwicklung des Quotienten aus Pensionären und Einkommensteuerzahlern abbildet, sorgt isoliert betrachtet für eine Senkung um 10,9 Prozent.[225] Die beschleunigte Einführung der „Pension mit 67" verringert ceteris paribus den Barwert um 3,6 Prozent, die Wirkung des Wegfalls der Ruhegehaltsfähigkeit von Ausbildungszeiten bleibt unverändert bei 1,7 Prozent. Auch hier führen Rückkopplungseffekte dazu, dass die Summe der prozentualen Einsparungen ein wenig größer ist als die Entlastungswirkung des Reformpaketes. In Abbildung 53 stellt die untere Linie die bis zum Jahr 2050 unter dem Reformpaket II jährlich anfallenden Ruhegehaltsausgaben dar. Im Jahr 2015 (2025) müssen der Bund und die 16 Bundesländer bei Inkrafttreten dieser Reformvariante statt 25,91 Mrd. Euro (38,06 Mrd. Euro) noch 24,11 Mrd. Euro (31,82 Mrd. Euro) aufwenden, was einer Entlastung von 6,9 Prozent (16,4 Prozent) entspricht. Die Ruhegehaltsausgaben des Jahres 2035 sinken um 21,3 Prozent von 46,79 Mrd. Euro im Ausgangsszenario auf 36,84 Mrd. Euro. Für 2050 ergibt sich ein Rückgang von 18,6 Prozent, statt 44,58 Mrd. Euro sind für Pensionen dann 36,28 Mrd. Euro aufzubringen. Zwischen 2032 und 2047 liegt die Entlastungswirkung im Falle der Umsetzung des Reformpaketes II durchweg über der Marke von 20 Prozent.

Das Reformpaket II führt damit anfangs recht schnell zu deutlichen Einsparungen, was sich insbesondere mit der Wirkung des systemkonformen Nachhaltigkeitsfaktors begründen lässt. Im Jahr 2015 (2025) liegt die Entlastung im Vergleich zum Status quo bei 1,8 Mrd. Euro (6,23 Mrd. Euro), um dann bis 2041 recht konstant auf 10,91 Mrd. Euro anzusteigen. Nach Erreichen dieses Maximums geht die Dämpfungswirkung leicht zurück, liegt 2050 aber noch bei 8,3 Mrd. Euro. Im Szenario „Reformpaket II" betragen die Ruhegehaltsausgaben des Jahres 2015 (2025) 124 Prozent (164 Prozent) des Basisjahres 2009, was im

225 Bei den fünf neuen Bundesländern wurde dabei die Einführung des systemkonformen Nachhaltigkeitsfaktors in der beschriebenen Form zugrunde gelegt. Die damit verbundenen Probleme wurden in Kapitel 4.4 diskutiert und Alternativen aufgezeigt. Da die Pensionsverpflichtungen der ostdeutschen Bundesländer nur einen äußerst geringen Anteil an den gesamten Pensionsverpflichtungen einnehmen, bleibt dieser Aspekt bei der Betrachtung der aggregierten Barwerte außen vor. Falls auf die Einführung eines Nachhaltigkeitsfaktors für die neuen Bundesländer verzichtet wird, bei ihnen ein aus dem gesamtdeutschen Durchschnitt bestehender Nachhaltigkeitsfaktor eingeführt wird oder stattdessen eine diskretionäre Kürzungsmaßnahme implementiert wird, würde sich der Barwert der Pensionsverpflichtungen im Fall des Reformpaketes II entsprechend leicht erhöhen, allerdings in einem angesichts des Umfangs der schwebenden Pensionslasten vernachlässigbar geringen Umfang.

Vergleich zum Status quo ohne Reform aber immerhin einer Entlastung von 9,3 Prozentpunkten (32 Prozentpunkten) entspricht. Im Jahr 2035 (2050) muss das 1,89-fache (1,86-fache) der Pensionszahlungen des Jahres 2009 aufgewendet werden, ohne die Maßnahmen ergäbe sich der Faktor 2,41 (2,29).

Der Vergleich der beiden Reformpakete in Abbildung 55 zeigt, dass das „Reformpaket II" gegenüber einer Eins-zu-eins-Übertragung der in der gesetzlichen Rentenversicherung beschlossenen Maßnahmen (GRV-Reformpaket) in den ersten Jahren deutliche zusätzliche Entlastungen bewirkt. Im Jahr 2015 wird erstmals die Grenze von 1 Mrd. Euro überschritten, danach kommt es zu einem weiteren Anstieg auf bis zu 2,39 Mrd. Euro im Jahr 2025. In der Folge ist bis 2034 ein leichter Rückgang auf dann 1,81 Mrd. Euro erkennbar, ehe ein erneuter Anstieg die weitergehende Entlastung auf 1,98 Mrd. Euro im Jahr 2039 anwachsen lässt. In der letzten Dekade verringert sich der Unterschied wiederum, bis dann in den Jahren 2049 und 2050 das Reformpaket II im Vergleich sogar leicht höhere Ausgaben hervorrufen würde. Grund für den Verlauf ist die Wirkungsweise des systemkonformen Nachhaltigkeitsfaktors, der, wie in Abschnitt 8.4.2 dargestellt, unmittelbar auf die Veränderung des Verhältnisses von Pensionären und gewichteten Einkommensteuerzahlern reagiert. Gerade in den Jahren mit einer starken Zunahme der Pensionäre relativ zu den Einkommensteu-

Abbildung 55: Zusätzliche jährliche Entlastung: Reformpaket II versus GRV-Reformpaket

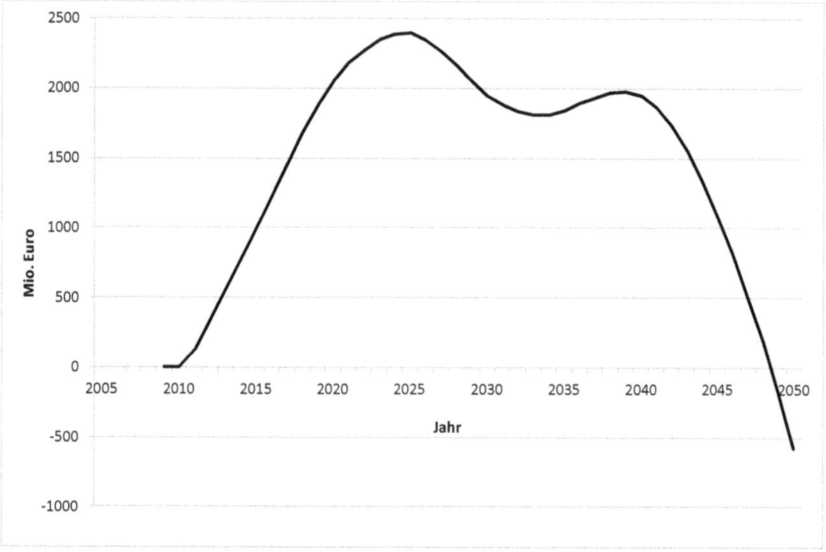

Quelle: Eigene Berechnungen

erzahlern sorgt er für eine deutliche zusätzliche Dämpfungswirkung. Der starke Abfall in den letzten zehn Jahren lässt sich wiederum dadurch erklären, dass nur der Bestand der Beamten des Bundes und der Länder im Jahr 2009 betrachtet wurde und von zukünftigen Verbeamtungen abstrahiert wurde. Da die kohortenstarken Jahrgänge gerade in den Jahren nach 2040 in immer größerem Umfang versterben, verringert sich die Anzahl der Pensionäre nun stärker relativ zu den gewichteten Einkommensteuerzahlern. Dieser Effekt tritt nicht bzw. in deutlich geringerem Umfang auf, wenn es in den Jahren nach 2009 kontinuierlich zu neuen Verbeamtungen kommt und damit auch die Pensionärspopulation langfristige Zugänge verzeichnet. Die tatsächliche Entlastungwirkung des Reformpaketes II wäre in diesem Fall sogar noch etwas größer. Quantitativ wirkt sich dieser Aspekt auf den Barwert der schwebenden Pensionsverpflichtungen aber nur in äußerst geringem Umfang aus, da die Pensionszahlungen der Jahre ab 2040 stark diskontiert werden.

Die Entlastungswirkung des GRV-Reformpaketes bzw. des Reformpaketes II auf der Ebene des Bundes und der 16 Bundesländer ist in Abbildung 56 dargestellt. In 14 von 16 Bundesländern geht von letzterer Reformvariante durchweg die größere Verringerung des Barwerts der schwebenden Pensionsverpflichtungen aus. Nur in Bremen und Hamburg fällt, bedingt durch den systemkonformen

Abbildung 56: Die Auswirkungen der Reformpakete auf die Barwerte der Pensionsverpflichtungen des Bundes und der 16 Bundesländer

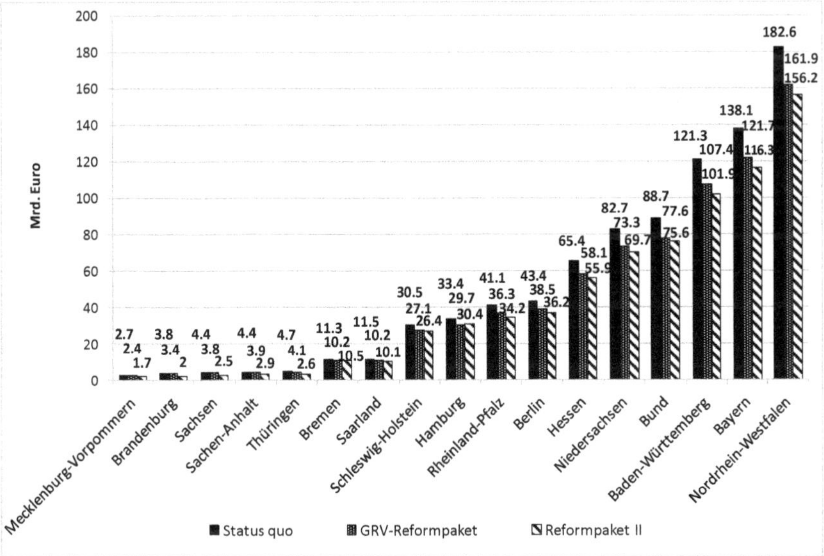

Quelle: Eigene Berechnungen

Nachhaltigkeitsfaktor und die dortige Entwicklung des Verhältnisses von Pensionären zu gewichteten Einkommensteuerzahlern, die Entlastungswirkung des GRV-Reformpaketes größer aus. Bezüglich der starken Verringerung der Barwerte der fünf neuen Bundesländer Mecklenburg-Vorpommern, Brandenburg, Sachsen, Sachsen-Anhalt und Bremen im Fall des Reformpaketes II sei auf die entsprechenden Anmerkungen in Abschnitt 8.4.2 verwiesen.

Abbildung 57 setzt die in den beiden Reformszenarien berechneten Barwerte in das Verhältnis zum jeweiligen BIP und stellt auf diese Weise die dadurch ausgelöste Verringerung der impliziten Verschuldung in Form schwebender Pensionsverpflichtungen dar. Zusammenfassend lässt sich feststellen, dass beide vorgestellten Reformpakete zwar den Barwert der bis zum Jahr 2050 anfallenden Pensionsverpflichtungen von Bund und Ländern verringern, die aufzuwendenden Mittel aber noch immer erheblich sind. Selbst im Szenario des weitreichendsten Reformpakets käme es bereits in naher Zukunft zu einem starken Anstieg der jährlichen Ruhegehaltsausgaben. Die Folgen der Einstellungswellen der Vergangenheit sowie der über Jahrzehnte unterbliebenen Rücklagenbildung bzw. Ausweisung von Rückstellungen lassen sich nicht einfach aus der Welt schaffen. Die Beamten und mit ihnen ihre verdientermaßen erworbenen

Abbildung 57: Entwicklung des Anteils des Barwerts der Ruhegehaltsausgaben am jeweiligen BIP bei Umsetzung der Reformpakete

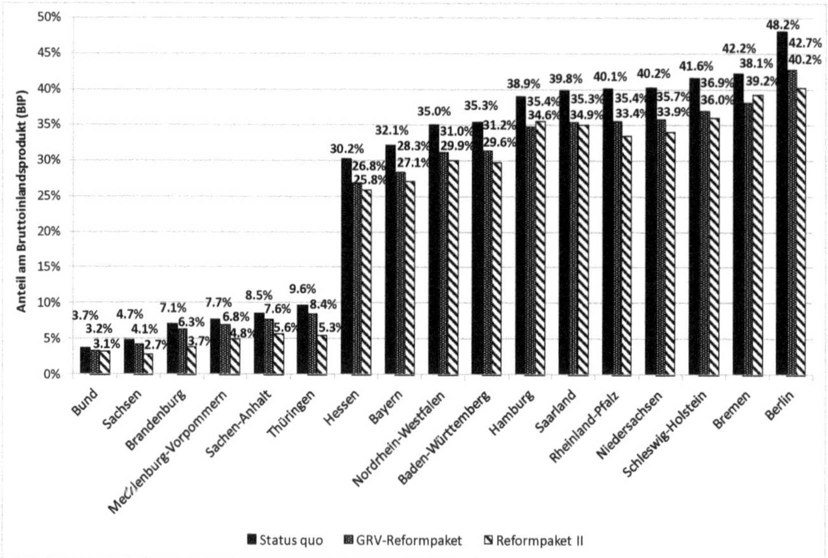

Quelle: Eigene Berechnungen

Pensionsansprüche sind vorhanden – letztere sind übrigens auch verfassungsrechtlich geschützt, was die Reformmöglichkeiten begrenzt. Der Anstieg der Ruhegehaltsausgaben lässt sich folglich bestenfalls dämpfen, keinesfalls aber abwenden.

8.7 Sensitivitätsanalyse

8.7.1 Wachstumssensitivität der Versorgungsausgaben

Der Projektion der jährlichen Ruhegehaltsausgaben bis zum Jahr 2050 lag bisher die Annahme zugrunde, dass die Beamtenpensionen mit einer Rate g wachsen. Im Basisszenario des vorangegangenen Kapitels nimmt dieser jährliche Dynamisierungsfaktor einen Wert von zwei Prozent an, was angesichts einer Zielinflationsrate der Europäischen Zentralbank in etwa derselben Höhe einem realen Nullwachstum der Pensionen entspricht. In der Vergangenheit war es Usus, dass die Lohnabschlüsse für die aktiven Beamten auf die Pensionäre übertragen wurden. Besoldung und Ruhegehälter wuchsen also mit derselben Rate.

Abbildung 58 stellt die Entwicklung der Ruhegehaltsausgaben im Status quo für verschiedene Werte von g dar. Dabei wird deutlich, dass der Verlauf sehr sensitiv bezüglich der Wachstumsrate ist. Grundsätzlich gilt: Je höher der Durchschnittswert von g ist, desto drastischer verläuft ceteris paribus die Entwicklung der Ruhegehaltsausgaben. In allen Varianten kommt es zwischen 2009 und 2025 zu einem deutlichen Anstieg. Dies ist der Zeitraum, in dem die kohortenstarken Beamtenjahrgänge in Ruhestand gehen werden. Selbst unter dem Szenario nominal unveränderter Pensionen (also $g = 0$) würden sich die aggregierten Ruhegehaltsausgaben von 19,46 Mrd. Euro im Jahr 2009 auf 28,28 Mrd. Euro im Jahr 2025 erhöhen, was einem Zuwachs in Höhe von 45,3 Prozent entspricht. Das Maximum würde im Jahr 2030 mit 28,8 Mrd. Euro erreicht, in den Folgejahren käme es dann zu einem Rückgang auf 20,19 Mrd. Euro im Jahr 2050. Diese Nullwachstumsvariante ist auch deswegen interessant, weil sie den rein demographisch bedingten Ausgabeneffekt darstellt. Allerdings ist dieses Szenario unwahrscheinlich, da die Pensionäre aufgrund der Inflation große reale Verluste hinnehmen müssten.

Einen Rückgang des realen Pensionsniveaus, geht man von einer durchschnittlichen Inflationsrate von jährlich etwa zwei Prozent aus, müssten die Ruhestandsbeamten auch bei einer durchschnittlichen nominalen Wachstumsrate von einem Prozent hinnehmen. Die Pensionsausgaben des Jahres 2025 würden dann 32,83 Mrd. Euro betragen. Nach einem weiteren Anstieg auf 36,86 Mrd.

Abbildung 58: Abhängigkeit der aggregierten Ruhegehaltsausgaben von der Wachstumsrate g

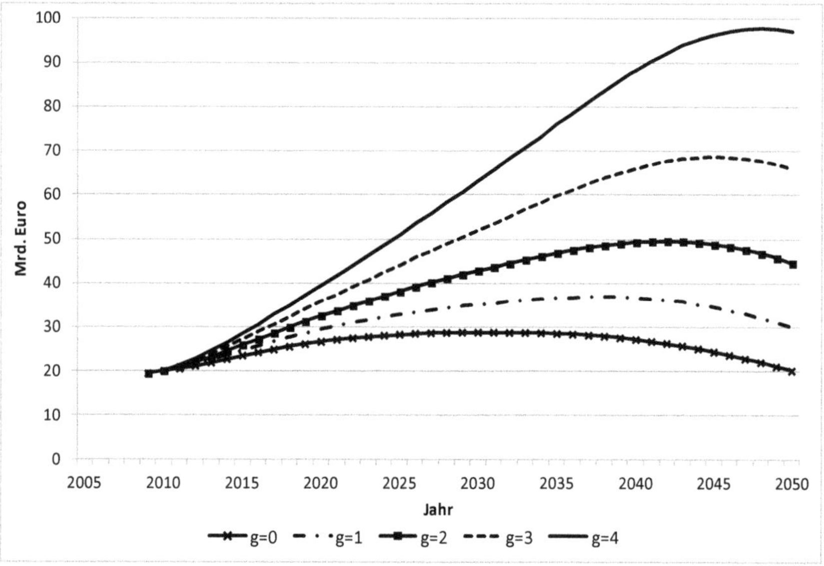

Quelle: Eigene Berechnungen

Euro im Jahr 2038 käme es auch hier zu einem Rückgang auf 30,06 Mrd. Euro im Jahr 2050.

Zu einem drastischen Anstieg der Ruhegehaltsausgaben kommt es, falls g Werte annimmt, die über der im Basisszenario unterstellten jährlichen Wachstumsrate von zwei Prozent liegen, es also unter der getroffenen Inflationsannahme zu einem realen Zuwachs kommt. Bei einer durchschnittlichen Zunahme um drei Prozent würden die Pensionszahlungen des Jahres 2025 44,06 Mrd. Euro und damit das 2,26-fache des Wertes im Jahr 2009 betragen. Im Jahr 2035 lägen die Versorgungsausgaben bereits bei 59,73 Mrd. Euro, also dem dreifachen, ehe zehn Jahre später mit 68,67 Mrd. Euro das Maximum erreicht werden würde. Danach würde sich ein leichter Rückgang auf 65,87 Mrd. Euro im Jahr 2050 vollziehen. Geradezu eine Explosion ereignet sich, wenn eine jährliche nominale Wachstumsrate von vier Prozent zugrunde gelegt wird. Im Jahr 2025 (2035) müssten der Bund und die 16 Bundesländer in diesem Szenario 50,93 Mrd. Euro (76,05 Mrd. Euro) für Beamtenpensionen aufbringen. Auch in der Folge käme es zu einem stetigen Anstieg auf 96,94 Mrd. Euro im Jahr 2050.

Jährliche nominale Wachstumsraten für die Pensionen, die kleiner als eineinhalb oder zwei Prozent sind, werden politisch kaum durchsetzbar sein. Somit wird es quasi mit Sicherheit zu einem starken Anstieg der Ruhegehaltsausgaben und einer damit einhergehenden Belastung des Bundes und der Länder kommen. Außerdem handelt es sich bei g um die nominale Wachstumsrate vor dem Wirken der Anpassungsformel der Pensionen, die in den untersuchten Reformvarianten zusätzlich den Nachhaltigkeitsfaktor (NHF) enthält. Das Bruttoversorgungsniveau geht durch den Nachhaltigkeitsfaktor, wie ausführlich dargestellt wurde, zurück. Wenn die Pensionen von vorne herein schon mit geringerer Rate als die Besoldung der aktiven Beamten wachsen, also ein Keil entsteht, sinkt das tatsächliche Bruttoversorgungsniveau, sprich der Anteil der Pension an den ruhegehaltsfähigen Bezügen, noch stärker.

8.7.2 Zins-Wachstum-Sensitivität des Barwerts der Ruhegehälter

Im vorangegangenen Abschnitt wurde gezeigt, dass die jährlichen bis 2050 anfallenden Versorgungsausgaben sehr sensitiv auf Veränderungen von g reagieren. Je größer die durchschnittliche jährliche Wachstumsrate, desto höher sind ceteris paribus die Ruhegehaltsausgaben. Da der Barwert der bis zum Jahr 2050 anfallenden Beamtenpensionen aus den diskontierten jährlichen Ruhegehaltszahlungen besteht, steigt mit zunehmenden Werten für g auch der Barwert. Das Basisszenario dieser Arbeit geht von einer nominalen Wachstumsrate in Höhe von zwei Prozent und einem nominalen Zinssatz von drei Prozent aus. Verringert man nun bei gleich bleibendem Diskontierungszins die durchschnittliche Wachstumsrate von zwei auf null Prozent, verringert sich der Barwert der bis 2050 anfallenden Pensionsverpflichtungen von 870 Mrd. Euro auf 619 Mrd. Euro.

Umgekehrt reagiert der Barwert der Ruhegehaltsausgaben sehr sensitiv auf Veränderungen des Diskontierungszinssatzes r. Allgemein gilt: Je kleiner r gewählt wird, desto höher ist der Barwert der Ruhegehaltsausgaben. Verringert man nun, wiederum ceteris paribus, ausgehend vom Basisszenario den Zinssatz auf zwei Prozent, steigt der Barwert der Ruhegehaltsausgaben im Status quo von 870 Mrd. Euro auf 1038,3 Mrd. Euro. Bei einem Zinssatz von sechs Prozent, verringert sich der Barwert bei unveränderter Wachstumsrate hingegen auf 525,1 Mrd. Euro. Abbildung 59 gibt für Kombinationen von Zinssätzen zwischen zwei und sechs Prozent und Wachstumsraten von null, eins und zwei Prozent die resultierenden schwebenden Pensionsverpflichtungen des Bundes und der 16 Bundesländer an.

Abbildung 59: Barwerte für verschiedene Zinssätze und Wachstumsraten

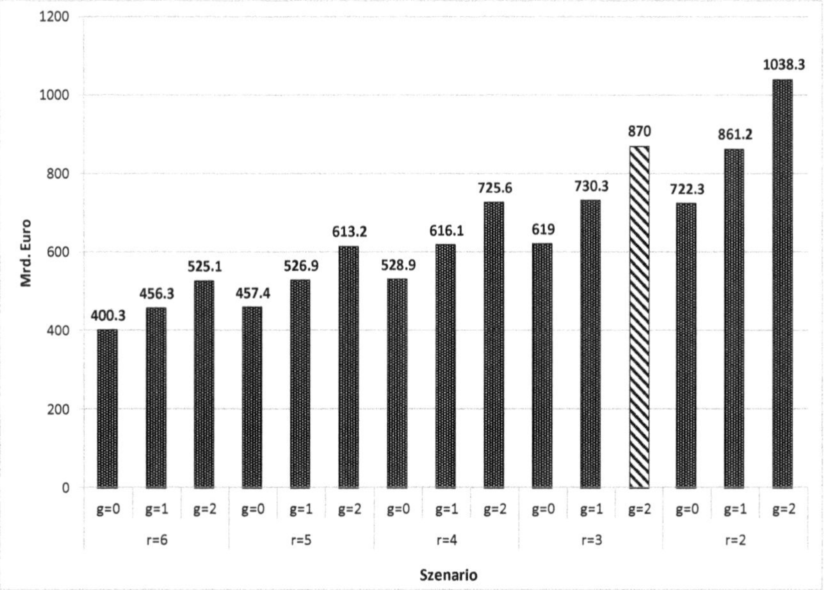

Quelle: Eigene Berechnungen

8.7.3 Auswirkung der Entwicklung der Lebenserwartung

Dem Basisszenario liegt eine steigende Lebenserwartung zugrunde. Ausgehend von einer durchschnittlichen Lebenserwartung von 78,3 Jahren bei Männern und 83,2 Jahren bei Frauen nimmt sie bis zum Jahr 2050 auf 83,5 bzw. 88 Jahre zu. Die gewählte Lebenserwartung wirkt sich natürlich direkt auf die Entwicklung der Ruhegehaltsausgaben aus. Abbildung 60 veranschaulicht diese Auswirkung auf die Höhe des Barwertes, wenn wiederum ein nominaler Diskontierungszins von drei Prozent und ein durchschnittliches nominales Wachstum von zwei Prozent gewählt werden. Geht man davon aus, dass sich die Lebenserwartung zukünftig nicht weiter erhöhen wird, also konstant auf dem Niveau des Basisjahres 2009 bleibt, verringert sich ceteris paribus der Barwert der Ruhegehaltsausgaben im Status quo von 870 Mrd. Euro auf 813,2 Mrd. Euro – ein Rückgang um 6,5 Prozent. Falls die Lebenserwartung aber stärker als im Basisszenario steigen sollte, würde sich der Barwert entsprechend erhöhen. Nimmt man für Männer eine ferne Lebenserwartung von 86 Jahren und für Frauen von 90 Jahren an, beträgt der Barwert dann 898 Mrd. Euro und erhöht sich somit um 3,2 Prozent.

Abbildung 60: Barwerte in Abhängigkeit von der Entwicklung der Lebenserwartung

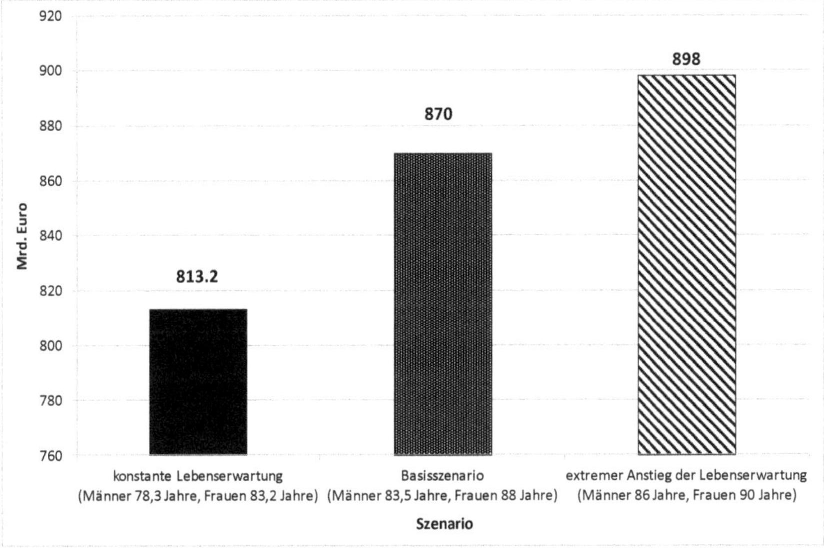

Quelle: Eigene Berechnungen

Abbildung 61 stellt die jährlichen Ruhegehaltsausgaben im Status quo unter den drei Varianten der Entwicklung der Lebenserwartung dar.[226] Je stärker die Lebenserwartung ansteigt, desto höher fällt die jährliche Belastung für die Haushalte des Bundes und der Länder aus. Im Falle einer konstanten Lebenserwartung würden sich im Status quo die Ruhegehaltsausgaben des Jahres 2030 (2050) im Vergleich zum Basisszenario mit steigender Lebenserwartung von 42,8 Mrd. Euro (44,58 Mrd. Euro) auf 40,12 Mrd. Euro (35,91 Mrd. Euro) verringern. Bei einer extremen Zunahme der Lebenserwartung käme es dagegen zu einer deutlichen Erhöhung: Im Jahr 2030 wären dann 44,08 Mrd. Euro statt 42,8 Mrd. Euro aufzubringen, im Jahr 2050 sogar 48,88 Mrd. Euro statt 44,58 Mrd. Euro.

226 Hier wird wiederum von einer jährlichen nominalen Wachstumsrate in Höhe von zwei Prozent ausgegangen.

Abbildung 61: Ausgabenentwicklung im Status quo in Abhängigkeit der Lebenserwartung

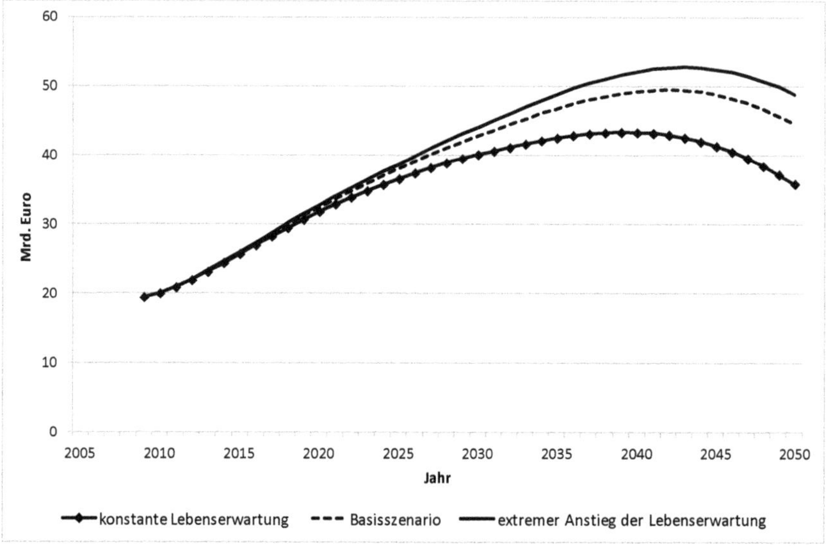

Quelle: Eigene Berechnungen

9. Entwicklung der Beihilfeausgaben

9.1 Überblick über das System der Beihilfe

Beamte, Richter und Soldaten sind in der Bundesrepublik Deutschland nicht Mitglieder der umlagefinanzierten gesetzlichen Kranken- und Pflegeversicherung.[227] Entsprechend muss der Dienstherr auch keine Arbeitgeberbeiträge abführen. Im Rahmen des Alimentationsprinzips, das Teil der hergebrachten Grundsätze des deutschen Berufsbeamtentums ist, übernimmt er aber einen Teil der Gesundheitskosten seiner aktiven Beamten und Versorgungsempfänger sowie bei Vorliegen bestimmter rechtlicher Voraussetzungen auch für Ehepartner, Kinder, Witwen und Waisen. Diese finanzielle Unterstützung wird als „Beihilfe" bezeichnet und wird bei Krankheits-, Geburts-, Pflege- und Todesfällen gewährt. Welche Leistungen beihilfefähig sind, regeln detailliert die Beihilfevorschriften des Bundes und der Länder.[228]

Die Beihilfeleistungen beziehen sich nicht auf die gesamten anfallenden Gesundheitskosten, sondern übernehmen einen bestimmten Prozentsatz. Der beihilfeberechtigte aktive Beamte selbst erhält 50 Prozent der entstandenen Aufwendungen erstattet, bei mindestens zwei berücksichtigungsfähigen Kindern 70 Prozent. Ehegatten oder Lebenspartner, die selbst nicht sozialversicherungspflichtig beschäftigt sind und deren jährliche Einkünfte 18.000 Euro nicht überschreiten, erhalten ebenfalls einen Satz von 70 Prozent. Berücksichtigungsfähige Kinder sowie beihilfeberechtigte Waise haben einen Anspruch auf 80 Prozent. Empfänger von Versorgungsbezügen und deren Hinterbliebene erhalten Beihilfe in Umfang von 70 Prozent.[229] Bis zum 1. Januar 2009 stand es Beamten frei, über den Umfang ihres Beihilfeanspruchs hinaus eine private Krankenversicherung abzuschließen, um eine vollständige Deckung der entstandenen Gesundheitskosten zu erreichen. Das Gesetz zur Stärkung des Wettbewerbs in der Gesetzlichen Krankenversicherung (GKV-WSG) brachte die Verpflichtung, eine ergänzende Krankheitskostenvollversicherung über den von der Beihilfe nicht übernommenen Kostenteil hinaus abzuschließen.[230]

227 Die genannten Gruppen können sich zwar freiwillig in der gesetzlichen Krankenversicherung versichern, müssen den Beitrag aber dann vollständig selbst tragen. Sie erhalten Beihilfe nur in Ausnahmefällen und müssen auch den Arbeitgeberanteil der GKV-Beiträge übernehmen.

228 Für die Beamten des Bundes gilt die Bundesbeihilfeverordnung (BBhV). Während sich einige der Bundesländer, teilweise mit Abweichungen, der Bundesbeihilfeverordnung angeschlossen haben, gilt in anderen Bundesländern eigenes Recht. Für einen detaillierten Überblick über das Beihilfesystem sei auf die Bundesbeihilfeverordnung verwiesen.

229 Zwischen den Bundesländern existieren recht große Unterschiede hinsichtlich der zu zahlenden Eigenanteile und der in die Beihilfe eingeschlossenen Wahlleistungen.

230 Vgl. § 5 Abs. 1 Nr. 13 SGB V.

Der Bund und die 16 Bundesländer gaben im Jahr 2008 insgesamt 6,8 Mrd. Euro für Beihilfen aus, davon 3 Mrd. Euro an die aktiven Beamten sowie 3,8 Mrd. Euro an Versorgungsempfänger.[231] Die Zahlungen werden jeweils aus dem laufenden Haushalt geleistet.[232] Interessant ist ein Vergleich der langfristigen Entwicklung der Beihilfeausgaben mit den Versorgungsausgaben. Die gesamten Beihilfeaufwendungen für die Versorgungsempfänger (Beamte, Richter und Soldaten) von Bund, Ländern und Gemeinden erhöhten sich zwischen 1975 und 2002 von 0,4 Mrd. Euro auf 3,4 Mrd. Euro – also um den Faktor 7,81. Im selben Zeitraum stiegen die Versorgungsausgaben des betrachteten Personenkreises aber von 8,4 Mrd. Euro auf 23,9 Mrd. Euro, was einem Wachstum von 285 Prozent entspricht.[233] Diese Zunahme lässt sich grundsätzlich mit einer wachsenden Zahl an Versorgungsempfängern erklären. Das überproportionale Wachstum der Beihilfekosten legt aber nahe, dass auch die durchschnittlichen Pro-Kopf-Kosten angestiegen sein müssen. Diese Vermutung wird von Abbildung 62 bestätigt, die die Entwicklung der durchschnittlichen Beihilfeausgaben je Versorgungsempfänger im unmittelbaren Bundesdienst darstellt. Danach kam es allein zwischen 1995 und 2006 zu einem Wachstum um 91 Prozent – von 2.125 Euro auf 4.053 Euro.[234] Die Trendlinie zeigt, dass diese Entwicklung relativ konstant erfolgte. Die durchschnittliche jährliche nominale Wachstumsrate lag bei 5,6 Prozent. Das nominale Bruttoinlandsprodukt Deutschlands wuchs laut der langen Reihe des Statistischen Bundesamtes zur BIP-Entwicklung im betrachteten Zeitraum nominal um 25,6 Prozent bzw. durchschnittlich knapp 2 Prozent pro Jahr. Damit ist auch in Bezug auf die Beihilfe der in allen OECD-Ländern auftretende Trend zu identifizieren, dass die Gesundheitskosten deutlich stärker als das Bruttoinlandsprodukt wachsen.[235]

Erklären lässt sich der Anstieg der Beihilfeausgaben je Versorgungsempfänger zum einen mit der Alterung der vorhandenen Beamtenpopulation und einer steigenden Lebenserwartung. Da sich mit zunehmendem Lebensalter die Wahrscheinlichkeit, pflegebedürftig zu werden oder Gesundheitsleistungen in Anspruch zu nehmen, erhöht, steigen die Pro-Kopf-Werte allein schon aufgrund dieser demographischen Entwicklung. Zum überwiegenden Teil ist der enorme

231 Darin enthalten sind auch die Beihilfeleistungen für Ehepartner, Kinder, Witwen und Waisen. Im Folgenden wird ausschließlich auf Beihilfeleistungen für Versorgungsempfänger sowie Empfänger von Hinterbliebenenversorgung eingegangen. Beihilfezahlungen an aktive Beamte werden nicht betrachtet.

232 Für die Beihilfen der Beamten von Städten, Gemeinden oder Kommunen sind überwiegend umlagefinanzierte Versorgungskassen verantwortlich.

233 Vgl. Dritter Versorgungsbericht (2005), S. 427.

234 Vgl. Vierter Versorgungsbericht (2009), S. 148. Auf Ebene der Bundesländer liegen keine entsprechenden Zeitreihen vor. Es ist jedoch anzunehmen, dass sich die Ausgaben je Versorgungsempfänger aufgrund der angeführten Einflussgrößen ähnlich entwickelt haben.

235 Vgl. Breyer und Ulrich (2000) sowie Hagist und Kotlikoff (2009).

Abbildung 62: Entwicklung der durchschnittlichen jährlichen Beihilfeausgaben je Versorgungsempfänger im unmittelbaren Bundesdienst

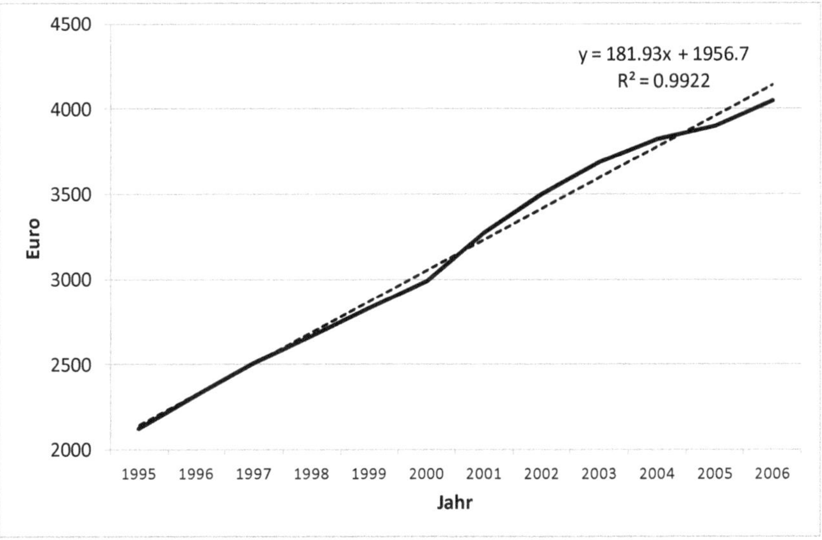

Quelle: Vierter Versorgungsbericht der Bundesregierung

Anstieg allerdings mit dem sogenannten medizinisch-technischen Fortschritt zu begründen. Die moderne Medizin bringt regelmäßig neue Therapieformen und Behandlungsmethoden hervor, die entweder vorhandene Ansätze verbessern oder bei bestimmten Krankheitsbildern überhaupt erst eine Behandlung ermöglichen. Dies ist einerseits aus Patientensicht erfreulich, führt aber zu stark steigenden Kosten, da die Hochleistungsmedizin sehr teuer ist und (kostenerhöhende) Produktinnovationen (effizienzerhöhende und damit kostensenkende) Prozessinnovationen dominieren. Hinzu kommen die Auswirkungen der sogenannten Baumol'schen Kostenkrankheit.[236]Darunter versteht man den Effekt, dass es in personalintensiven Dienstleistungsbranchen aufgrund fehlender Rationalisierungsmöglichkeiten zu überproportionalen Kostensteigerungen kommt. Angesichts dieser Entwicklung versuchte die Politik durch diskretionäre Maßnahmen den Anstieg der (Pro-Kopf-) Gesundheitsausgaben der gesetzlichen Krankenversicherung zu dämpfen, was aber immer nur mit kurzzeitigem Erfolg beschieden war.[237] Teilweise fand auch eine Übertragung auf die Beihilfe

---

236 Vgl. Baumol und Bowen (1965) sowie Baumol (1967). Für eine ausführliche Darstellung des Konzeptes der Baumol`schen Kostenkrankheit sei ferner auf Häcker (2007), S. 112ff. verwiesen.

237 Vgl. Moog und Raffelhüschen (2010), S. 13.

statt, letztlich konnte aber, wie aufgezeigt, eine starke Zunahme der Pro-Kopf-Ausgaben nicht verhindert werden.[238]

Die Beihilfeausgaben des Bundes und der Länder für ihre Versorgungsempfänger werden sich in Zukunft absehbar erhöhen. Die erste Triebfeder ist das starke Wachstum der Zahl der Pensionäre aufgrund des Einstritts der kohortenstarken Jahrgänge in den Ruhestand. Wie bereits in Kapitel 6 dargestellt wurde, wird insbesondere die Gruppe der über 80-Jährigen stark anstiegen und sich mittelfristig knapp vervierfachen. Zum zweiten wird sich auch in Zukunft die Lebenserwartung wahrscheinlich weiter erhöhen. Dritter Einflussfaktor ist der medizinisch-technische Fortschritt, der absehbar weiterhin zu überproportionalen Kostensteigerungen im Gesundheitswesen führen wird. Von dem Aspekt, ob sich mit steigender Lebenserwartung die Wahrscheinlichkeit der Inanspruchnahme von Gesundheitsleistungen erhöht, verringert oder gleich bleibt, ob also die Medikalisierungs-, oder Kompressionsthese zum Tragen kommt, wird an dieser Stelle abstrahiert.[239] Bei der nachfolgenden Projektion der Beihilfeausgaben für Versorgungsempfänger des Bundes und der Länder wird vielmehr von der Status-quo-Hypothese ausgegangen, der die Annahme zugrunde liegt, dass das Inanspruchnahmeverhalten trotz steigender Lebenserwartung konstant bleibt. Das alters- und geschlechtsspezifische Mikroprofil der Gesundheitsausgaben ändert sich folglich im Betrachtungszeitrum nicht. Diese Variante stellt damit ein Mittelweg zwischen Medikalisierungs- und Kompressionsthese dar.[240]

Die genannten Einflussfaktoren werden in Zukunft zu einem Anstieg der Beihilfeausgaben des Bundes und der Länder führen, der in seiner Intensität das Wachstum der Ruhegehälter übertrifft.

9.2 Methodik der Projektion der Beihilfeausgaben

Der Projektion der Beihilfeausgaben für Versorgungsempfänger liegt die Entwicklung der Beamtenpopulationen des Bundes und der Länder zugrunde, wie sie in Kapitel 6 dargestellt wurde. Dies bedeutet, dass die geschlechtsspezifische Altersstruktur mit Hilfe von Sterbetafeln unter der Annahme einer steigenden Lebenserwartung in die Zukunft fortgeschrieben wird. Auch an dieser Stelle wird auf die im Status quo vorhandenen Beamten abgestellt und von zu-

238 Vgl. Vierter Versorgungsbericht (2009), S. 146.

239 Die Medikalisierungsthese geht auf Verbrugge (1984) zurück, die Kompressionsthese wurde von Fries (1980) aufgestellt. Für eine ausführliche Diskussion siehe Hagist und Raffelhüschen (2010) sowie Fetzer (2005), S. 8ff.

240 Vgl. Fetzer (2005), S. 12.

künftigen Neueinstellungen abstrahiert. Um die zukünftige Entwicklung der Beihilfeausgaben berechnen zu können, wird wiederum auf das Konzept der Generationenbilanzierung zurückgegriffen.

Ausgangspunkt sind die aggregierten Beihilfeausgaben des Bundes und der 16 Bundesländer für Versorgungsempfänger sowie deren Ehepartner, Kinder und Hinterbliebene.[241] Auf der Mikro-Ebene wird auf geschlechts- und altersspezifische Durchschnittsprofile zurückgegriffen. Leider liegen entsprechende Daten nur für Hessen und Schleswig-Holstein vor.[242] Hessen lieferte durchschnittliche jährliche alters- und geschlechtsspezifische Beihilfekosten je Patient, also bezogen auf aktive Beamte, Versorgungsempfänger und deren Angehörige. Im Fall von Schleswig-Holstein finden in den Ursprungsdaten nur die Beihilfeausgaben von Versorgungsempfängern Berücksichtigung, wobei die Leistungen etwa für Ehefrauen oder Kinder unter dem beihilfeberechtigten Versorgungsempfänger aufgeführt sind. Im Folgenden zeig sich aber, dass die Ergebnisse, die man auf Basis der beiden angeführten Mikro-Datensätze erhält, nur äußerst geringfügig voneinander abweichen. Aufgrund der eingeschränkten Datenlage wird außerdem zu Vergleichszwecken auf das alters- und geschlechtsspezifische Ausgabenprofil der gesetzlichen Krankenversicherung zurückgegriffen.[243,244]

Da nur die Beihilfeausgaben der Versorgungsempfänger und nicht der aktiven Beamten betrachtet werden sollen, die Projektion der Beamtenpopulation sich aber auf die Gesamtheit aller Beamten bezieht, wird das Mikro-Profil entsprechend angepasst. Dies bedeutet, dass das jeweilige Profil die durchschnittlichen alters- und geschlechtsspezifischen Beihilfeausgaben für Versorgungsempfänger, ausgedrückt in Pro-Kopf-Größen der gesamten Beamtenpopulation, ausweist. Formal ermittelt sich dieser Profilwert des Basisjahres b für einen Angehörigen der Geburtskohorte k, indem die durchschnittliche Beihilfeleistung $B_{b,k}$ eines Pensionärs der Kohorte k im Basisjahr b zunächst mit der Anzahl der Pensionäre $M_{b,k}$ in dieser Alterskohorte multipliziert und dann durch die gesamte Kohortenstärke $C_{b,k}$ dividiert wird:

241 Diese Daten liegen aktuell vom Statistischen Bundesamt für das Jahr 2008 vor. Um eine Vergleichbarkeit mit den Pensionen und der Hinterbliebenenversorgung herzustellen, die sich auf das Basisjahr 2009 beziehen, werden die Beihilfeausgaben des Jahres 2008 mit der ermittelten durchschnittlichen historischen Wachstumsrate fortgeschrieben.

242 Der Bund und die übrigen Bundesländer sahen sich auf entsprechende Anfragen hin außer Stande, die Daten zu liefern bzw. lehnten die Lieferung mit dem Hinweis auf den damit verbundenen zu hohen Aufwand oder datenschutzrechtliche Bedenken ab.

243 Vgl. Hagist und Raffelhüschen (2010), S. 36.

244 Der Umstand, dass der heutige Verlauf des Mikro-Beihilfeprofils in Zukunft fortgeschrieben wird, unterstellt, dass die familiären Strukturen der Beamtenpopulation hinsichtlich vorhandener Ehepartner, Kinder und Hinterbliebene unverändert bleiben. Die Beihilfeausgaben dieser Personengruppen fließen implizit als Pro-Kopf-Größe je Beamten ein. Dies führt zu gewissen Ungenauigkeiten, die aber vernachlässigbar sind. Angesichts der Datenlage ist auch keine andere Vorgehensweise möglich.

$$h_{b,k} = \frac{B_{b,k} * M_{b,k}}{C_{b,k}} \qquad (19)$$

$h_{b,k}$ ist damit definiert als durchschnittliche, vom Geschlecht abhängige jährliche Beihilfezahlung im Basisjahr b für einen Versorgungsempfänger der Alterskohorte k, ausgedrückt als Pro-Kopf-Größe aller Beamten der jeweiligen Geburtskohorte.[245]

Die gesamten Beihilfeausgaben des Bundes und jedes Bundeslandes für die Versorgungsempfänger, H_b,müssten den durchschnittlichen alters- und geschlechtsspezifischen Beihilfeleistungen $h_{b,k}$,multipliziert mit der jeweiligen Kohortenstärke $C_{b,k}$entsprechen, wobei D wiederum den Umfang der betrachteten Kohorten darstellt und den Wert 100 annimmt:

$$H_b = \sum_{k=b-D}^{b} h_{b,k}\, C_{b,k} \qquad (20)$$

Wie bereits im Kapitel zur Projektion der Pensionsausgaben erläutert wurde, ist diese Beziehung zwischen Mikro- und Makroebene aber nur in der Theorie erfüllt.[246] Daher erfolgt in einem Zwischenschritt wieder eine Reskalierung der geschlechtsspezifischen Beihilfeprofile. Hierzu wird das Mikro-Beihilfeprofil angepasst und so mit dem vorliegenden Makro-Aggregat der in einem Jahr insgesamt geleisteten Beihilfezahlungen in Einklang gebracht. Zunächst wird hierzu für jedes Geschlecht ein Vektor

$$U_{b,k} = \begin{bmatrix} h_{b,b} \\ . \\ . \\ h_{b,k} \\ . \\ . \\ h_{b,b-D} \end{bmatrix} \qquad (21)$$

gebildet, der aus den durchschnittlichen, der Statistik entnommenen altersspezifischen Pensionszahlungen $h_{b,k}$ eines Angehörigen der Alterskohorte k im Basisjahr b besteht. Zur Reskalierung wird dieser Vektor nun mit einem Skalar μ multipliziert, der sich berechnet, indem das Makro-Aggregat der Beihilfeausgaben dividiert wird durch die Summe der Produkte der Mikro-Pensionsprofile

245 Wie auch schon bei der Projektion der Ruhegehälter wird bei der formalen Darstellung der Methode auf eine geschlechtsspezifische Differenzierung verzichtet.

246 Vgl. S. 114f.

und der jeweiligen Kohortenstärke über alle zwischen dem Basisjahr b und dem Jahr $b - D$ geborenen Kohorten:

$$\mu = \frac{H_b}{\sum_{k=b-D}^{b} h_{b,k} C_{b,k}}. \tag{22}$$

Auf diese Weise wird sichergestellt, dass Gleichung 23 für alle lebenden Alterskohorten $b - D \leq k \leq b$ erfüllt ist und sich somit Mikro- und Makroebene in Einklang befinden:

$$h_{b,k}^{reskal} = \mu h_{b,k}\,. \tag{23}$$

In Abbildung 62 ist das reskalierte alters- und geschlechtsspezifische Beihilfeprofil illustriert. Dieses wird als Pro-Kopf-Größe nun jeweils mit der Wachstumsrate $(1 + z)$ in die Zukunft fortgeschrieben:

$$h_{t,k}^{reskal} = h_{b,b-(t-k)}^{reskal}(1 + z)^{t-b}. \tag{24}$$

Diese Gleichung sagt aus, dass ein im Jahr k $(b - D \leq k \leq b)$ geborener Versorgungsempfänger, der im Jahr t $(t > b)$ damit das Alter $t - k$ hat, im Jahr t Beihilfeleistungen empfängt, die der mit dem jährlichen Wachstumsfaktor z bis zum Jahr t fortgeschriebenen Beihilfeleistung eines Angehörigen der Kohorte $b - (t - k)$ im Basisjahr entspricht. Ein Beispiel soll dies verdeutlichen: Im Jahr 2030 erhält ein Angehöriger der Geburtskohorte 1956, der nun also 74 Jahre alt ist, Beihilfeleistungen, die denen der Alterskohorte 1935 im Basisjahr 2009, die damals 74 Jahre alt war, entspricht, freilich erhöht um die jährliche Dynamisierungsrate z. Diese spiegelt den jährlichen Anstieg der Pro-Kopf-Gesundheitsausgaben, etwa als Folge des medizinisch-technischen Fortschritts im Gesundheitswesen oder der Baumol'schen Kostenkrankheit, wider.

Der Wahl der jährlichen Wachstumsrate kommt eine entscheidende Bedeutung für den ausgewiesenen Barwert der schwebenden Beihilfeverpflichtungen bzw. für den Ausgabenverlauf zu. Die aggregierten Beihilfeleistungen eines Jahres t erhält man nun, indem das auf das betrachtete Jahr t fortgeschriebene, reskalierte alters- und geschlechtsspezifische Mikro-Beihilfeprofil mit der jeweiligen Kohortenstärke $C_{t,k}$ multipliziert und über alle lebenden Kohorten aufsummiert wird:

$$H_t = \sum_{k=b-D}^{b} h_{t,k}^{reskal} C_{t,k}. \qquad (25)$$

Bei der Berechnung der zukünftigen Beihilfeausgaben findet aber keine Differenzierung zwischen einem Bestands- und Zugangsprofil statt, was im Kontext von Gesundheitsausgaben in der Literatur eine übliche Vorgehensweise darstellt. In einem letzten Schritt wird daher nun ausgehend vom Basisjahr b der Barwert sämtlicher im Betrachtungszeitraum anfallender Beihilfeverpflichtungen (BBV) ermittelt. Dabei werden die bis zum Jahr T (2050) auftretende Beihilfezahlungen aufsummiert und jeweils auf das Basisjahr diskontiert:

$$BBV_b = \sum_{t=b}^{T} \sum_{k=b-D}^{b} \frac{h_{t,k}^{reskal}}{(1+r)^{t-b}} C_{t,k}. \qquad (26)$$

Für jede Jahr t des Betrachtungszeitraums wird mittels des reskalierten Mikro-Profils und der Projektion der Beamtenpopulation also zunächst die jeweilige Beihilfezahlung ermittelt, ehe dann eine Diskontierung mit dem Faktor $(1 + r)$ erfolgt. Der Verzicht auf diesen letzten Schritt führt zur jährlichen nominalen Ausgabenentwicklung.

Bei der Betrachtung des reskalierten Profilverlaufs in Abbildung 63 fällt auf, dass die durchschnittlichen Beihilfeausgaben für Versorgungsempfänger, ausgedrückt als Pro-Kopf-Größen der gesamten Beamtenpopulation, unter dem Alter von 55 Jahren nur sehr gering ausfallen. Dies lässt sich durch den Umstand erklären, dass es im Verhältnis zu den aktiven Beamten nur sehr wenige Versorgungsempfänger in diesem Alter gibt. In der Folge kommt es dann zu einem starken Anstieg, der ab dem Alter von 60 Jahren noch einmal deutlich zunimmt. Ab dem Alter von 65 Jahren besteht die Beamtenpopulation nur noch aus Versorgungsempfängern. Aufgrund der zunehmenden Inanspruchnahme von Gesundheitsleistungen, etwa durch das verstärkte Auftreten gewisser Krankheitsbilder oder der Wahrscheinlichkeit, pflegebedürftig zu werden, steigt das Profil weiter an und erreicht im Alter von etwa 85 Jahren bei beiden Geschlechtern seinen Höhepunkt. Die männlichen und weiblichen Profile entwickeln sich bis zum Alter von 80 Jahren recht gleichmäßig und weichen erst danach in zunehmendem Umfang voneinander ab. Nach einem leichten Rückgang stabilisieren sich beide Profile ab dem Alter von jeweils 90 Jahren auf hohem Niveau, wobei die durchschnittlichen Beihilfeausgaben für Männer sichtlich über denen für Frauen liegen.

Abbildung 63: Alters- und geschlechtsspezifische Beihilfeausgaben p.a. in Euro je Versorgungsempfänger, Profil Hessen, reskalierter Verlauf für Gesamtdeutschland

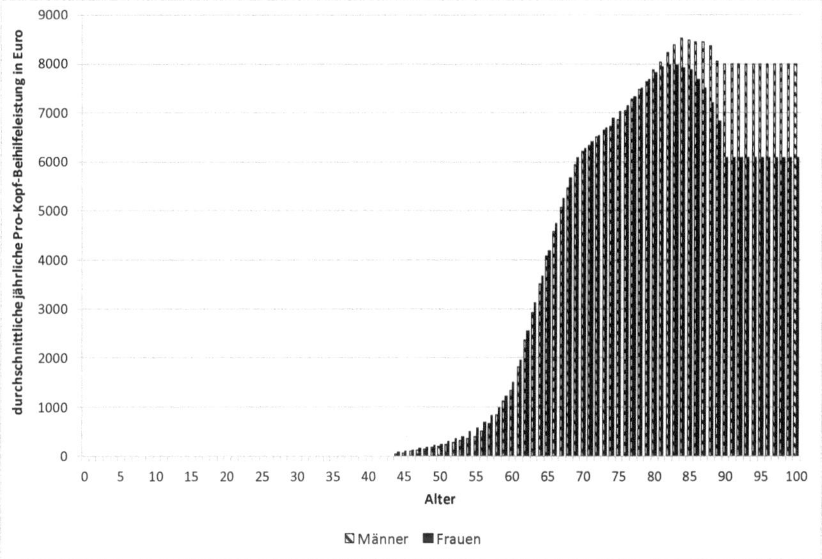

Quelle: Beihilfedaten für Hessen, Regierungspräsidium Kassel

9.3 Projektion der Beihilfeausgaben

Die nachfolgende Projektion der Beihilfeausgaben des Bundes und der Länder basiert im Basisszenario auf einer jährlichen nominalen Wachstumsrate in Höhe von 3,5 Prozent. Diese Annahme liegt unter dem durchschnittlichen tatsächlichen nominalen Wachstum der Beihilfeausgaben je Versorgungsempfänger, das, wie aufgezeigt, auf der Ebene des Bundes zwischen 1995 und 2006 5,6 Prozent pro Jahr betrug. Bei einer Inflationserwartung von jährlich zwei Prozent, dem Zielwert der Europäischen Zentralbank (EZB), bedeutet die Annahme einer nominalen Dynamisierung der Beihilfeleistungen in Höhe von 3,5 Prozent eine reale Wachstumsrate von 1,5 Prozent. Dieser Wert entspricht dem häufig unterstellten jährlichen Trendwachstum des realen Bruttoinlandsproduktes. Die Annahme eines Wachstums analog zum BIP markiert damit eine Untergrenze der zukünftigen Ausgabenentwicklung. Wahrscheinlicher ist aber, dass sich der Kostendruck im Gesundheitswesen fortsetzen wird und damit auch die Beihilfeausgaben mit einer höheren Rate als das BIP zunehmen. Im Szenario mit

Kostendruck wird daher von einer um einen Prozentpunkt höheren nominalen Wachstumsrate von 4,5 Prozent ausgegangen, also 2,5 Prozent in realen Größen.[247] Die jährliche Zunahme, die der Projektion zugrunde liegt, bleibt damit deutlich unter dem empirisch festgestellten Wert. Außerdem wird bei der Projektion der zukünftigen Versorgungsausgaben auf die drei unterschiedlichen, im vorherigen Abschnitt dargestellten Mikro-Beihilfeprofile zurückgegriffen.

Im Szenario ohne Kostendruck erhöhen sich, wie Abbildung 64 zu entnehmen ist, die aggregierten Beihilfeausgaben für Versorgungsempfänger des Bundes und der 16 Bundesländer ausgehend von 3,78 Mrd. Euro bis zum Jahr 2020 je nach betrachteter Variante auf 7,79 Mrd. Euro (Profil Schleswig-Holstein), 7,92 Mrd. Euro (Profil Hessen) bzw. 7,99 Mrd. Euro (Profil GKV). Auffällig ist, dass die Ausgabenverläufe, die auf den hessischen und schleswig-holsteinischen Profilen basieren, äußerst gleichförmig verlaufen. Anfangs gilt dies auch noch für das GKV-Profil, das in der langen Frist dann aber zu höheren Beihilfeausgaben führt. Im Jahr 2025 (2035) müssten bei der Variante „Hessen" 10,1 Mrd. Euro (15,01 Mrd. Euro) aufgewendet werden, unter Verwendung des Profils „Schleswig-Holstein" 10,27 Mrd. Euro (15,17 Mrd. Euro) und im GKV-Szenario 10,45 Mrd. Euro (15,83 Mrd. Euro). Im Jahr 2040 beträgt der Unterschied zwischen den beiden Länderprofilen gerade einmal 80 Mio. Euro: Das hessische Profil ergibt einen Wert von 17,22 Mrd. Euro, das norddeutsche 17,31 Mrd. Euro. Der GKV-Datensatz führt zu Beihilfeausgaben von 18,34 Mrd. Euro. Im Jahr 2050 wären 19,09 Mrd. Euro (Profil „Hessen"), 18,89 Mrd. Euro (Profil „Schleswig-Holstein") bzw. 20,69 Mrd. Euro (Profil „GKV") aufzuwenden.

Damit wird bereits in naher Zukunft ein starker Anstieg der Beihilfeausgaben des Bundes und der 16 Bundesländer auftreten. Im Jahr 2020 (2025) werden die Aufwendungen je nach zugrunde gelegtem Profil zwischen 205 Prozent (266 Prozent) und 211 Prozent (276 Prozent) des 2009er Wertes betragen. In der Folge ist eine weitere deutliche Zunahme zu beobachten: Im Jahr 2035 (2040) schwankt die Projektion zwischen dem 4,0- (4,6-) und 4,2- (4,8-)fachen der Beihilfeausgaben des Basisjahres. Im Jahr 2050 liegt der Faktor zwischen 5,0 und 5,5. Die höheren Werte gehen dabei jeweils auf das GKV-Profil zurück, die niedrigeren Werte stammen jeweils von den beiden Länder-Beihilfeprofilen.

247 Breyer und Ulrich (2000) zeigen für den Zeitraum von 1970 bis 2005, dass die Pro-Kopf-Leistungsausgaben der gesetzlichen Krankenversicherung (GKV) aufgrund des medizinisch-technischen Fortschritts in der GKV um einen Prozentpunkt stärker wachsen als der allgemeine Produktivitätsfortschritt in Form des Pro-Kopf-BIP. Ein noch höheres Wachstumsdifferenzial von 1,7 Prozentpunkten über dem BIP pro Kopf p.a. finden Hagist und Kotlikoff (2005) für Deutschland im Rahmen einer internationalen Vergleichsstudie auf Basis von OECD-Daten von 1970 bis 2002. Eine Übertragung dieser Ergebnisse von der gesetzlichen Krankenversicherung auf den ebenfalls stark regulierten privaten Gesundheitssektor scheint zielführend, da in diesem tendenziell eher weniger Kostendämpfungsmaßnahmen eingeführt wurden als im System der GKV.

Abbildung 64: Projektion der aggregierten Beihilfeausgaben, Szenario ohne Kostendruck

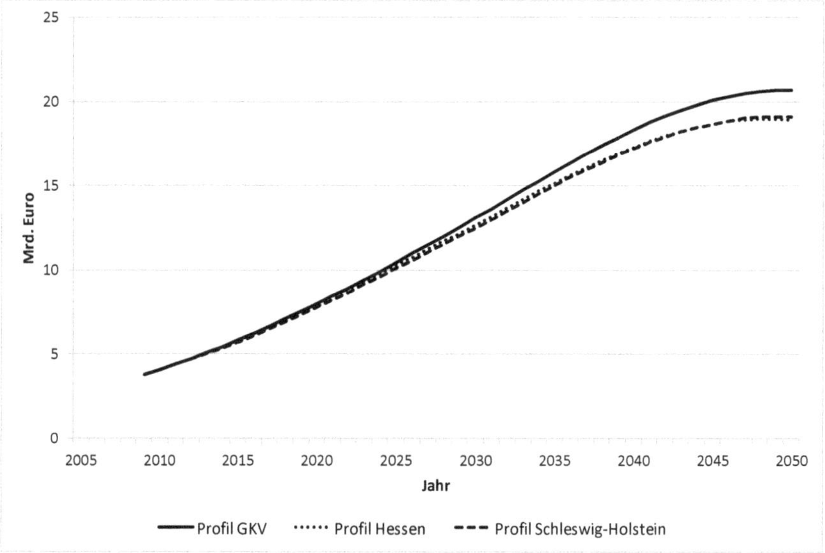

Quelle: Eigene Berechnungen

Geht man davon aus, dass der medizinisch-technische Fortschritt auch in Zukunft zu einem überproportionalen Kostenanstieg im Gesundheitswesen führen wird, kommt bei der Entwicklung der Beihilfeausgaben das Szenario mit Kostendruck zum Tragen. Dieses geht, wie bereits angeführt, davon aus, dass die zugrunde gelegte Wachstumsrate einen Prozentpunkt über dem gesamtwirtschaftlichen Trendwachstum liegt. Angesichts der Entwicklung in der Vergangenheit handelt es sich bei dieser in Abbildung 65 dargestellten Variante um das realistischere Szenario.

Die Beihilfeausgaben von Bund und Ländern für ihre Versorgungsempfänger wachsen demnach ausgehend von 3,78 Mrd. Euro im Jahr 2009 bis zum Jahr 2020 auf 8,65 Mrd. Euro (hessisches Profil), 8,80 Mrd. Euro (schleswig-holsteinisches Profil) bzw. 8,87 Mrd. Euro (GKV-Profil) an. Bis zum Jahr 2025 kommt es sogar zu mehr als einer Verdreifachung: Das Wachstum schwankt zwischen 311 Prozent und 322 Prozent. Die Beihilfeausgaben belaufen sich dann auf 11,77 Mrd. Euro (Profil Hessen), 11,98 Mrd. Euro (Profil Schleswig-Holstein) und 12,19 Mrd. Euro (GKV-Profil). Wiederum verlaufen die beiden Länderprofile sehr gleichförmig, während das GKV-Profil langfristig eine deutlich stärkere Zunahme hervorruft. Im Jahr 2035 (2040) müssen der Bund und

Abbildung 65: Projektion der aggregierten Beihilfeausgaben, Szenario mit Kostendruck

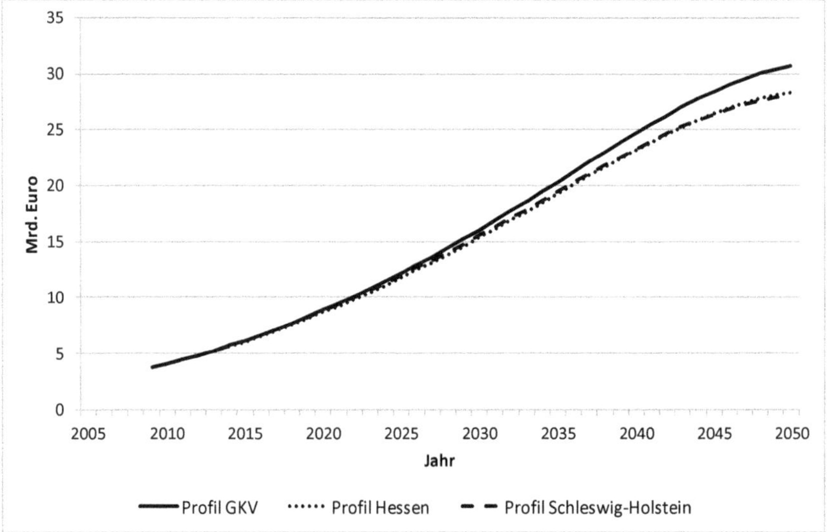

Quelle: Eigene Berechnungen

die Länder bei der hessischen Variante 19,23 Mrd. Euro (23,21 Mrd. Euro) aufwenden, bei Hinzuziehung des Datensatzes von Schleswig-Holstein 19,48 Mrd. Euro (23,32 Mrd. Euro) und im Fall des Ausgabenprofils der Gesetzlichen Krankenversicherung (GKV) 20,33 Mrd. Euro (24,71 Mrd. Euro). Dies entspricht einer Steigerung um das 5,1- (6,1-) bzw. 5,4- (6,5-)fachen gegenüber dem 2009er Ausgangswert. Bis zum Jahr 2050 ist im Szenario mit Kostendruck eine Erhöhung der Beihilfeausgaben für Versorgungsempfänger auf 28,32 Mrd. Euro (Profil „Hessen) bzw. 28,02 Mrd. Euro (Profil „Schleswig-Holstein") zu verzeichnen. Das GKV-Profil ergibt einen Wert von 30,7 Mrd. Euro. Damit haben die Aufwendungen gegenüber dem Basisjahr zwischen 740 Prozent und 811 Prozent zugenommen.

Auch hinsichtlich des Verlaufs der Beihilfeausgaben bestehen deutliche Unterschiede zwischen den alten und neuen Bundesländern, wie Abbildung 66 in indexierter Form verdeutlicht. Da es im Basisjahr 2009 in Ostdeutschland nur relativ wenige Versorgungsempfänger gibt, bewegen sich die Beihilfeausgaben auf niedrigem Niveau. Während in den elf alten Bundesländern 3,30 Mrd. Euro an Beihilfen für Versorgungsempfänger ausgegeben werden, liegt dieser Wert in den neuen Bundesländern gerade einmal bei 43 Mio. Euro. Durch den Eintritt der in den 1990er Jahren verbeamteten Beschäftigten in den Ruhestand ereignet sich dort ein starker Anstieg, freilich ausgehend von einem niedrigen

Level. Im Westen ist ebenfalls eine deutliche Erhöhung zu beobachten, die quantitativ aber darunter bleibt. Im Jahr 2025 (2035) betragen die Beihilfeausgaben der westdeutschen Bundesländer im Szenario mit Kostendruck 315 Prozent (501 Prozent), in den neuen Bundesländern 946 Prozent (2070 Prozent) des Ausgangswertes. Das Maximum liegt bei einer Zunahme von 607 Prozent im Jahr 2050 (West) bzw. 3029 Prozent im Jahr 2049 (Ost) – während in den alten Bundesländern damit langfristig etwa eine Versiebenfachung auftritt, ist in den neuen Bundesländern mehr als eine Verdreißigfachung der Beihilfeausgaben zu verzeichnen.

Abbildung 66: Indexierter Verlauf der Beihilfeausgaben in den alten und neuen Bundesländern

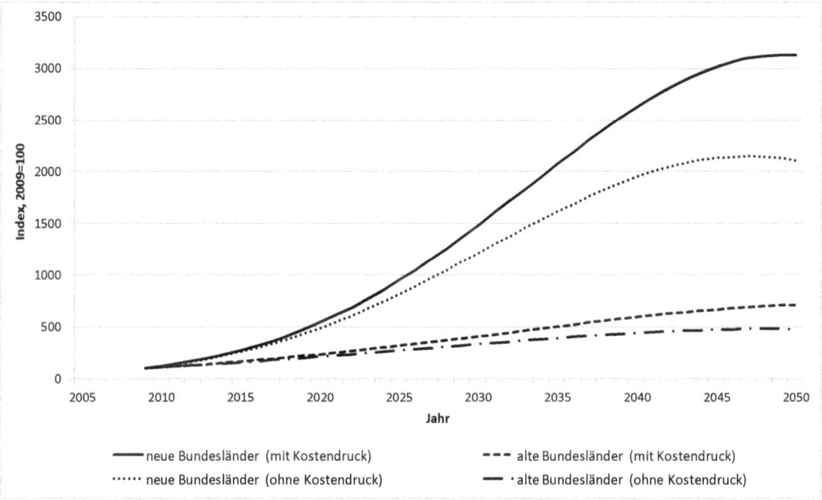

Quelle: Eigene Berechnungen

Auch innerhalb der west- und ostdeutschen Bundesländer weicht die Entwicklung der Beihilfeausgaben voneinander ab, wie Tabelle 20 für das Szenario mit Kostendruck verdeutlicht. In den westdeutschen Flächenstaaten bewegt sich die Zunahme bis zum Jahr 2025 zwischen dem Faktor 3,0 (Nordrhein-Westfalen) und 3,4 (Baden-Württemberg). Danach vergrößern sich die Unterschiede: während Nordrhein-Westfalen im Jahr 2050 einen Indexwert von 632 aufweisen, liegt der Bayerns bei 846. In Bremen und dem Saarland fällt der Anstieg der Beihilfeausgaben, wie auch schon der Ruhegehälter, am geringsten aus. Die Gründe hierfür wurden in Kapitel 8.2 erläutert. Unter den fünf neuen Bundesländern verzeichnet Brandenburg die höchsten Steigerungsraten. Bis zum Jahr 2025 nehmen die Beihilfeausgaben um den Faktor 13 zu, bis 2050 um den Faktor 39,5. In Sachsen-Anhalt fällt der Anstieg am niedrigsten aus. Doch selbst hier kommt es bis 2025 zu einer Zunahme um den Faktor 7 bzw. bis 2050 um den Faktor 22,9 gegenüber dem Wert des Basisjahres 2009. Der Verlauf beim Bund ähnelt wiederum stark dem der westdeutschen Flächenstaaten.

Tabelle 20: Indexierter Verlauf der Beihilfeausgaben beim Bund und den 16 Bundesländern, Szenario mit Kostendruck

Jahr	BW	BY	BE	HB	HH	HE	NI	NW	RP
2009	100	100	100	100	100	100	100	100	100
2015	169	161	167	153	150	161	166	160	166
2020	248	235	246	204	203	231	240	228	243
2025	337	325	346	256	265	310	324	302	332
2030	432	429	465	306	338	394	410	381	426
2040	633	673	682	388	489	569	579	544	632
2050	760	846	742	428	591	672	668	632	770

Jahr	SL	SH	BB	MV	SA	ST	TH	Bund
2009	100	100	100	100	100	100	100	100
2015	147	158	319	258	270	238	271	143
2020	196	223	698	493	539	425	587	194
2025	247	295	1298	833	943	697	1062	263
2030	298	372	2084	1258	1472	1058	1691	356
2040	398	539	3610	2082	2749	1876	2976	593
2050	472	637	3947	2380	3584	2288	3367	766

Quelle: Eigene Berechnungen

Der Barwert der bis zum Jahr 2050 anfallenden Beihilfeausgaben des Bundes und der Länder für ihre Versorgungsempfänger beträgt bei einem Diskontierungszins von drei Prozent im Szenario ohne Kostendruck unter Verwendung des schleswig-holsteinischen Profils 251,9 Mrd. Euro. Das hessische Beihilfeprofil ergibt, wie in Abbildung 67 dargestellt, 254,2 Mrd. Euro, während das Ausgabenprofil der gesetzlichen Krankenversicherung zu einem Wert von 263,7 Mrd. Euro führt. Dies entspricht 10,2 Prozent, 10,3 Prozent. bzw. 10,7 Prozent des gesamtdeutschen Bruttoinlandsproduktes des Jahres 2009. Auf die neuen Bundesländer entfallen Barwerte von 8,3 Mrd. Euro (Profil Schleswig-Holstein), 8,4 Mrd. Euro (Profil Hessen) und 9,7 Mrd. Euro (Profil GKV). Dies entspricht einem Anteil an den gesamten Beihilfeverpflichtungen in Höhe von 3,3 Prozent (Profil Schleswig-Holstein), 3,4 Prozent (Profil Hessen) bzw. 3,7 Prozent (Profil GKV).

Unter dem Szenario mit Kostendruck errechnet sich ein Barwert der schwebenden Beihilfeverpflichtungen für Versorgungsempfänger in Höhe von 312,8 Mrd. Euro (Profil Schleswig-Holstein), 315,6 Mrd. Euro (Profil Hessen) und 328,4 Mrd. Euro (Profil GKV). Ausgedrückt in der Wirtschaftsleistung des Jahres

2009 entspricht dies Anteilen von 12,7 Prozent, 12,8 Prozent und 13,3 Prozent. Der Anteil der neuen Bundesländer am Barwert der Beihilfeausgaben liegt in diesem Szenario bei 11,7 Mrd. Euro (Profil Schleswig-Holstein), 12,2 Mrd. Euro (Profil Hessen) und 13,7 Mrd. Euro (Profil GKV).
Wiederum wird deutlich, dass die Mikro-Beihilfeprofile von Schleswig-Holstein und Hessen weitgehend übereinstimmende Werte ergeben. Die Abweichung liegt bei der aggregierten Barwertbetrachtung unter einem Prozent. Das GKV-Profil führt zu einem höheren Barwert, der zwischen 3,7 Prozent und 4,7 Prozent (Szenario ohne Kostendruck) bzw. zwischen 4 Prozent und 5 Prozent (Szenario mit Kostendruck) über den beiden anderen Varianten liegt.

Abbildung 67: Barwerte der aggregierten Beihilfeausgaben des Bundes und der 16 Bundesländer, r=3 Prozent

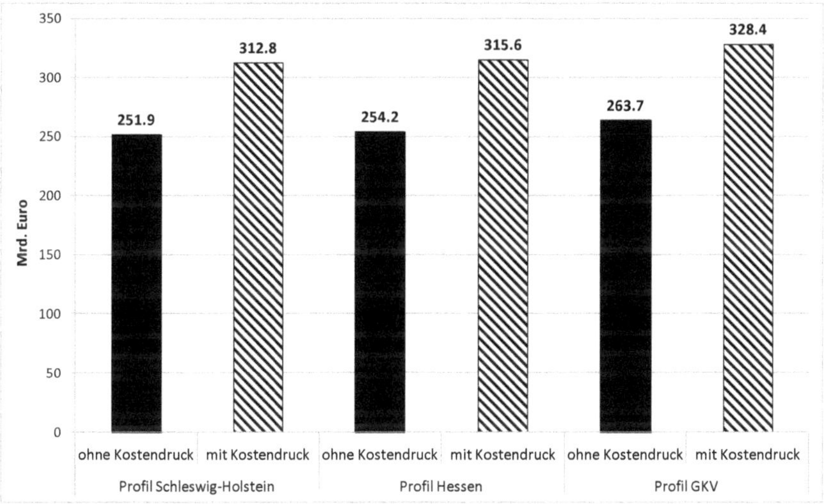

Quelle: Eigene Berechnungen

Der Blick auf die Ebene des Bundes und der Bundesländer in den Abbildungen 68 und 69 zeigt, dass Nordrhein-Westfalen mit Werten zwischen 54,8 Mrd. Euro und 57,3 Mrd. Euro (Szenario ohne Kostendruck) bzw. 67,6 Mrd. Euro und 70,9 Mrd. Euro (Szenario mit Kostendruck) absolut die höchsten schwebenden Beihilfeverpflichtungen aufweist, gefolgt von Bayern, Baden-Württemberg und dem Bund. Auf den weiteren Plätzen folgen mit Niedersachsen und Hessen zwei Flächenländer. Die niedrigsten Barwerte ergeben sich für die fünf neuen Bundesländer, Bremen und das Saarland mit Beihilfeverpflichtungen zwischen 1,0 Mrd. Euro und 3,1 Mrd. Euro (Szenario ohne Kostendruck) bzw. 1,3 Mrd. Euro und 3,9 Mrd. Euro (Szenario mit Kostendruck).

Abbildung 68: Barwerte der Beihilfeverpflichtungen von Bund und Ländern, Szenario ohne Kostendruck, r=3 Prozent

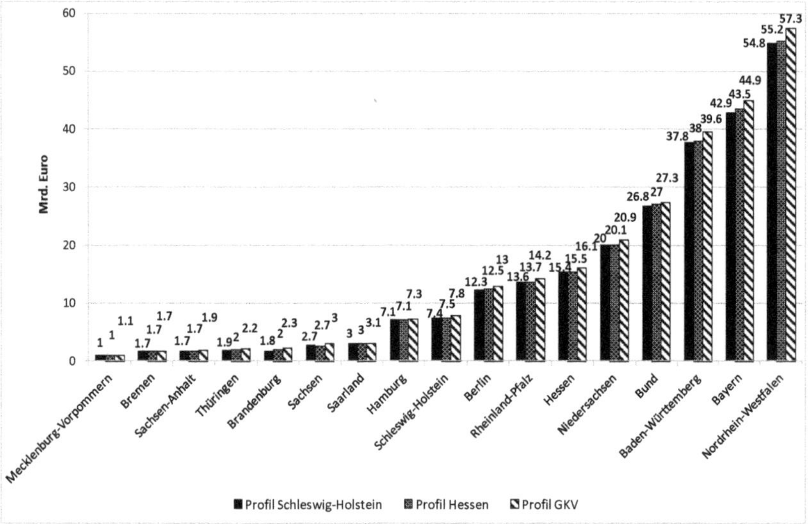

Quelle: Eigene Berechnungen

Abbildung 69: Barwerte der Beihilfeverpflichtungen von Bund und Ländern, Szenario mit Kostendruck, r=3 Prozent

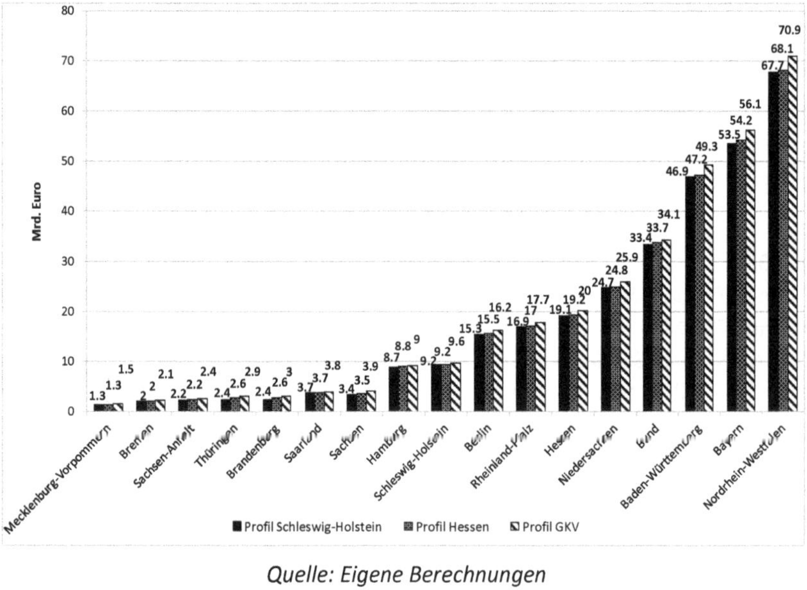

Quelle: Eigene Berechnungen

In Abbildung 70 werden die schwebenden Beihilfeverpflichtungen der 16 Bundesländer in Relation zum jeweiligen Bruttoinlandsprodukt des Jahres 2009 gesetzt. Zur Illustration wird auf die Variante zurückgegriffen, die auf dem hessischen Beihilfeprofil basiert. Die größte relative Belastung weist Berlin mit BIP-Anteilen von 13,9 Prozent (Szenario ohne Kostendruck) bzw. 17,2 Prozent (Szenario mit Kostendruck) auf. Es folgen Rheinland-Pfalz (13,4 Prozent bzw. 16,6 Prozent) sowie die Flächenstaaten Baden-Württemberg (11,1 Prozent bzw. 13,7 Prozent), Nordrhein-Westfalen (10,6 Prozent bzw. 13,1 Prozent), das Saarland (10,4 Prozent bzw. 12,8 Prozent) und Bayern (10,1 Prozent bzw. 12,6 Prozent). Die geringsten Anteile des Barwertes der Beihilfeverpflichtungen an der Wirtschaftsleistung weisen die fünf neuen Bundesländer auf. Schlusslicht ist Mecklenburg-Vorpommern, das auch die zweitniedrigste Beamtenintensität der neuen Bundesländer aufweist, mit 2,8 Prozent (Szenario ohne Kostendruck) und 3,7 Prozent (Szenario mit Kostendruck) der 2009er Wirtschaftsleistung. Den höchsten Wert hat in der Gruppe Thüringen mit 4,1 Prozent bzw. 5,3 Prozent.

Abbildung 70: Barwerte der Beihilfeverpflichtungen als BIP-Anteil

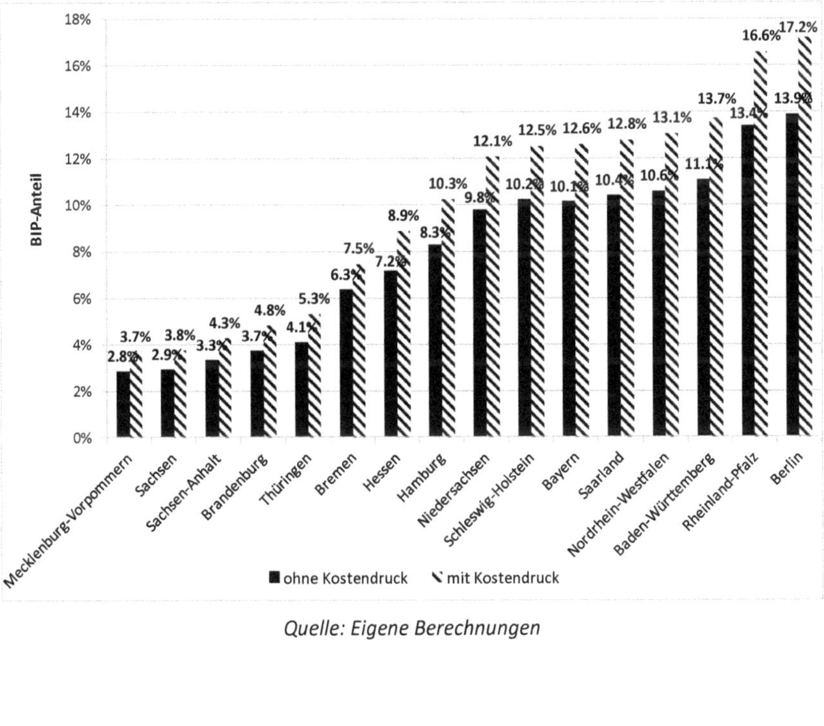

Quelle: Eigene Berechnungen

9.4 Sensitivitätsanalyse

Der zukünftige Verlauf der aggregierten Beihilfeausgaben des Bundes und der 16 Bundesländer für Versorgungsempfänger hängt entscheidend von der Wahl der jährlichen nominalen Wachstumsrate der Beihilfeausgaben pro Versorgungsempfänger ab. Die Basisszenarien ohne bzw. mit Kostendruck gingen von Werten von 3,5 Prozent bzw. 4,5 Prozent pro Jahr aus.
Abbildung 71 zeigt, ausgehend vom hessischen Beihilfeprofil und für das Szenario ohne Kostendruck, dass die jährlichen Aufwendungen deutlich zunehmen werden, wenn sich die Wachstumsraten auf 5,5 Prozent oder gar 6,5 Prozent erhöhten. Im ersten Fall käme es bis 2050 zu einem langfristigen Anstieg der Beihilfeausgaben auf über 40 Mrd. Euro, bei der zweiten Variante würde sogar die Grenze von 60 Mrd. Euro überschritten. Unter der Annahme eines jährlichen Wachstums von 2,5 Prozent wäre bis 2044 eine Erhöhung auf bis zu 12,7 Mrd. Euro zu beobachten, danach käme es bis 2050 zu einem leichten Rückgang auf 12,1 Mrd. Euro. Selbst unter dem unrealistischen Szenario eines jährlichen nominalen Wachstums von 1,5 Prozent würden die Ausgaben bis 2041 auf 9,5 Mrd. Euro zunehmen und damit um den Faktor 2,5 über dem Ausgangsniveau liegen. Aufgrund der demographischen Struktur der deutschen Beamtenpopulation ist damit, unabhängig von der Wachstumsrate, ein deutlicher Anstieg der Beihilfeausgaben absehbar. Käme das Szenario mit Kostendruck zum Tragen, würden die Ausgabenverläufe für zugrunde liegende Wachstumsrate entsprechend oberhalb den in Abbildung 71 dargestellten liegen.
Bereits bei der Sensitivitätsanalyse der Ruhegehaltsausgaben wurde deutlich, dass neben der Wahl der jährlichen Wachstumsrate bei der Berechnung der Barwerte der schwebenden Zahlungsverpflichtung auch die Höhe des Diskontierungszinssatzes eine wichtige Rolle spielt. Dem Basisszenario liegt ein nominaler Wert von drei Prozent zugrunde. Die Abbildungen 72 und 73 zeigen, sowohl für die Variante ohne als auch für die Variante mit Kostendruck, wie sich der Barwert der bis zum Jahr 2050 anfallenden Beihilfeausgaben unter alternativen Diskontierungszinssätzen verändert. Grundsätzlich gilt dabei wiederum, dass ceteris paribus der Barwert steigt (sinkt), wenn ein niedrigerer (höherer) Zinssatz gewählt wird. Selbst unter einer unrealistisch hohen Diskontierungsrate von sechs Prozent liegt der Barwert der Beihilfeausgaben noch zwischen 142 Mrd. Euro und 147,4 Mrd. Euro im Szenario ohne Kostendruck bzw. zwischen 170,1 Mrd. Euro und 177 Mrd. Euro im Szenario mit Kostendruck.

Abbildung 71: Wachstumssensitivität der aggregierten Beihilfeausgaben von Bund und Ländern (Profil Hessen)

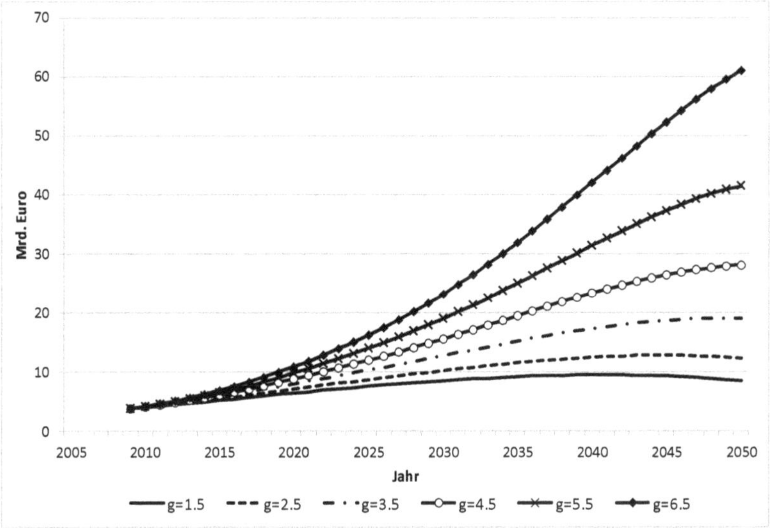

Quelle: Eigene Berechnungen

Abbildung 72: Zinssensitivität der aggregierten Beihilfeausgaben, Szenario ohne Kostendruck, r=3 Prozent

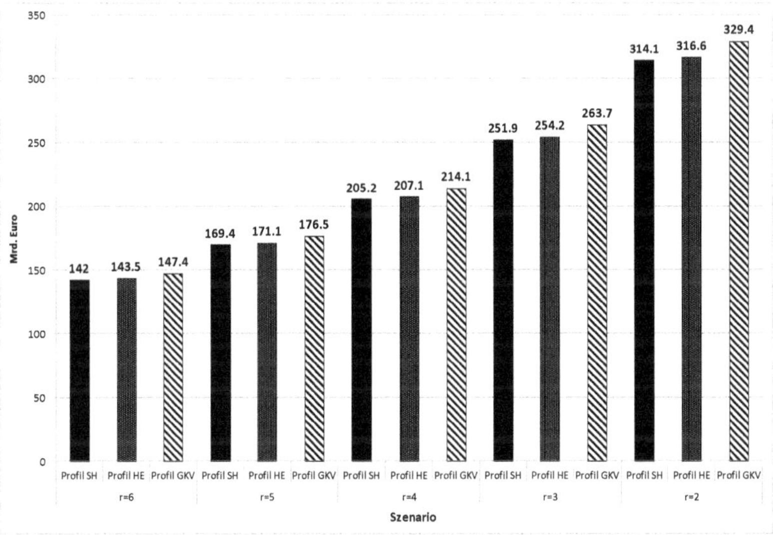

Quelle: Eigene Berechnungen

Abbildung 73: Zinssensitivität der aggregierten Beihilfeausgaben, Szenario mit Kostendruck, r=3 Prozent

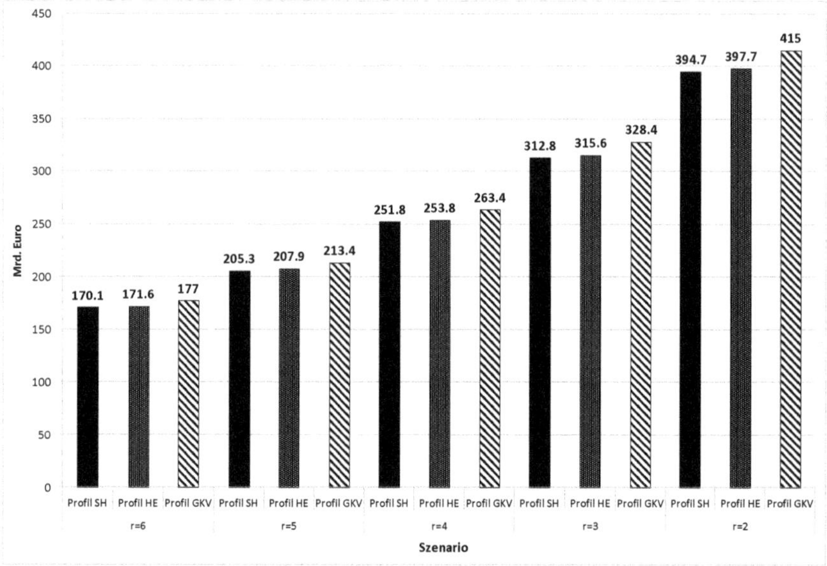

Quelle: Eigene Berechnungen

Das Basisszenario der Projektion der Beamtenpopulation legte einen Anstieg der Lebenserwartung bis zum Jahr 2050 zugrunde: bei Männern von 78,3 Jahren auf 83,5 Jahre, bei Frauen von 83,2 Jahren auf 88 Jahre. Die zukünftige Entwicklung der Beihilfeausgaben hängt von Annahmen bezüglich der Lebenserwartung ab. Um das Ausmaß zu illustrieren, wird zunächst ein Szenario geschaffen, bei dem die Lebenserwartung bis 2050 konstant bleibt und auf dem Niveau des Jahres 2009 verharrt. Die untere Linie in Abbildung 74 verdeutlicht, ausgehend vom hessischen Beihilfeprofil, für die Variante ohne Kostendruck, dass sich der Anstieg der jährlichen Beihilfeausgaben verringern würde. Das Maximum würde im Jahr 2045 mit einem Wert von 17,6 Mrd. Euro erreicht, danach käme es zu einem leichten Rückgang auf 17,1 Mrd. Euro. Bei der Variante mit Kostendruck würden die Aufwendungen, wie Abbildung 75 zeigt, auf bis zu 22,7 Mrd. Euro wachsen.

Legt man dagegen für Männer eine ferne Lebenserwartung von 86 Jahren und für Frauen von 90 Jahren zugrunde, was einem im Vergleich zum Basisszenario höheren Anstieg der Lebenserwartung entspricht, ist ein stärkeres Wachstum der Beihilfeausgaben zu beobachten. Die obere Linie zeigt, dass es dann zu einem Anstieg auf bis zu 20,7 Mrd. Euro (ohne Kostendruck) bzw. 30,7 Mrd. Euro (mit Kostendruck) kommt.

Abbildung 74: Beihilfeausgaben in Abhängigkeit der Lebenserwartung (ohne Kostendruck, Profil Hessen)

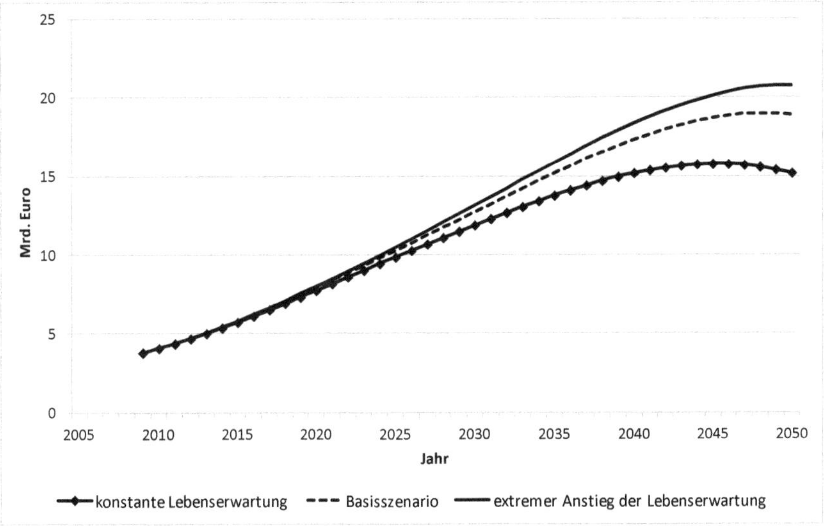

Quelle: Eigene Berechnungen

Abbildung 75: Beihilfeausgaben in Abhänigkeit der Lebenserwartung (mit Kostendruck, Profil Hessen)

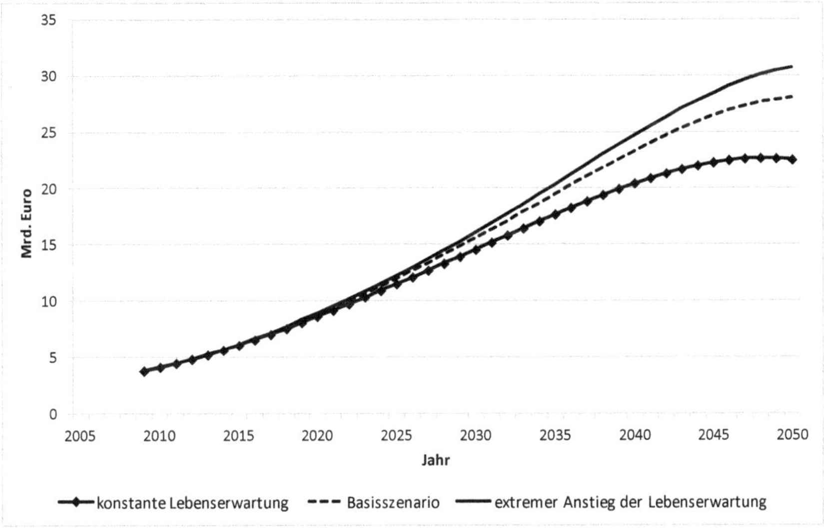

Quelle: Eigene Berechnungen

Im Szenario ohne Kostendruck verringert sich der Barwert der schwebenden Beihilfeverpflichtungen von 254,2 Mrd. Euro auf 233,8 Mrd. Euro, wenn eine konstante Lebenserwartung zugrunde gelegt wird (vgl. Abbildung 76). Bei einer starken Zunahme der Lebenserwartung erhöht sich der Barwert auf 263,9 Mrd. Euro. Entsprechend sehen die Veränderungen im Szenario mit Kostendruck aus: Im Falle konstanter Lebenserwartung sinkt der Barwert der bis zum Jahr 2050 anfallenden Beihilfeausgaben von 315,6 Mrd. Euro auf 288,1 Mrd. Euro. Erhöht sich die ferne Lebenserwartung dagegen in extremer Weise, sind schwebenden Beihilfeverpflichtungen in einem Umfang von 328,4 Mrd. Euro zu verzeichnen.

Abbildung 76: Barwert der Beihilfeausgaben in Abhängigkeit der Lebenserwartung (Profil Hessen)

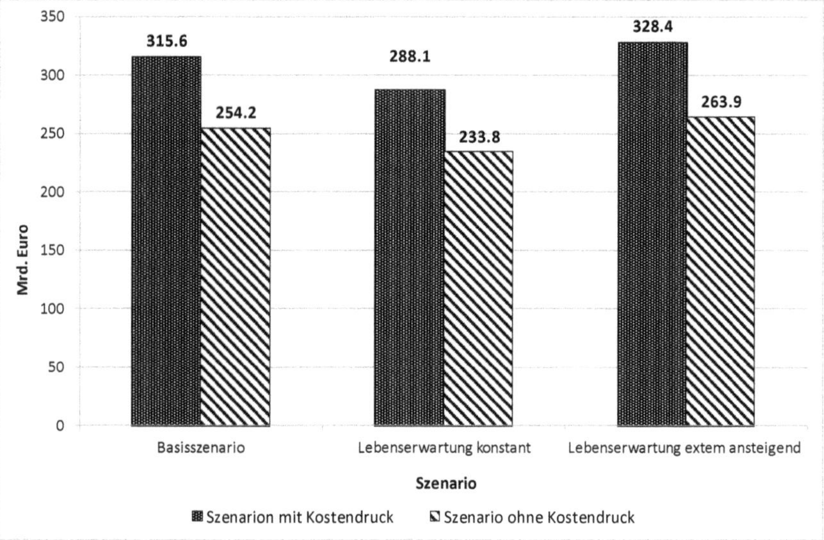

Quelle: Eigene Berechnungen

10. Entwicklung der Ausgaben für Hinterbliebenenversorgung

10.1 Versorgungsausgaben für Witwen und Witwer

Die Versorgungsleistungen, die Witwen und Witwer im Falle des Ablebens eines Beamten erhalten, wurden bereits ausführlich in Abschnitt 2.2 beschrieben. Ausgehend von dem geschlechts- und altersspezifischen Aufbau des derzeitigen Bestands an Witwen und Witwern und der Beamtenpopulation soll nun eine Projektion der zukünftigen Versorgungsausgaben für Witwen und Witwer durchgeführt werden.

10.1.1 Anzahl der Witwen und Witwer im Status quo

Insgesamt gab es im Basisjahr 2009 beim Bund und den 16 Bundesländern rund 174.700 Empfänger von Witwen- bzw. Witwerleistungen. Davon sind 164.800 Frauen und rund 9.900 Männer. Dieser deutliche Unterschied lässt sich zum einen mit der höheren Lebenserwartung von Frauen erklären, aber auch damit, dass der Ehemann im statistischen Durchschnitt einige Jahre älter ist als seine Ehefrau. Außerdem verfügen Witwer häufiger als Witwen über eine Rentenanwartschaft aufgrund eigener Erwerbstätigkeit, die, zumindest zum Teil, mit dem abgeleiteten Versorgungsanspruch verrechnet wird. Die altersspezifische Betrachtung zeigt, dass ab dem 75. Lebensjahr ein deutlicher Anstieg der Empfängerinnen von Witwenpensionen auftritt (vgl. Abbildung 77). Das Maximum wird bei den Witwen in der Altersklasse von 84 Jahren mit knapp über 7.000 Empfängerinnen erreicht. In der Folge nehmen die Empfängerzahlen dann wieder stark ab. Insgesamt nur rund 1.800 Witwen und 300 Witwer entfallen auf die neuen Bundesländer. Dies lässt sich damit erklären, dass in der ehemaligen DDR, wie bereits erläutert, der Status des Berufsbeamten nicht existierte. Erst nach der Wiedervereinigung wurden ab 1990 wieder Verbeamtungen in den fünf neuen Bundesländern durchgeführt. Bis heute ist daher der Versorgungsfall in nur recht wenigen Fällen eingetreten, entsprechend niedrig fällt in Brandenburg, Thüringen, Sachsen, Sachsen-Anhalt und Brandenburg dann auch die Anzahl der Bezieher von Hinterbliebenenversorgung aus.

Abbildung 77: Altersaufbau der Bezieher von Hinterbliebenenversorgung: Witwen und Witwer

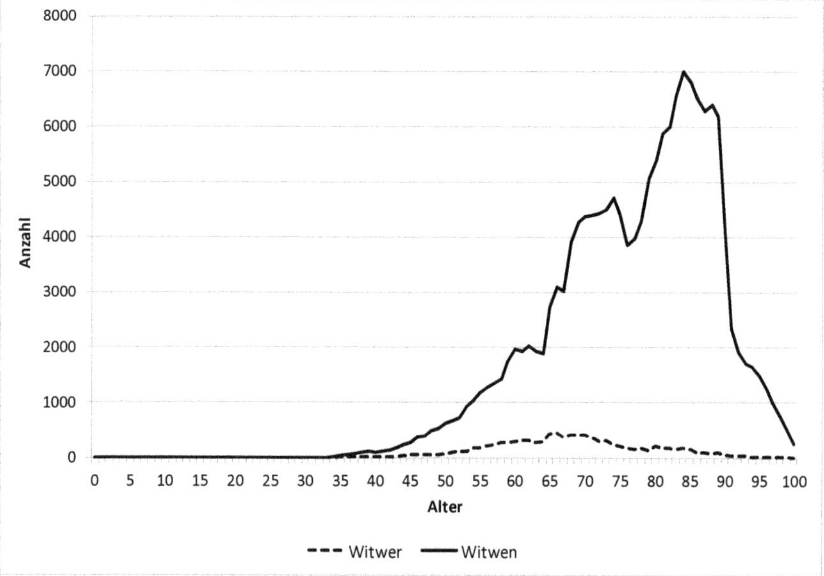

Quelle Statistisches Bundesamt

10.1.2 Methodik für die Berechnung der Versorgungsverpflichtungen gegenüber Witwen und Witwer

Für die Projektion des zukünftigen Verlaufs der Witwen- und Witwerpensionen kann die bei den Beihilfeleistungen angewandte Methode zwar grundsätzlich beibehalten werden, jedoch sind an einigen Stellen Modifikationen erforderlich. Vom Statistischen Bundesamt steht für den Bund und jedes Bundesland der alters- und geschlechtsspezifische Aufbau der Witwen- bzw. Witwerpopulation zur Verfügung. Daneben sind wiederum jeweils die Ausgaben im Aggregat sowie Mikroprofile der durchschnittlichen alters- und geschlechtsspezifischen Witwen- bzw. Witwerpensionen vorhanden. Als problematisch erweist sich bei der Projektion der Witwen- und Witwerpopulation die Modellierung der zukünftigen Zugänge. Dahinter verbirgt sich die Frage, wie sich die Entwicklung der Beamtenpopulation, wie sie in Kapitel 6 dargestellt wurde, auf die zukünftigen Empfängerzahlen der Hinterbliebenenversorgung auswirkt. Daten über den familiären Status der Beamten, also ob sie verheiratet sind und falls ja, wie groß der Altersabstand zu dem Ehepartner ist, liegen nicht vor.

Um dieses Problem zu lösen und nicht auf eine Modellierung zurückgreifen zu müssen, die allzu sehr auf bestimmten Annahmen beruht, wurde folgende Vorgehensweise gewählt: Mit Hilfe eines sich im Zeitablauf verändernden, alters- und geschlechtsspezifischen Vektors wird im Basisjahr zunächst die Beamtenpopulation auf die Hinterbliebenenpopulation überführt. Es wird mithin ein formaler Zusammenhang zwischen der Anzahl der Beamten eines bestimmten Alters und den Witwen der jeweiligen Altersgruppe hergestellt. Dieser Übergangsvektor w^{Witwen} lässt sich für das Basisjahr b für die Witwenpopulation berechnen, indem aus der Witwen- und Beamtenpopulation für jede Geburtskohorte k mit $b - D \leq k \leq b$ die Anzahl der Witwen jeweils durch die Anzahl der männlichen Beamten in demselben Alter dividiert wird. D bezeichnet dabei wieder die Anzahl der betrachteten Kohorten und nimmt im vorliegenden Fall den Wert 100 an. Formal:

$$w_{b,k}^{Witwen} = \begin{bmatrix} \dfrac{Witwen_{b,b}}{männl.Beamte_{b,b}} \\ \vdots \\ \dfrac{Witwen_{b,k_h}}{männl.Beamte_{b,k}} \\ \vdots \\ \dfrac{Witwen_{b,b-D}}{männl.Beamte_{b,b-D}} \end{bmatrix} \tag{27}$$

Entsprechend gilt für den Übergangsvektor w^{Witwer}, der für das Basisjahr einen Zusammenhang zwischen den Beamtinnen und den männlichen Witwern mit demselben Alter herstellt:

$$w_{b,k}^{Witwer} = \begin{bmatrix} \dfrac{Witwer_{b,b}}{weibl.Beamte_{b,b}} \\ \vdots \\ \dfrac{Witwer_{b,k}}{weibl.Beamte_{b,k}} \\ \vdots \\ \dfrac{Witwer_{b,b-D}}{weibl.Beamte_{b,b-D}} \end{bmatrix} \tag{28}$$

Dahinter steckt das Kalkül, dass es einen direkten Zusammenhang gibt zwischen der Anzahl der vorhandenen Beamten und den von ihnen abgeleiteten Ansprüchen der Hinterbliebenenversorgung. Der Vektor wird so gewählt, dass er für das Basisjahr die Population der männlichen (weiblichen) Beamten über-

führt in die Population der Witwen (Witwer). In Abbildung 78 wird er für alle deutschen Beamten dargestellt durch die obere (untere) Linie. Beispielsweise kommen demnach auf einen 85-jährigen Pensionär statistisch betrachtet 1,15 Witwen mit demselben Alter. Durch den bestehenden Altersabstand zwischen dem (meist älteren) Ehemann[248], die höhere Lebenserwartung von Frauen sowie die niedrigere Erwerbsbeteiligung der Frauen lässt sich erklären, dass der Übergangsvektor für Witwen deutlich über dem der Witwer liegt.
Der Vektor wird über den Zeitablauf nun aber nicht konstant gehalten, sondern variiert. Dahinter steckt die Überlegung, dass als Folge steigender Frauenerwerbsquoten und sich verändernder Familienstrukturen tendenziell weniger Angehörige Anspruch auf eine Witwen- bzw. Witwerpension haben. Außerdem wirkt sich eine steigende Lebenserwartung, wie im demographischen Basisszenario dieser Studie unterstellt, dämpfend auf die Entwicklung der Hinterbliebenenversorgung aus. Daher wird der Übergangsvektor zwischen 2009 und 2050 modifiziert. Die einzelnen Elemente des Vektors, der die Witwerpopulation aus der Menge der weiblichen Beamten abbildet, verringern sich im Basisszenario jährlich um 0,15 Prozent. Anders ausgedrückt sinkt die Übergangswahrscheinlichkeit. Letztere berechnet sich in jedem Jahr t mit $t \geq b$ für jede Geburtskohorte k mit $b - D \leq k \leq b$ folgendermaßen:

$$w_{t,k}^{Witwer} = w_{b,k}^{Witwer} \times 0{,}9985^{t-b} \tag{29}$$

Diese Variation trägt der steigenden Lebenserwartung der Frauen Rechnung. Bei dieser Variante wird von weiteren Einflüssen abstrahiert, da Ehemänner von Beamtinnen, wie Männer im Allgemeinen, eine sehr hohe Erwerbsquote aufweisen und damit eigene Renten- oder Versorgungsansprüche besitzen. Die einzelnen Werte des Vektors, der die Anzahl der Witwen an die Entwicklung der männlichen Beamten koppelt, gehen dagegen annahmegemäß in jedem Jahr jeweils um 0,75 Prozent zurück, wovon 0,15 Prozentpunkte wiederum der steigenden Lebenserwartung der (Ehe-)Männer geschuldet sind. Denn wenn diese länger leben, muss sich ceteris paribus der Vektor verringern. 0,6 Prozentpunkte basieren auf Veränderungen hinsichtlich Frauen-Erwerbsquoten und Familienstrukturen. Als Folge davon haben immer mehr Witwen einen eigenen Rentenanspruch, durch den die Witwenpension sinkt oder sogar ganz entfällt. Eine größer werdende Anzahl an Single-Haushalten führt ebenfalls zu einer geringeren Wahrscheinlichkeit eines Anspruchs auf Hinterbliebenenversorgung. Es gilt also entsprechend:

248 Bei deutschen Ehepaaren ist der Ehemann im Durchschnitt 3,9 Jahre älter als die Ehefrau. Vgl. Statistisches Bundesamt (2010b).

$$w_{t,k}^{Witwen} = w_{b,k}^{Witwen} \times 0{,}9925^{t-b} \qquad (30)$$

In Abbildung 78 sind die Übergangsvektoren und ihre Veränderung im zeitlichen Verlauf am Beispiel des Bundes dargestellt. Die Verschiebung sorgt dafür, dass, um das vorherige Beispiel aufzugreifen, im Jahr 2050 auf einen dann 85-jährigen Beamten im statistischen Durchschnitt nur noch 0,82 Witwen kommen.

Abbildung 78: Übergangsvektoren im Zeitablauf am Beispiel des Bundes

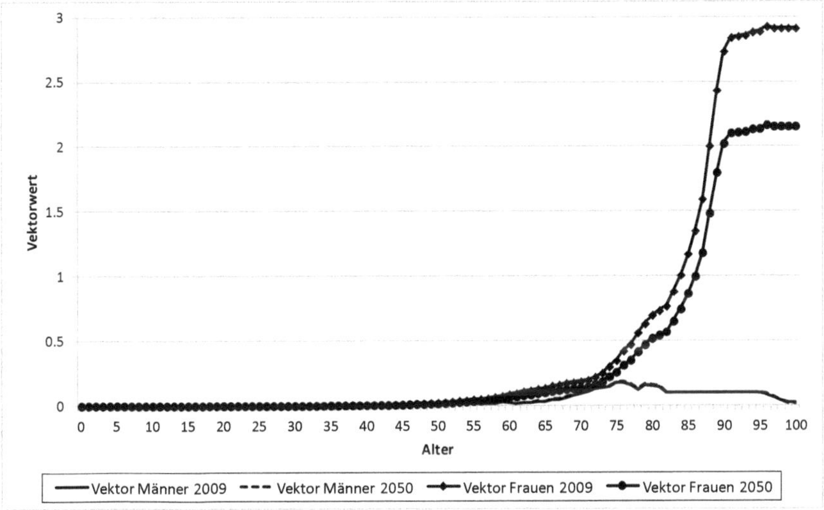

Quelle: Eigene Berechnungen

Mit Hilfe des Vektors wird nun für jedes Jahr ausgehend von der gesamten Beamtenpopulation eine Subpopulation „Witwen und Witwer" abgeleitet. Die Anzahl der Witwer $W_{t,k}^{Witwer}$ der Geburtskohorte k im Jahr t wird berechnet, indem die altersspezifische Übergangswahrscheinlichke $w_{t,k}^{Witwer}$ mit der Anzahl der weiblichen Beamtinnen der Geburtskohorte k, $C_{t,k}^{Beamtinnen}$, jeweils wiederum um Jahr t multipliziert wird:

$$W_{t,k}^{Witwer} = w_{t,k}^{Witwer} * C_{t,k}^{Beamtinnen} \qquad (31)$$

Dies wird in jedem Jahr t für alle lebenden Kohorten $b - D \leq k \leq b$ durchgeführt. Entsprechend gilt für die Anzahl der Witwen $W_{t,k}^{Witwen}$:

$$W_{t,k}^{Witwen} = w_{t,k}^{Witwen} * C_{t,k}^{Beamte} \quad (32)$$

Das Mikro-Profil der Versorgungsleistungen für Witwen und Witwer wird nun gemäß der Gleichungen 21-23 aus Kapitel 9 reskaliert, so dass es mit der Makro-Aggregat in Einklang ist. $l_{b,k}^{reskal}$ gibt damit die durchschnittliche Versorgungsleistung im Basisjahr b nach der Reskalierung für einen Angehörigen der Geburtskohorte k an. In Abbildung 79 wird der Profilverlauf am Beispiel des Bundes illustriert. Im Unterschied zur Berechnung der Ruhegehälter und Beihilfe gibt es nun nicht den Pro-Kopf-Wert je Beamten, sondern den Pro-Kopf-Wert je Witwe bzw. Witwer an. Das reskalierte Mikro-Profil wird geschlechtsspezifisch nun für jedes Jahr t gemäß Gleichung 33 fortgeschrieben:

$$l_{t,k}^{reskal} = l_{b,b-(t-k)}^{reskal}(1+g)^{t-b}. \quad (33)$$

Dahinter steckt wiederum folgende Intuition: Eine im Jahr 2030 74-jährige Witwe erhält eine Witwenpension, die der einer Witwe mit gleichem Alter im Basisjahr 2009 entspricht, allerding fortgeschrieben mit der jährlichen Wachstumsrate g der Ruhegehälter. Letztere wird auch auf die Hinterbliebenenversorgung übertragen.

Abbildung 79: Reskaliertes Profil der Versorgungsausgaben für Witwen und Witwer des Bundes

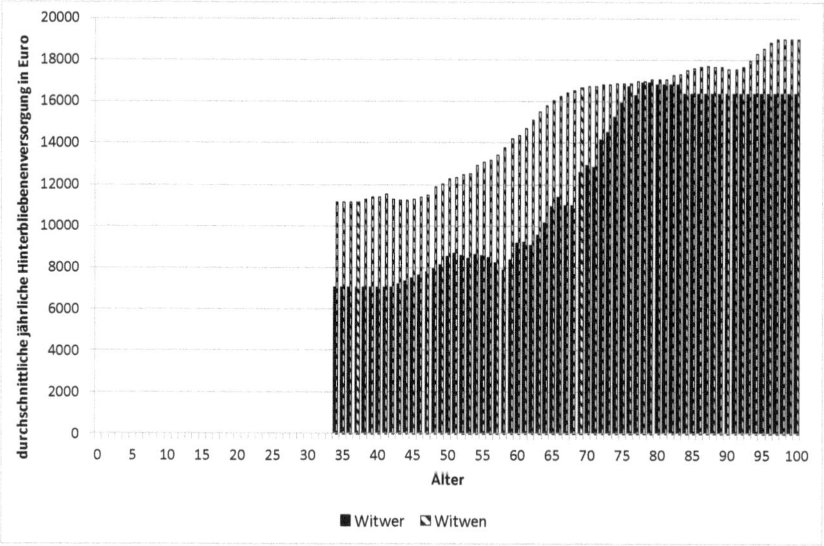

Quelle Statistisches Bundesamt, eigene Berechnungen

Die Versorgungsausgaben für Witwen und Witwer im Jahr t lassen sich berechnen, indem das fortgeschriebene, reskalierte Mikroprofil einer Geburtskohorte k mit der Kohortengröße multipliziert und dann die Summe über alle Kohorten $b - D \leq k \leq b$ gebildet wird. Gleichung 34 verdeutlicht die Berechnung der Versorgungsausgaben L_t. Auf eine geschlechtsspezifische Darstellung wird im Folgenden wieder verzichtet[249]:

$$L_t = \sum_{k=b-D}^{b} l_{t,k}^{reskal} W_{t,k} \tag{34}$$

Um den Barwert für die Hinterbliebenenversorgung zu finden, werden für den gesamten Betrachtungszeitraum bis zum Jahr 2050 (T) die für jedes Jahr t berechneten Ausgaben auf das Basisjahr b diskontiert und dann aufsummiert. Gleichung 35 zeigt die Berechnung des Barwertes der Versorgungsausgaben:

$$BWV_b = \sum_{t=b}^{T} \sum_{k=b-D}^{b} \frac{l_{t,k}^{reskal}}{(1+r)^{t-b}} W_{t,k}. \tag{35}$$

10.1.3 Entwicklung der Hinterbliebenenpopulation

Die Anzahl der Empfänger von Witwen- bzw. Witwerpensionen wird sich ausgehend von 175.800 im Basisjahr 2009 bis zum Jahr 2034 auf 303.000 erhöhen. Dies entspricht einer Zunahme um 72,4 Prozent. In der Folge kommt es bis 2038 zu einer gewissen Stabilisierung auf dem Niveau von über 300.000, ehe danach bis zum Jahr 2050 ein Rückgang auf dann ca. 250.000 folgt (vgl. Abbildung 80). Diese Entwicklung lässt sich unmittelbar mit dem Aufbau der Beamtenpopulation im Basisjahr erklären. In Kapitel 6 wurde gezeigt, dass in den Jahren zwischen 2020 und 2030 die kohortenstarken Beamtenjahrgänge in den Ruhestand eintreten werden, in denen die Männer deutlich überrepräsentiert sind. Dasselbe gilt für die Jahrgänge, die bereits im Status quo aus dem aktiven Dienst ausgeschieden waren. Entsprechend kommt es zeitversetzt zu einem Anstieg der Witwen, nämlich dann, wenn die pensionierten Beamten nach und nach versterben. Ihre Ehefrauen als Hinterbliebene sind meist einige Jahre jünger und weisen eine höhere Lebenserwartung auf.

Als Folge steigender Frauenerwerbstätigkeit und daraus abgeleiteter Rentenansprüche sowie sich verändernder Familienstrukturen geht andererseits, wie dargestellt, auf Dauer die Wahrscheinlichkeit, überhaupt einen Anspruch auf

249 Im Gegensatz zur Berechnung der Ruhegehalts- und Beihilfeverpflichtungen erfolgte bei Witwen und Witwern bis zu diesem Punkt bei der Darstellung der Methodik eine geschlechtsspezifische Differenzierung, um die leicht abweichende Vorgehensweise zu veranschaulichen.

Abbildung 80: Entwicklung der Bezieher von Witwen- und Witwerpensionen

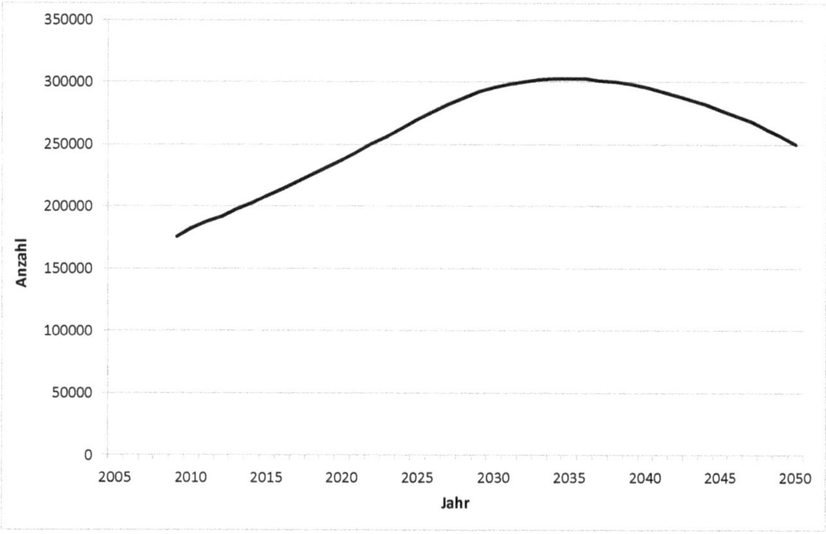

Quelle: Eigene Berechnungen

Witwenversorgung zu besitzen, aber zurück. Bei den Beamten der Bundesländer sind Frauen in den jüngeren Alterskohorten unter 40 Jahren des Basisjahrs im Vergleich zu Männern stark vertreten. Ihre Ehemänner erhalten aber aufgrund eigener Erwerbstätigkeit, ihres meist höheren Alters im Vergleich zu ihrer verbeamteten Partnerin und niedrigerer Lebenserwartung im statistischen Durchschnitt in nur relativ wenigen Fällen Hinterbliebenenversorgung. Damit und durch den Umstand, dass von zukünftigen Verbeamtungen abstrahiert wurde, lässt sich der langfristige Rückgang der Empfängerzahlen der Hinterbliebenenversorgung in den Jahren nach 2040 erklären.

Eine abweichende Entwicklung ist erneut in den fünf neuen Bundesländern Brandenburg, Thüringen, Mecklenburg-Vorpommern, Sachsen und Sachsen-Anhalt zu beobachten, wie aus Abbildung 81 hervorgeht. Dort wurden erst ab 1990 wieder Mitarbeiter im Status eines Beamten angestellt. Entsprechend gibt es im Basisjahr, wie bereits dargestellt, nur 2.100 Bezieher von Witwen- bzw. Witwerpensionen. Obwohl nach der Wiedervereinigung recht sparsam verbeamtet wurde und die angeführten dämpfenden Einflussfaktoren auch hier zum Tragen kommen, werden sich langfristig die Empfängerzahlen stark erhöhen, nämlich wiederum in gewisser Versetzung zu dem Zeitpunkt, wenn die ersten ab 1990 eingestellten Beamtenjahrgänge in Ruhestand gehen werden. Bis zum Jahr 2048, in dem das Maximum erreicht wird, erhöht sich in den neuen Bundesländern die Anzahl der Bezieher von Witwen- und Witwerpensionen auf

Abbildung 81: Entwicklung der Bezieher von Witwen- und Witwerpensionen in den fünf neuen Bundesländern

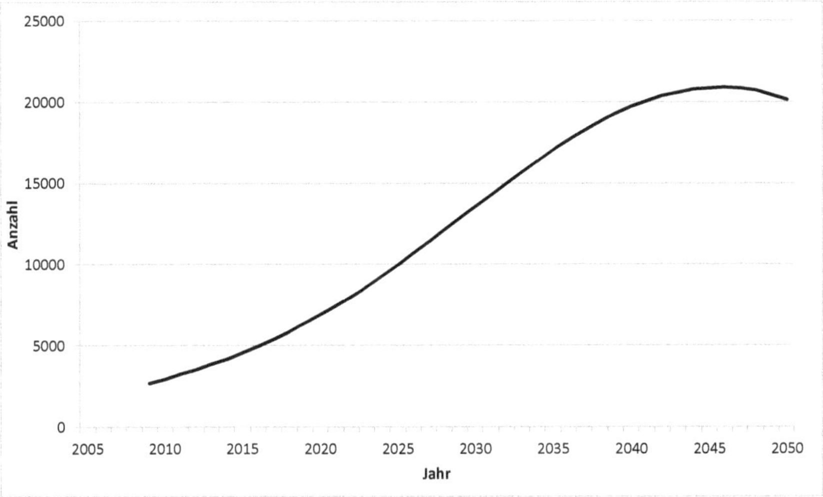

Quelle: Eigene Berechnungen

20.900 Personen. Dies entspricht zwar beinahe einer Verzehnfachung, allerdings ausgehend von einer relativ niedrigen Basis.

10.1.4 Entwicklung der Ausgaben für Witwen- und Witwerpensionen

Im Jahr 2009 haben der Bund und die 16 Bundesländer 3,43 Mrd. Euro für Hinterbliebenenleistungen an Witwen bzw. Witwer ausgegeben. Aufgrund des absehbaren Eintritts der kohortenstarken Beamtenjahrgänge in den Ruhestand wird sich dieser Wert, zeitlich versetzt, erhöhen. Denn wie im vorherigen Abschnitt beschrieben, kommt es nach der Pensionierungswelle zeitversetzt auch zu einem deutlichen Wachstum der Empfängerzahlen von Witwen- bzw. Witwergeld. Selbst wenn man ein dauerhaftes nominales Nullwachstum der Hinterbliebenenversorgung zugrunde legt, was angesichts des damit einhergehenden Realwertverlustes ein sehr unwahrscheinliches Szenario ist, würden sich die Ausgaben für Witwen- bzw. Witwerpensionen bis zum Jahr 2025 auf 5,31 Mrd. Euro erhöhen, was einem Zuwachs von 55 Prozent entspricht. Das Maximum würde im Jahr 2034 mit 5,94 Mrd. Euro erreicht werden und damit 73 Prozent über den Ausgaben des Basisjahres liegen. Bis zum Jahr 2050 ist dann wieder ein Rückgang auf 4,84 Mrd. Euro zu beobachten. Dies entspricht jedoch dem 1,44-fachen des Ausgangswertes. Der Ausgabenverlauf kann in Abbildung 82 nachvollzogen werden.

Abbildung 82: Entwicklung der Ausgaben für Witwen- und Witwerpensionen

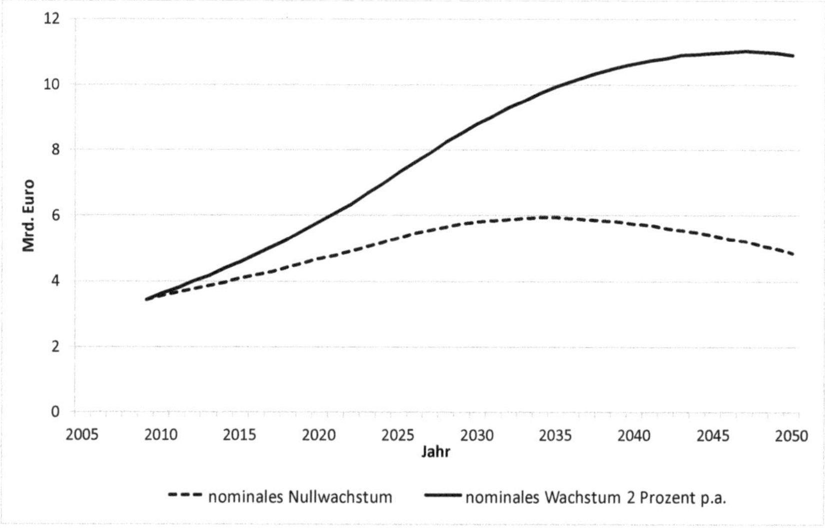

Quelle: Eigene Berechnungen

Unterstellt man ein jährliches nominales Wachstum der Hinterbliebenenversorgung in Höhe von zwei Prozent, betragen die Aufwendungen des Jahres 2025 (2035) 7,30 Mrd. Euro (9,93 Mrd. Euro) und damit 212 Prozent (290 Prozent) des Basisjahres. Das Maximum wird in diesem Szenario im Jahr 2047 mit 11,04 Mrd. Euro und damit dem 3,22-fachen des Ausgangswertes erreicht. Bis zum Jahr 2050 kommt es zu einem leichten Rückgang auf 10,89 Mrd. Euro.[250]
In Abbildung 83 ist die Ausgabenentwicklung für die alten und neuen Bundesländer in indexierter Form unter der Annahme einer nominalen Wachstumsrate von 2 Prozent p.a. dargestellt. Im Westen kommt es in der Spitze zu einer Steigerung um den Faktor 3,1 während im Osten eine Zunahme um den Faktor 20,7 eintritt, ausgehend von einem niedrigen Niveau. Denn im Basisjahr sind dort kaum Empfänger von Witwen- und Waisenversorgung vorhanden.

250 An dieser Stelle ist zu beachten, dass eine Anwendung der in Kapitel 8 untersuchten Reformvarianten auch den Barwert der schwebenden Ansprüche auf Hinterbliebenenversorgung verringern bzw. deren Ausgabenverlauf absenken würde. Aufgrund fehlender Daten auf Mikro-Ebene erweist sich eine Modellierung aber als sehr schwierig und annahmegetrieben, so dass an dieser Stelle darauf verzichtet wurde. Die Entlastungswirkung der einzelnen Reformvarianten bzw. -pakete bezüglich der Witwen- und Witwerpensionen wird aber auf alle Fälle unter derjenigen liegen, die im Falle einer Anwendung auf die Ruhegehälter zu erzielen ist.

Abbildung 83: Indexierter Verlauf der Versorgungsausgaben für Witwen und Witwer in den alten und neuen Bundesländern

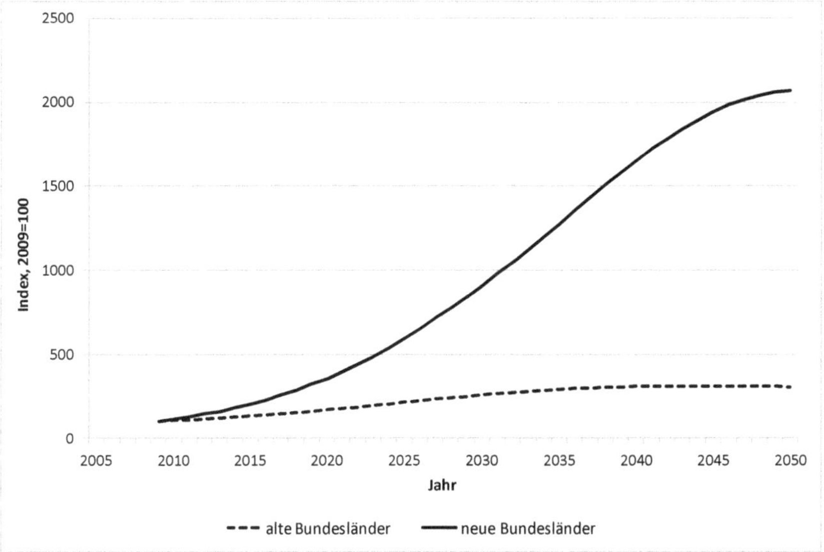

Quelle: Eigene Berechnungen

Bei dem Vergleich der indexierten Entwicklung der Ausgaben für Witwen und Witwer zwischen den Bundesländern in Tabelle 21 zeigt sich, dass in den westdeutschen Flächenstaaten der Korridor der Indexwerte des Jahres 2050 zwischen 268 (Nordrhein-Westfalen) und 354 (Baden-Württemberg) liegt. Im Saarland und in der Hansestadt Bremen fällt der Zuwachs wiederum am niedrigsten aus. Auf die Gründe hierfür wurde bereits eingegangen. Unter den neuen Bundesländern hat Sachsen-Anhalt die vergleichsweise geringste Steigerung zu verzeichnen (Indexwert 1657). Am stärksten ist die Erhöhung in Brandenburg (Indexwert 2433). Die Entwicklung beim Bund bewegt sich wiederum im Rahmen der westdeutschen Flächenstaaten.

Der Barwert sämtlicher bis zum Jahr 2050 anfallender Ausgaben für Witwen- und Witwerpensionen liegt unter der Annahme eines nominalen Nullwachstums bei 118,9 Mrd. Euro. Wird eine jährliche nominale Anpassung von zwei Prozent und ein nominaler Diskontzins von 3 Prozent unterstellt, summieren sich die schwebenden Verpflichtungen des Bundes und der 16 Bundesländer auf 174,9 Mrd. Euro. Die Flächenstaaten Nordrhein-Westfalen, Bayern und Baden-Württemberg weisen mit 32 Mrd. Euro, 26,8 Mrd. Euro und 24,1 Mrd. Euro die höchsten Barwerte auf (vgl. Abbildung 84). Es folgen der Bund (18,9 Mrd. Euro), Niedersachsen (16,8 Mrd. Euro) und Hessen (13,9 Mrd. Euro). Die gering-

Tabelle 21: Indexierter Verlauf der Versorgungsausgaben für Witwen und Witwer beim Bund und den 16 Bundesländern

Jahr	BW	BY	BE	HB	HH	HE	NI	NW	RP
2009	100	100	100	100	100	100	100	100	100
2015	139	130	138	144	133	131	132	132	134
2020	181	164	181	179	165	167	171	164	170
2025	236	206	230	218	198	209	221	200	215
2030	292	249	281	253	227	253	271	235	269
2040	363	299	352	266	246	301	320	277	349
2050	354	303	378	226	262	295	301	268	351

Jahr	SL	SH	BB	MV	SA	ST	TH	Bund
2009	100	100	100	100	100	100	100	100
2015	130	136	206	201	204	200	206	132
2020	154	173	370	346	358	341	360	161
2025	180	215	640	562	597	544	597	196
2030	201	256	1035	850	924	801	917	228
2040	227	294	2010	1513	1720	1345	1663	271
2050	217	295	2433	1879	2258	1657	2083	340

Quelle: Eigene Berechnungen

sten Ansprüche auf Witwen- und Witwerpensionen sind erneut bei den fünf neuen Bundesländer zu finden, deren Barwerte sich zwischen 0,5 Mrd. Euro (Mecklenburg-Vorpommern) und 0,9 Mrd. Euro (Brandenburg) bewegen.

Abbildung 84: Barwerte der Versorgungsverpflichtungen für Witwen und Witwer

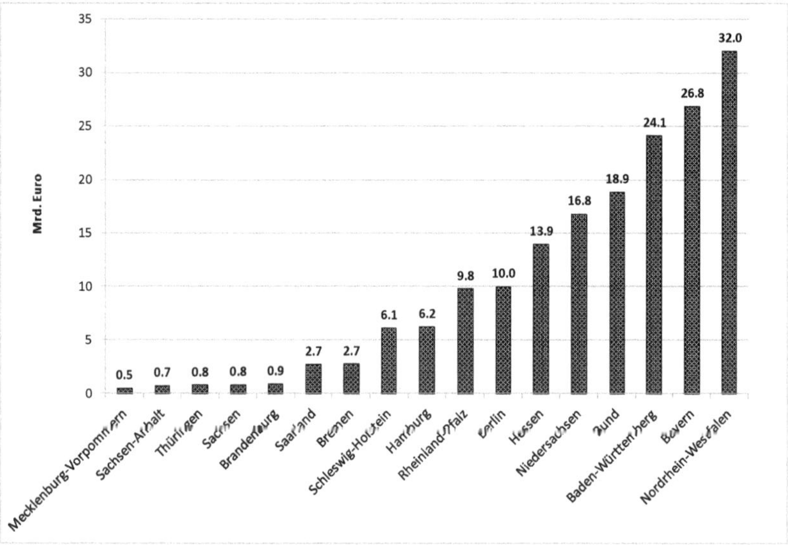

Quelle: Eigene Berechnungen

Aussagekräftiger als die absoluten Barwerte selbst ist es, die schwebenden Verpflichtungen in das Verhältnis zur Wirtschaftsleistung zu setzen. Abbildung 85 ist zu entnehmen, dass das Bundesland Berlin mit 11,1 Prozent seines Bruttoinlandsproduktes die höchsten Ansprüche hinsichtlich Witwen- und Witwerpensionen hat, gefolgt von Bremen (10,2 Prozent), Rheinland-Pfalz (9,5 Prozent) und dem Saarland (9,4 Prozent). Die Flächenstaaten Nordrhein-Westfalen, Bayern und Baden-Württemberg weisen bei dieser Betrachtungsweise nur Anteile zwischen 6,1 Prozent und 7,0 Prozent ihres BIP auf. Den geringsten Wert erreicht der Bund (0,8 Prozent), was allerdings kaum verwundert, da die schwebenden Verpflichtungen in das Verhältnis zur gesamtdeutschen Wirtschaftsleistung gesetzt wurden. Die fünf neuen Bundesländer kommen auf BIP-Anteile zwischen 0,9 Prozent (Sachsen) und 1,7 Prozent (Brandenburg).

Abbildung 85: BIP-Anteile der Witwen- bzw. Witwerversorgung

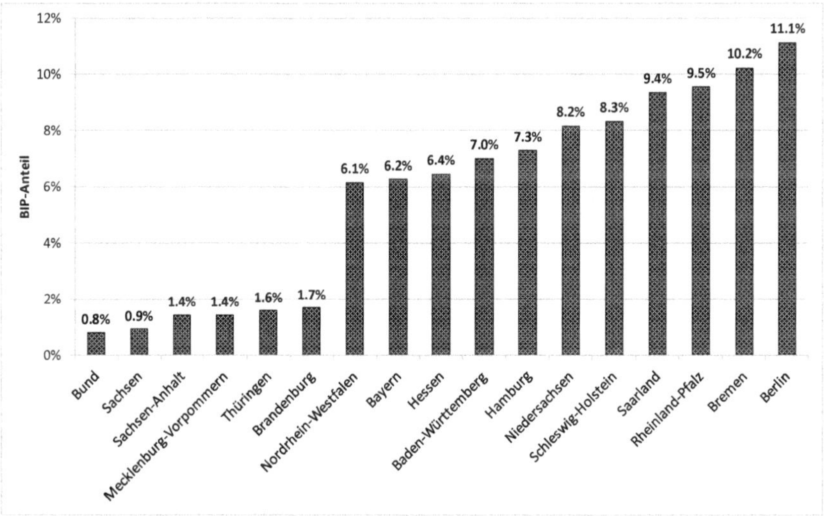

Quelle: Eigene Berechnungen

10.1.5 Sensitivitätsanalyse

Der Barwert der schwebenden Verpflichtungen für Witwen- bzw. Witwerpensionen reagiert wiederum sehr sensitiv auf Veränderungen des Diskontierungszinssatzes sowie der Wachstumsrate. Abbildung 86 stellt diesen Zusammenhang graphisch dar. Erhöht man beispielsweise den Diskontierungszins ausgehend von dem Wert des Basisszenarios (schraffierter Balken) in Höhe von drei

Prozent auf fünf Prozent, verringert sich ceteris paribus der Barwert von 173,9 Mrd. Euro auf 120,1 Mrd. Euro.

Abbildung 86: Sensitivität des aggregierten Barwerts bezüglich Wachstum und Zins

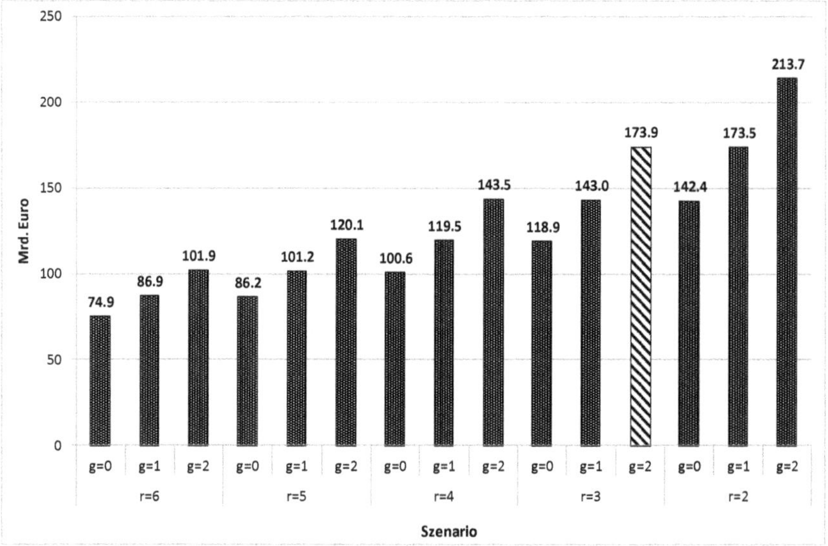

Quelle: Eigene Berechnungen

Abbildung 87 zeigt, wie sich die aggregierten nominalen Ausgaben verändern, wenn die durchschnittliche jährliche Wachstumsrate variiert wird. Aufgrund des bestehenden Systems der Beamtenversorgung werden die Besoldungserhöhungen der aktiven Beamten unmittelbar auf die Versorgungsempfänger und damit auch die Witwen und Witwer übertragen. Würde abweichend vom Basisszenario eine Dynamisierungsrate von drei Prozent p.a. realisiert, erhöhen sich die Ausgaben für Witwen- und Witwerpensionen von 7,3 Mrd. Euro (9,93 Mrd. Euro) im Jahr 2025 (2035) auf 8,53 Mrd. Euro (12,8 Mrd. Euro). Im Jahr 2050 wären statt 10,89 Mrd. Euro dann sogar 16,25 Mrd. Euro aufzubringen.

Im Basisszenario wird unterstellt, dass eine steigende Lebenserwartung, erhöhte Frauenerwerbsquoten und veränderte Familienstrukturen zukünftig die Wahrscheinlichkeit verringern werden, einen Anspruch auf Witwen- bzw. Witwerpensionen zu haben. Dies wurde modelliert, indem der Überführungsvektor, der einen Zusammenhang zwischen den Beamten und ihren Hinterbliebenen herstellt, im Zeitablauf abnimmt. Abbildung 88 zeigt nun, wie sich die Ausgaben für Witwen- und Witwerpensionen erhöhen würden, wenn der Vektor konstant gehalten würde. Dabei würde, vereinfacht ausgedrückt, unterstellt werden, dass das alters- und geschlechtsspezifische Verhältnis zwischen Beam-

Abbildung 87: Sensitivität des aggregierten Barwerts bezüglich der Wachstumsrate

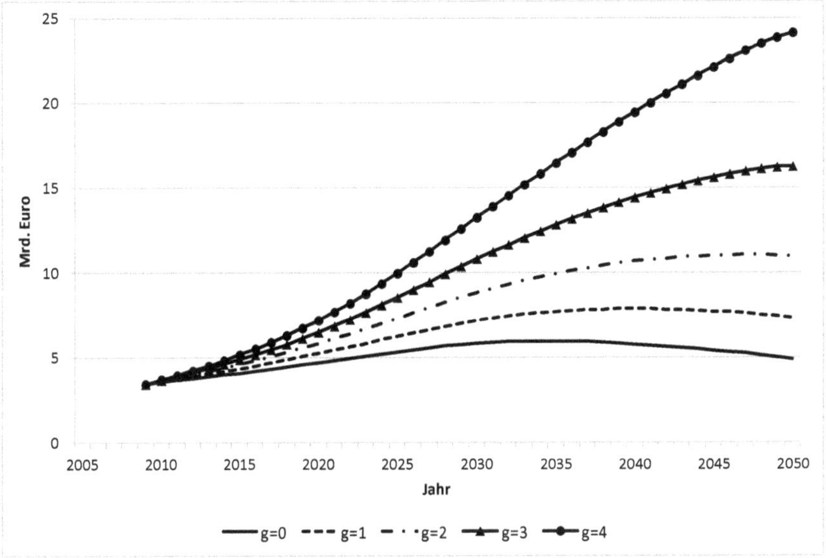

Quelle: Eigene Berechnungen

Abbildung 88: Sensitivität bezüglich des Überführungsvektors

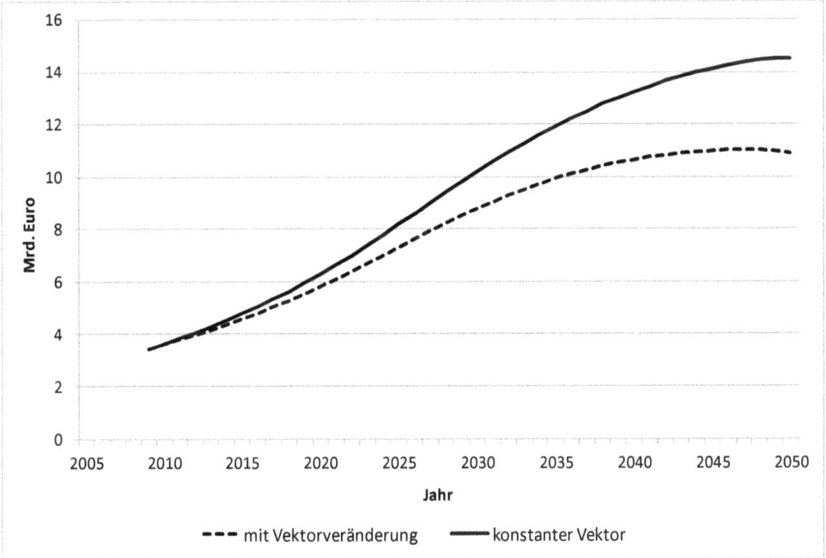

Quelle: Eigene Berechnungen

ten und hinterbliebenen Witwen und Witwern im Betrachtungszeitraum unverändert bleibt. Dies würde zu einem erhöhten Ausgabenverlauf führen, da die Wahrscheinlichkeit einer Inanspruchnahme auf Hinterbliebenenversorgung wächst. In diesem Szenario müssten der Bund und die 16 Bundesländer im Jahr 2025 (2035) statt 7,3 Mrd. Euro (9,93 Mrd. Euro) dann 8,17 Mrd. Euro (11,92 Mrd. Euro) aufwenden. Im Jahr 2050 würden die Ausgaben 14,48 Mrd. Euro statt 10,89 Mrd. Euro betragen. Damit einhergehend würde der Barwert um 15,8 Prozent von 173,9 Mrd. Euro auf 201,4 Mrd. Euro steigen. Umgekehrt würden sich der Ausgabenverlauf und der Barwert im Vergleich zum Basisszenario verringern, wenn die jährliche Abnahme des Vektors höhere Werte als 0,15 Prozent bei Männern und 0,75 Prozent bei Frauen annehmen würde.

10.2 Versorgungsausgaben für Waisen

Die Projektion der zukünftigen Versorgungsausgaben für Waisen erweist sich aus mehreren Gründen als äußerst schwierig. Zum einen fehlen wiederum Daten bezüglich des familiären Status der Beamten, etwa über die Kinderzahl. Auch der Altersaufbau der im Basisjahr 2009 vorhandenen 17.600 Empfänger von Waisengeld (davon 9.200 männlichen und 8.400 weiblichen Geschlechts) verursacht Probleme, da über 6.300 in der Versorgungsempfängerstatistik unter der Kategorie „26 Jahre und älter“ ausgewiesen sind. Dies führt zu Lücken in der altersspezifischen Verteilung. Ähnliches gilt für die Kategorie „unter 10 Jahren“, die mit 410 Jungen und 390 Mädchen besetzt ist. Auch der Aspekt, bis zu welchem Alter die Hinterbliebenen ihre Leistung beziehen, ist von großer Relevanz und hängt entscheidend von der individuellen Studien- und Ausbildungssituation ab. Von Bedeutung ist auch die Frage, ob es sich um Voll- oder Halbwaisen handelt. Insgesamt betrachtet sind die Empfängerzahlen von Waisengeld tendenziell rückläufig: Im Jahr 1994 gab es, dieses Mal nur bezogen auf die 16 Bundesländer, 19.200 Waisen, die Versorgungsleistungen erhielten, im Jahr 2010 waren es nur noch 15.800. Dies entspricht einem Rückgang um 17,9 Prozent. Aufgrund des Umstandes, dass es in den neuen Bundesländern erst wieder seit 1990 verbeamtete Dienstverhältnisse gibt, kam es dort zunächst zu einem Zuwachs von 11 Fällen im Jahr 1994 auf 801 Bezieher 2008. In den vergangenen beiden Jahren sanken die Empfängerzahlen dann wieder auf 740. Die gesamten Waisengeldausgaben aller 16 Bundesländer sanken zwischen 1993 und 2009 von 81,8 Mio. Euro auf 73,5 Mio. Euro, was einem Rückgang um 10 Prozent entspricht. In den neuen Bundesländern wuchsen die Aufwendungen im selben Zeitraum von 0,1 Mio. Euro auf 2,2 Mio. Euro, sie stabilisierten sich zuletzt aber auf dem erreichten Niveau. Verglichen mit den gesamten Ausgaben im Bereich der Beamtenversorgung machen die Aufwendungen für Waisengeld nur einen sehr kleinen Anteil aus. Dennoch soll auf eine Modellierung im Rahmen der vorliegenden Studie nicht verzichtet werden, obgleich sie auf sehr vereinfachenden Annahmen beruht.

Ausgangspunkt der Projektion sind die aggregierten Ausgaben des Jahres 2009 in Höhe von 73,5 Mio. Euro auf Ebene der Länder und 8,7 Mio. Euro beim Bund. Nun wird davon ausgegangen, dass sich der seit Anfang der 1990er Jahre beobachtbare Trend fortsetzt und die Ausgaben jährlich um 0,5 Prozent abnehmen.[251] Dies würde dazu führen, dass die aggregierten Waisengeld-Ausgaben von 82,2 Mio. Euro im Jahr 2009 auf 75,9 Mio. Euro (72,2 Mio. Euro) im Jahr 2025 (2035) sinken. Im Jahr 2050 müssten der Bund und die Länder noch 66,9 Mio. Euro aufwenden. Der gesamte Barwert würde in diesem Szenario 1,85 Mrd. Euro betragen.

Abbildung 89 stellt die Verteilung des aggregierten Barwertes der Waisengeldverpflichtungen auf den Bund und die 16 Bundesländer dar. Nordrhein-Westfalen weist mit 374,2 Mio. Euro die höchsten schwebenden Verpflichtungen auf, gefolgt von Bayern (286,2 Mio. Euro), Baden-Württemberg (268,2 Mio. Euro) und dem Bund (196,1 Mio. Euro). Die Barwerte der fünf neuen Bundesländer liegen zwischen 6,8 Mio. Euro (Mecklenburg-Vorpommern) und 11,3 Mio. Euro (Thüringen). Ausgedrückt in der jeweiligen Wirtschaftsleistung wird deutlich, wie Abbildung 90 veranschaulicht, dass die Waisengeldaufwendungen verglichen mit den anderen Versorgungsausgaben relativ unbedeutend sind. Ihr Anteil bewegt sich zwischen 0,01 Prozent (Bund und Sachsen) und 0,12 Prozent (Saarland). Somit bleibt festzuhalten, dass beim Waisengeld die Projektionsmethode auf stark vereinfachenden Annahmen beruht. Aufgrund des relativ geringen Umfangs im Vergleich mit den Ausgaben für Ruhegehälter, Beihilfen sowie Witwen- und Witwerpensionen ist dies aber vernachlässigbar und hat auf die Bewertung der Gesamtergebnisse, wie sie im folgenden Kapitel vorgenommen werden, keinen nennenswerten Einfluss.

251 Da im Rahmen der vorliegenden Arbeit nur die im Basisjahr 2009 vorhandenen Beamten des Bundes und der 16 Bundesländer betrachtet werden und damit von Neueinstellungen abstrahiert wird, stellt die reine Fortschreibung des Trends eigentlich eine Überschätzung dar, da mit alternder Beamtenpopulation ohne Neuzugänge die Wahrscheinlichkeit sinkt, dass im Fall des Ablebens des aktiven Beamten bzw. Pensionärs Kinder mit Anspruch auf Waisengeld vorhanden sind.

Abbildung 89: Barwerte der schwebenden Waisengeldverpflichtungen

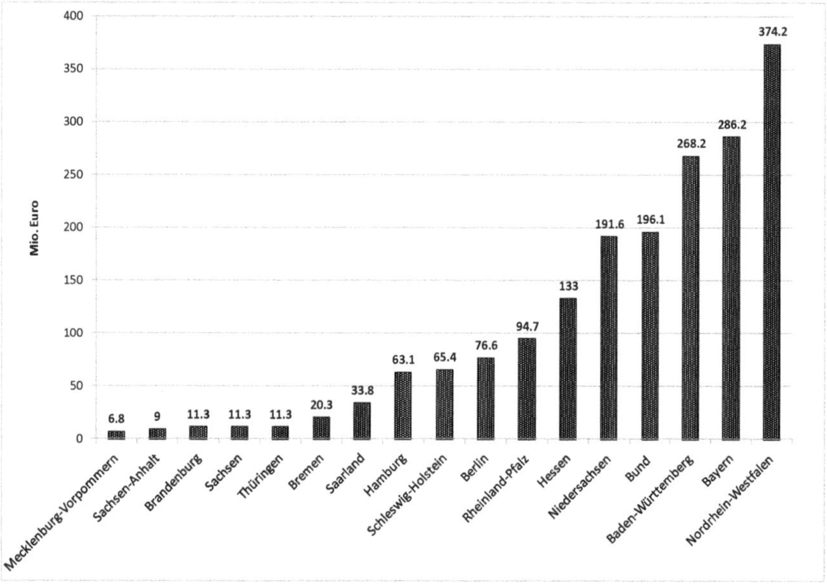

Quelle: Eigene Berechnungen

Abbildung 90: Waisengeldverpflichtungen in Prozent des jeweiligen BIP

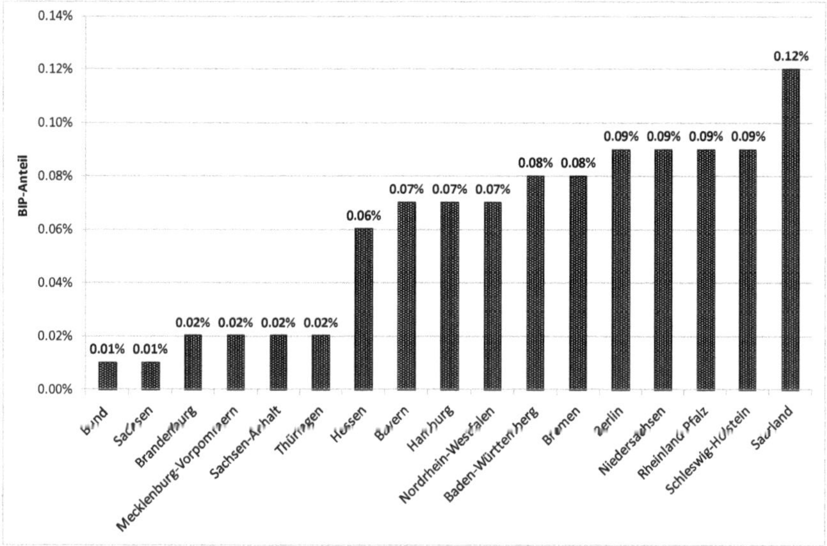

Quelle: Eigene Berechnungen

11. Aggregierte Versorgungsausgaben des Bundes und der 16 Bundesländer

11.1 Entwicklung der aggregierten Versorgungsausgaben

In den Kapiteln 8 bis 10 wurde, ausgehend von der Beamtenpopulation des Jahres 2009, die zukünftige Entwicklung der Ausgaben für Pensionen, Beihilfen und Hinterbliebenenversorgung der Beamten des Bundes und der 16 Bundesländer detailliert berechnet und einer eingehenden Analyse unterzogen. In diesem Abschnitt soll nun die Summe sämtlicher schwebender Versorgungsverpflichtungen anhand des Barwertes und des Ausgabenverlaufs auf aggregierter Ebene dargestellt werden.
Geht man bei der Entwicklung der Beihilfeleistungen vom Szenario ohne Kostendruck aus, summiert sich der Barwert der bis zum Jahr 2050 anfallenden Versorgungsausgaben des Bundes und der 16 Bundesländer im Basisszenario (Wachstum der Pensionen und der Hinterbliebenenversorgung 2 Prozent, Wachstum der Beihilfe 3,5 Prozent, Diskontierungszins 3 Prozent) auf 1.299,9 Mrd. Euro (vgl. Abbildung 91). Davon entfallen 870 Mrd. Euro auf Pensionen, 254,2 Mrd. Euro auf Beihilfeleistungen, 173,9 Mrd. Euro auf Witwen- und Witwergeld sowie 1,9 Mrd. auf Waisengeld. Dies entspricht 54 Prozent des deutschen Bruttoinlandsproduktes des Basisjahres 2009. Falls es auch in Zukunft, wofür vieles spricht, zu überdurchschnittlichen Kostensteigerungen im Gesundheitssektor kommen sollte (Szenario mit Kostendruck, Wachstum der Beihilfe 4,5 Prozent), erhöht sich der Barwert der Beihilfeausgaben auf 315,6 Mrd. Euro. Die gesamten schwebenden Versorgungszusagen belaufen sich dann auf 1.361,3 Mrd. Euro und damit auf 56,5 Prozent der 2009er Wirtschaftsleistung. Berücksichtigt man zusätzlich die explizite Verschuldung des Bundes und der 16 Bundesländer, die im Basisjahr bei 65,7 Prozent des BIP lag, summieren sich diese so berechneten schwebenden und verbrieften Ansprüche an die öffentlichen Haushalte bei einer Bruttobetrachtung auf insgesamt 119,7 Prozent des Bruttoinlandsproduktes (Szenario ohne Kostendruck) bzw. auf 122,2 Prozent des Bruttoinlandsproduktes (Szenario mit Kostendruck).[252]

252 Da sich die Barwerte der schwebenden Versorgungszusagen auf das Basisjahr 2009 beziehen, werden sie auch in Relation zum Schuldenstand und zum Bruttoinlandsprodukt (BIP) 2009 gesetzt. Im Jahr 2010 belief sich die Verschuldung des Bundes (1,28 Bio. Euro) und der Länder (595,3 Mrd. Euro) im Verhältnis zum BIP 2010 (2,49 Bio. Euro) bereits auf 75,2 Prozent.

Abbildung 91: Barwert der schwebenden Versorgungszusagen des Bundes und der 16 Bundesländer im Basisjahr 2009

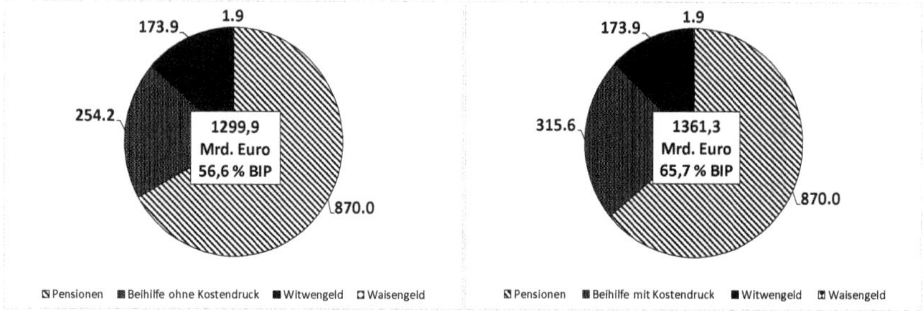

Quelle: Eigene Berechnungen

Da es sich größtenteils um verfassungsrechtlich garantierte Ansprüche handelt und damit der Spielraum für einschneidende Reformen recht eng ist, entsteht somit, auch gerade im Kontext der beschlossenen Schuldenbremse, ein hoher Druck auf die Haushalte des Bundes und besonders der Bundesländer. Dies gilt insbesondere, als dass es auf der Einnahmenseite demographisch bedingt tendenziell zu einem gedämpften Wachstum der Steuereinnahmen kommen wird – ein Aspekt, der in Kapitel 12.1 noch ausführlich beleuchtet wird.

Abbildung 92 stellt den Verlauf der aggregierten Versorgungsausgaben des Bundes und der 16 Bundesländer dar. Diese werden sich im Basisszenario, sieht man bei den Beihilfen von einem Kostendruck ab, ausgehend von 26,79 Mrd. Euro im Jahr 2009 auf 55,7 Mrd. Euro (71,97 Mrd. Euro) im Jahr 2025 (2035) erhöhen, was einer Steigerung um den Faktor 2,08 (2,69) entspricht. Das Maximum wird im Jahr 2044 mit 78,72 Mrd. Euro erreicht – knapp das Dreifache des Ausgangsjahres. Bis zum Jahr 2050 ist ein leichter Rückgang auf dann 74,43 Mrd. Euro zu beobachten. Unterstellt man für die Beihilfen ein Szenario mit Kostendruck, müssen der Bund und die Länder im Jahr 2025 (2035) bereits 57,41 Mrd. Euro (76,28 Mrd. Euro) aufwenden. Der Höhepunkt wird hier 2045 mit 86,25 Mrd. Euro erreicht, was dem 3,22-fachen der Ausgaben des Basisjahres 2009 entspricht. Bis zum Jahr 2050 sinken die aggregierten Versorgungsausgaben wieder auf dann 83,56 Mrd. Euro.[253]

253 Wie bereits erläutert, beschränkt sich die Studie auf die im Basisjahr 2009 vorhandenen Beamten und sieht von zukünftigen neuen Verbeamtungen ab. Dies führt dazu, dass die tatsächlichen Ausgabenverläufe, besonders im Zeitraum nach 2045 tendenziell noch höher ausfallen werden, da auch ein Teil der bis 2050 neu eingestellten Beamten bzw. deren Angehörige oder Hinterbliebene Versorgungsleistungen in Anspruch nehmen werden.

Abbildung 92: Entwicklung der aggregierten Versorgungsausgaben von Bund und Ländern

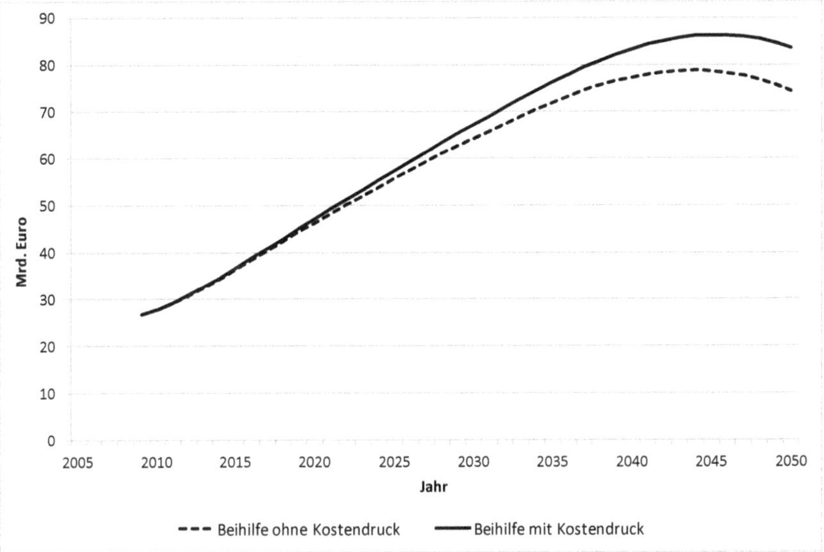

Quelle: Eigene Berechnungen

Interessant ist in diesem Zusammenhang eine Analyse der jährlichen Wachstumsrate der aggregierten Versorgungsausgaben (vgl. Abbildung 93). In den ersten Jahren ist ein starker Anstieg mit einer Zunahme von bis zu 5,8 Prozent p.a. im Jahr 2014 zu beobachten. Obwohl die Wachstumsrate danach tendenziell abnimmt, bleibt sie bis 2025, also in dem Zeitraum, in dem die kohortenstarken Beamtenjahrgänge in den Ruhestand eintreten, konstant oberhalb von 3,4 Prozent. Die aggregierten Versorgungsausgaben wachsen bis zum Jahr 2035 mit jährlichen Raten über zwei Prozent. Hier wirken sich die Beihilfeausgaben für Beamte und ihre Angehörigen sowie die Hinterbliebenenversorgung aus.

Auch bei der Gesamtschau der aggregierten Versorgungsausgaben treten deutliche Unterschiede zwischen den alten und neuen Bundesländern auf. In den westdeutschen Bundesländern kommt es, wie Abbildung 94 in indexierter Form veranschaulicht, bis zum Jahr 2024 zu mehr als einer Verdoppelung (Indexwert 206,6) der Ausgaben für Ruhegehälter, Beihilfe und Hinterbliebenenversorgung. In der Spitze tritt eine Steigerung auf den Indexwert 309,5 im Jahr 2045 auf. In den neuen Bundesländern ist allein bis 2024 ein Zuwachs um den Faktor 3,6 zu verzeichnen. Der höchste Indexwert wird hier 2046 mit 815,1 erreicht. Auf die Gründe für diese Entwicklung wurde bereits bei den einzelnen Arten von Versorgungsausgaben ausführlich eingegangen.

Abbildung 93: Wachstumsrate der aggregierten Versorgungsausgaben von Bund und Ländern

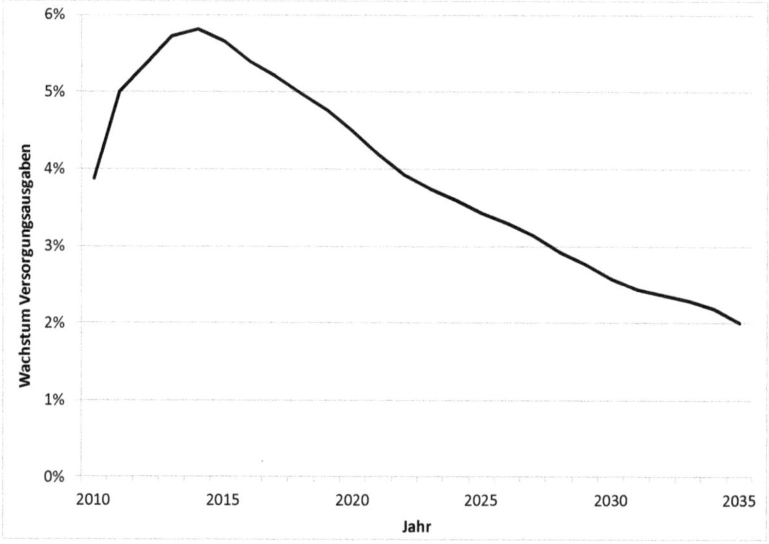

Quelle: Eigene Berechnungen

Abbildung 94: Indexierter Verlauf der aggregierten Versorgungsausgaben von Bund und Ländern

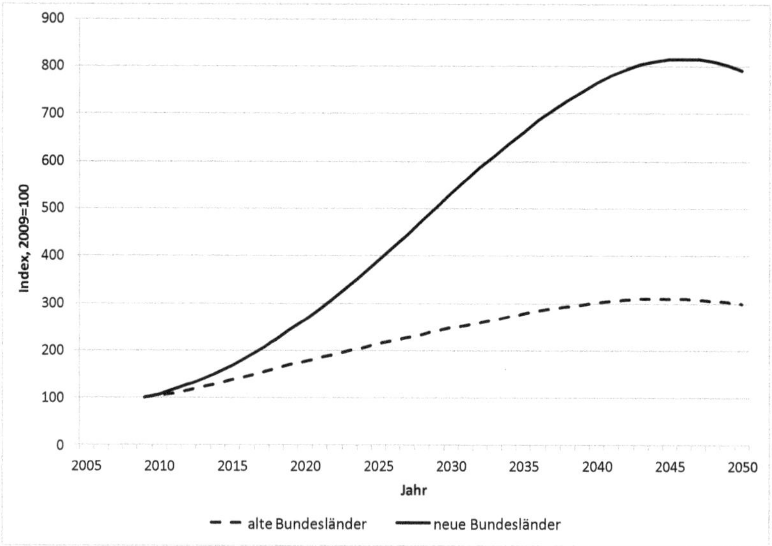

Quelle: Eigene Berechnungen

In allen westdeutschen Flächenstaaten lässt sich bis 2020, also dem Jahr, in dem die Bundesländer laut der Schuldenbremse regulär keine neuen Schulden mehr aufnehmen dürfen, ein Zuwachs beobachten, der zwischen dem Faktor 1,7 (Hessen) und 1,9 (Baden-Württemberg) liegt. Dies verdeutlicht Tabelle 22. Bis 2050 bewegt sich die Steigerung zwischen dem 2,6-fachen (Hessen) bzw. 3,6 -fachen (Bayern) der Versorgungsausgaben des Jahres 2009. Am geringsten fällt der Anstieg erneut in Bremen und im Saarland aus. Die aggregierten Versorgungsausgaben werden sich aber auch dort langfristig ungefähr verdoppeln. Die neuen Bundesländer haben, ausgehend von einem niedrigen Niveau der Versorgungsausgaben im Jahr 2009 einen deutlich höheren Zuwachs zu verzeichnen. Die Steigerungsraten bis 2020 liegen zwischen 130 Prozent (Sachsen-Anhalt) und 188 Prozent (Brandenburg). Während in Mecklenburg-Vorpommern im Jahr 2050 das 5,9-fache der Versorgungsausgaben des Basisjahres aufzuwenden ist, tritt in Sachsen bis dahin mehr als eine Verzehnfachung (Indexwert 1024) auf. Die aggregierten Versorgungsausgaben des Bundes liegen anfänglich unterhalb der westdeutschen Flächenländer, langfristig nehmen sie aber stärker zu und erreichen im Jahr 2050 das 3,7-fache des Ausgangswertes.

Tabelle 22: Indexierte Entwicklung der aggregierten Versorgungsausgaben von Bund und Ländern

Jahr	BW	BY	BE	HB	HH	HE	NI	NW	RP
2009	100	100	100	100	100	100	100	100	100
2015	144	137	137	131	132	134	139	138	140
2020	189	177	177	155	160	170	179	178	183
2025	229	219	219	173	190	203	215	212	223
2030	265	261	264	187	220	231	246	242	259
2040	328	339	316	193	259	274	288	289	325
2050	326	355	292	170	257	266	276	281	332

Jahr	SL	SH	BB	MV	SN	ST	TH	Bund
2009	100	100	100	100	100	100	100	100
2015	128	136	178	163	177	159	168	127
2020	155	173	288	244	284	230	287	158
2025	177	206	433	341	423	317	441	199
2030	194	236	591	444	580	422	623	249
2040	218	284	826	592	899	608	895	341
2050	217	278	806	590	1024	632	887	373

Quelle: Eigene Berechnungen

In Abbildung 95 werden die eingangs aufgeführten Barwerte der gesamtdeutschen schwebenden Versorgungsverpflichtungen auf die Ebene des Bundes und der 16 Bundesländer aufgegliedert, jeweils unterschieden zwischen den Szenarien mit und ohne Kostendruck bei den Beihilfeleistungen. Wiederum weist Nordrhein-Westfalen (270,2 bzw. 283,1 Mrd. Euro) absolut betrachtet die höchsten schwebenden Versorgungszusagen auf, gefolgt von den Flächenstaaten Bayern (208,7 bzw. 219,4 Mrd. Euro) und Baden-Württemberg (183,7 bzw. 192,9 Mrd. Euro) sowie dem Bund (134,7 bzw. 141,4 Mrd. Euro). Die niedrigsten Barwerte verzeichnen erneut die fünf neuen Bundesländer. Ihr Umfang bewegt sich zwischen 4,2 bzw. 4,5 Mrd. Euro (Mecklenburg-Vorpommern) und 7,9 bzw. 8,7 Mrd. Euro (Sachsen). Tabelle 23 schlüsselt die Barwerte des Bundes und der Bundesländer hinsichtlich der einzelnen Arten von Versorgungsausgaben auf.

Abbildung 95: Barwerte der schwebenden aggregierten Zahlungsverpflichtungen

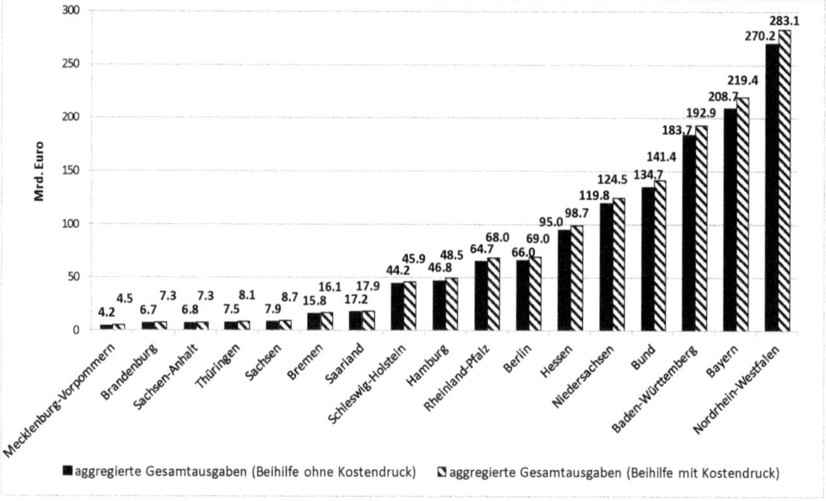

Quelle: Eigene Berechnungen

Aussagekräftiger als die absoluten Barwerte selbst ist ihr Verhältnis zur jeweiligen Wirtschaftsleistung. Diese Darstellung findet sich in Abbildung 96 für das Szenario ohne Kostendruck bei den Beihilfen sowie in Abbildung 97 für die Variante mit Kostendruck. Dabei fällt auf, dass in Berlin die schwebenden Versorgungsverpflichtungen für Landesbeamte einen Umfang von 73,2 Prozent bzw. 75,6 Prozent (ohne bzw. mit Kostendruck bei den Beihilfen) des Bruttoinlandsproduktes des Basisjahres 2009 aufweisen, was dem höchsten Wert aller Bundesländer entspricht. Es folgen Bremen (58,8 bzw. 59,9 Prozent), das Saarland (59,6 bzw. 62,1 Prozent) sowie Schleswig-Holstein (60,2 bzw. 62,5 Prozent). Diese vier Länder mit der höchsten impliziten Verschuldung in Form von Versorgungszusagen gehören zu jener Gruppe von insgesamt fünf Bundesländern,

Tabelle 23: Zusammensetzung der Barwerte der Versorgungsverpflichtungen, jeweils in Mrd. Euro

Bundesland	Pensionen	Beihilfe ohne Kostendruck	Witwengeld	Waisengeld	Gesamt
Baden-Württemberg	121.3	38.0	24.1	0.268	183.7
Bayern	138.1	43.5	26.8	0.286	208.7
Berlin	43.4	12.5	10.0	0.077	66.0
Brandenburg	3.8	2.0	0.9	0.011	6.7
Bremen	11.3	1.7	2.7	0.020	15.8
Bund	88.7	27.0	18.9	0.196	134.7
Hamburg	33.4	7.1	6.2	0.063	46.8
Hessen	65.4	15.5	13.9	0.133	95.0
Mecklenburg-Vorpommern	2.7	1.0	0.5	0.007	4.2
Niedersachsen	82.7	20.1	16.8	0.192	119.8
Nordrhein-Westfalen	182.6	55.2	32.0	0.374	270.2
Rheinland-Pfalz	41.1	13.7	9.8	0.095	64.7
Saarland	11.5	3.0	2.7	0.034	17.2
Sachsen	4.4	2.7	0.8	0.011	7.9
Sachsen-Anhalt	4.4	1.7	0.7	0.009	6.8
Schleswig-Holstein	30.5	7.5	6.1	0.065	44.2
Thüringen	4.7	2.0	0.8	0.011	7.5

Bundesland	Pensionen	Beihilfe mit Kostendruck	Witwengeld	Waisengeld	Gesamt
Baden-Württemberg	121.3	47.2	24.1	0.268	192.9
Bayern	138.1	54.2	26.8	0.286	219.4
Berlin	43.4	15.5	10.0	0.077	69.0
Brandenburg	3.8	2.6	0.9	0.011	7.3
Bremen	11.3	2.0	2.7	0.020	16.1
Bund	88.7	33.7	18.9	0.196	141.4
Hamburg	33.4	8.8	6.2	0.063	48.5
Hessen	65.4	19.2	13.9	0.133	98.7
Mecklenburg-Vorpommern	2.7	1.3	0.5	0.007	4.5
Niedersachsen	82.7	24.8	16.8	0.192	124.5
Nordrhein-Westfalen	182.6	68.1	32.0	0.374	283.1
Rheinland-Pfalz	41.1	17.0	9.8	0.095	68.0
Saarland	11.5	3.7	2.7	0.034	17.9
Sachsen	4.4	3.5	0.8	0.011	8.7
Sachsen-Anhalt	4.4	2.2	0.7	0.009	7.3
Schleswig-Holstein	30.5	9.2	6.1	0.065	45.9
Thüringen	4.7	2.6	0.8	0.011	8.1

Quelle: Eigene Berechnungen

die Konsolidierungshilfen beziehen. Ihre Haushaltssituation ist damit schon in der Gegenwart äußerst angespannt. Gerade für sie erscheint es beinahe unmöglich, bis 2020 die bestehenden Finanzierungsdefizite abzubauen, ihren Zinsdienst zu erfüllen, in den Folgejahren ausgeglichene Haushalte ohne Nettoneuverschuldung vorzulegen und gleichzeitig die steigenden Versorgungsausgaben für die Landesbeamten zu finanzieren.

Den niedrigsten BIP-Anteil weist der Bund auf, was aber auch nicht verwundert, da der Barwert seiner Versorgungszusagen ja in das Verhältnis zur gesamtdeutschen Wirtschaftsleistung gesetzt wurde. Die neuen Bundesländer kommen auf

Abbildung 96: Versorgungsverpflichtungen und Staatsverschuldung in Prozent des BIP, Szenario ohne Kostendruck

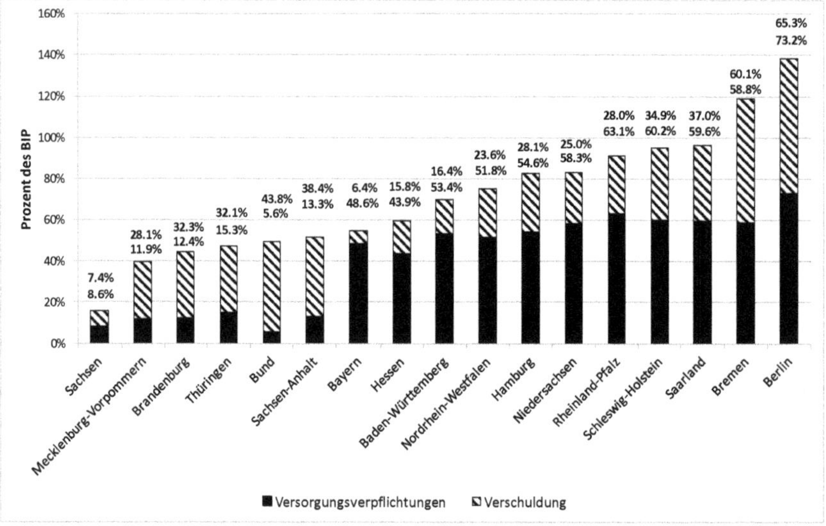

Quelle: Eigene Berechnungen

Abbildung 97: Versorgungsverpflichtungen und Staatsverschuldung in Prozent des BIP, Szenario mit Kostendruck

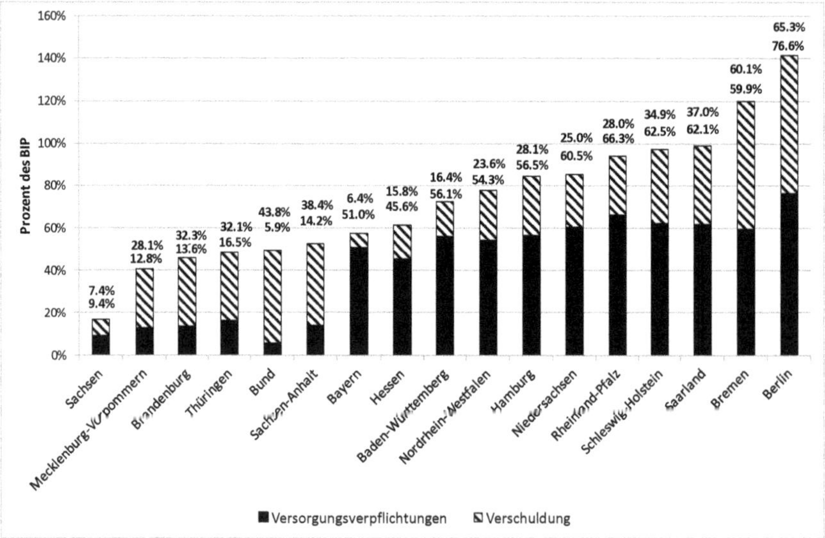

Quelle: Eigene Berechnungen

Werte zwischen 8,6 bzw. 9,4 Prozent (Sachsen) und 15,3 bzw. 16,5 Prozent (Thüringen). Unter den westdeutschen Bundesländern nehmen die bis zum Jahr 2050 anfallenden Versorgungsverpflichtungen in Hessen mit 43,9 bzw. 45,6 Prozent den kleinsten beobachteten Wert an.

In einem weiteren Schritt kann man nun die tatsächliche Verschuldung des Bundes und der Bundesländer darstellen, indem man zu den eben dargestellten impliziten Schulden in Form von Versorgungszusagen an die heute vorhandenen Beamten sowie ihre Angehörigen oder Hinterbliebenen noch die explizite, sichtbare Verschuldung hinzuzählt. Danach weist Berlin mit 138,5 bzw. 141,8 Prozent des 2009er BIP (wiederum ohne bzw. mit Kostendruck bei den Beihilfen) die höchste Gesamtverschuldung aller Bundesländer auf. Es folgen Bremen (118,9 bzw. 120 Prozent), das Saarland (96,7 bzw. 99,1 Prozent), Schleswig-Holstein (95,1 bzw. 97,4 Prozent) sowie Rheinland-Pfalz (91,1 bzw. 94,3 Prozent). Auch Hamburg und Niedersachsen liegen jenseits der Marke von 80 Prozent.

Angesichts des Ausmaßes der Gesamtverschuldung wäre es interessant, welche Bonität unabhängige Ratings der deutschen Bundesländer hätten, wenn zum einen keine Haftungsgemeinschaft innerhalb der Bundesrepublik Deutschland bestehen würde und zum anderen die implizite Verschuldung berücksichtigt werden würde.[254]

Beim Bund und den neuen Bundesländern Mecklenburg-Vorpommern, Brandenburg, Thüringen und Sachsen-Anhalt übersteigt die explizite Verschuldung deutlich die schwebenden Versorgungszusagen. In allen westdeutschen Bundesstaaten bis auf Bremen liegt der Anteil der Versorgungsversprechen deutlich über der expliziten Verschuldung. Extremfall ist Bayern, wo die schwebenden Versorgungsverpflichtungen die sichtbaren Schulden um den Faktor 7,6 bzw. 8 übertreffen. Es folgen Baden-Württemberg (3,3 bzw. 3,4), Hessen (2,8 bzw. 2,9), Niedersachsen und Rheinland-Pfalz (jeweils 2,3 bzw. 2,4) und Nordrhein-Westfalen (2,2 bzw. 2,3). In Bremen überwiegen aufgrund des hohen Verschuldungsgrads die offiziell ausgewiesenen Schulden leicht die bestehenden Versorgungszusagen.

254 Vgl. Magin (2011), S. 188ff. Daneben setzt sich der Autor auch mit der Möglichkeit einer Insolvenz von Kommunen, aber auch Bundesländern im Falle von Überschuldung auseinander, vgl. Magin (2011), S. 202ff.

11.2 Vergleich der Belastungswirkung: Pro-Kopf-Pauschalen zur Finanzierung der aggregierten Versorgungsausgaben

Nachdem die aggregierten Versorgungsverpflichtungen des Bundes und der 16 Bundesländer nun in ihrem Verlauf und als Barwert bzw. als BIP-Anteil des Barwertes illustriert wurden, folgt nun eine Analyse der Belastungswirkung pro Einwohner in Form von Pro-Kopf-Pauschalen. Auf diese Weise soll ein weiterer Vergleich zwischen den einzelnen Bundesländern ermöglicht werden. Dabei soll nicht nur die Bevölkerung des Basisjahres 2009 einbezogen werden, sondern vielmehr die Bevölkerung jedes Jahres im gesamten, bis 2050 reichenden Betrachtungszeitraums. Daneben wird nachfolgend zwischen zwei Szenarien unterschieden, nämlich dem einer Teil- und dem einer Vollfinanzierung. Bei der ersten Variante werden die aggregierten Versorgungsausgaben des Jahres 2009 mit der jeweiligen Wachstumsrate bis zum Jahr 2050 fortgeschrieben.[255] Von den tatsächlich anfallenden aggregierten Versorgungsausgaben eines Jahres werden diese Werte subtrahiert. Formal lässt sich dies folgendermaßen darstellen:

$$DV_t^{agg} = VA_t^{agg} - VA_b^{agg}(1+g)^{t-b} \qquad (36)$$

V_t^{agg} bezeichnet dabei die aggregierten Versorgungsausgaben des Jahres t $(t > b)$, VA_b^{agg} die Versorgungsausgaben des Basisjahres b, die in das Jahr t mit Hilfe des Wachstumsfaktors g fortgeschrieben werden.[256] DV_t^{agg} ist die Differenz zwischen den beiden Werten, mit anderen Worten der jährliche Mehraufwand zukünftiger Haushalte für Versorgungsausgaben gegenüber der Situation des Basisjahres.

Bei der Variante einer variablen Pauschale werden diese zusätzlichen jährlichen Mehrausgaben in jedem Jahr durch die Anzahl der jeweils vorhandenen Personen zwischen 18 und 100 Jahren dividiert. Dabei wird wiederum die Variante 1-W1 der 12. koordinierten Bevölkerungsvorausberechnung des Statistischen Bundesamtes zugrunde gelegt. Auf diese Weise erhält man für jedes Jahr jene Pro-Kopf-Pauschale, die erforderlich ist, um den Mehraufwand gegenüber den

255 Die Ruhegehälter und die Hinterbliebenenversorgung werden mit 2 Prozent pro Jahr dynamisiert, bei den Beihilfeausgaben wird gemäß dem Szenario mit Kostendruck von einer Steigerung von 4,5 Prozent pro Jahr ausgegangen.

256 Zur einfacheren Veranschaulichung wurde in Formel 36 von einer einheitlichen Wachstumsrate der aggregierten Versorgungsausgaben *g* ausgegangen. Tatsächlich werden die einzelnen Arten der Versorgungsausgaben getrennt betrachtet fortgeschrieben (vgl. Fußnote 255). Die Erhöhungen der einzelnen Versorgungsausgaben gegenüber dem jeweils dynamisierten Wert des Basisjahres werden für jedes Jahr dann summiert.

fortgeschriebenen aggregierten Versorgungsausgaben des Jahres 2009 finanzieren zu können. Diese Pro-Kopf-Pauschale ist in Abbildung 98 für Gesamtdeutschland, also die aggregierten deutschen Versorgungsausgaben, durch die untere gestrichelte Linie dargestellt. Demzufolge müsste jeder deutsche Staatsbürger im Alter zwischen 18 und 100 Jahren im Jahr 2010 eine Pro-Kopf-Pauschale von rund 6,50 Euro bezahlen, um die zusätzlichen Versorgungsausgaben gegenüber dem Vorjahr zu finanzieren. Dieser Wert würde auf bis zu 415,50 Euro im Jahr 2038 ansteigen, um sich dann bis zum Jahr 2050 wieder auf 147,60 Euro zu verringern. Eine derartige Ausgestaltung der Finanzierung des anfallenden Versorgungsmehraufwandes bringt den Nachteil mit sich, dass in den Jahren mit dem höchsten Zuwachs der aggregierten Versorgungsausgaben die höchsten Pro-Kopf-Pauschalen zu bezahlen wären und damit auch gerade von jenen Geburtskohorten, die im Basisjahr im Kinder- oder Jugendalter sind. Die Älteren, die zum Zeitpunkt des höchsten Anstiegs der Pro-Kopf-Pauschalen zum Teil schon verstorben sind, das gesamte Leben aber von den Leistungen der vorhandenen Beamtenpopulation profitiert haben, würden demgegenüber entlastet, da sie nur die anfangs recht niedrigen variablen jährlichen Pro-Kopf-Pauschalen bezahlen müssten. Daher bietet es sich an, eine konstante Pro-Kopf-Pauschale Ψ, also quasi eine Annuität, zu ermitteln, die über den gesamten Betrachtungszeitraum bis zum Jahr 2050 bei gegebenem nominalen Diskontierungszins r konstant bleibt und die Finanzierung des jährlichen Mehraufwandes sicherstellt. Im vorliegenden Beispiel ist die Pro-Kopf-Pauschale bei Teilfinanzierung durch die untere durchgezogene Linie dargestellt. Für Gesamtdeutschland beträgt sie 225,50 Euro. Dieser Betrag wäre in jedem Jahr zwischen 2010 und 2050 von jedem Individuum zwischen 18 und 100 Jahren zur Finanzierung der Mehrausgaben der Beamtenversorgung zu bezahlen. Anfangs liegt die Höhe der Pro-Kopf-Pauschale über der konstanten Pro-Kopf-Pauschale. Die dabei anfallenden jährlichen Überschüsse werden zum Zinssatz r angelegt und dann in späteren Jahren bis zum Ende des Betrachtungszeitraums wieder aufgelöst. Im angeführten Beispiel wird von einem nominalen Zinssatz in Höhe von 3 Prozent ausgegangen. Formal berechnet sich die Höhe der Pro-Kopf-Pauschale Ψ, indem der Barwert der zusätzlichen Versorgungsausgaben, also die Summe der für jedes Jahr t diskontierten Differenzen zwischen den tatsächlichen aggregierten Versorgungsausgaben des Jahres t und den bis zum Jahr t fortgeschriebenen aggregierten Versorgungsausgaben des Basisjahres, durch den Barwert der diskontierten Bevölkerungsgröße, das ist die Summe der auf das Basisjahr diskontierten Bevölkerungsgröße der Gruppe der 18- bis 100-Jährigen jedes Jahres t, dividiert wird:

$$\psi^{konstant} = \frac{\sum_{t=b+1}^{T} \frac{DV_t^{agg}}{(1+r)^{t-b}}}{\sum_{t=b+1}^{T} \frac{Bev_t^{18-100}}{(1+r)^{t-b}}} \tag{37}$$

Dabei stellt DV_t^{agg} die Differenz der aggregierten tatsächlichen Versorgungsausgaben von den fortgeschriebenen Versorgungsausgaben des Basisjahres 2009 (b) im Jahr t dar. Bev_t^{18-100} bezeichnet die Größe der Bevölkerung im Jahr t zwischen 18 und 100 Jahren. Der Betrachtungszeitraum dauert wiederum bis zum Jahr 2050 (T). Eine solche konstante Pro-Kopf-Pauschale belastet die im Basisjahr älteren Kohorten stärker, die aber auch die Leistung jener Beamten, deren Versorgungsausgaben zu finanzieren sind, in Anspruch genommen haben. Die anfangs Jungen bezahlen auch in den Jahren mit hohem Wachstum der Versorgungsausgaben eine konstante Pro-Kopf-Pauschale. Sie werden ferner durch den Umstand entlastet, dass die Pro-Kopf-Pauschale nominal konstant bleibt und sich damit im Zeitablauf real verringert.

Die Variante der Gesamtfinanzierung geht nun davon aus, dass von der Pro-Kopf-Pauschale nicht nur die fortgeschriebenen Mehrausgaben des Jahres 2009, sondern sämtliche Versorgungsausgaben zu finanzieren sind. Für jedes Jahr des Betrachtungszeitraums wird diese Pro-Kopf-Pauschale berechnet, indem die aggregierten Versorgungsausgaben durch die Anzahl der Personen zwischen 18 und 100 Jahren dividiert werden. Bei einer variablen Höhe der jährlichen Zahlung müssten, wie die obere Linie in Abbildung 98 für Gesamtdeutschland illustriert, im Jahr 2010 pro Kopf 391,90 Euro bezahlt werden. Die Pro-Kopf-Pauschale steigt kontinuierlich an und erreicht im Jahr 2047 mit 1.407,70 Euro ihr Maximum. Die über den gesamten Betrachtungszeitraum konstante Pro-Kopf-Pauschale liegt im Falle der Vollfinanzierung bei jährlich 879,30 Euro. Mit anderen Worten müsste jeder volljährige Deutsche diesen Betrag jährlich abführen, um sämtliche anfallenden Versorgungsausgaben des Bundes und der 16 Bundesländer vollständig finanzieren zu können. In Formel 37 verändert sich der Zähler: Statt DV_t^{agg}, also der Differenz im Jahr t zwischen den tatsächlichen Versorgungsausgaben und den fortgeschriebenen Versorgungsjahres des Basisjahres, taucht dort nun VA_t^{agg} auf, was die aggregierten Versorgungsausgaben des Jahres t bezeichnet. Im Zähler steht somit der Barwert sämtlicher bis zum Jahr 2050 anfallenden Versorgungsausgaben, der wiederum durch die Summe der in jedem Jahr t auf das Basisjahr 2009 diskontieren Anzahl der Personen zwischen 18 und 100 Jahren dividiert wird. Im Folgenden soll auf eine weitere Betrachtung der variablen Pro-Kopf-Pauschale verzichtet werden und das Augenmerk auf die konstante Pro-Kopf-Pauschale gelegt werden. Sowohl bei der Teil- als auch bei der Gesamtfinanzierung ermöglicht dieser Indikator interessante Vergleiche zwischen den einzelnen Bundesländern.

Abbildung 98: Verlauf der Pro-Kopf-Pauschale bei Gesamt- und Teilfinanzierung am Beispiel Gesamtdeutschland

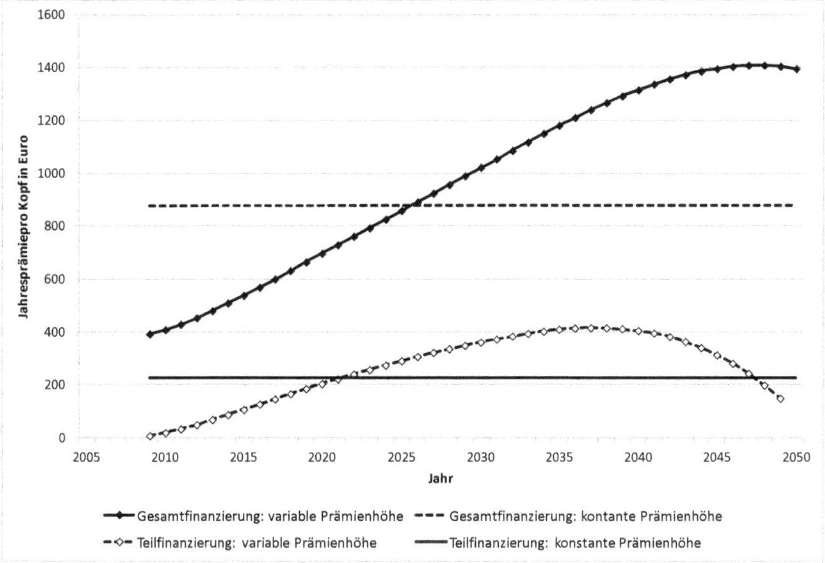

Quelle: Eigene Berechnungen

Tabelle 24 kann die jeweilige Höhe der Pro-Kopf-Pauschale des Bundes, der 16 Bundesländer und für Gesamtdeutschland bei Teil- und Gesamtfinanzierung entnommen werden. Dabei wurde zwischen zwei Szenarien mit nominalen Zinssätzen von drei und vier Prozent unterschieden, wobei ersteres als Basisszenario dienen soll. Die Variante der Teilfinanzierung ermöglicht einen Vergleich zwischen den Bundesländern hinsichtlich der Belastungswirkung als Pro-Kopf-Größe der heutigen und zukünftigen Einwohner, der durch die Zunahme der Versorgungsausgaben verursacht wird. Vom Bestand der Versorgungsausgaben im Basisjahr wird folglich abstrahiert. In Sachsen wäre die konstante, von jedem Einwohner jährlich zu zahlende Pro-Kopf-Pauschale mit 77 Euro am niedrigsten. Der höchste Wert unter den neuen Bundesländern tritt in Thüringen mit 137 Euro auf. Unter den westdeutschen Bundesländern haben das Saarland (103 Euro) und Bremen (152 Euro) die niedrigsten Pro-Kopf-Pauschalen. Am teuersten wird es für die Bewohner Berlins (280 Euro), Baden-Württembergs (269 Euro) und Bayerns (256 Euro). Für die Beamten des Bundes müsste jeder volljährige Deutsche 23 Euro zusätzlich im Jahr bezahlen. Die Höhe

Tabelle 24: Pro-Kopf-Pauschalen zur Finanzierung der Versorgungslasten

Bundesland	Teilfinanzierung: Jahresprämien in Euro pro Kopf der 18- bis 100-Jährigen					
	r=3			r=4		
	Status quo	GRV-Reformpaket	Reformpaket II	Status quo	GRV-Reformpaket	Reformpaket II
Sachsen	77	69	52	69	62	47
Mecklenburg-Vorpommern	84	73	49	78	67	45
Sachsen-Anhalt	100	85	60	90	78	54
Brandenburg	103	94	64	94	86	58
Saarland	103	64	49	101	63	48
Thüringen	137	122	84	125	111	76
Bremen	152	101	100	149	100	99
Hessen	178	125	104	171	121	101
Schleswig-Holstein	187	130	116	179	126	112
Nordrhein-Westfalen	190	136	116	182	132	112
Niedersachsen	203	147	122	194	142	117
Hamburg	230	150	163	223	146	158
Rheinland-Pfalz	246	184	156	232	176	149
Bayern	256	189	167	240	179	157
Baden-Württemberg	269	202	176	256	194	168
Berlin	280	209	172	265	200	165
nachrichtlich:						
Bund	23	16	15	21	15	14
BRD gesamt	225	162	138	213	154	132

Bundesland	Gesamtfinanzierung: Jahresprämien in Euro pro Kopf der 18- bis 100-Jährigen					
	r=3			r=4		
	Status quo	GRV-Reformpaket	Reformpaket II	Status quo	GRV-Reformpaket	Reformpaket II
Sachsen	116	108	91	107	100	85
Mecklenburg-Vorpommern	153	142	118	143	134	111
Brandenburg	157	148	118	146	138	110
Sachsen-Anhalt	183	169	144	171	158	135
Thüringen	205	190	152	190	176	141
Niedersachsen	840	806	781	813	777	752
Schleswig-Holstein	850	814	801	823	786	773
Nordrhein-Westfalen	854	822	794	824	791	765
Hessen	856	834	814	830	804	784
Rheinland-Pfalz	887	825	798	855	798	771
Bayern	895	828	806	861	800	778
Baden-Württemberg	929	862	836	897	836	809
Berlin	1033	971	926	998	939	897
Saarland	1094	1173	1138	1040	1096	1065
Hamburg	1339	1345	1345	1304	1294	1296
Bremen	1522	1596	1550	1448	1501	1462
nachrichtlich:						
Bund	91	84	83	87	81	80
BRD gesamt	879	824	792	847	788	766

Quelle: Eigene Berechnungen

der Pro-Kopf-Pauschale bei Teilfinanzierung wird bestimmt von dem Ausmaß der Steigerung der Versorgungsausgaben gegenüber dem Basisjahr 2009 und der demographischen Entwicklung, also der Anzahl der in jedem Jahr des Betrachtungszeitraums vorhandenen Personen, die 18 Jahre und älter sind. Bei der Gesamtfinanzierung wird nicht nur die zusätzliche Belastung der öffentlichen Haushalte gegenüber den fortgeschriebenen Versorgungsausgaben des Basisjahres ermittelt. Vielmehr werden nun sämtliche Versorgungsaufwendungen gedanklich aus dem Haushalt ausgelagert und über eine im Zeitablauf konstante Pro-Kopf-Pauschale finanziert. Dieser Wert ermöglicht also einen Vergleich über die Gesamtbelastung pro jetzigem und zukünftigem Einwohner zwischen den Bundesländern. Unter den neuen Bundesländern und auch insgesamt verzeichnet Sachsen mit 116 Euro wiederum den niedrigsten Wert, während jeder volljährige Bewohner Thüringens zur Finanzierung der bis zum Jahr 2050 anfallenden Versorgungsausgaben der Landesbeamten jährlich 205 Euro aufbringen müsste. Spitzenreiter sind die beiden Stadtstaaten Bremen und Hamburg mit Pro-Kopf-Pauschalen von 1.522 Euro und 1.339 Euro, gefolgt von dem Saarland (1094) und Berlin (1033 Euro). Jeder Einwohner Deutschland hätte des Weiteren 91 Euro im Jahr für die Versorgungsausgaben der Beamten im unmittelbaren Bundesdienst aufzuwenden. Bei der Gesamtfinanzierung ist neben der demographischen Entwicklung und dem Zuwachs an Versorgungsausgaben besonders der Bestand der Versorgungsausgaben im Basisjahr von großer Bedeutung. Es fällt wiederum auf, dass mit dem Saarland, Bremen und Berlin drei Bundesländer mit die höchsten Pro-Kopf-Pauschalen aufweisen, die aufgrund ihrer schwierigen Haushaltslage Konsolidierungshilfen für die Einhaltung der Schuldenbremse ab 2020 erhalten.

In Tabelle 24 ist zudem die jeweilige Höhe der Pro-Kopf-Pauschale im Falle der Implementierung der beiden in Kapitel 8 untersuchten Reformpakete dargestellt. Zur Finanzierung der aggregierten Versorgungsausgaben von Bund und Ländern müssten beispielsweise nun pro Kopf statt jährlich 879 Euro nun 824 Euro (GRV-Reformpaket) bzw. 792 Euro (Reformpaket II) bezahlt werden. Es wird deutlich, dass die GRV-Reformvariante bereits zu deutlich geringeren Werten führen würde. Das Reformpaket II sorgt durch den systemkonformen Nachhaltigkeitsfaktor für eine zusätzliche Entlastung. Nur in Bremen und Hamburg verhält es sich, wie bereits in Kapitel 8.6 erörtert, gerade umgekehrt. In den neuen Bundesländern fällt die Verringerung der Höhe der Pro-Kopf-Pauschale im Fall des Reformpaketes II aufgrund des systemkonformen Nachhaltigkeitsfaktors deutlich stärker aus. Auf die Problematik der Anwendung dieser Option in den neuen Bundesländern wurde in Abschnitt 8.5 ausführlich eingegangen.

12. Versorgungssteuerquote und BIP-Anteil

Der vorangegangene Abschnitt stellte die projizierten aggregierten Versorgungsausgaben des Bundes und der 16 Bundesländer zunächst in absoluten jährlichen Größen sowie als Barwert bezogen auf das Basisjahr 2009 dar. Um einen Vergleich zu ermöglichen, wurde der Barwert dann in das Verhältnis zum jeweiligen Bruttoinlandsprodukt (BIP) gesetzt. Analog zur expliziten Schuldenquote konnte auf diese Weise der implizite Verschuldungsgrad in Form schwebender Versorgungsverpflichtungen ermittelt werden. Außerdem wurden Pro-Kopf-Pauschalen zur Finanzierung des Zuwachses der Versorgungsausgaben bzw. sämtlicher Versorgungsausgaben berechnet, was einen weiteren Vergleich zwischen den Bundesländern ermöglichte.
Im Folgenden sollen nun drei weitere Indikatoren eingeführt werden, um die zukünftige Belastung des Bundes und der 16 Bundesländer durch den Anstieg der Versorgungsausgaben darzustellen und einen Vergleich der zukünftigen Belastungswirkungen zu ermöglichen. Nach der Entwicklung der Versorgungssteuerquote folgt eine Analyse der BIP-Anteile, die im Betrachtungszeitraum für die Versorgung der Beamten und ihrer Angehörigen aufzubringen sind. Schließlich wird der Barwert der Versorgungsausgaben ins Verhältnis zum Barwert der zukünftigen Bruttoinlandsprodukte gesetzt.

12.1 Versorgungssteuerquoten von Bund und Ländern

Da Bund und Länder die jährlichen Ausgaben für die Beamtenversorgung aus dem laufenden Haushalt zu bezahlen haben, bietet sich die bereits in Abschnitt 2.4 angeführte Versorgungssteuerquote als gute Vergleichsmöglichkeit hinsichtlich der Belastung zukünftiger Haushalte an. Diese setzt die Versorgungsausgaben eines Jahres in das Verhältnis zu den Steuereinnahmen der betrachteten Gebietskörperschaft. Abbildung 99 illustriert die Versorgungssteuerquote von Bund und Ländern im Jahr 2009. Neben den Ausgaben für Ruhegehälter und Hinterbliebenenversorgung sind darin, im Gegensatz zur offiziellen Statistik, auch die Beihilfeaufwendungen für Versorgungsempfänger berücksichtigt. Spitzenreiter sind die beiden Stadtstaaten Hamburg und Bremen mit einer Versorgungssteuerquote von rund 20 Prozent. Dies lässt sich zum einen mit der vorhandenen, relativ hohen Beamtenintensität, aber auch mit dem Umstand, dass der Alterungsprozess der dortigen Beamtenpopulation vergleichsweise schon weiter fortgeschritten ist, erklären. Auf das Saarland (17,8 Prozent), dessen hoher Wert sich auf die vergleichsweise niedrigen Steuereinnahmen sowie überdurchschnittlich viele Ruhestandsbeamte zurückführen lässt, folgen dann die westdeutschen Flächenstaaten mit Werten zwischen 13,6 und 15,1 Prozent. Berlin gab im Jahr 2009 rund 10 Prozent seiner Steuereinnahmen für die Beamtenversorgung aus. Dieser relativ niedrige Wert kommt zustande, da die kassenmäßigen Steuereinnahmen der Bundesländer nach sämtlichen Umverteilungsschritten zwischen den gebietskörperschaftlichen Ebenen zugrunde liegen. Für das Bundesland Berlin hat dies zur Folge, dass die Steuereinnahmen im Vergleich zu den Versorgungsausgaben recht hoch sind. Außerdem gehört zum heutigen Bundesland Berlin auch das frühere Ost-Berlin, wo es analog zu den neuen Bundesländern Verbeamtungen erst seit der Wiedervereinigung gab. Die fünf neuen Bundesländer weisen im Status quo Versorgungssteuerquoten zwischen 0,6 Prozent (Sachsen) und 1,2 Prozent (Sachsen-Anhalt) auf. Der Bund musste im Basisjahr 2009 1,2 Prozent seiner Steuereinnahmen für die Versorgungsansprüche der Beamten im unmittelbaren Bundesdienst sowie deren Angehörigen aufwenden.

Abbildung 99: Versorgungssteuerquote von Bund und Ländern im Jahr 2009 (inkl. Beihilfeausgaben)

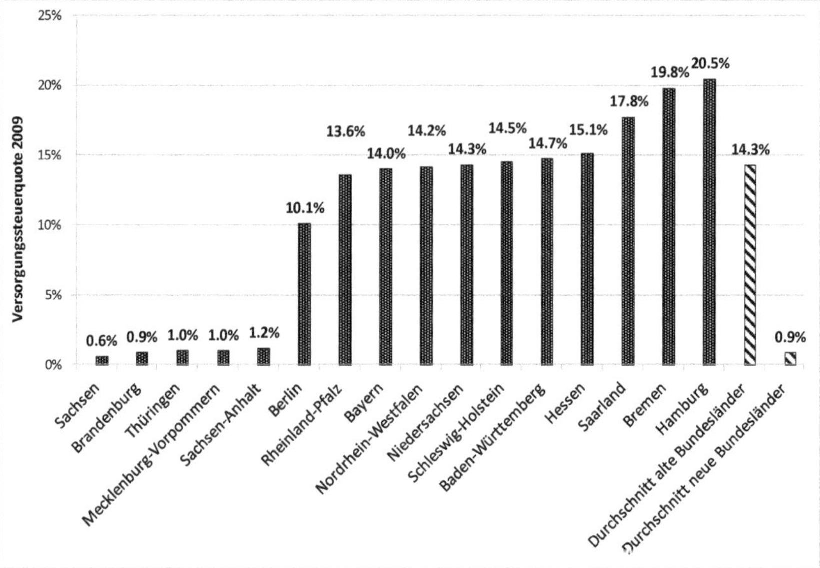

Quellen: Statistisches Bundesamt, Bundesministerium der Finanze, eigene Berechnungen

Nun soll der Frage nachgegangen werden, wie sich die Versorgungssteuerquoten des Bundes und der 16 Bundesländer in Zukunft entwickeln werden. Deren

Verlauf hängt per definitionem von zwei Komponenten ab, nämlich von den Ausgaben für Ruhegehälter, Hinterbliebenenversorgung und Beihilfe im Zähler sowie im Nenner von den zukünftigen Steuereinnahmen. Eine auf Mikrodaten fundierte Projektion der Versorgungsaufwendungen ist, wie gezeigt wurde, recht sensitiv gegenüber der zugrunde gelegten Wachstumsrate.[257] Als relativ schwierig gestaltet sich eine Abschätzung des zukünftigen Verlaufs der Steuereinnahmen des Bundes und der Länder. Diese hängen neben konjunkturellen Einflüssen auch von demographischen Faktoren sowie Veränderungen im Steuerrecht oder dem Verteilungsschlüssel zwischen Bund und Ländern ab. Vereinfachend wird bezüglich Steuerrecht und Verteilungsschlüssel davon ausgegangen, dass sie gegenüber dem Status quo unverändert bleiben. Als Ausgangsbasis dienen somit die tatsächlichen kassenmäßigen Steuereinnahmen von Bund und Ländern in den Jahren 2009 und 2010 nach sämtlichen (Um-)verteilungsschritten, die vom Bundesministerium für Finanzen ausgewiesen werden und auch bei der Berechnung der Versorgungssteuerquoten im Basisjahr 2009 Anwendung fanden. Zur Projektion der Steuereinnahmen wird nun erneut auf die Methode der Generationenbilanzierung zurückgegriffen. Formal orientiert sich die Steuerprojektion an der Berechnung der Beihilfeausgaben. Grundlage hierfür sind die alters- und geschlechtsspezifischen Mikroprofile der aufkommensstärksten Steuerarten (Lohn- und Einkommensteuer sowie Umsatzsteuer), die aus EVS- und SOEP-Daten[258] gewonnen wurden und dann zu einem alters- und geschlechtsspezifischen Mikro-Profil aggregiert werden. Dieses Mikroprofil wird analog zu den Gleichungen 21 bis 23 in Kapitel 9 reskaliert, um es in Einklang mit dem Aggregat der Steuereinnahmen auf Makroebene zu bringen. In Abbildung 100 findet sich der Verlauf dieses aggregierten und reskalierten Steuerprofils, das den alters- und geschlechtsspezifischen durchschnittlichen Steuerzahlbetrag eines Deutschen im Jahr 2009 darstellt.

Für die Projektion des Steueraufkommens wird auf die 12. koordinierte Bevölkerungsvorausberechnung des Statistischen Bundesamtes[259] zurückgegriffen, einmal die gesamtdeutsche Variante und dann auf der Ebene jedes Bundeslandes. Das aggregierte und reskalierte Mikro-Steuerprofil wird fortgeschrieben, dieses Mal mit der unterstellten Rate des nominalen gesamtwirtschaftlichen Wachstums β, das sich aufteilt in ein reales Produktivitätswachstum γ und die

257 Vgl. die Ergebnisse der Projektion der einzelnen Arten von Versorgungsausgaben in den Kapiteln 8 bis 10.

258 Die Einkommens- und Verbrauchsstichprobe (EVS) wird seit 1964 durch das Statistische Bundesamt und die Statistischen Landesämtern alle fünf Jahre durchgeführt. Die EVS liefert damit aktuelle Ergebnisse über die Entwicklung der Lebensverhältnisse privater Haushalte und hat die Form einer Quotenstichprobe. Rund 0,2 Prozent aller Haushalte, zuletzt etwa 75.000 (davon 15.000 in den neuen Ländern und Berlin-Ost), nehmen auf freiwilliger Basis teil. Das sozio-ökonomische Panel (SOEP) ist eine repräsentative Wiederholungsbefragung von 12.000 deutschen Privathaushalten, die seit 1984 jährlich bei denselben Personen und Familien durchgeführt wird.

259 Hierbei findet wiederum die Variante 1-W1 Anwendung, die eine Untergrenze der mittleren Bevölkerung angibt.

Abbildung 100: Aggregiertes und reskaliertes alters- und geschlechtsspezifisches Steuerprofil

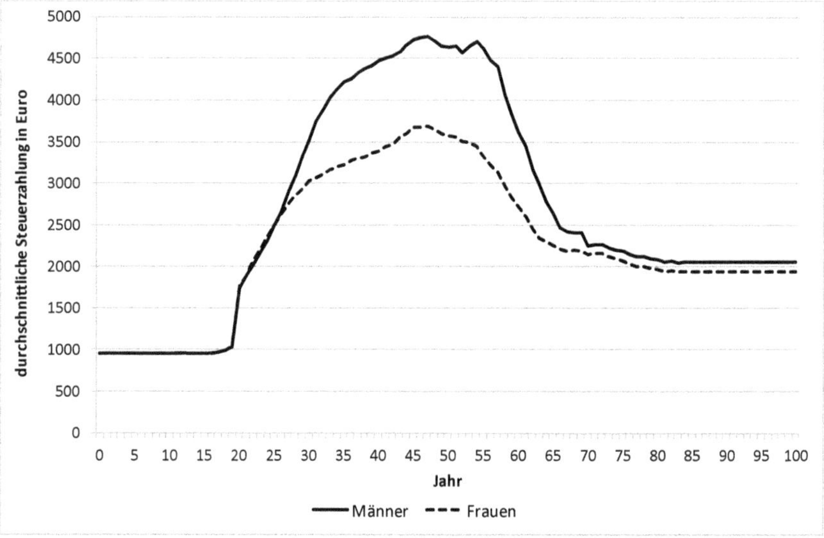

Quelle: EVS/SOEP, Bundesministerium der Finanzen, eigene Berechnungen

unterstellte Inflationsrate π in Höhe von wiederum zwei Prozent.[260] Mit dem reskalierten Mikro-Steuerprofil und der Bevölkerungsprojektion kann nun für jedes Jahr eine Schätzung des Steueraufkommens für gegebene Wachstumsrate erstellt werden.[261]

Zusammenfassend lässt sich damit für den zukünftigen Verlauf der Versorgungssteuerquote feststellen: Je höher (niedriger) das zugrunde gelegte jährliche Wachstum der Versorgungsausgaben ausfällt und je niedriger (höher) die gesamtwirtschaftliche Wachstumsrate gesetzt wird, desto höher (niedriger) ist ceteris paribus die jeweilige Versorgungssteuerquote. Bezüglich der Demographie gilt analog, wiederum ceteris paribus, dass die zukünftige Versorgungssteuerquote umso stärker ansteigt, je ungünstiger das verwendete demographische Szenario ausfällt. Damit ist in dem vorliegenden Kontext gemeint, dass die Jahrgänge im erwerbsfähigen Alter mit den höchsten durchschnittlichen Steuerzahlungen als Folge von Annahmen der jeweiligen Bevölkerungsprojektion bezüglich Fertilität, Mortalität oder Migration schwächer besetzt sind. Die Modellrechnung abstrahiert von kurzfristigen makroökonomischen Schocks

260 Vgl. Gleichung 24 in Kapitel 9

261 Der hier gewählte Ansatz zur Projektion des Steueraufkommens unterscheidet sich von der Methode, die Färber et al. (2011), S. 129ff. bei der Berechnung der zukünftigen Versorgungssteuerquoten verwenden. Auch finden dort Beihilfeleistungen an Versorgungsempfänger keine Berücksichtigung.

und basiert vielmehr auf einem langfristigen, gesamtwirtschaftlichen Trendwachstum. In Tabelle 25 werden die Steuereinnahmen des Bundes und der 16 Bundesländer der Jahre 2009 und 2009 aufgezeigt, die die Basis für die Projektion des zukünftigen Steueraufkommens bilden.

Tabelle 25: Steuereinnahmen des Bundes und der 16 Bundesländer in den Jahren 2009 und 2010

Bundesland	Steuereinnahmen in Mrd. Euro		Bundesland	Steuereinnahmen in Mrd. Euro	
	2009	2010		2009	2010
BW	24.44	25.21	NI	17.64	18.35
BY	29.44	30.16	NW	40.79	41.11
BE	13.28	13.31	RP	9.47	9.61
BB	7.96	7.81	SL	2.47	2.50
HB	2.10	2.14	SA	13.30	13.14
HH	5.27	5.44	ST	7.74	7.65
HE	13.88	14.44	SH	6.57	6.62
MV	5.50	5.39	TH	7.27	7.18
Bund	228.00	225.81			
Gesamt BRD	524.00	530.59			

Quelle: Bundesministerium der Finanzen, eigene Darstellung

Das Basisszenario der Projektion geht von einer jährlichen nominalen Fortschreibung des reskalierten Steuer-Mikroprofils in Höhe von 3,5 Prozent aus. Bei einer unterstellten Preissteigerung in Höhe von 2 Prozent p.a. entspricht dies einem jährlichen realen Produktivitätswachstum von 1,5 Prozent. Ausgehend vom Basisjahr 2009 zeigt Tabelle 26 die Projektion des Steueraufkommens von Bund und Ländern in indexierter Form auf. Die Entwicklung verläuft in den einzelnen Bundesländern sehr unterschiedlich. Auffällig ist zunächst ein deutliches West-Ost-Gefälle. Bis auf das Saarland wächst das langfristige Steueraufkommen aller westdeutschen Bundesländer zudem stärker als das gesamtstaatliche Steueraufkommen. Von den fünf neuen Bundesländern schneidet Sachsen am besten ab, das insgesamt höchste Wachstum verzeichnet die Hansestadt Hamburg.

An dieser Stelle sei noch einmal angeführt, dass bei der Projektion des Steueraufkommens vom Länderfinanzausgleich abstrahiert wurde. Dieser würde bewirken, dass die Unterschiede in der Entwicklung der kassenmäßigen zukünftigen Steuereinnahmen verringert würden. Aufgrund seiner Komplexität und den vielfältigen dynamischen Rückkopplungsmechanismen wurde auf eine Modellierung verzichtet, zumal der derzeitige Mechanismus des Länderfinanzausgleichs bis zum Jahr 2019 befristet ist und danach eine Neuordnung erfahren wird.

Die bei der Projektion des Steueraufkommens auftretenden großen Unterschiede sind unmittelbar auf die jeweilige demographische Entwicklung der

Tabelle 26: Indexierte Projektion des Steueraufkommens von Bund und Ländern

Jahr	BW	BY	Berlin	HB	HH	HE	NI	NW	RP
2009	100	100	100	100	100	100	100	100	100
2015	123	123	119	120	125	123	122	118	120
2020	145	146	140	141	150	143	142	138	140
2025	169	170	162	165	178	166	164	160	162
2030	195	198	188	193	209	192	188	184	188
2040	263	266	252	264	285	257	251	248	252
2050	350	354	334	355	382	340	333	328	334
Jahr	**SL**	**SH**	**BB**	**MV**	**SN**	**ST**	**TH**	**Bund**	**BRD**
2009	100	100	100	100	100	100	100	100	100
2015	116	120	114	111	113	110	111	117	119
2020	132	141	130	125	128	122	124	136	139
2025	149	163	147	140	145	134	137	157	160
2030	170	187	164	157	164	149	153	181	185
2040	221	247	207	200	212	188	193	241	246
2050	285	326	258	253	272	235	241	317	325

Quelle: Eigene Berechnungen

Bundesländer zurückzuführen. Dabei spielen natürlich die bei der Bevölkerungsprojektion getroffenen Annahmen über die Binnenmigration eine wesentliche Rolle. Grundsätzlich gilt, dass die Steuerkraft umso niedriger ausfällt, mit je weniger Köpfen die Alterskohorten im erwerbsfähigen Alter zwischen 25 und 65 Jahren, die im Durchschnitt die höchsten Steuerzahlungen leisten, besetzt sind. Kommt es nun in großer Zahl zu einer Abwanderung dieser Personengruppe, hat dies unmittelbare Auswirkungen auf die Entwicklung des zukünftigen Steueraufkommens. Für Deutschland insgesamt lässt sich feststellen, dass die Anzahl der Menschen im Erwerbsalter in den kommenden Jahrzehnten abnehmen wird, während ein Wachstum der Gruppe der über 65-Jährigen zu verzeichnen sein wird[262]. Diese gesellschaftliche Überalterung führt tendenziell zu einem gedämpften Wachstum des Steueraufkommens. Daneben ist natürlich die zugrunde liegende gesamtwirtschaftliche Wachstumsrate von erheblicher Bedeutung für die Ergebnisse der Projektion. Zwischen den Jahren 1991 und 2000 lag das durchschnittliche reale Produktivitätswachstum in Deutschland bei 1,6 Prozent, zwischen 2000 und 2010 nur bei 0,9 Prozent.[263] Die im Basisszenario der Steuerprojektion unterstellte jährliche reale gesamtwirtschaftliche Wachstumsrate in Höhe von 1,5 Prozent ist damit recht optimistisch.

262 Bei der vorliegenden Projektion der Steuereinnahmen wurde die bis zum Jahr 2040 schrittweise einzuführende nachgelagerte Besteuerung von Renteneinkünften aus Vereinfachungsgründen nicht modelliert. Diese Maßnahme wird tendenziell zu einem Anstieg der Steuerzahlungen von Rentnern führen.

263 Vgl. Statistisches Bundesamt (2012), S. 6.

Basierend auf der Projektion der Versorgungsausgaben und des Steueraufkommens lässt sich nun der zukünftige Verlauf der Versorgungssteuerquote berechnen. Dabei wird jeweils auf die Basisszenarien der Versorgungsausgaben[264] zurückgegriffen. Abbildung 101 illustriert die Entwicklung zunächst auf aggregierter Ebene. Die Versorgungssteuerquote der westdeutschen Bundesländer erhöht sich demzufolge von 14,3 Prozent im Jahr 2009 auf 16,3 Prozent (17,8 Prozent) im Jahr 2015 (2020). In den Folgejahren kommt es zu einem weiteren Anstieg auf 18,5 Prozent. Der Spitzenwert wird in den Jahren 2027 bis 2030 mit 18,6 Prozent erreicht. Danach nimmt die Versorgungssteuerquote wieder ab, unterschreitet 2047 erstmals das Ausgangsniveau und liegt 2050 dann bei 12,5 Prozent. Aufgrund der abweichenden Altersstruktur der ostdeutschen Beamtenpopulationen verläuft die Entwicklung in den fünf neuen Bundesländern zeitlich versetzt. Im Jahr 2009 flossen dort 0,9 Prozent der Steuereinnahmen in die Beamtenversorgung, im Jahr 2015 (2020) werden es 1,3 Prozent (1,8 Prozent) sein. Den höchsten Wert nimmt die Versorgungssteuerquote in den Jahren 2037 bis 2042 mit jeweils 3,3 Prozent an. Danach ist ein leichter Rückgang auf 2,7 Prozent im Jahr 2050 zu beobachten.

Abbildung 101: Versorgungssteuerquoten im Basisszenario (g=3,5 Prozent)

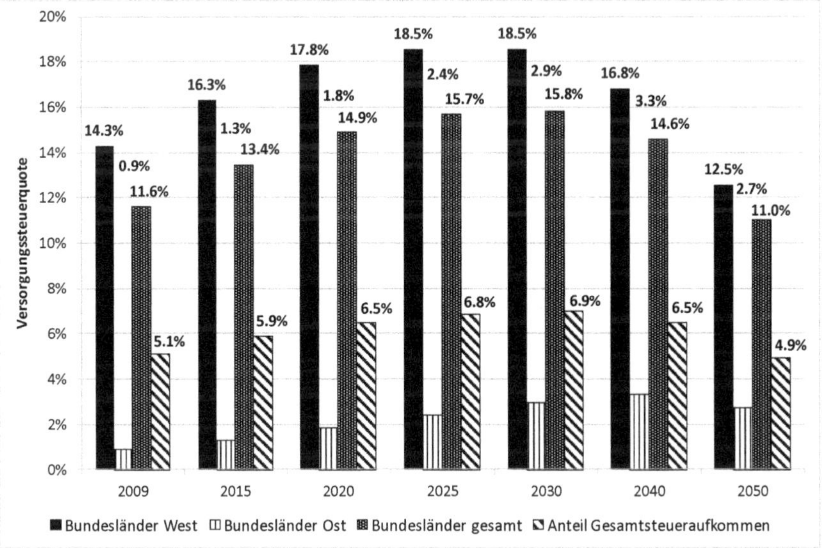

Quelle: Eigene Berechnungen

264 Ruhegehälter und Pensionen werden also mit 2 Prozent p.a. dynamisiert, bei der Beihilfe findet das Szenario mit Kostendruck, also eine jährliche Steigerungsrate von 4,5 Prozent, Anwendung.

In den neuen Bundesländern wird die Versorgungssteuerquote in der Spitze damit um den Faktor 3,6 steigen, während es in Westdeutschland zu einer Zunahme um maximal 30 Prozent kommt. Dies liegt wiederum daran, dass es im Osten gegenwärtig bisher kaum Ruhestandsbeamte gibt. Da die Altersstruktur der ostdeutschen Beamtenpopulation somit jünger ist, geschieht der Anstieg der Versorgungsausgaben und damit der Versorgungssteuerquote zeitversetzt. Die deutlichen Unterschiede zwischen West und Ost hinsichtlich der Höhe der Versorgungssteuerquote ist auf den in den alten Bundesländern bereits vorhandenen hohen Bestand an Pensionären und Empfängern von Hinterbliebenenversorgung zurückzuführen. Betrachtet man alle 16 Bundesländer, erhöht sich die Versorgungssteuerquote von 11,6 Prozent im Jahr 2009 auf bis zu 15,8 Prozent in den Jahren zwischen 2027 und 2031. Danach sinkt sie ab und liegt 2049 erstmals wieder unter dem Ausgangswert. Bezogen auf die gesamtstaatlichen Steuereinnahmen wächst der Anteil der Versorgungsausgaben von 5,1 Prozent auf bis zu 6,9 Prozent in den Jahren 2026 bis 2034. Im Jahr 2044 wird die Marke von 6 Prozent unterschritten und 2049 wieder der Anteil des Basisjahres erreicht.

Auf die Schuldenbremse, die den Bundesländern ab dem Jahr 2020 eine Nettokreditaufnahme verbietet, sowie den bis zu diesem Zeitpunkt erforderlichen Abbau eines eventuellen negativen jährlichen Finanzierungssaldos wurde bereits eingegangen. Die Projektion der Versorgungssteuerquote zeigt nun, dass selbst im Szenario eines realen gesamtwirtschaftlichen Trendwachstums von jährlich 1,5 Prozent der Anteil der Steuerausgaben, der für die Beamtenversorgung aufgewendet werden muss, stark ansteigen wird. Um die schwebenden Versorgungsverpflichtungen finanzieren zu können, verbleiben, da eine Kreditaufnahme ausgeschlossen ist, als Alternativen nur Einsparungen bei anderen Ausgabenposten der Landeshaushalte oder eine durch Steuererhöhungen verbesserte Einnahmebasis.

Die Versorgungssteuerquote reagiert sehr sensitiv bezüglich einer Veränderung des gesamtwirtschaftlichen Trendwachstums. Tabelle 27 zeigt, welche Auswirkungen sich bei einer Variation ergeben. Bei einer unterstellten Inflationsrate von 2 Prozent p.a. entsprechen die Szenarien einem realen Nullwachstum bzw. einem realen Wachstum von jährlich 1, 2 oder 3 Prozent. Im ersten Fall würde die Versorgungssteuerquote der alten Bundesländer auf bis zu 26,1 Prozent in den Jahren zwischen 2037 und 2039 steigen, was beinahe einer Verdopplung entspricht. Rund ein Viertel der Steuereinnahmen wäre damit für die Beamtenversorgung aufzuwenden. Bei den neuen Bundesländern würde der Spitzenwert bei 5,1 Prozent (2041-2046) liegen und sich im Vergleich zum Ausgangswert mehr als verfünffachen. Für alle Bundesländer käme es zu einem Wachstum von 11,6 auf bis zu 22,6 Prozent und damit zu einer Verdopplung. Der An-

Tabelle 27: Versorgungssteuerquoten unter verschiedenen Wachstumsannahmen

	nominales Wirtschaftswachstum 2 Prozent p.a.			
Jahr	**Bundesländer West**	**Bundesländer Ost**	**Bundesländer gesamt**	**Anteil Gesamtsteuer**
2009	14.3%	0.9%	11.6%	5.1%
2015	17.5%	1.4%	14.5%	6.3%
2020	20.6%	2.1%	17.2%	7.5%
2025	23.1%	3.0%	19.5%	8.5%
2030	24.8%	3.9%	21.2%	9.3%
2040	26.0%	5.1%	22.6%	10.0%
2050	22.5%	4.9%	19.7%	8.8%
	nominales Wirtschaftswachstum 3 Prozent p.a.			
Jahr	**Bundesländer West**	**Bundesländer Ost**	**Bundesländer gesamt**	**Anteil Gesamtsteuer**
2009	14.3%	0.9%	11.6%	5.1%
2015	16.7%	1.3%	13.8%	6.0%
2020	18.7%	1.9%	15.6%	6.8%
2025	19.9%	2.6%	16.8%	7.3%
2030	20.4%	3.2%	17.4%	7.7%
2040	19.4%	3.8%	16.8%	7.5%
2050	15.2%	3.3%	13.3%	6.0%
	nominales Wirtschaftswachstum 4 Prozent p.a.			
Jahr	**Bundesländer West**	**Bundesländer Ost**	**Bundesländer gesamt**	**Anteil Gesamtsteuer**
2009	14.3%	0.9%	11.6%	5.1%
2015	15.9%	1.3%	13.1%	5.7%
2020	17.0%	1.7%	14.2%	6.2%
2025	17.2%	2.2%	14.6%	6.4%
2030	16.8%	2.6%	14.4%	6.3%
2040	14.5%	2.9%	12.6%	5.6%
2050	10.3%	2.2%	9.1%	4.1%
	nominales Wirtschaftswachstum 5 Prozent p.a.			
Jahr	**Bundesländer West**	**Bundesländer Ost**	**Bundesländer gesamt**	**Anteil Gesamtsteuer**
2009	14.3%	0.9%	11.6%	5.1%
2015	15.2%	1.2%	12.5%	5.5%
2020	15.4%	1.6%	12.9%	5.6%
2025	14.9%	1.9%	12.6%	5.5%
2030	13.9%	2.2%	11.9%	5.2%
2040	10.9%	2.1%	9.5%	4.2%
2050	7.1%	1.5%	6.2%	2.8%

Quelle: Eigene Berechnungen

teil der Beamtenversorgung am gesamten Steueraufkommen würde sich ausgehend von 5,1 Prozent ebenfalls knapp verdoppeln.

Selbst ein gesamtwirtschaftliches nominales Trendwachstum von 5 Prozent p.a., also 3 Prozent jährliches Realwachstum, würde bei den alten Bundesländer zunächst zu einer Zunahme der Versorgungssteuerquote auf bis 15,4 Prozent zwischen den Jahren 2017 und 2021 führen. Erst 2029 würde in diesem Szenario das Ausgangsniveau wieder unterschritten. Langfristig würde das

Wachstum der Steuereinnahmen den Ausgabenanstieg der Beamtenversorgung dominieren und die Versorgungssteuerquote halbieren. In den neuen Bundesländern würde sich der Anteil der Versorgungsausgaben am Steueraufkommen trotz des hohen Wirtschaftwachstums auf bis zu 2,2 Prozent in den Jahren 2030 bis 2039 erhöhen und danach bis 2050 auf 1,5 Prozent zurückgehen. Werden alle Bundesländer berücksichtigt, steigt die Versorgungssteuerquote von 11,6 Prozent zunächst auf bis zu 12,9 Prozent (2019 bis 2022), um ab 2032 wieder unterhalb des Ausgangsniveaus zu sinken und bis 2050 wieder auf 6,2 Prozent zurückzugehen. Legt man das gesamtstaatliche Steueraufkommen zugrunde, erhöht sich die Quote von 5,1 auf 5,6 Prozent in den Jahren 2017 bis 2023, unterschreitet 2032 den Wert des Basisjahres und verringert sich bis 2050 aufgrund des exponentiellen Wachstumseffektes auf 2,8 Prozent. Trotz des unterstellten jährlichen Trendwachstums von nominal 5 Prozent bzw. real 3 Prozent tritt in den alten Bundesländern bzw. über alle Bundesländer betrachtet in den kommenden beiden Jahrzehnten ein Anstieg der Versorgungssteuerquote auf. In den neuen Bundesländern wird sie sich selbst in dieser Extremvariante in der Spitze mehr als verdoppeln.

Die Betrachtung hat somit gezeigt, dass hohe reale gesamtwirtschaftliche Wachstumsraten und damit verbundene zunehmende Steuereinnahmen die zukünftige Belastung öffentlicher Haushalte durch die eingegangenen Versorgungsverpflichtungen nicht verhindern, zumindest aber signifikant dämpfen können.

Nachdem bisher die Entwicklung der Versorgungssteuerquote nur im Aggregat analysiert wurde, soll nun die Ebene der Bundesländer betrachtet werden. Tabelle 26 stellt die Projektion der Versorgungssteuerquoten unter verschiedenen Wachstumsszenarien dar. Die Basisvariante (nominales Trendwachstum 3,5 Prozent p.a.) zeigt, dass in den westdeutschen Bundesländern Baden-Württemberg, Bayern, Hessen, Niedersachsen, Nordrhein-Westfalen, Rheinland-Pfalz und Schleswig-Holstein die Entwicklung recht gleichförmig verläuft. Die Versorgungssteuerquote des Jahres 2015 (2025) liegt hier zwischen 15,6 und 17,3 Prozent (18 und 20 Prozent). Den niedrigsten Wert nimmt dabei jeweils Bayern an, den höchsten Baden-Württemberg. Im Jahr 2030 liegt die Bandbreite zwischen 18,2 Prozent (Hessen) und 20 Prozent (Baden-Württemberg) und 2050 zwischen 11,8 Prozent (Hessen) und 14,1 Prozent (Bayern). Obwohl bei der Projektion der Versorgungsausgaben bekanntlich von zukünftigen Verbeamtungen abgesehen wurde, verharrt bei der betrachteten Ländergruppe die Versorgungssteuerquote bis mindestens zum Jahr 2044 über dem Ausgangsniveau. Dieses Ergebnis hängt unmittelbar mit der hohen Beamtenintensität und -quote sowie dem ähnlichen Altersaufbau der westdeutschen Flächenstaaten zusammen.

In den Stadtstaaten Bremen und Hamburg ist die Versorgungssteuerquote im Basisjahr 2009 mit 19,8 Prozent bzw. 20,4 Prozent bereits vergleichsweise hoch. Dennoch wird es auch hier zu einem weiteren Anstieg auf jeweils bis zu 21,8 Prozent kommen, was über den maximalen Versorgungssteuerquoten der westdeutschen Flächenstaaten liegt, ehe der Wert bis Mitte der 2030er Jahre auf dem hohen Niveau verharrt. Berlin hat mit 10,1 Prozent im Status quo die niedrigste Versorgungssteuerquote. Die Gründe hierfür wurden bereits diskutiert. In den Jahren zwischen 2029 und 2032 wird in Berlin mit 14,2 Prozent der höchste Wert erreicht. Das Saarland besitzt, sieht man von den Stadtstaaten Bremen und Hamburg ab, mit 17,8 Prozent den höchsten Ausgangswert, der sich bis 2022 noch einmal auf dann 21,1 Prozent erhöhen wird.
In den neuen Bundesländern verläuft die Entwicklung der Versorgungssteuerquote divergierend. Gründe hierfür sind zum einen die Unterschiede im Einstellungsverhalten der Vergangenheit, aber auch im projizierten Steueraufkommen. Spitzenreiter ist Sachsen-Anhalt: Im Jahr 2009 lag die Versorgungssteuerquote dort bei 1,2 Prozent und erhöht sich bis zum Jahr 2040 auf 3,8 Prozent, was auch dem Maximalwert entspricht. Sachsen weist im Ausgangsjahr mit 0,6 Prozent die niedrigste Versorgungssteuerquote aller 16 Bundesländer auf. Diese Stellung behält das Bundesland im gesamten Betrachtungszeitraum, allerdings wächst der Anteil der Versorgungsausgaben an den Steuereinnahmen um mehr als das Vierfache auf bis zu 2,5 Prozent in den Jahren zwischen 2039 und 2044. Moderat fällt die Zunahme beim Bund aus: Im Basisszenario nimmt die Versorgungssteuerquote ausgehend von 1,2 Prozent auf 1,7 Prozent zu. Dieser Wert wird in den Jahren von 2030 bis 2044 erreicht.
Tabelle 28 unterstreicht die Feststellung, dass das der Projektion der Versorgungssteuerquote zugrunde gelegte gesamtwirtschaftliche Trendwachstum von erheblicher Bedeutung ist. Verringert sich die nominale Wachstumsrate auf 2 oder 3 Prozent, so nährt sich der für die Versorgungsausgaben aufzuwendende Anteil der Steuereinnahmen bei den westdeutschen Flächenstaaten dem Wert von einem Fünftel bzw. einem Viertel an. Selbst bei einem angenommenen nominalen Wachstum von fünf Prozent käme es zumindest auf Sicht ungefähr einer Dekade in den alten Bundesländern zu einer Zunahme, ehe das starke Wirtschaftswachstum dann den Anstieg der Versorgungsausgaben überkompensiert. In den neuen Bundesländern ist aber auch selbst dann noch ein deutlicher Zuwachs der Versorgungssteuerquote zu beobachten, jedoch entfaltet die hohe Wachstumsrate im Vergleich zur Basisvariante eine dämpfende Wirkung. Ausnahmen stellen Hamburg und der Bund dar, wo unter der Annahme eines nominalen Trendwachstums von 5 Prozent p.a. jeweils durchweg eine im Vergleich zum Status quo sinkende bzw. weitgehend konstante Versorgungssteuerquote auftritt. Es sei noch einmal hervorgehoben, dass neben der Beam-

Tabelle 28: Entwicklung der Versorgungssteuerquoten des Bundes und der 16 Bundesländer

	nominales Wirtschaftswachstum 2 Prozent p.a.																
Jahr	**BW**	**BY**	**BE**	**HB**	**HH**	**HE**	**NI**	**NW**	**RP**	**SL**	**SH**	**BB**	**MV**	**SN**	**ST**	**TH**	**Bund**
2009	14.7%	14.0%	10.1%	19.8%	20.4%	15.1%	14.3%	14.2%	13.6%	17.8%	14.5%	0.9%	1.0%	0.6%	1.2%	1.0%	1.2%
2015	18.6%	16.8%	12.5%	23.2%	23.1%	17.8%	17.5%	17.7%	17.2%	21.1%	17.7%	1.4%	1.6%	1.0%	1.8%	1.6%	1.4%
2020	22.2%	19.7%	14.8%	25.1%	25.2%	20.7%	20.8%	21.1%	20.6%	24.1%	20.7%	2.2%	2.2%	1.5%	2.6%	2.6%	1.6%
2025	24.9%	22.4%	17.0%	26.0%	27.1%	23.0%	23.4%	23.3%	23.3%	26.2%	22.9%	3.2%	3.0%	2.1%	3.4%	3.9%	1.9%
2030	26.7%	24.7%	19.0%	25.8%	28.9%	24.4%	25.1%	24.8%	25.2%	27.2%	24.6%	4.1%	3.8%	2.8%	4.4%	5.4%	2.2%
2040	28.4%	27.6%	19.6%	22.5%	28.8%	25.0%	25.4%	25.6%	27.2%	27.1%	25.8%	5.3%	4.6%	3.8%	5.9%	7.1%	2.6%
2050	24.6%	25.2%	15.8%	17.0%	24.6%	21.2%	21.3%	21.7%	24.3%	24.3%	22.2%	4.8%	4.2%	3.9%	5.7%	6.5%	2.5%
	nominales Wirtschaftswachstum 3 Prozent p.a.																
Jahr	**BW**	**BY**	**BE**	**HB**	**HH**	**HE**	**NI**	**NW**	**RP**	**SL**	**SH**	**BB**	**MV**	**SN**	**ST**	**TH**	**Bund**
2009	14.7%	14.0%	10.1%	19.8%	20.4%	15.1%	14.3%	14.2%	13.6%	17.8%	14.5%	0.9%	1.0%	0.6%	1.2%	1.0%	1.2%
2015	17.7%	16.0%	11.9%	22.1%	22.0%	17.0%	16.7%	16.9%	16.3%	20.1%	16.9%	1.4%	1.5%	0.9%	1.7%	1.5%	1.3%
2020	20.2%	17.9%	13.4%	22.8%	22.8%	18.8%	18.9%	19.1%	18.7%	21.9%	18.8%	2.0%	2.0%	1.4%	2.3%	2.4%	1.5%
2025	21.5%	19.4%	14.7%	22.4%	23.4%	19.8%	20.2%	20.2%	20.1%	22.7%	19.8%	2.7%	2.6%	1.8%	3.0%	3.4%	1.6%
2030	22.0%	20.3%	15.7%	21.2%	23.8%	20.1%	20.6%	20.4%	20.7%	22.4%	20.2%	3.4%	3.1%	2.3%	3.6%	4.4%	1.8%
2040	21.2%	20.6%	14.6%	16.8%	21.5%	18.7%	19.0%	19.1%	20.3%	20.2%	19.3%	4.0%	3.4%	2.9%	4.4%	5.3%	2.0%
2050	16.6%	17.1%	10.7%	11.5%	16.7%	14.4%	14.4%	14.7%	16.4%	16.4%	15.1%	3.3%	2.8%	2.7%	3.8%	4.4%	1.7%
	nominales Wirtschaftswachstum 3,5 Prozent p.a.																
Jahr	**BW**	**BY**	**BE**	**HB**	**HH**	**HE**	**NI**	**NW**	**RP**	**SL**	**SH**	**BB**	**MV**	**SN**	**ST**	**TH**	**Bund**
2009	14.7%	14.0%	10.1%	19.8%	20.4%	15.1%	14.3%	14.2%	13.6%	17.8%	14.5%	0.9%	1.0%	0.6%	1.2%	1.0%	1.2%
2015	17.3%	15.6%	11.6%	21.6%	21.5%	16.6%	16.3%	16.5%	16.0%	19.6%	16.5%	1.3%	1.5%	0.9%	1.7%	1.5%	1.3%
2020	19.2%	17.0%	12.8%	21.7%	21.8%	17.9%	18.0%	18.2%	17.8%	20.8%	17.9%	1.9%	1.9%	1.3%	2.2%	2.3%	1.4%
2025	20.0%	18.0%	13.7%	20.9%	21.8%	18.4%	18.8%	18.8%	18.7%	21.1%	18.4%	2.5%	2.4%	1.7%	2.8%	3.2%	1.5%
2030	20.0%	18.5%	14.2%	19.2%	21.6%	18.2%	18.7%	18.5%	18.8%	20.3%	18.4%	3.1%	2.8%	2.1%	3.3%	4.0%	1.7%
2040	18.3%	17.8%	12.6%	14.5%	18.6%	16.1%	16.4%	16.5%	17.5%	17.5%	16.7%	3.4%	2.9%	2.5%	3.8%	4.6%	1.7%
2050	13.7%	14.1%	8.8%	9.5%	13.7%	11.8%	11.9%	12.1%	13.5%	13.5%	12.4%	2.7%	2.3%	2.2%	3.2%	3.6%	1.4%
	nominales Wirtschaftswachstum 4 Prozent p.a.																
Jahr	**BW**	**BY**	**BE**	**HB**	**HH**	**HE**	**NI**	**NW**	**RP**	**SL**	**SH**	**BB**	**MV**	**SN**	**ST**	**TH**	**Bund**
2009	14.7%	14.0%	10.1%	19.8%	20.4%	15.1%	14.3%	14.2%	13.6%	17.8%	14.5%	0.9%	1.0%	0.6%	1.2%	1.0%	1.2%
2015	16.9%	15.2%	11.4%	21.0%	21.0%	16.2%	15.5%	16.1%	15.6%	19.1%	16.1%	1.3%	1.4%	0.9%	1.6%	1.5%	1.3%
2020	18.3%	16.2%	12.2%	20.7%	20.7%	17.1%	16.4%	17.3%	17.0%	19.9%	17.0%	1.8%	1.9%	1.2%	2.1%	2.2%	1.3%
2025	18.6%	16.8%	12.7%	19.4%	20.3%	17.2%	16.3%	17.4%	17.4%	19.6%	17.1%	2.4%	2.3%	1.6%	2.6%	2.9%	1.4%
2030	18.1%	16.8%	12.9%	17.5%	19.6%	16.5%	15.4%	16.8%	17.1%	18.4%	16.7%	2.8%	2.6%	1.9%	3.0%	3.6%	1.5%
2040	15.9%	15.4%	10.9%	12.6%	16.1%	14.0%	12.3%	14.3%	15.2%	15.2%	14.4%	3.0%	2.5%	2.1%	3.3%	3.9%	1.5%
2050	11.3%	11.6%	7.3%	7.8%	11.3%	9.8%	8.1%	10.0%	11.2%	11.2%	10.2%	2.2%	1.9%	1.8%	2.6%	3.0%	1.2%
	nominales Wirtschaftswachstum 5 Prozent p.a.																
Jahr	**BW**	**BY**	**BE**	**HB**	**HH**	**HE**	**NI**	**NW**	**RP**	**SL**	**SH**	**BB**	**MV**	**SN**	**ST**	**TH**	**Bund**
2009	14.7%	14.0%	10.1%	19.8%	20.4%	15.1%	14.3%	14.2%	13.6%	17.8%	14.5%	0.9%	1.0%	0.6%	1.2%	1.0%	1.2%
2015	16.1%	14.5%	10.8%	20.1%	20.0%	15.4%	15.1%	15.3%	14.8%	18.2%	15.3%	1.3%	1.4%	0.9%	1.6%	1.4%	1.2%
2020	16.6%	14.7%	11.1%	18.8%	18.8%	15.5%	15.6%	15.8%	15.4%	18.1%	15.5%	1.6%	1.7%	1.1%	1.9%	2.0%	1.2%
2025	16.1%	14.5%	11.0%	16.8%	17.6%	14.9%	15.2%	15.1%	15.1%	17.0%	14.8%	2.0%	2.0%	1.4%	2.2%	2.6%	1.2%
2030	15.0%	13.8%	10.7%	14.4%	16.2%	13.7%	14.0%	13.9%	14.1%	15.2%	13.8%	2.3%	2.1%	1.6%	2.5%	3.0%	1.2%
2040	11.9%	11.6%	8.2%	9.4%	12.1%	10.5%	10.7%	10.7%	11.4%	11.4%	10.8%	2.2%	1.9%	1.6%	2.5%	3.0%	1.1%
2050	7.7%	7.9%	5.0%	5.3%	7.7%	6.7%	6.7%	6.8%	7.6%	7.6%	7.0%	1.5%	1.3%	1.2%	1.8%	2.0%	0.8%

Quelle: Eigene Berechnungen

tenpopulation im Status quo und dem unterstellen gesamtwirtschaftlichen Trendwachstum auch die Höhe der jährlichen Versorgungsanpassungen bzw. des Wachstums der Beihilfeausausgaben sowie die angenommene demographische Entwicklung wichtige Determinanten der Versorgungssteuerquoten darstellen. Außerdem wurde bei der Projektion des Steueraufkommens von konjunkturellen Einflüssen und Strukturbrüchen in Form von Steuerreformen abstrahiert.

Abbildung 102 zeigt, differenziert nach West- und Ostdeutschland, die Entwicklung der Versorgungssteuerquote unter den beiden Reformpaketen auf, die für die Ruhegehälter in Kapitel 8.6 entworfen wurden. Dabei wird deutlich, dass der Anstieg durch die Reformmaßnahmen deutlich begrenzt werden kann, auch wenn sich die Reformen nur auf die Pensionen beziehen. Statt in der Spitze auf 18,6 Prozent würde sich der Anteil der Versorgungsausgaben an den Steuereinnahmen in den westdeutschen Bundesländern auf bis zu 17,3 Prozent (GRV-Reformpaket) bzw. 16,6 Prozent (Reformpaket II) erhöhen. In den ostdeutschen Bundesländern würden statt 3,3 Prozent maximal Werte von 3,0 Prozent (GRV-Reformpaket) bzw. 2,5 Prozent (Reformpaket II) erreicht.

Abbildung 102: Versorgungssteuerquoten und Reformszenarien

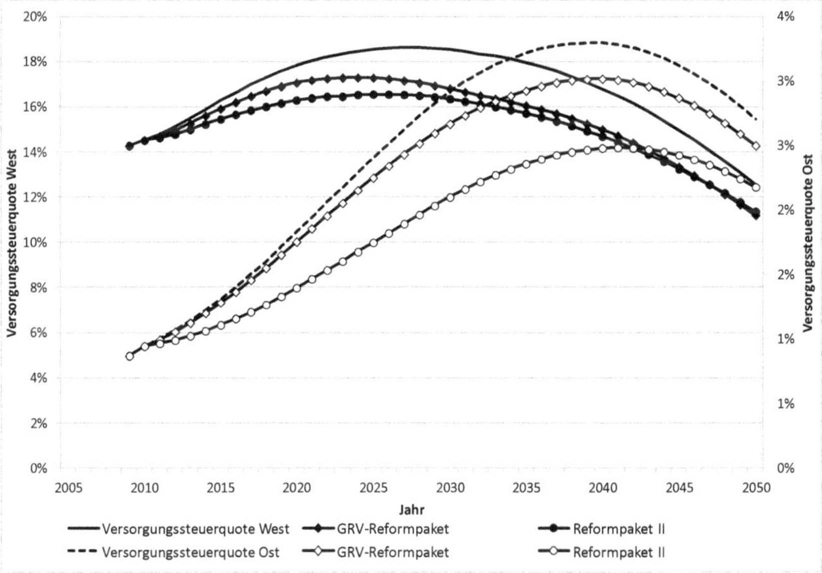

Quelle: Eigene Berechnungen

Betrachtet man die Gesamtheit aller 16 Bundesländer, ließe sich der Anstieg von 11,6 Prozent im Status quo statt auf bis zu 15,8 Prozent auf maximal 14,6

Prozent im Szenario des GRV-Reformpaketes und 14 Prozent beim weitergehenden Reformpaket II beschränken. Dies unterstreicht noch einmal die entlastende Wirkungen der dargestellten Reformmöglichkeiten auf die Haushalte insbesondere der Bundesländer. Das Reformpaket II dämpft den Anstieg der Versorgungssteuerquote gerade in den Jahren des stärksten Wachstums der Versorgungsausgaben noch einmal zusätzlich.[265]

12.2 Anteil der Versorgungsausgaben am Bruttoinlandsprodukt

Um einen aussagekräftigen Vergleich zwischen den Gebietskörperschaften vornehmen zu können, wurde in den Kapiteln 8 bis 11 jeweils der Barwert der schwebenden Versorgungsverpflichtungen in das Verhältnis zum Bruttoinlandsprodukt des Basisjahres 2009 gesetzt. Nun soll die Entwicklung des jährlichen Verhältnisses zwischen Versorgungsausgaben und Wirtschaftsleistung untersucht werden, wozu es einer Projektion der zukünftigen Bruttoinlandsprodukte bedarf.
In Abbildung 103 sind für das Jahr 2009 die Anteile der Versorgungsausgaben von Bund und Ländern am jeweiligen Bruttoinlandsprodukt dargestellt. Bei der Betrachtung fällt zunächst ein deutliches West-Ost-Gefälle auf. Den höchsten Anteil ihrer Wirtschaftsleistung müssen im Status quo Bremen (1,67 Prozent), das Saarland (1,58 Prozent) und Berlin (1,40 Prozent) für die Beamtenversorgung aufbringen. Die lässt sich damit erklären, dass zum einen die Bruttoinlandsprodukte der drei Bundesländer im Basisjahr unterdurchschnittlich sind, während sich die Versorgungsausgaben aufgrund der Altersstruktur der Beamtenpopulation bereits auf einem relativ hohen Niveau bewegen. In Hessen, Bayern, Baden-Württemberg und Nordrhein-Westfalen bewirkt die hohe Wirtschaftsleistung dagegen trotz des hohen Bestands an Versorgungsempfängern einen vergleichsweise niedrigen BIP-Anteil zwischen 0,98 Prozent und 1,09 Prozent. Unter den neuen Bundesländern wies Sachsen im Basisjahr 2009 mit 0,09 Prozent den niedrigsten Wert auf, Sachsen-Anhalt musste mit 0,19 Prozent mehr als den doppelten Anteil seiner Wirtschaftsleistung für die Versorgungsausgaben aufwenden. Insgesamt wurden im Jahr 2009 1,13 Prozent der gesamtdeutschen Wirtschaftsleistung für die Beamtenversorgung von Bund und Länder aufgewendet. Im Jahr 1993 lag dieser Anteil noch bei 0,80 Prozent.

265 In Abbildung 100 fällt erneut die deutliche Entlastungswirkung des Reformpaketes II bei den ostdeutschen Bundesländern auf. Diese ist direkt auf den systemkonformen Nachhaltigkeitsfaktor zurückzuführen. Auf die Problematik der Anwendung dieser Variante in den neuen Bundesländern wurde in den Abschnitten 8.4.2 und 8.4.3 ausführlich eingegangen.

Abbildung 103: BIP-Anteile der Versorgungsausgaben von Bund und den 16 Bundesländern im Jahr 2009

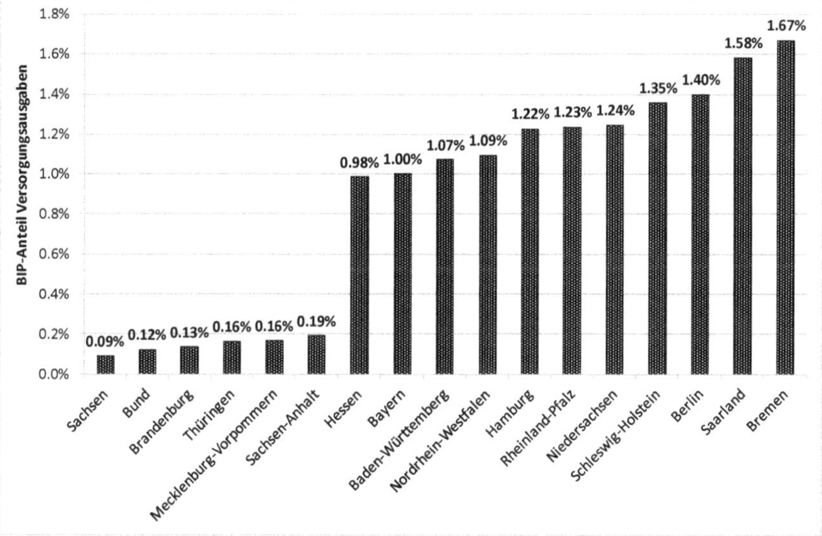

Quelle: Statistisches Bundesamt, eigene Berechnungen

Nun sollen für den Bund und die Bundesländer Projektionen der Entwicklung des jeweiligen jährlichen Anteils der Versorgungsausgaben an der Wirtschaftsleistung erstellt werden. In Kombination mit den projizierten Versorgungssteuerquoten ermöglicht dies weitergehende Aussagen über die zukünftige Finanzierbarkeit von Pensionen, Hinterbliebenenversorgung und Beihilfen. Notwendiger Baustein hierfür ist eine Projektion des gesamtdeutschen Bruttoinlandsproduktes sowie der Bruttoinlandsprodukte auf Ebene der Bundesländer.[266] Da die zukünftige Wirtschaftsleistung neben der gesamtwirtschaftlichen Wachstumsrate angesichts der bereits diskutierten demographischen Veränderungsprozesse stark von der Entwicklung der Erwerbsquote abhängt, kommen bei der Projektion drei alternative Szenarien zur Anwendung, nämlich das einer konstanten, einer leicht sowie einer stark ansteigenden Erwerbsquote.

Die methodische Vorgehensweise der Projektion des Bruttoinlandsproduktes entspricht im Wesentlichen dem bei der Berechnung der zukünftigen Beihilfeausgaben verwendeten Ansatz, der in Kapitel 9 beschrieben wurde und auf dem auch die Steuerprojektion des vorhergehenden Abschnitts basierte. Allerdings werden einige Modifikationen vorgenommen. Den Ausgangspunkt bilden

266 Dabei wird auf das grundsätzliche Konzept zurückgegriffen, das die Europäische Kommission in ihrem jährlichen Sustainability Report verwendet. Vgl. hierzu Europäische Kommission (2009), S. 10ff.

das gesamtdeutsche Bruttoinlandsprodukt bzw. die Bruttoinlandsprodukte der Bundesländer der Jahre 2009 und 2010, die der Volkswirtschaftlichen Gesamtrechnung (VGR) des Statistischen Bundesamtes entnommen wurden. Die demographische Entwicklung der Bundesländer basiert wiederum auf der Variante 1-W1 der 12. koordinierten Bevölkerungsvorausberechnung des Statistischen Bundesamtes. Der BIP-Projektion liegt aber nicht die gesamte Bevölkerung, sondern nur die Erwerbspersonen zugrunde[267]. Dahinter steckt die Überlegung, die gesamte Wirtschaftsleistung des Basisjahres gedanklich auf die Erwerbstätigen und die Erwerbslosen, die per definitionem arbeitssuchend sind, aufzuteilen.[268] Prinzipiell wird damit eine gesamtwirtschaftliche Produktionsfunktion mit nur einem notwendigen Inputfaktor Arbeit unterstellt.[269]

Die Anzahl der Erwerbspersonen wird ermittelt, indem für jedes Jahr der alters- und geschlechtsspezifische Bevölkerungsaufbau mit einem Erwerbsquotenprofil multipliziert wird. Hinsichtlich der Erwerbsquoten und ihrer zukünftigen Entwicklung wird auf die Ergebnisse von Ehing und Moog (2012) zurückgegriffen. Aus dem Mikrozensus[270] ermitteln sie die Erwerbsbeteiligung nach Alter und Geschlecht und schreiben die Erwerbsquoten nach dem Kohorten-Komponenten-Modell fort.[271] Um die Veränderungen der Erwerbsbeteiligung auf die Entwicklung der zukünftigen Wirtschaftsleistung zu illustrieren, wird im Folgenden von drei Szenarien ausgegangen.[272] Bei der Status quo-Variante bleibt die durchschnittliche alters- und geschlechtsspezifische Erwerbsquote im Betrachtungszeitraum bis 2050 konstant. Das Szenario „Rente 67" basiert auf der Annahme, dass die bis 2029 zum Tragen kommende Erhöhung der Regelaltersgrenze auf 67 Jahre das effektive Renteneintrittsalter um ein Jahr nach hinten verschiebt. Um die maximal mögliche Anzahl der Erwerbspersonen ab-

267 Nach Rengers (2004) gilt laut dem Labour Force Konzept der International Labour Organization (ILO) jede Person als erwerbstätig, die zwischen 15 und 74 Jahren alt ist, in einem Arbeitsverhältnis mit mindestens einer Stunde Arbeitszeit je Woche steht oder Selbstständiger, Soldat, Zivildienstleistender, mithelfender Familienangehöriger oder Auszubildender ist. Als erwerbslos gelten all jene Personen zwischen 15 und 74 Jahren, die kein Beschäftigungsverhältnis besitzen, Arbeit suchen und für eine Beschäftigung verfügbar sind. Die Erwerbstätigen und die Erwerbslosen bilden zusammen die Erwerbspersonen.

268 Vgl. Fetzer (2006), S. 49f., der für seine BIP-Projektion eine ähnliche Vorgehensweise wählt, jedoch die Erwerbstätigen statt die Erwerbspersonen als Grundlage verwendet. Um keine Annahme über die zukünftige Entwicklung und Struktur der Erwerbslosenquote treffen zu müssen und die Auswirkungen der demographischen Entwicklung darzustellen, wird als Grundlage der BIP-Projektion auf die Erwerbspersonen zurückgegriffen. Beide BIP-Projektionen ergeben dennoch nur geringe Abweichungen voneinander. Die Ergebnisse der BIP-Projektion sind auch konsistent mit dem Basisszenario bezüglich der zukünftigen Entwicklung der Wirtschaftsleistung von Scholz (2009), S. 57 ff., auf die sich Färber et al. (2011), S. 128ff. beziehen.

269 Vgl. Fetzer (2006), S. 50.

270 Der Mikrozensus ist eine seit 1957 jährlich vom Statistischen Bundesamt durchgeführte Befragung von einem Prozent aller Haushalte in Deutschland. Insgesamt nehmen etwa 380.000 Haushalte mit 820.000 Personen an dieser Erhebung teil.

271 Vgl. Ehing und Moog (2012), S. 3ff.

272 Für die BIP-Projektion wurde versucht, die Erwerbsquoten auf Ebene der Bundesländer zu ermitteln. Aufgrund zu niedriger Fallzahlen im Mikrozensus für einige Bundesländer wurde darauf verzichtet.

schätzen zu können, wird bei der Variante „Extrem" von einem um 2 Jahre späteren Renteneintritts, einem früheren Erwerbseintritts, einer erhöhten Erwerbsbeteiligung Älterer, einer erhöhten Erwerbsbeteiligung von Menschen mit Migrationshintergrund sowie einer Angleichung der Erwerbsbeteiligung zwischen den Geschlechtern ausgegangen.[273] Die Abbildungen 104 und 105 verdeutlichen für Männer und Frauen Verlauf und Entwicklung der Erwerbsquoten unter den genannten Varianten. Dargestellt ist jeweils das Profil im Status quo des Basisjahres 2009, das den beiden Szenarien „Rente 67" und „Extrem" im Jahres 2050 gegenüber gestellt wird. Auf diese Weise werden deutlich die Auswirkungen sichtbar: Die größten Veränderungen bei den Erwerbsquoten treten bei den Frauen auf, während es bei den Männern im Prinzip, sieht man vom früheren Berufseintritt ab, zu einer Verschiebung des Renteneintritts nach hinten kommt.

Abbildung 104: Entwicklung der Erwerbsquoten der Männer in den drei Szenarien

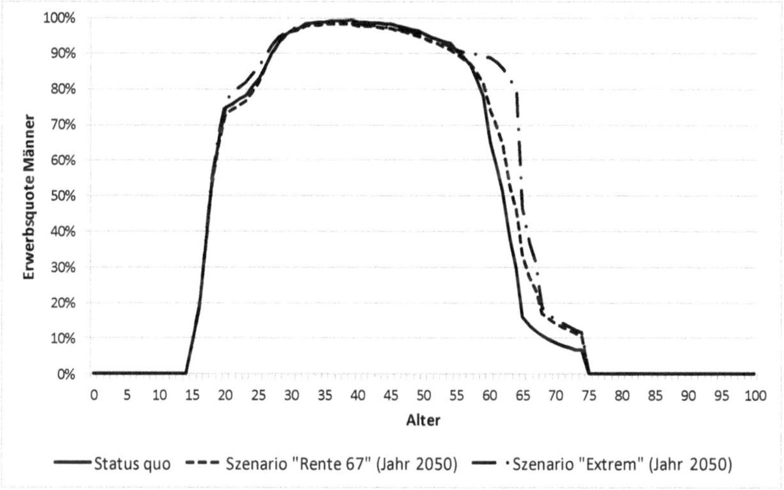

Quelle: Ehing und Moog (2012), eigene Darstellung

Mithilfe der alters- und geschlechtsspezifischen Erwerbsquotenprofile lässt sich nun in Verbindung mit der Bevölkerungsvorausberechnung für Gesamtdeutschland und auf der Ebene der 16 Bundesländer für die drei angeführten Varianten für jedes Jahr die Erwerbspersonenpopulation erstellen. Die Bruttoinlandspro dukte des Jahres 2010[274] werden nun durch die Summe der männlichen und

273 Vgl. Ehing und Moog (2012), S. 6ff.

274 Das gesamtdeutsche Bruttoinlandsprodukt sowie das BIP der Bundesländer des Jahres 2009 werden als gegeben hingenommen. Die BIP-Projektion basiert damit auf der Wirtschaftsleistung des Jahrs 2010.

Abbildung 105: Entwicklung der Erwerbsquoten der Frauen in den drei Szenarien

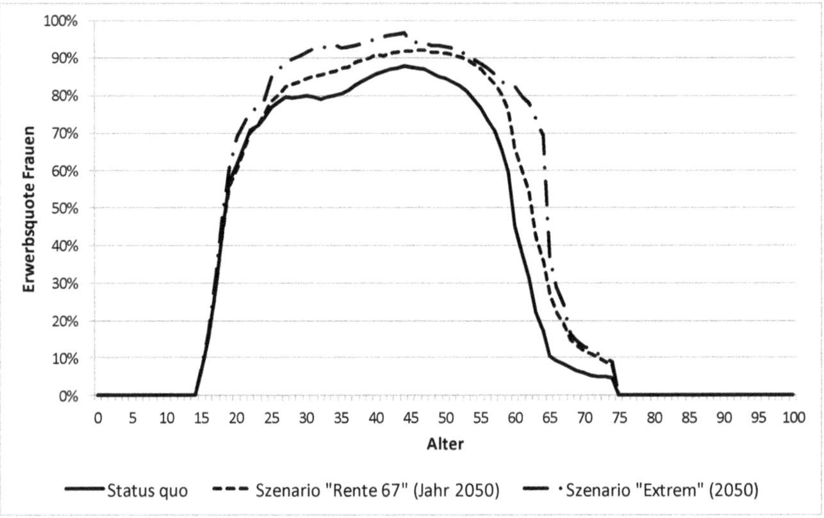

Quelle: Ehing und Moog (2012), eigene Darstellung

weiblichen Erwerbspersonen dividiert. Auf diese Weise erhält man den sogenannten „Wert der Eins", also den BIP-Anteil je Erwerbstätigen, der mit der nominalen jährlichen gesamtwirtschaftlichen Wachstumsrate β fortgeschrieben wird. Diese teilt sich auf in eine reale Komponente in Form von Produktivitätswachstum (γ) und der unterstellten Inflationsrate π von 2 Prozent pro Jahr. Im Basisszenario wird wiederum ein reales Produktivitätswachstum in Höhe von 1,5 Prozent unterstellt, bei nominaler Betrachtungsweise erfolgt damit eine Anpassung um jährlich 3,5 Prozent.

Für jedes Jahr wird nun der auf diese Weise ermittelte und fortgeschriebene BIP-Anteil je Erwerbsperson mit der Gesamtzahl der vorhandenen männlichen und weiblichen Erwerbspersonen multipliziert. Dies ergibt für jedes Jahr des bis 2050 dauernden Projektionszeitraums die jeweilige Wirtschaftsleistung, zunächst für Gesamtdeutschland, dann auf der Ebene der einzelnen Bundesländer. Tabelle 29 stellt die Bruttoinlandsprodukte der Jahre 2009 und 2010 dar, die jeweils die Ausgangsbasis der Projektion bilden. Die Ergebnisse der Vorausberechnung lassen sich für das Basisszenario (3,5 Prozent nominales Wachstums, Erwerbsbeteiligungs-Szenario „Rente 67") in indexierter Form Tabelle 30 entnehmen.

Tabelle 29: Gesamtdeutsches Bruttoinlandsprodukt und BIP der Bundesländer 2009 und 2010

Bundesland	BIP in Mrd. Euro		Bundesland	BIP in Mrd. Euro	
	2009	2010		2009	2010
BW	336.78	348.82	RP	104.38	105.46
BY	412.99	419.14	SL	27.81	28.26
BE	96.07	95.88	SH	70.56	69.41
HB	24.93	26.93	BB	51.71	51.56
HH	88.03	89.48	MV	33.58	33.17
HE	213.93	214.23	SA	89.46	89.06
NI	203.12	208.66	ST	48.30	48.32
NW	528.69	532.51	TH	44.44	44.74
BRD gesamt	2374.50	2404.66			

Quelle: Statistisches Bundesamt

Tabelle 30: Indexierte Projektion der Bruttoinlandsprodukte

Jahr	BW	BY	BE	HB	HH	HE	NI	NW	RP
2009	100	100	100	100	100	100	100	100	100
2015	128	127	122	133	129	123	126	123	124
2020	151	150	142	157	155	143	146	144	145
2025	173	173	163	182	182	164	166	165	166
2030	196	197	185	209	210	185	187	186	187
2040	254	256	243	281	277	240	242	242	244
2050	334	336	312	375	360	314	320	319	325

Jahr	SL	SH	BB	MV	SA	ST	TH	Bund
2009	100	100	100	100	100	100	100	100
2015	121	122	117	113	116	113	114	123
2020	137	143	132	125	130	123	125	144
2025	152	164	145	136	145	133	136	164
2030	169	185	158	149	162	145	149	185
2040	215	236	192	186	207	179	183	239
2050	278	308	234	233	260	221	224	311

Quelle: Eigene Berechnungen

Wie auch schon bei der Abschätzung des zukünftigen Steueraufkommens treten zwischen den Bundesländern deutliche Unterschiede auf, die sich im Kern auf die demographische Entwicklung und deren Auswirkungen auf die Erwerbspersonen zurückführen lassen. In der Bundesrepublik Deutschland wird die Erwerbspersonenzahl in der Modellrechnung selbst im Szenario einer leicht ansteigenden Erwerbsquote (Variante „Rente 67“) von 43,23 Mio. im Jahr 2009 auf 42,08 Mio. (38,33 Mio.) im Jahr 2020 (2030) sinken, um im Jahr 2040 dann bei 35,16 Mio. zu liegen. Zum Ende des Betrachtungszeitraums im Jahr 2050 wird ein Wert von 32,51 Mio. erreicht. Interessant ist als Benchmark ein einfacher Vergleich mit der fiktiven BIP-Entwicklung, wenn man von der Demographie abstrahiert und das Bruttoinlandsprodukt des Basisjahres mit der nominalen gesamtwirtschaftlichen Wachstumsrate von 3,5 Prozent p.a. mittels exponentiellen Wachstums fortführt. Im Jahr 2020 (2030) müsste die Wirtschaftsleistung dann 146 Prozent (206 Prozent) des Basisjahres betragen, zehn Jahre später 291 Prozent und im Jahr 2050 schließlich 410 Prozent. Die auftretenden Unterschiede sind unmittelbar auf die demographischen Veränderungen zurückzuführen.

Auffällig ist erneut das Gefälle zwischen den alten und neuen Bundesländern. Mit gewisser Vorsicht sind die Ergebnisse für die Stadtstaaten Hamburg und Bremen zu betrachten, da es hier hinsichtlich der angenommenen Erwerbspersonenentwicklung aufgrund der räumlichen Nähe zu anderen Bundesländern zu Verzerrungen kommen kann. An dieser Stelle sei noch einmal betont, dass es sich um eine modellhafte Abschätzung der zukünftigen Bruttoinlandsprodukte handelt, die naturgemäß konjunkturelle Einflüsse nicht berücksichtigt und im Kern von der jeweiligen demographischen Entwicklung und der gewählten gesamtwirtschaftlichen Wachstumsrate bestimmt wird.

Abbildung 106 verdeutlicht die Entwicklung des Verhältnisses der aggregierten Versorgungsausgaben von Bund und Ländern im Verhältnis zum jeweiligen gesamtdeutschen Bruttoinlandsprodukt. Im Basisjahr 2009 wurden in der Bundesrepublik Deutschland vom Bund und den 16 Bundesländern 1,13 Prozent der Wirtschaftsleistung für Versorgungsausgaben aufgewendet. Im Basisszenario der Projektion würde der BIP-Anteil der Versorgungsausgaben auf 1,38 (1,53) Prozent im Jahr 2020 (2030) zunehmen. Der höchste Wert würde im Jahr 2033 mit 1,55 Prozent erreicht. Danach wächst das Bruttoinlandsprodukt relativ stärker als die Versorgungausgaben, was bis zum Jahr 2050 zu einem Rückgang des BIP-Anteils auf das Ausgangsniveau führt. Deutlich erkennbar sind die Auswirkungen unterschiedlicher Erwerbsquoten bei konstanter gesamtwirtschaftlicher Wachstumsrate: Verbleibt die Erwerbsquote auf dem Niveau des Basisjahres (Szenario „Status quo"), würde der BIP-Anteil des Jahres 2020 (2030) um 0,06 Prozentpunkte (0,09 Prozentpunkte) über dem dargestellten Basisszenario liegen. In der Spitze läge der BIP-Anteil in den Jahren 2032-2034 bei dieser Variante bei 1,66 Prozent und damit 46,9 Prozent über dem Wert des Basisjahres. Auch am Ende des Betrachtungszeitraums würde mit 1,21 Prozent noch immer das Ausgangsniveau übertroffen werden. Käme es hingegen zu einem starken Anstieg der Erwerbsbeteiligung (Szenario „Extrem") könnte der Anstieg des Anteils der Versorgungsausgaben am Bruttoinlandsprodukt auf maximal 1,44 Prozent im Jahr 2034 beschränkt werden. Gegenüber der Status quo-Variante beträgt der Unterschied in der Spitze damit 0,22 Prozentpunkte.

Im Vergleich zum Ausgangswert im Basisjahr entspricht dies aber noch immer einer Zunahme um 27,4 Prozent.

Abbildung 106: BIP-Anteil der aggregierten Versorgungsausgaben im Basisszenario

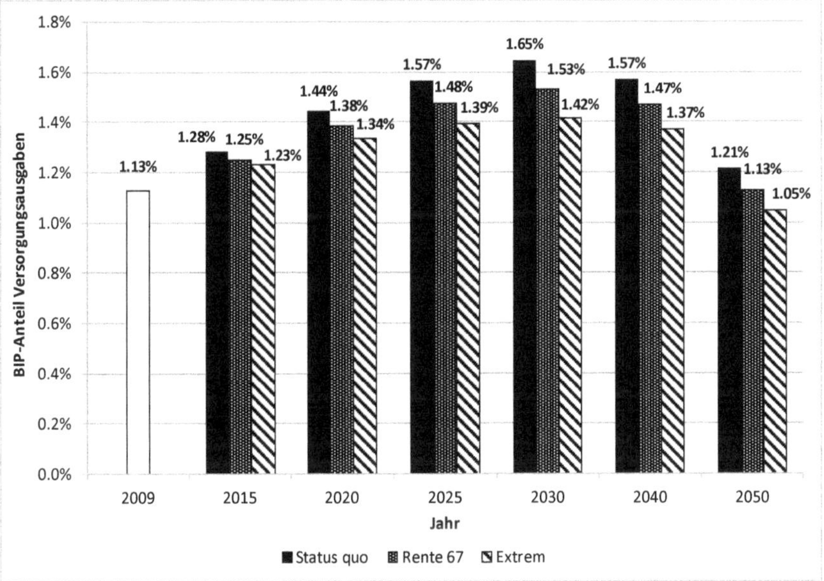

Quelle: Eigene Berechnungen

In Abbildung 107 wird die Entwicklung des BIP-Anteils der Versorgungsausgaben für die neuen und alten Bundesländer aufgezeigt. Im Basisjahr 2009 wurden in den westdeutschen Bundesländern 1,12 Prozent der dortigen Wirtschaftsleistung für die Beamtenversorgung ausgegeben. Im Szenario mit konstanten Erwerbsquoten wird es zu einem Anstieg auf bis zu 1,56 Prozent in den Jahren 2030 bis 2033 kommen. Bei einer leicht erhöhten Erwerbsbeteiligung (Basisszenario, „Rente 67") liegt das Maximum bei 1,46 Prozent und im Falle eines starken Anstiegs der Erwerbsquoten (Variante „Extrem") bei 1,35 Prozent. In der Folge ist bei allen drei Varianten ein Rückgang des BIP-Anteils der Versorgungsausgaben zu beobachten, der langfristig bis unter das Ausgangsniveau reicht.

In den neuen Bundesländern beträgt der BIP-Anteil der Versorgungsausgaben im Basisjahr 2009 0,14 Prozent. Aus Abbildung 107 wird deutlich, dass sich der Anstieg in Ostdeutschland zeitversetzt vollzieht. Im Status quo-Szenario wird das Maximum in den Jahren zwischen 2038 und 2042 mit 0,58 Prozent erreicht. Gegenüber dem Ausgangswert entspricht dies mehr als einer Vervierfachung. Unter der Annahme leicht bzw. stark ansteigender Erwerbsquoten verringert sich dieser Maximalwert auf 0,54 Prozent bzw. 0,50 Prozent. Der zukünftige Anstieg des BIP-Anteils der Versorgungsausgaben fällt damit in den neuen Bundesländern relativ betrachtet stärker aus als im Westen, bewegt sich allerdings auf deutlich niedrigerem Niveau. Dieser Unterschied zwischen West und Ost lässt sich wiederum direkt anhand der unterschiedlichen Altersstruktur der Landesbeamten erklären. Daneben wirkt sich auch die im Vergleich niedrigere zukünftige Wirtschaftsleistung der neuen Bundesländer aus, die in dem vorliegenden Modell auf die ungünstige demographische Entwicklung zurückzuführen ist.

Abbildung 107: Entwicklung BIP-Anteile der Versorgungsausgaben im Basisszenario

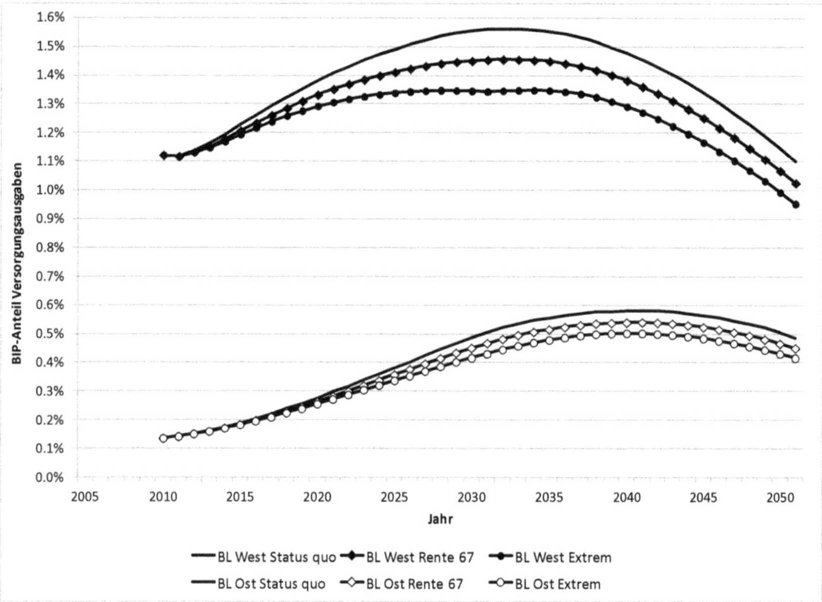

Quelle: Eigene Berechnungen

Der Anstieg des BIP-Anteils der Versorgungsangaben auf der Ebene der 16 Bundesländer im Basisszenario kann Tabelle 31 entnommen werden. In Bremen wird das bereits hohe 2009er Niveau gehalten bzw. ist leicht rückläufig. In Hamburg wird es nur zu einem moderaten Anstieg kommen. Dies liegt einerseits am Altersaufbau der Beamtenpopulation, hauptsächlich aber an dem Umstand, dass hier das Wirtschaftswachstum den zukünftigen Zuwachs nahezu vollständig bzw. zu großen Teilen kompensiert.

Tabelle 31: Entwicklung des BIP-Anteils der Versorgungsausgaben von Bund und Ländern im Basisszenario (g=3,5%)

Jahr	BW			BY			BE			HB			HH			HE		
	SQ	R 67	Ex	SQ	R 67	Ex	SQ	R 67	Ex	SQ	R 67	Ex	SQ	R 67	Ex	SQ	R 67	Ex
2009	1.07%	1.07%	1.07%	1.00%	1.00%	1.00%	1.40%	1.40%	1.40%	1.67%	1.67%	1.67%	1.22%	1.22%	1.22%	0.98%	0.98%	0.98%
2015	1.23%	1.20%	1.19%	1.10%	1.08%	1.06%	1.61%	1.57%	1.55%	1.67%	1.64%	1.61%	1.28%	1.25%	1.24%	1.10%	1.08%	1.06%
2020	1.39%	1.34%	1.29%	1.23%	1.18%	1.14%	1.81%	1.74%	1.69%	1.71%	1.64%	1.58%	1.31%	1.26%	1.22%	1.21%	1.16%	1.12%
2025	1.50%	1.42%	1.34%	1.34%	1.26%	1.19%	1.99%	1.88%	1.78%	1.68%	1.59%	1.51%	1.34%	1.27%	1.21%	1.29%	1.21%	1.14%
2030	1.55%	1.45%	1.34%	1.42%	1.32%	1.22%	2.12%	1.99%	1.85%	1.59%	1.49%	1.39%	1.37%	1.28%	1.20%	1.31%	1.22%	1.13%
2040	1.47%	1.38%	1.29%	1.41%	1.32%	1.23%	1.94%	1.81%	1.69%	1.22%	1.15%	1.08%	1.22%	1.15%	1.07%	1.20%	1.12%	1.05%
2050	1.12%	1.04%	0.97%	1.13%	1.06%	0.98%	1.41%	1.31%	1.21%	0.81%	0.76%	0.70%	0.94%	0.87%	0.81%	0.89%	0.83%	0.77%

Jahr	NI			NW			RP			SL			SH			BB		
	SQ	R 67	Ex	SQ	R 67	Ex	SQ	R 67	Ex	SQ	R 67	Ex	SQ	R 67	Ex	SQ	R 67	Ex
2009	1.24%	1.24%	1.24%	1.09%	1.09%	1.09%	1.23%	1.23%	1.23%	1.58%	1.58%	1.58%	1.35%	1.35%	1.35%	0.13%	0.13%	0.13%
2015	1.40%	1.37%	1.35%	1.25%	1.22%	1.20%	1.43%	1.39%	1.37%	1.71%	1.67%	1.65%	1.54%	1.51%	1.49%	0.21%	0.20%	0.20%
2020	1.59%	1.52%	1.47%	1.40%	1.35%	1.30%	1.63%	1.56%	1.50%	1.87%	1.79%	1.72%	1.70%	1.63%	1.58%	0.30%	0.29%	0.28%
2025	1.71%	1.61%	1.52%	1.49%	1.40%	1.33%	1.77%	1.66%	1.57%	1.96%	1.84%	1.73%	1.80%	1.70%	1.60%	0.42%	0.39%	0.37%
2030	1.76%	1.64%	1.51%	1.52%	1.42%	1.31%	1.84%	1.71%	1.58%	1.95%	1.82%	1.67%	1.87%	1.73%	1.59%	0.54%	0.49%	0.45%
2040	1.58%	1.48%	1.38%	1.39%	1.30%	1.22%	1.75%	1.64%	1.53%	1.71%	1.60%	1.50%	1.74%	1.63%	1.52%	0.61%	0.57%	0.53%
2050	1.15%	1.07%	1.00%	1.03%	0.96%	0.89%	1.35%	1.26%	1.18%	1.33%	1.23%	1.15%	1.31%	1.22%	1.14%	0.49%	0.46%	0.42%

Jahr	MV			SA			ST			TH			Bund			Gesamt		
	SQ	R 67	Ex	SQ	R 67	Ex	SQ	R 67	Ex	SQ	R 67	Ex	SQ	R 67	Ex	SQ	R 67	Ex
2009	0.16%	0.16%	0.16%	0.09%	0.09%	0.09%	0.19%	0.19%	0.19%	0.16%	0.16%	0.16%	0.12%	0.12%	0.12%	1.13%	1.13%	1.13%
2015	0.24%	0.24%	0.23%	0.14%	0.13%	0.13%	0.27%	0.26%	0.26%	0.24%	0.24%	0.23%	0.12%	0.12%	0.12%	1.28%	1.25%	1.23%
2020	0.34%	0.32%	0.31%	0.20%	0.19%	0.18%	0.37%	0.35%	0.34%	0.39%	0.37%	0.36%	0.13%	0.13%	0.12%	1.44%	1.38%	1.34%
2025	0.44%	0.41%	0.38%	0.27%	0.25%	0.24%	0.48%	0.45%	0.42%	0.56%	0.52%	0.49%	0.15%	0.14%	0.13%	1.57%	1.48%	1.39%
2030	0.53%	0.49%	0.45%	0.33%	0.31%	0.29%	0.59%	0.55%	0.50%	0.73%	0.68%	0.62%	0.17%	0.16%	0.14%	1.65%	1.53%	1.42%
2040	0.56%	0.52%	0.48%	0.41%	0.38%	0.35%	0.68%	0.64%	0.59%	0.85%	0.79%	0.73%	0.18%	0.17%	0.15%	1.57%	1.47%	1.37%
2050	0.44%	0.41%	0.38%	0.37%	0.34%	0.32%	0.58%	0.54%	0.50%	0.69%	0.64%	0.59%	0.15%	0.14%	0.13%	1.21%	1.13%	1.05%

Quelle: Eigene Berechnungen

Den höchsten Anstieg unter den westdeutschen Bundesländern verzeichnen im Basisszenario Berlin und Rheinland-Pfalz, wo der BIP-Anteil an den Versorgungsausgaben bis zum Jahr 2030 um 42 Prozent bzw. 39 Prozent steigen wird. Es folgen Baden-Württemberg (+36 Prozent) sowie Bayern und Niedersachsen mit einer Erhöhung um jeweils 32 Prozent. Im Jahr 2020 erzielt das Saarland mit 1,79 Prozent den höchsten BIP-Anteil, gefolgt von Berlin (1,74 Prozent), Bremen (1,64 Prozent) und Schleswig-Holstein (1,63 Prozent) Zehn Jahre später hat Berlin (1,99 Prozent) die Spitzenposition inne, gefolgt vom Saarland (1,82 Prozent), Schleswig-Holstein (1,73 Prozent) und Rheinland-Pfalz (1,71 Prozent). Wiederum fällt auf, dass auch hinsichtlich des zukünftigen BIP-Anteils der Versorgungsausgaben die „Sanierungsländer" Berlin, Schleswig-Holstein, das Saarland und zumindest anfangs auch Berlin die höchsten Werte und damit auch die größten zukünftigen Belastungen aufweisen.

In den neuen Bundesländern verzeichnet Thüringen die höchste Zunahme des BIP-Anteils, nämlich bis 2040 um den Faktor 4,9 gefolgt von Sachsen, wo der Wert um das 3,7-fache über dem Ausgangsniveau liegt. Der niedrigste Zuwachs entfällt auf Mecklenburg-Vorpommern (+225 Prozent). Den höchsten BIP-Anteil unter den neuen Bundesländern hat im Jahr 2020 Thüringen (0,37 Prozent), dicht gefolgt von Sachsen-Anhalt (0,35 Prozent) und Mecklenburg-

Vorpommern (0,32 Prozent). Zwanzig Jahre später ist erneut Thüringen der Spitzenreiter mit 0,79 Prozent, Zweiter ist wiederum Sachsen-Anhalt, den dritten Platz nimmt Brandenburg ein (0,57 Prozent).
In den alternativen Szenarien fällt das Wachstum des BIP-Anteils der Versorgungsausgaben umso geringer (höher) aus, je höher (geringer) die unterstellte Erwerbsbeteiligung ist. Aber selbst wenn es zu einer starken Erhöhung der Erwerbsquoten, wie im Extrem-Szenario unterstellt, kommen sollte, wird sich der BIP-Anteil der Versorgungsausgaben im Vergleich zum Basisjahr erhöhen, allerdings in gedämpfter Form.
In Tabelle 32 wird nun dargestellt, wie sich der BIP-Anteil der Versorgungsausgaben verändert, wenn eine Trendwachstumsrate von nominal 2 Prozent oder 5 Prozent zugrunde gelegt würde, was angesichts der Inflationsannahmen einem realen Nullwachstum bzw. einer jährlichen realen Zunahme in Höhe von 3 Prozent entspräche. Im ersten Fall käme es zu einem deutlich stärkeren Anstieg des BIP-Anteils der Versorgungsausgaben. In den meisten westdeutschen Bundesländern würde sich im Basisszenario bezüglich der Erwerbsquoten (Rente mit 67) der Wert im Vergleich zum Ausgangsjahr im Status quo-Szenario langfristig nun mehr als verdoppeln, in Thüringen als Spitzenreiter der ostdeutschen Bundesländer wäre sogar bis 2040 eine Zunahme um den Faktor 7,6 zu verzeichnen. Setzt man sämtliche Versorgungsausgaben des Bundes und der Länder in das Verhältnis zum gesamtdeutschen Bruttoinlandsprodukt, würde sich der Anteil ausgehend von 1,13 Prozent auf 1,84 Prozent (2,28 Prozent) im Jahr 2025 (2040) erhöhen.
Wird dagegen eine sehr hohe gesamtwirtschaftliche Wachstumsrate in Höhe von nominal jährlich 5 Prozent zugrunde gelegt, ist in den meisten westdeutschen Bundesländern, von Bremen und Hamburg abgesehen, zunächst noch ein leichter Anstieg zu verzeichnen, ehe der Wert ab etwa 2025 wieder rückläufig ist und unter das Ausgangsniveau sinkt: Langfristig findet eine Überkompensation der steigenden Versorgungsausgaben durch das in stärkerem Maße wachsende Bruttoinlandsprodukt statt. Wenn zusätzlich bezüglich der Entwicklung der Erwerbsquoten die Extremvariante zum Tragen kommt, stabilisiert sich der BIP-Anteil der Versorgungsausgaben zunächst ungefähr auf der Höhe der Ausgangsbasis und geht dann zurück. Ein anderes Bild zeigt sich in den neuen Bundesländern, wo trotz des unterstellten hohen Wirtschaftswachstums die BIP-Anteile der Versorgungsausgaben ansteigen, wenn auch in deutlich gedämpfter Form. Beim Spitzenreiter Thüringen würde im Basisszenario (Rente 67) mit einem BIP-Anteil von 0,51 Prozent im Jahr 2040 im Vergleich zum Jahr 2009 ein um den Faktor 3,2 erhöhter Wert auftreten.
Gesamtstaatlich betrachtet würde der BIP-Anteil an den Versorgungsausgaben selbst unter diesem äußerst optimistischen Wachstumsszenario ausgehend von

Tabelle 32: Entwicklung des BIP-Anteils der Versorgungsausgaben

nominales Wirtschaftswachstum von 2 Prozent p.a.

Jahr	BW			BY			BE			HB			HH			HE		
	SQ	R 67	Ex	SQ	R 67	Ex	SQ	R 67	Ex	SQ	R 67	Ex	SQ	R 67	Ex	SQ	R 67	Ex
2009	1.07%	1.07%	1.07%	1.00%	1.00%	1.00%	1.40%	1.40%	1.40%	1.67%	1.67%	1.67%	1.22%	1.22%	1.22%	0.98%	0.98%	0.98%
2015	1.32%	1.29%	1.28%	1.19%	1.16%	1.14%	1.73%	1.69%	1.67%	1.80%	1.76%	1.74%	1.37%	1.35%	1.33%	1.18%	1.16%	1.14%
2020	1.61%	1.55%	1.50%	1.42%	1.36%	1.32%	2.09%	2.01%	1.95%	1.97%	1.90%	1.83%	1.51%	1.46%	1.42%	1.40%	1.35%	1.30%
2025	1.87%	1.76%	1.66%	1.67%	1.57%	1.49%	2.47%	2.34%	2.22%	2.09%	1.98%	1.87%	1.67%	1.59%	1.51%	1.60%	1.51%	1.42%
2030	2.08%	1.94%	1.79%	1.90%	1.77%	1.64%	2.84%	2.67%	2.48%	2.13%	2.00%	1.85%	1.83%	1.72%	1.60%	1.76%	1.64%	1.51%
2040	2.28%	2.13%	1.99%	2.19%	2.05%	1.91%	3.00%	2.81%	2.62%	1.89%	1.78%	1.67%	1.90%	1.78%	1.66%	1.86%	1.74%	1.62%
2050	2.01%	1.87%	1.74%	2.03%	1.89%	1.76%	2.53%	2.34%	2.16%	1.45%	1.36%	1.26%	1.69%	1.57%	1.45%	1.60%	1.49%	1.39%

Jahr	NI			NW			RP			SL			SH			BB		
	SQ	R 67	Ex	SQ	R 67	Ex	SQ	R 67	Ex	SQ	R 67	Ex	SQ	R 67	Ex	SQ	R 67	Ex
2009	1.24%	1.24%	1.24%	1.09%	1.09%	1.09%	1.23%	1.23%	1.23%	1.58%	1.58%	1.58%	1.35%	1.35%	1.35%	0.13%	0.13%	0.13%
2015	1.51%	1.48%	1.45%	1.34%	1.31%	1.29%	1.54%	1.50%	1.48%	1.84%	1.80%	1.77%	1.66%	1.62%	1.60%	0.22%	0.22%	0.21%
2020	1.84%	1.76%	1.70%	1.62%	1.56%	1.50%	1.88%	1.80%	1.74%	2.17%	2.07%	1.99%	1.97%	1.89%	1.83%	0.35%	0.33%	0.32%
2025	2.13%	2.00%	1.89%	1.85%	1.75%	1.65%	2.20%	2.07%	1.95%	2.44%	2.29%	2.16%	2.24%	2.11%	1.99%	0.53%	0.49%	0.46%
2030	2.36%	2.19%	2.02%	2.04%	1.90%	1.75%	2.46%	2.29%	2.12%	2.62%	2.43%	2.24%	2.50%	2.32%	2.13%	0.72%	0.66%	0.61%
2040	2.45%	2.30%	2.14%	2.16%	2.02%	1.89%	2.71%	2.54%	2.38%	2.65%	2.48%	2.32%	2.70%	2.52%	2.35%	0.95%	0.88%	0.82%
2050	2.06%	1.93%	1.79%	1.85%	1.72%	1.60%	2.43%	2.27%	2.11%	2.38%	2.21%	2.06%	2.34%	2.19%	2.04%	0.88%	0.82%	0.75%

Jahr	MV			SA			ST			TH			Bund			Gesamt		
	SQ	R 67	Ex	SQ	R 67	Ex	SQ	R 67	Ex	SQ	R 67	Ex	SQ	R 67	Ex	SQ	R 67	Ex
2009	0.16%	0.16%	0.16%	0.09%	0.09%	0.09%	0.19%	0.19%	0.19%	0.16%	0.16%	0.16%	0.12%	0.12%	0.12%	1.13%	1.13%	1.13%
2015	0.26%	0.25%	0.25%	0.15%	0.14%	0.14%	0.29%	0.28%	0.28%	0.26%	0.26%	0.25%	0.13%	0.13%	0.13%	1.38%	1.35%	1.33%
2020	0.39%	0.37%	0.36%	0.23%	0.22%	0.21%	0.43%	0.41%	0.39%	0.45%	0.43%	0.41%	0.15%	0.15%	0.14%	1.67%	1.60%	1.55%
2025	0.54%	0.51%	0.48%	0.34%	0.32%	0.30%	0.59%	0.56%	0.52%	0.70%	0.65%	0.61%	0.19%	0.18%	0.17%	1.95%	1.84%	1.73%
2030	0.70%	0.65%	0.60%	0.45%	0.42%	0.39%	0.79%	0.73%	0.67%	0.98%	0.90%	0.83%	0.22%	0.21%	0.19%	2.20%	2.05%	1.90%
2040	0.86%	0.80%	0.75%	0.63%	0.59%	0.54%	1.06%	0.99%	0.92%	1.31%	1.22%	1.13%	0.27%	0.26%	0.24%	2.43%	2.28%	2.13%
2050	0.80%	0.74%	0.68%	0.66%	0.61%	0.57%	1.04%	0.96%	0.89%	1.24%	1.14%	1.06%	0.27%	0.25%	0.23%	2.18%	2.03%	1.88%

nominales Wirtschaftswachstum 5 Prozent p.a.

Jahr	BW			BY			BE			HB			HH			HE		
	SQ	R 67	Ex	SQ	R 67	Ex	SQ	R 67	Ex	SQ	R 67	Ex	SQ	R 67	Ex	SQ	R 67	Ex
2009	1.07%	1.07%	1.07%	1.00%	1.00%	1.00%	1.40%	1.40%	1.40%	1.67%	1.67%	1.67%	1.22%	1.22%	1.22%	0.98%	0.98%	0.98%
2015	1.14%	1.12%	1.10%	1.03%	1.00%	0.99%	1.50%	1.46%	1.44%	1.56%	1.52%	1.50%	1.19%	1.17%	1.15%	1.02%	1.00%	0.99%
2020	1.21%	1.16%	1.12%	1.06%	1.02%	0.99%	1.57%	1.51%	1.46%	1.48%	1.42%	1.37%	1.13%	1.09%	1.06%	1.05%	1.01%	0.97%
2025	1.21%	1.14%	1.08%	1.08%	1.02%	0.96%	1.60%	1.52%	1.43%	1.35%	1.28%	1.21%	1.08%	1.03%	0.98%	1.04%	0.98%	0.92%
2030	1.16%	1.08%	1.00%	1.06%	0.99%	0.92%	1.59%	1.49%	1.39%	1.19%	1.12%	1.04%	1.03%	0.96%	0.90%	0.99%	0.92%	0.85%
2040	0.96%	0.89%	0.83%	0.92%	0.86%	0.80%	1.26%	1.18%	1.10%	0.79%	0.74%	0.70%	0.80%	0.74%	0.70%	0.78%	0.73%	0.68%
2050	0.63%	0.59%	0.55%	0.64%	0.59%	0.55%	0.79%	0.73%	0.68%	0.46%	0.43%	0.40%	0.53%	0.49%	0.45%	0.50%	0.47%	0.43%

Jahr	NI			NW			RP			SL			SH			BB		
	SQ	R 67	Ex	SQ	R 67	Ex	SQ	R 67	Ex	SQ	R 67	Ex	SQ	R 67	Ex	SQ	R 67	Ex
2009	1.24%	1.24%	1.24%	1.09%	1.09%	1.09%	1.23%	1.23%	1.23%	1.58%	1.58%	1.58%	1.35%	1.35%	1.35%	0.13%	0.13%	0.13%
2015	1.31%	1.28%	1.26%	1.16%	1.13%	1.12%	1.33%	1.30%	1.28%	1.60%	1.56%	1.53%	1.44%	1.40%	1.38%	0.19%	0.19%	0.18%
2020	1.37%	1.32%	1.27%	1.21%	1.17%	1.12%	1.41%	1.35%	1.30%	1.62%	1.55%	1.49%	1.47%	1.41%	1.37%	0.26%	0.25%	0.24%
2025	1.38%	1.30%	1.22%	1.20%	1.13%	1.07%	1.42%	1.34%	1.26%	1.58%	1.48%	1.40%	1.45%	1.37%	1.29%	0.34%	0.32%	0.30%
2030	1.32%	1.23%	1.13%	1.14%	1.06%	0.98%	1.38%	1.28%	1.18%	1.47%	1.36%	1.26%	1.40%	1.30%	1.19%	0.40%	0.37%	0.34%
2040	1.03%	0.96%	0.90%	0.90%	0.85%	0.79%	1.14%	1.06%	1.00%	1.11%	1.04%	0.97%	1.13%	1.06%	0.99%	0.40%	0.37%	0.34%
2050	0.65%	0.60%	0.56%	0.58%	0.54%	0.50%	0.76%	0.71%	0.66%	0.75%	0.69%	0.64%	0.74%	0.69%	0.64%	0.28%	0.26%	0.24%

Jahr	MV			SA			ST			TH			Bund			Gesamt		
	SQ	R 67	Ex	SQ	R 67	Ex	SQ	R 67	Ex	SQ	R 67	Ex	SQ	R 67	Ex	SQ	R 67	Ex
2009	0.16%	0.16%	0.16%	0.09%	0.09%	0.09%	0.19%	0.19%	0.19%	0.16%	0.16%	0.16%	0.12%	0.12%	0.12%	1.13%	1.13%	1.13%
2015	0.22%	0.22%	0.22%	0.13%	0.12%	0.12%	0.25%	0.24%	0.24%	0.23%	0.22%	0.22%	0.11%	0.11%	0.11%	1.19%	1.16%	1.15%
2020	0.29%	0.28%	0.27%	0.17%	0.16%	0.16%	0.32%	0.30%	0.29%	0.34%	0.32%	0.31%	0.12%	0.11%	0.11%	1.25%	1.20%	1.16%
2025	0.35%	0.33%	0.31%	0.22%	0.20%	0.19%	0.39%	0.36%	0.34%	0.45%	0.42%	0.39%	0.12%	0.11%	0.11%	1.26%	1.19%	1.12%
2030	0.39%	0.37%	0.34%	0.25%	0.23%	0.22%	0.44%	0.41%	0.38%	0.55%	0.51%	0.47%	0.13%	0.12%	0.11%	1.23%	1.15%	1.06%
2040	0.36%	0.34%	0.31%	0.26%	0.25%	0.23%	0.44%	0.41%	0.39%	0.55%	0.51%	0.48%	0.11%	0.11%	0.10%	1.02%	0.95%	0.89%
2050	0.25%	0.23%	0.21%	0.21%	0.19%	0.18%	0.33%	0.30%	0.28%	0.39%	0.36%	0.33%	0.08%	0.08%	0.07%	0.68%	0.64%	0.59%

Quelle: Eigene Berechnungen

1,13 Prozent der deutschen Wirtschaftsleistung auf 1,19 Prozent im Jahr 2025 ansteigen. Das Ausgangsniveau würde 2032 erstmals wieder unterschritten, ehe der Wert des Jahres 2050 bei dann 0,64 Prozent läge. Im Szenario einer deutlichen Zunahme der Erwerbsquoten könnte der Anstieg des BIP-Anteils auf 1,16 begrenzt werden, ehe er sich ab dem Jahr 2025 wieder unter dem 2009er Wert bewegen würden.

Abbildung 108 verdeutlicht für das Basisszenario der Projektion die Auswirkungen der beiden Reformszenarien auf die Entwicklung des BIP-Anteils der Versorgungsausgaben. In den alten Bundesländern würde das GRV-Reformpaket den Anstieg auf 1,33 Prozent in den Jahren 2025 bis 2028 begrenzen. Im Status quo würde das Maximum bei 1,46 Prozent in den Jahren 2031/32 liegen. Das Reformpaket II sorgt aufgrund des systemkonformen Nachhaltigkeitsfaktors in den Jahren mit den höchsten Zuwachsraten der Versorgungsausgaben für zusätzliche Entlastung. Der BIP-Anteil wächst in diesem Szenario auf bis zu 1,28 Prozent in den Jahren 2026 bis 2033. In den neuen Bundesländern verläuft die Entwicklung aufgrund der unterschiedlichen Altersstruktur der Beamtenpopulation zeitlich versetzt. Aber auch hier ließe sich der Anstieg auf 0,49 Prozent (GRV-Reformpaket) bzw. 0,41 Prozent (Reformpaket II) beschränken. Ohne Reformen würde das Maximum bei 0,54 Prozent in den Jahren 2037 bis 2042 liegen.

Abbildung 108: Auswirkung der Reformszenarien auf die Entwicklung des BIP-Anteils

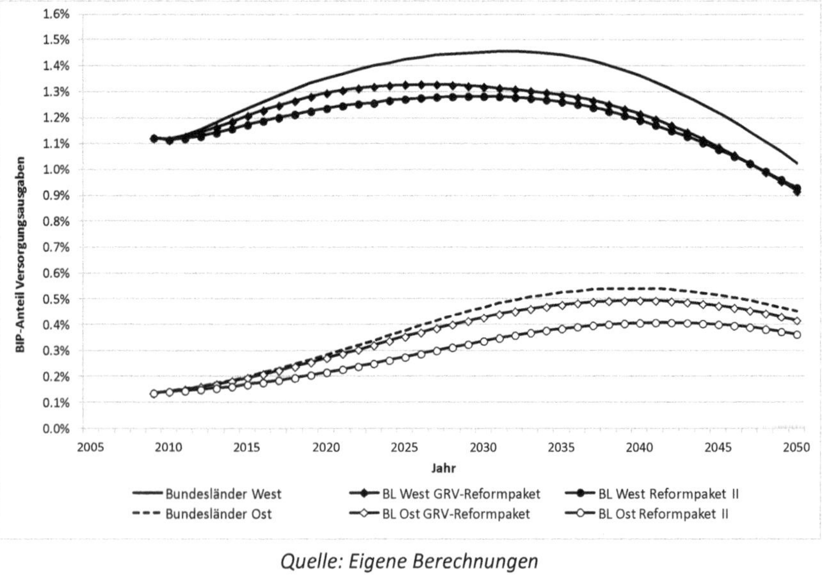

Quelle: Eigene Berechnungen

Bundesweit würde der BIP-Anteil der Versorgungsausgaben bis 2025 (2040) von 1,13 Prozent im Jahr 2009 auf 1,38 Prozent (1,31 Prozent) bei der GRV-Reformvariante bzw. auf 1,32 Prozent (1,28 Prozent) unter dem Reformpaket II steigen. Im Ausgangsszenario ohne Reformen belaufen sich die entsprechenden Werte auf 1,48 Prozent im Jahr 2025 und 1,47 Prozent im Jahr 2040. Das Maximum verringert sich von einem BIP-Anteil von 1,55 Prozent auf 1,39 Prozent (GRV-Reformpaket) bzw. 1,35 Prozent (Reformpaket II).
Aufbauend auf die BIP-Projektion soll nun ein weiterer Indikator der zukünftigen Belastungswirkung eingeführt werden. Hierzu wird der Barwert der Versorgungsausgaben in das Verhältnis zum Barwert der jeweils bis 2050 anfallenden Bruttoinlandsprodukte gesetzt.
Im Nenner findet sich also nicht mehr nur die Wirtschaftsleistung des Jahres 2009, sondern der auf das Basisjahr 2009 abdiskontierte Gegenwartswert der bis 2050 erwirtschafteten Bruttoinlandsprodukte. Analog zu der Berechnung des Barwertes der Versorgungsausgaben wird für den BIP-Barwert ein nominaler Diskontfaktor in Höhe von 3 Prozent zugrunde gelegt.[275] Der Anteil des Barwertes der aggregierten Versorgungsverpflichten am Barwert der bis zum Jahr 2050 erwirtschafteten Bruttoinlandsprodukte liegt im Basisszenario leicht ansteigender Erwerbsquoten (Rente 67) für die gesamte Bunderepublik Deutschland bei 1,38 Prozent. Sehr deutlich treten die West-Ost-Unterschiede zu Tage: Während der Indikator in den alten Bundesländern, wie Tabelle 33 zeigt, einen Wert von 1,31 Prozent annimmt, liegt er in den neuen Bundesländern bei 0,38 Prozent. Die Werte verändern sich mit den der BIP-Projektion zugrunde liegenden Erwerbsquoten.

Tabelle 33: Barwerte der Versorgungsausgaben im Verhältnis der BIP-Barwerte (g=3,5%, r=3%)

Szenario	Bundesländer West			Bundesländer Ost			BRD gesamt		
	Status quo	Rente 67	Extrem	Status quo	Rente 67	Extrem	Status quo	Rente 67	Extrem
Bassisszenario	1.38%	1.31%	1.25%	0.40%	0.38%	0.36%	1.45%	1.38%	1.31%
GRV-Reformpaket	1.28%	1.22%	1.16%	0.37%	0.35%	0.33%	1.35%	1.28%	1.21%
Reformpaket II	1.25%	1.19%	1.13%	0.31%	0.29%	0.28%	1.31%	1.24%	1.18%

Quelle: Eigene Berechnungen

275 Der Indikator basiert konzeptionell auf Bonin (2001), S. 82. Für eine ausführliche Darstellung vgl. Fetzer (2006), S. 15f. Im Rahmen der gesamtstaatlichen Generationenbilanz wird der sogenannte jährliche Konsolidierungsbedarf ermittelt, indem die Intertemporal Public Liabilities, also der Barwert der impliziten Staatsverschuldung, in das Verhältnis zum Barwert aller zukünftigen Bruttoinlandsprodukte gesetzt werden. Der jährliche Konsolidierungsbedarf gibt den gleichbleibend hohen BIP-Anteil an, der zur Schließung der intertemporalen gesamtstaatlichen Budgetrestriktion herangezogen wird. Da bei den Beamtenversorgungsausgaben nur eine Brutto-Betrachtung, also beispielsweise ohne Steuerrückflüsse, erfolgt, darf der berechnete Indikator in dem vorliegenden Kontext nicht als jährlicher Konsolidierungsbedarf interpretiert werden. Von Nutzen ist er aber, um einen Vergleich hinsichtlich der durch zukünftig steigende Versorgungsausgaben hervorgerufenen Belastungen herstellen zu können.

Bei der Betrachtung auf der Ebene der einzelnen Bundesländer in Abbildung 109 treten interessante Unterschiede auf hinsichtlich des Anteils des in den kommenden vier Dekaden erwirtschafteten BIP, der zur Finanzierung der schwebenden Versorgungsverpflichtungen bereits verpfändet ist. Unter den Annahmen des Basisszenarios weisen Berlin (1,73 Prozent), das Saarland (1,67 Prozent) und Schleswig-Holstein (1,58 Prozent) das höchste Verhältnis des Barwertes der Versorgungsausgaben zum Barwert ihrer zukünftigen Bruttoinlandsprodukte auf. Dort kommt es zu einer Kombination aus relativer Wachstumsschwäche und steigenden Versorgungsausgaben. Damit rangieren auch bei diesem Indikator drei der fünf Bundesländer an der Spitze, die für die Sanierung ihres Haushaltes Konsolidierungshilfen beziehen. Von den alten Bundesländern haben Hamburg (1,19 Prozent) sowie Hessen (1,11 Prozent) die niedrigsten Werte zu verzeichnen. Unter den ostdeutschen Bundesländern nimmt Thüringen mit 0,53 Prozent eine Spitzenstellung ein, am besten steht Sachsen mit 0,26 Prozent da, dessen Belastung damit nur halb so groß ist.

Abbildung 109: Anteile des Barwertes der aggregierten Versorgungsausgaben am BIP-Barwert

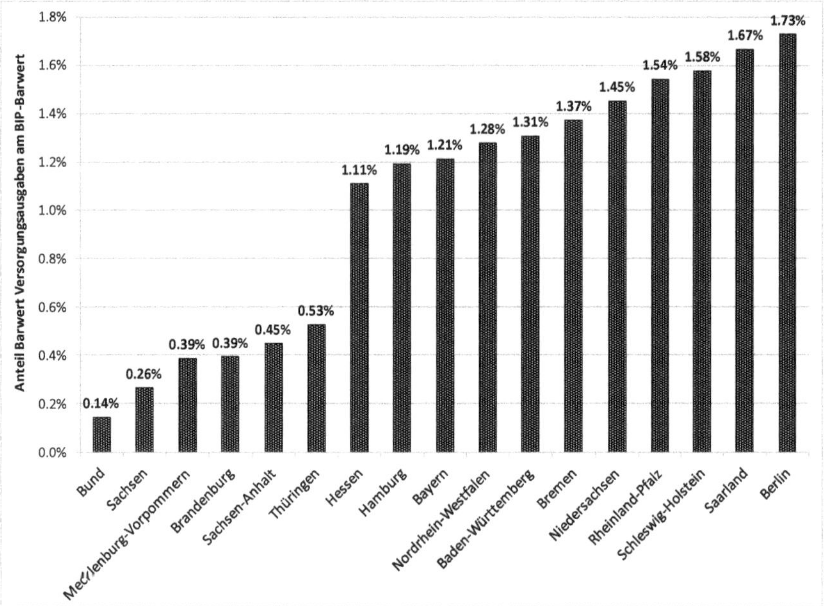

Quelle: Eigene Berechnungen

Der Übersicht in Tabelle 34 kann für die drei Szenarien hinsichtlich der Entwicklung der Erwerbsquote und für die nominalen Wachstumsraten 2, 3,5 und 5

Prozent jeweils der Wert, den der Indikator annimmt, entnommen werden. Dabei zeigt sich, dass der Anteil des Barwertes der Versorgungsausgaben am Barwert der bis zum Jahr 2050 erwirtschafteten Bruttoinlandsprodukte umso niedriger (höher) ausfällt, je höher (niedriger) das angenommene gesamtwirtschaftliche Trendwachstum ist und je stärker (schwächer) die Erwerbsquoten ansteigen.

Tabelle 34: Barwerte der Versorgungsausgaben als Anteil der BIP-Barwerte unter verschiedenen Szenarien

	Wachstums-szenario	Szenario Erwerbsquoten				Wachstums-szenario	Szenario Erwerbsquoten		
		Status quo	Rente 67	Extrem			Status quo	Rente 67	Extrem
BW	2%	1.79%	1.70%	1.62%	SL	2%	2.26%	2.15%	2.05%
	3.5%	1.37%	1.31%	1.24%		3.5%	1.76%	1.67%	1.58%
	5%	1.03%	0.98%	0.92%		5%	1.33%	1.25%	1.19%
BY	2%	1.66%	1.58%	1.51%	SH	2%	2.16%	2.05%	1.95%
	3.5%	1.28%	1.21%	1.15%		3.5%	1.66%	1.58%	1.49%
	5%	0.95%	0.90%	0.86%		5%	1.25%	1.18%	1.11%
BE	2%	2.36%	2.25%	2.15%	BB	2%	0.53%	0.50%	0.48%
	3.5%	1.82%	1.73%	1.64%		3.5%	0.42%	0.39%	0.37%
	5%	1.36%	1.29%	1.22%		5%	0.32%	0.30%	0.28%
HB	2%	1.88%	1.80%	1.72%	MV	2%	0.52%	0.50%	0.47%
	3.5%	1.44%	1.37%	1.30%		3.5%	0.41%	0.39%	0.37%
	5%	1.07%	1.02%	0.97%		5%	0.31%	0.29%	0.28%
HH	2%	1.64%	1.56%	1.49%	SA	2%	0.36%	0.34%	0.32%
	3.5%	1.25%	1.19%	1.13%		3.5%	0.28%	0.26%	0.25%
	5%	0.93%	0.89%	0.84%		5%	0.21%	0.20%	0.19%
HE	2%	1.52%	1.44%	1.38%	ST	2%	0.60%	0.57%	0.55%
	3.5%	1.17%	1.11%	1.05%		3.5%	0.47%	0.45%	0.43%
	5%	0.88%	0.83%	0.78%		5%	0.36%	0.34%	0.32%
NI	2%	1.98%	1.89%	1.80%	TH	2%	0.71%	0.67%	0.64%
	3.5%	1.53%	1.45%	1.38%		3.5%	0.56%	0.53%	0.50%
	5%	1.15%	1.09%	1.03%		5%	0.42%	0.40%	0.38%
NW	2%	1.75%	1.66%	1.59%	Bund	2%	0.20%	0.19%	0.18%
	3.5%	1.34%	1.28%	1.21%		3.5%	0.15%	0.14%	0.14%
	5%	1.01%	0.95%	0.90%		5%	0.11%	0.11%	0.10%
RP	2%	2.11%	2.01%	1.92%	BRD	2%	1.88%	1.79%	1.71%
	3.5%	1.62%	1.54%	1.46%		3.5%	1.45%	1.38%	1.31%
	5%	1.22%	1.15%	1.09%		5%	1.09%	1.03%	0.98%

Quelle: Eigene Berechnungen

Bei einer Eins-zu-eins-Übertragung der rentenrechtlichen Reformen auf die Beamtenversorgung würde sich der Anteil des Barwertes der Versorgungsausgaben am Barwert der Wirtschaftsleistung im Basisszenario in den alten Bundesländern von 1,31 Prozent auf 1,22 Prozent verringern, in den neuen Bundesländern von 0,38 Prozent auf 0,35 Prozent (vgl. Tabelle 33). Für Gesamtdeutschland würde der Indikator von 1,38 Prozent auf 1,28 Prozent abnehmen. Das weitergehende Reformpaket II würde für Westdeutschland, hauptsächlich wiederum aufgrund der Wirkung des systemkonformen Nachhaltigkeitsfaktors, eine Reduktion um 0,12 Prozentpunkte auf 1,19 Prozent bewirken, für Ostdeutschland um 0,09 Prozentpunkte auf 0,29 Prozent und für Deutschland insgesamt um 0,14 Prozentpunkte auf dann 1,24 Prozent.

13. Zusammenfassung und Ausblick

„Bei Vergangenem können nicht einmal die Götter Hilfe leisten."

Plinius der Jüngere

Die vorliegende Arbeit unternahm für die Ebene des Bundes und der 16 Bundesländer eine Projektion der bis zum Jahr 2050 anfallenden Versorgungsausgaben ihrer Beamten. Dabei wurde erstmals zwischen Ruhegehältern, Beihilfen und Hinterbliebenenversorgung differenziert. Der Barwert sämtlicher schwebender Versorgungsverpflichtungen wurde im Basisszenario mit 1,30 bzw. 1,36 Bio. Euro beziffert, abhängig davon, ob bei den Beihilfeleistungen das Szenario ohne Kostendruck im Gesundheitswesen oder die (wahrscheinlichere) Variante mit Kostendruck zum Tragen kommt. Die genannten schwebenden Versorgungsverpflichtungen entsprechen für sich genommen 54 bzw. 56,5 Prozent des deutschen Bruttoinlandsproduktes des Basisjahres 2009 und müssen zur vorhandenen sichtbaren Verschuldung von Bund und Ländern in Höhe von 65,7 Prozent des BIP im Rahmen einer Bruttobetrachtung hinzugezählt werden. Damit würde sich ein Gesamtschuldenstand des Bundes und der Länder in Höhe von 119,7 bzw. 122,2 Prozent des BIP ergeben.
Die aggregierten Versorgungsausgaben werden sich im Basisszenario ausgehend von 26,75 Mrd. Euro auf bis zu 78,72 Mrd. Euro bzw. 86,25 Mrd. Euro im Jahr 2044/45 erhöhen. Betrachtet man die Ebene der Bundesländer, zeigt sich, dass bei den elf alten Bundesländern, abgesehen von Bremen, die schwebenden Versorgungszusagen an die Landesbeamten die sichtbare explizite Verschuldung deutlich, teilweise sogar mehrfach, übersteigen. Bei Ermittlung der Brutto-Gesamtverschuldung weisen Hamburg, Niedersachsen, Rheinland-Pfalz, Schleswig-Holstein und das Saarland einen Verschuldungsgrad auf, der mehr als 80 Prozent ihrer Wirtschaftsleistung des Jahres 2009 beträgt, Bremen und Berlin liegen bei dieser Betrachtungsweise sogar deutlich jenseits der 100-Prozent-Marke. Da die fünf neuen Bundesländer erst ab 1990 Beamte eingestellt haben und mit Verbeamtungen insgesamt recht zurückhaltend waren, weisen sie nur relativ geringe schwebende Versorgungsverpflichtungen auf, deren Barwert geringer als die explizite Verschuldung ist. Eine Ausnahme bildet hier Sachsen, das aber mit einer sichtbaren Verschuldung von 7,4 Prozent des BIP und Versorgungszusagen von 8,6 bzw. 9,4 Prozent des BIP auch insgesamt den niedrigsten Verschuldungsgrad aufweist.
Den größten Teil der bis zum Jahr 2050 anfallenden Versorgungsverpflichtungen für die im Basisjahr vorhandenen Beamten des Bundes und der Länder bilden die Ruhegehälter für Pensionäre, die allein einen Umfang von 870 Mrd. Euro aufweisen. Die der Projektion zugrunde liegende nominale jährliche Dy-

namisierungsrate von zwei Prozent ist dabei konservativ geschätzt, impliziert sie doch bei Inflationserwartungen im Zielbereich der Europäischen Zentralbank allenfalls marginale reale Zuwächse. Höhere jährliche Steigerungsraten würden den Barwert ceteris paribus erhöhen. Eine Eins-zu-eins-Übertragung der in der gesetzlichen Rentenversicherung durchgeführten Reformen, also die Erhöhung der Regelaltersgrenze auf 67 Jahre bis 2029, die Einführung eines Nachhaltigkeitsfaktors sowie der Wegfall der Ruhegehaltsfähigkeit von Ausbildungszeiten würde den Barwert um 11,5 Prozent auf 769,6 Mrd. Euro verringern. Ein größerer Effekt geht mit einer wirkungsgleichen Übertragung der rentenrechtlichen Reformen einher, die den Besonderheiten der Beamtenversorgung Rechnung trägt. Dieses Reformpaket II sieht ebenfalls die Abschaffung der Ruhegehaltsfähigkeit von Ausbildungszeiten vor, beschleunigt darüber hinaus aber die Erhöhung der Regelaltersgrenze bis zum Jahr 2019 und führt einen sogenannten systemkonformen Nachhaltigkeitsfaktor ein. Letztgenannter bildet, vereinfacht ausgedrückt, das Verhältnis von gewichteten Einkommensteuerzahlern zu Pensionären ab und beeinflusst die jährliche Erhöhung der Pensionen. Das Reformpaket II würde den Barwert der Ruhegehaltsverpflichtungen auf 735,1 Mrd. Euro verringern und damit im Vergleich zum Status quo zu einer Entlastung in einem Umfang von 15,5 Prozent führen.

Wunderwerke kann aber selbst dieser Reformansatz nicht vollbringen, da über Jahrzehnte staatlicherseits Versorgungszusagen erteilt wurden, auf der anderen Seite aber zunächst lange Zeit keine Rückstellungen ausgewiesen bzw. Rücklagen gebildet wurden. Getreu dem Plinius-Zitat kann man das in der Vergangenheit Unterlassene nicht mehr einfach nachholen. Die Pensionsansprüche der heute vorhandenen Beamten sind zudem weitgehend auch verfassungsrechtlich durch das Grundgesetz geschützt. Das Bundesverfassungsgericht machte in seiner bisherigen Rechtsprechung deutlich, dass grundsätzlich zwar Reformmaßnahmen, die etwa demographischen Veränderungen Rechnung tragen, möglich sind, die Grundsätze des Berufsbeamtentums davon aber nicht berührt werden dürfen. Insofern sind die tatsächlich vorhandenen Möglichkeiten für Reformen, selbst wenn die Politik den Willen hierzu hätte, ihrem Umfang nach beschränkt.

Seit dem Jahr 2005 sind als Folge der Föderalismuskommission I die einzelnen Bundesländer für die Ausgestaltung des Laufbahn- und Versorgungsrechts ihrer Landesbeamten verantwortlich. Dem Bund blieb, neben der Zuständigkeit für seine eigenen Beamten, nur die Regelung grundlegender Statusrechte und -pflichten. Die Bundesländer haben von ihrer neu gewonnenen Zuständigkeit bisher nur in recht geringem Umfang Gebrauch gemacht. Die dargestellten Reformvorschläge im Bereich der Pensionen lösen zwar nicht grundsätzlich die gesamte Problematik der schwebenden Versorgungsverpflichtungen, sorgen aber zumindest für eine gewisse Entlastung, gerade in jenen Jahren mit den höchsten Zuwachsraten. Außerdem wirkt sich die Anwendung der rentenrechtlichen Reformen auch langfristig dämpfend, was im Rahmen der vorliegenden Arbeit aber nicht modelliert wurde, auf die Ausgaben für die Hinterbliebenenversorgung aus.

Die Übertragung der Rentenreformen auf die Beamtenversorgung ist zudem ein Gebot der Gerechtigkeit, um Beamte nicht gegenüber normalen Arbeitnehmern zu bevorzugen. Diese Maßnahmen mögen zwar unpopulär sein, angesichts der absehbaren Ausgabenentwicklung sind sie aber alternativlos. Außerdem liegt ihre zügige Umsetzung im unmittelbaren Interesse der jungen Beamten, die gerade erst in den Staatsdienst eingetreten sind. Denn die Reformen sorgen nicht zuletzt auch dafür, dass in der langen Frist die Altersversorgung der jungen Staatsdiener finanzierbar bleibt.

Teil des Versorgungssystems für Beamte sind auch die sogenannten Beihilfeleistungen, durch die sich der Dienstherr an den Gesundheitskosten des Beamten sowie seiner Angehörigen oder Hinterbliebenen beteiligt. Da sich mit zunehmendem Alter die Wahrscheinlichkeit, Gesundheitsleistungen in Anspruch zu nehmen, erhöht, sorgt der absehbare Eintritt der kohortenstarken Beamtenjahrgänge in den Ruhestand sowie die Alterung der Beamtenpopulation dafür, dass die Beihilfeausgaben des Bundes und der Länder ebenfalls stark ansteigen werden. Im Szenario ohne Kostendruck beträgt der Barwert der bis 2050 anfallenden Beihilfeaufwendungen für Versorgungsempfänger 254,2 Mrd. Euro. Geht man als Folge des medizinisch-technischen Fortschritts von einem fortgesetzten Kostendruck im Gesundheitswesen aus, erhöht sich dieser Wert sogar auf 315,6 Mrd. Euro.

Im Rahmen der Lebenslänglichkeit des Beamtenverhältnisses ist der Dienstherr nicht nur für die Versorgung des Beamten selbst verantwortlich, sondern im Todesfall auch für die Versorgung der Angehörigen, also der Witwen, Witwer oder (Halb-)Waisen. Dies wirkt sich umso stärker aus, da die kohortenstarken Beamtenjahrgänge, die in den nächsten Jahren in den Ruhestand eintreten, überwiegend aus Männern bestehen. Diese haben im statistischen Durchschnitt, soweit verheiratet, eine jüngere Ehefrau, die noch dazu über eine höhere Lebenserwartung verfügt. Zeitversetzt zu der Pensionierungswelle wird es daher auch zu einem Anstieg der Witwengeld-Ausgaben kommen. Der Umfang dieser schwebenden Verpflichtungen liegt bei 173,9 Mrd. Euro. Hinzu kommen noch Ansprüche von Waisengeld-Empfängern, deren Barwert mit 1,9 Mrd. Euro im Vergleich hierzu jedoch sehr gering ausfällt.

Durch den Rechtsakt der Verbeamtung werden unmittelbar die dargestellten Versorgungszusagen des Dienstherrn an den Beamten und seine Hinterbliebenen begründet. Obwohl der Umfang dieser Verpflichtungen absehbar war, wurde erst ab 1999 eine verpflichtende Rücklagenbildung eingeführt. Einzelne Bundesländer haben darüber hinaus auf freiwilliger Basis zusätzliche Versorgungsfonds gegründet. Eine Vorreiterrolle nahm dabei Rheinland-Pfalz ein, das bereits 1996 ein derartiges Sondervermögen installierte. Die finanzwissenschaftliche Analyse der bisherigen Rücklagenbildung hat gezeigt, dass sie angesichts des Umfangs der bestehenden Versorgungsverpflichtungen des Bundes und der Länder tendenziell eher dem berühmten Tropfen auf den heißen Stein ähnelt. Verglichen mit Westdeutschland sieht es in den fünf neuen Bundesländern deutlich besser aus, zumindest was den Umfang der gebildeten Rücklagen in Relation zu den schwebenden Versorgungsverpflichtungen betrifft. Kritisch ist jedoch zu sehen, dass die Zuführungen an die Sondervermögen des Bundes und der Länder in den überwiegenden Fällen aus zusätzlicher Verschuldung geleistet wurden. Die Mittel wurden zum Teil direkt wieder vollständig in landes- oder bundeseigene Anleihen investiert, was mit dem Prinzip der Kapitaldeckung nichts zu tun hat. Außerdem sind die freiwilligen Versorgungsfonds nicht für die Versorgungsausgaben der kohortenstarken Beamtenjahrgänge, die in den 1960er bis 1980er Jahren eingestellt wurden, bestimmt, sondern nur für jene Beamte, deren Dienstverhältnis nach Errichtung des Fonds begründet wurde. Immerhin offenbaren die Zuführungen, wenn sie nach versicherungsmathematischen Grundsätzen berechnet werden, die tatsächlichen Beschäftigungskosten eines Beamten und machen so aus impliziten schwebenden Zahlungsverpflichtungen, soweit nicht durch laufende Einnahmen gedeckt, explizit sichtbare Schulden.

Am Beispiel der Bundesländer Hessen, Hamburg und Bremen wurden die Vorzüge der Doppik gegenüber der in öffentlichen Haushalten noch immer üblichen Kameralistik verdeutlicht: Während Verpflichtungen, die erst in Zukunft kassenwirksam werden, im kameralen Rechnungswesen nicht auftauchen, sind in der Doppik hierfür Rückstellungen zu bilden. Die implizite Verschuldung in Form schwebender Versorgungsausgaben kommt auf diese Weise ans Licht. Die Umlage, die Kommunen mit Pflichtmitgliedschaft in einem kommunalen Versorgungsverband zu entrichten haben, hat ebenfalls den Effekt, dass die tatsächlichen Beschäftigungskosten eines Beamten internalisiert werden.

Mit Hilfe eines politökonomischen Modells und einem Vergleich der Beschäftigungskosten wurden die Anreize für eine Verbeamtung bei kurz- und mittelfristiger Betrachtung dargestellt, wenn keine Pflicht zur Rücklagenbildung oder zum Ausweis bilanzieller Rückstellungen besteht. Mittels einer Barwertbetrachtung wurde ferner gezeigt, dass über den gesamten Lebenszyklus aus gesamtstaatlicher Perspektive der Beamte teurer als ein vergleichbarer Angestellter des öffentlichen Dienstes ist. Aus dem Modell abzuleiten ist die Politikempfehlung, dass die Bundesländer zukünftig ihren exakten Rückstellungsbedarf für schwebende Versorgungszusagen verpflichtend ausweisen müssen. Des Weiteren sollten bei zukünftigen neuen Verbeamtungen versicherungsmathematisch korrekt ermittelte Zuführungen in ausreichender Höhe an Rücklage-Sondervermögen geleistet werden, allerdings nicht finanziert aus zusätzlicher Nettokreditaufnahme. Diese Versorgungsrücklagen sollten ihre Mittel breit diversifiziert anlegen und einer unmittelbaren Zugriffsmöglichkeit der Politik entzogen sein.

Gerade auf die Bundesländer kommt in den nächsten Jahren die Herausforderung zu, als Folge der Schuldenbremse bestehende Finanzierungsdefizite, soweit vorhanden, vollständig abzubauen und ab dem Jahr 2020 keine neuen Schulden mehr zu machen, also Ausgaben und Einnahmen auszugleichen. Für einige Bundesländer wird dies dann zum ersten Mal seit über einem halben Jahrhundert der Fall sein. Der Anstieg der Versorgungsausgaben für ihre Landesbeamten fällt nun gerade in jenen Zeitraum, in denen die Haushalte konsolidiert werden bzw. dann ohne neue Schulden auskommen müssen. Gleichzeitig werden als Folge des demographischen Wandels die Steuereinnahmen tendenziell mit geringerer Rate wachsen. Die Bundesländer müssen diesen Effekt mit wachsenden Ausgaben für die Beamtenversorgung in Einklang bringen.

Die Arbeit hat gezeigt, dass der Anteil der Steuereinnahmen, den die westdeutschen Bundesländer für die Versorgungsausgaben ihrer Landesbeamten aufzubringen haben, von 14,3 Prozent im Jahr 2009 auf 17,8 Prozent im Jahr 2020 bzw. 18,5 Prozent im Jahr 2030 steigen wird. In den neuen Bundesländern kommt es ausgehend von 0,9 Prozent im Jahr 2009 bis 2020 zu einer Verdopplung auf 1,8 Prozent, zehn Jahre später werden 2,9 Prozent erreicht. Nicht zu vernachlässigen für die Bundesländer sind in diesem Kontext der Zinsdienst für die schon jetzt vorhandene, teilweise massive Verschuldung, die hohen Personalausgaben sowie die Konsolidierungsverpflichtungen, um die Schuldenbremse ab 2020 einzuhalten. Dies wird dazu führen, dass die Handlungsfreiheit der Politik immer stärker abnimmt, zunehmend größere Ausgabenanteile der Landeshaushalte blockiert sind und nicht mehr für Investitionen, beispielsweise in Bildung oder Forschung, zur Verfügung stehen.

Der BIP-Anteil der aggregierten Versorgungsausgaben wird sich in Westdeutschland bis 2030 von 1,12 Prozent der Wirtschaftsleistung im Basisjahr 2009 auf bis zu 1,46 Prozent im Jahr 2030 erhöhen, in den neuen Bundesländern steigert sich der BIP-Anteil ausgehend von 0,14 Prozent auf 0,54 Prozent im Jahr 2038. Neben dem unterstellten gesamtwirtschaftlichen Trendwachstum und den Versorgungsausgaben kommt dabei der zukünftigen Entwicklung der Erwerbsquoten eine wichtige Bedeutung zu. Der Anteil des Barwertes der aggregierten Versorgungsausgaben am Barwert der bis zum Jahr 2050 entstehenden Bruttoinlandsprodukte beträgt für die alten Bundesländer 1,31 Prozent und 0,35 Prozent für die neuen Bundesländer. Jeder volljährige Deutsche müsste eine gleichbleibende jährliche Pro-Kopf-Pauschale von 879 Euro bezahlen, um eine Vollfinanzierung sämtlicher Versorgungsausgaben zu erreichen. Um nur den Ausgabenanstieg gegenüber dem fortgeschriebenen Wert des Basisjahres auszugleichen, wären jährlich 225 Euro aufzubringen.

Tabelle 35: Synopse der Belastungsindikatoren der 16 Bundesländer

Bundesland	explizite Verschuldung in Prozent des BIP	implizite Verschuldung in Prozent des BIP	Gesamtverschuldung in Prozent des BIP	Versorgungssteuerquote 2009	Versorgungssteuerquote 2020
Baden-Württemberg	16.4%	56.1%	72.5%	14.7%	19.2%
Bayern	6.4%	51.0%	57.5%	14.0%	17.0%
Berin	65.3%	76.6%	141.8%	10.1%	12.8%
Brandenburg	32.3%	13.6%	45.8%	0.9%	1.9%
Bremen	60.1%	59.9%	120.0%	19.8%	21.7%
Hamburg	28.1%	56.5%	84.6%	20.4%	21.8%
Hessen	15.8%	45.6%	61.4%	15.1%	17.9%
Mecklenburg-Vorpommern	28.1%	12.8%	40.9%	1.0%	1.9%
Niedersachsen	25.0%	60.5%	85.6%	14.3%	18.0%
Nordrhein-Westfalen	23.6%	54.3%	77.9%	14.2%	18.2%
Rheinland-Pfalz	28.0%	66.3%	94.3%	13.6%	17.8%
Saarland	37.0%	62.1%	99.1%	17.8%	20.8%
Sachsen	7.4%	9.4%	16.8%	0.6%	1.3%
Sachsen-Anhalt	38.4%	14.2%	52.7%	1.2%	2.2%
Schleswig-Holstein	34.9%	62.5%	97.4%	14.5%	17.9%
Thüringen	32.1%	16.5%	48.6%	1.0%	2.3%

Bundesland	Versorgungssteuerquote 2030	BIP-Anteil 2009	BIP-Anteil 2020	BIP-Anteil 2030	Barwert Versorgung als Anteil BIP-Barwert
Baden-Württemberg	20.0%	1.07%	1.34%	1.45%	1.31%
Bayern	18.5%	1.00%	1.18%	1.32%	1.21%
Berin	14.2%	1.40%	1.74%	1.99%	1.73%
Brandenburg	3.1%	0.13%	0.29%	0.49%	0.39%
Bremen	19.2%	1.67%	1.64%	1.49%	1.37%
Hamburg	21.6%	1.22%	1.26%	1.28%	1.19%
Hessen	18.2%	0.98%	1.16%	1.22%	1.11%
Mecklenburg-Vorpommern	2.8%	0.16%	0.32%	0.49%	0.39%
Niedersachsen	18.7%	1.24%	1.52%	1.64%	1.45%
Nordrhein-Westfalen	18.5%	1.09%	1.35%	1.42%	1.28%
Rheinland-Pfalz	18.8%	1.23%	1.56%	1.71%	1.54%
Saarland	20.3%	1.58%	1.79%	1.82%	1.67%
Sachsen	2.1%	0.09%	0.19%	0.31%	0.26%
Sachsen-Anhalt	3.3%	0.19%	0.35%	0.55%	0.45%
Schleswig-Holstein	18.4%	1.35%	1.63%	1.73%	1.58%
Thüringen	4.0%	0.16%	0.37%	0.68%	0.53%

Bundesland	jährliche Prämie Teilfinanzierung in Euro	jährliche Prämie Vollfinanzierung in Euro	Pensionärquotient PQ65 2009	Pensionärquotient PQ65 2020	Pensionärquotient PQ65 2040
Baden-Württemberg	269	929	9.2	15.2	19.3
Bayern	256	895	8.8	13.2	19.0
Berin	280	1033	11.9	19.2	26.3
Brandenburg	103	157	0.7	6.6	20.4
Bremen	152	1522	20.5	26.3	23.5
Hamburg	230	1339	16.9	19.9	23.0
Hessen	178	856	9.9	15.1	18.8
Mecklenburg-Vorpommern	84	153	1.2	5.0	12.2
Niedersachsen	203	840	9.5	15.4	19.0
Nordrhein-Westfalen	130	[illegible]	8.8	13.9	16.7
Rheinland-Pfalz	246	887	8.9	14.8	19.1
Saarland	103	1094	11.9	16.5	17.8
Sachsen	77	116	0.7	3.7	10.2
Sachsen-Anhalt	100	183	1.7	5.9	16.2
Schleswig-Holstein	187	850	10.3	14.8	18.6
Thüringen	137	205	1.4	7.2	22.5

Quelle: Eigene Berechnungen

In Tabelle 35 sind die im Rahmen der Arbeit berechneten Indikatoren für die zukünftige Belastung der Länderhaushalte zusammengefasst. Für jede Größe ist der jeweils höchste auftretende Wert dunkel und der niedrigste Wert hell schraffiert, die Schattierungen illustrieren den Rang, den ein Bundesland bei dem jeweiligen Indikator einnimmt. Diese Synopse ermöglicht abschließend einen interessanten Vergleich hinsichtlich der Belastung der Bundesländer durch die Versorgungsausgaben im Status quo bzw. durch deren Anstieg. Dabei wird einmal mehr deutlich, dass die westdeutschen Flächenstaaten von dem Wachstum der Versorgungsausgaben am stärksten betroffen sind, wohingegen das Problem der neuen Bundesländer, von Sachsen abgesehen, hauptsächlich die explizite Verschuldung am Kreditmarkt ist. Bremen, Schleswig-Holstein, Berlin und das Saarland, die bis 2019 aufgrund ihrer angespannten Haushaltslage umfangreiche Konsolidierungshilfen erhalten, schneiden bei den angeführten Indikatoren unterdurchschnittlich ab bzw. weisen mit die höchsten Belastungen durch die schwebenden Versorgungsverpflichtungen auf. Für sie wird es somit extrem schwierig, wenn nicht sogar unmöglich werden, die grundgesetzlich gesicherten Versorgungsverpflichtungen ihrer Beamten bzw. deren Hinterbliebenen zu bedienen und gleichzeitig den Vorgaben der neuen Schuldenregeln zu entsprechen. Nur durch Einsparmaßnahmen wird dies dort, wie auch in einigen westdeutschen Flächenstaaten mit angespannter Haushaltslage und hoher expliziter Verschuldung, nicht möglich sein. Steuererhöhungen oder zweckgebundene Sonderopfer zur Finanzierung der Versorgungsausgaben scheinen unausweichlich.

Im Kontext der Reformen im Bereich der Beamtenversorgung muss auch die zukünftige Attraktivität des öffentlichen Dienstes als Restriktion beachtet werden. Aufgrund des sich abzeichnenden Fachkräftemangels in Deutschland steht der öffentliche Dienst diesbezüglich in einem sich zunehmend verstärkenden Wettbewerb mit der privaten Wirtschaft um die besten Köpfe. Neben der Arbeitsplatzsicherheit war das gute Versorgungsniveau im Alter bis dato für junge Menschen ein Argument, in den Staatsdienst einzutreten und sich verbeamten zu lassen. Allzu starke Kürzungen bei der Versorgung, aber auch bei der Besoldung, machen dies zunehmend unattraktiv.

Das derzeitige System des Länderfinanzausgleichs wird 2019 auslaufen, in absehbarer Zeit wird daher eine Neugestaltung auf der politischen Agenda stehen. Dabei werden die Versorgungsausgaben und die damit einhergehenden Belastungen von Relevanz sein. Aus finanzwissenschaftlicher Perspektive böte daher eine Modellierung des Länderfinanzausgleichs in seiner bestehenden Form bzw. der Vorschläge zur Neugestaltung mit expliziter Berücksichtigung der Projektion der Versorgungsausgaben interessante weitergehende Forschungsmöglichkeiten. Die Ausweisung von Ratings der einzelnen Bundesländer, die neben der Verschuldung am Kreditmarkt auch die implizite Verschuldung in Form schwebender Versorgungsverpflichtungen berücksichtigen, ist ebenfalls ein viel versprechender Ansatz zukünftiger Forschung, die auf die vorliegenden Ergebnisse aufbauen könnte.

14. Anhang

Tabelle 36: Entwicklung der aggregierten deutschen Versorgungsausgaben (in Mrd. Euro)[276]

Jahr	Ruhegehälter	Beihilfen ohne Kostendruck	Beihilfen mit Kostendruck	Hinterbliebenen-versorgung	Gesamt ohne Kostendruck	Gesamt mit Kostendruck
2009	19.46	3.78	3.78	3.51	26.75	26.75
2010	20.02	4.06	4.10	3.70	27.79	27.82
2011	20.94	4.36	4.45	3.88	29.18	29.26
2012	22.00	4.68	4.82	4.06	30.74	30.88
2013	23.23	5.02	5.22	4.25	32.50	32.70
2014	24.56	5.38	5.65	4.45	34.39	34.65
2015	25.91	5.76	6.10	4.66	36.33	36.68
2016	27.25	6.16	6.59	4.89	38.29	38.72
2017	28.59	6.58	7.11	5.12	40.29	40.82
2018	29.92	7.02	7.65	5.36	42.29	42.93
2019	31.23	7.46	8.22	5.61	44.31	45.06
2020	32.49	7.92	8.80	5.88	46.29	47.18
2021	33.69	8.38	9.40	6.16	48.23	49.25
2022	34.83	8.85	10.02	6.44	50.11	51.29
2023	35.92	9.32	10.66	6.74	51.99	53.33
2024	37.01	9.79	11.31	7.06	53.86	55.38
2025	38.06	10.27	11.98	7.37	55.70	57.41
2026	39.10	10.75	12.66	7.69	57.54	59.45
2027	40.10	11.24	13.36	8.00	59.34	61.46
2028	41.05	11.72	14.07	8.30	61.07	63.42
2029	41.95	12.21	14.80	8.60	62.76	65.35
2030	42.80	12.71	15.55	8.87	64.38	67.22
2031	43.62	13.20	16.31	9.13	65.95	69.06
2032	44.43	13.70	17.09	9.37	67.50	70.89
2033	45.26	14.20	17.88	9.59	69.05	72.74
2034	46.06	14.69	18.68	9.81	70.56	74.55
2035	46.80	15.17	19.48	10.01	71.97	76.28
2036	47.48	15.64	20.28	10.18	73.30	77.94
2037	48.09	16.09	21.06	10.33	74.52	79.49
2038	48.57	16.52	21.84	10.48	75.58	80.89
2039	48.97	16.93	22.59	10.61	76.51	82.17
2040	49.28	17.31	23.32	10.72	77.31	83.32
2041	49.49	17.65	24.01	10.81	77.95	84.31
2042	49.56	17.97	24.68	10.89	78.41	85.12
2043	49.48	18.25	25.31	10.96	78.69	85.75
2044	49.23	18.48	25.88	11.01	78.73	86.12
2045	48.80	18.68	26.40	11.05	78.53	86.25
2046	48.27	18.83	26.88	11.08	78.19	86.23
2047	47.59	18.94	27.30	11.11	77.64	85.99
2048	46.73	18.99	27.63	11.09	76.81	85.45
2049	45.73	18.97	27.87	11.04	75.75	84.65
2050	44.58	18.89	28.02	10.96	74.43	83.56

Quelle: Eigene Berechnungen

276 Alle hier angegeben Werte basieren auf dem Basisszenario der Studie, unterstellen also eine jährliche nominale Dynamisierung der Ruhegehälter von 2 Prozent, der Beihilfe von 3,5 Prozent bzw. 4,5 Prozent sowie der Hinterbliebenenversorgung von 2 Prozent.

Tabelle 37: Entwicklung der aggregierte Versorgungsausgaben (in Mrd. Euro) im Status quo [277]

Jahr	BW	BY	BE	BB	HB	HH	HE	MV	NI	NW	RP	SL	SN	ST	SH	TH	Bund
2009	3.60	4.12	1.34	0.07	0.42	1.08	2.10	0.05	2.53	5.77	1.29	0.44	0.08	0.09	0.96	0.07	2.75
2010	3.77	4.29	1.40	0.07	0.43	1.12	2.17	0.06	2.62	6.01	1.34	0.45	0.08	0.10	0.99	0.08	2.83
2011	4.01	4.50	1.47	0.08	0.45	1.17	2.28	0.06	2.76	6.32	1.41	0.47	0.09	0.10	1.04	0.08	2.94
2012	4.27	4.75	1.55	0.09	0.48	1.23	2.39	0.07	2.92	6.67	1.50	0.49	0.10	0.11	1.10	0.09	3.06
2013	4.56	5.03	1.64	0.10	0.50	1.29	2.53	0.08	3.11	7.07	1.59	0.51	0.11	0.12	1.16	0.10	3.19
2014	4.87	5.33	1.74	0.11	0.52	1.36	2.67	0.08	3.30	7.51	1.70	0.54	0.12	0.13	1.23	0.11	3.34
2015	5.19	5.63	1.84	0.12	0.54	1.42	2.82	0.09	3.50	7.96	1.81	0.56	0.14	0.14	1.30	0.12	3.49
2016	5.51	5.94	1.94	0.13	0.57	1.48	2.97	0.10	3.71	8.42	1.92	0.59	0.15	0.15	1.37	0.13	3.65
2017	5.84	6.27	2.05	0.15	0.59	1.54	3.12	0.11	3.91	8.88	2.03	0.61	0.17	0.17	1.44	0.15	3.81
2018	6.16	6.60	2.15	0.16	0.61	1.60	3.27	0.11	4.12	9.34	2.14	0.63	0.18	0.18	1.51	0.17	3.98
2019	6.48	6.94	2.26	0.18	0.62	1.66	3.42	0.12	4.32	9.80	2.25	0.66	0.20	0.19	1.58	0.19	4.16
2020	6.79	7.30	2.37	0.20	0.64	1.72	3.57	0.13	4.52	10.25	2.36	0.68	0.22	0.21	1.65	0.21	4.35
2021	7.09	7.65	2.48	0.22	0.66	1.79	3.71	0.14	4.71	10.67	2.47	0.70	0.24	0.22	1.72	0.23	4.56
2022	7.39	8.00	2.59	0.23	0.68	1.85	3.85	0.15	4.89	11.07	2.57	0.72	0.26	0.24	1.78	0.25	4.76
2023	7.68	8.35	2.70	0.25	0.69	1.91	3.99	0.16	5.08	11.46	2.67	0.74	0.28	0.25	1.85	0.27	4.99
2024	7.97	8.69	2.82	0.28	0.71	1.98	4.12	0.18	5.26	11.84	2.78	0.76	0.31	0.27	1.91	0.29	5.22
2025	8.25	9.04	2.94	0.30	0.72	2.04	4.25	0.19	5.44	12.22	2.88	0.78	0.33	0.29	1.97	0.32	5.47
2026	8.52	9.39	3.06	0.32	0.73	2.11	4.38	0.20	5.61	12.59	2.98	0.79	0.35	0.30	2.03	0.34	5.74
2027	8.79	9.74	3.18	0.34	0.75	2.18	4.51	0.21	5.77	12.95	3.07	0.81	0.38	0.32	2.09	0.37	6.01
2028	9.04	10.08	3.30	0.36	0.76	2.25	4.62	0.22	5.93	13.29	3.16	0.82	0.40	0.34	2.15	0.39	6.29
2029	9.29	10.42	3.43	0.38	0.77	2.31	4.74	0.23	6.08	13.62	3.25	0.84	0.43	0.36	2.20	0.42	6.57
2030	9.54	10.75	3.54	0.40	0.78	2.38	4.85	0.24	6.22	13.95	3.34	0.85	0.45	0.38	2.26	0.45	6.85
2031	9.79	11.07	3.66	0.43	0.79	2.44	4.96	0.25	6.35	14.26	3.43	0.86	0.48	0.40	2.31	0.47	7.12
2032	10.04	11.41	3.76	0.45	0.79	2.49	5.07	0.26	6.48	14.57	3.52	0.88	0.50	0.42	2.36	0.50	7.40
2033	10.29	11.75	3.86	0.46	0.80	2.55	5.18	0.27	6.61	14.89	3.61	0.89	0.53	0.44	2.42	0.52	7.68
2034	10.55	12.10	3.94	0.48	0.80	2.60	5.29	0.28	6.73	15.21	3.70	0.90	0.55	0.46	2.47	0.54	7.95
2035	10.79	12.44	4.02	0.50	0.81	2.64	5.39	0.29	6.84	15.51	3.80	0.92	0.58	0.48	2.52	0.56	8.21
2036	11.03	12.78	4.08	0.52	0.81	2.68	5.48	0.30	6.95	15.80	3.89	0.93	0.60	0.49	2.56	0.58	8.47
2037	11.25	13.10	4.13	0.53	0.81	2.72	5.56	0.31	7.05	16.06	3.98	0.94	0.63	0.51	2.61	0.60	8.72
2038	11.45	13.41	4.17	0.54	0.81	2.75	5.63	0.31	7.14	16.30	4.05	0.95	0.65	0.52	2.65	0.61	8.95
2039	11.64	13.70	4.21	0.55	0.81	2.77	5.70	0.32	7.22	16.51	4.12	0.95	0.67	0.54	2.68	0.63	9.16
2040	11.80	13.96	4.23	0.56	0.80	2.80	5.75	0.32	7.28	16.70	4.18	0.96	0.70	0.55	2.71	0.64	9.36
2041	11.94	14.20	4.25	0.57	0.80	2.82	5.80	0.33	7.32	16.86	4.24	0.96	0.72	0.56	2.73	0.65	9.55
2042	12.05	14.41	4.25	0.58	0.79	2.83	5.83	0.33	7.36	16.98	4.29	0.97	0.74	0.57	2.75	0.66	9.73
2043	12.13	14.58	4.25	0.58	0.79	2.84	5.85	0.33	7.38	17.06	4.33	0.97	0.76	0.58	2.76	0.66	9.89
2044	12.19	14.70	4.23	0.59	0.78	2.85	5.85	0.34	7.38	17.07	4.36	0.98	0.77	0.58	2.77	0.67	10.03
2045	12.20	14.78	4.20	0.59	0.77	2.85	5.84	0.34	7.35	17.04	4.37	0.98	0.78	0.59	2.77	0.67	10.14
2046	12.19	14.84	4.16	0.58	0.76	2.85	5.83	0.34	7.32	16.98	4.38	0.98	0.79	0.59	2.76	0.67	10.22
2047	12.13	14.86	4.12	0.58	0.75	2.84	5.80	0.33	7.27	16.88	4.38	0.98	0.80	0.59	2.74	0.66	10.28
2048	12.03	14.83	4.06	0.57	0.74	2.83	5.75	0.33	7.19	16.71	4.36	0.98	0.80	0.58	2.72	0.66	10.31
2049	11.91	14.76	3.99	0.56	0.72	2.80	5.68	0.33	7.09	16.50	4.33	0.97	0.80	0.58	2.69	0.65	10.29
2050	11.74	14.64	3.91	0.55	0.71	2.77	5.59	0.32	6.97	16.22	4.28	0.95	0.80	0.57	2.66	0.64	10.24

Quelle: Eigene Berechnungen

277 Alle hier angegeben Werte basieren wiederum auf dem Basisszenario der Studie mit Kostendruck bei den Beihilfen.

Tabelle 38: Entwicklung der Ruhegehaltsausgaben (in Mrd. Euro) im Status quo[278]

Jahr	BW	BY	BE	BB	HB	HH	HE	MV	NI	NW	RP	SL	SN	ST	SH	TH	Bund
2009	2.62	2.95	0.99	0.06	0.33	0.81	1.57	0.05	1.89	4.19	0.91	0.31	0.06	0.08	0.71	0.06	1.90
2010	2.71	3.04	1.01	0.06	0.33	0.83	1.61	0.05	1.94	4.31	0.93	0.32	0.07	0.08	0.73	0.06	1.93
2011	2.87	3.17	1.06	0.07	0.35	0.87	1.68	0.05	2.04	4.52	0.97	0.33	0.07	0.08	0.76	0.07	1.99
2012	3.04	3.33	1.11	0.07	0.36	0.91	1.76	0.06	2.15	4.75	1.02	0.34	0.08	0.09	0.80	0.07	2.07
2013	3.24	3.52	1.17	0.08	0.38	0.96	1.85	0.06	2.28	5.02	1.09	0.36	0.08	0.10	0.84	0.08	2.15
2014	3.45	3.72	1.23	0.08	0.40	1.00	1.95	0.06	2.42	5.32	1.16	0.37	0.09	0.10	0.89	0.08	2.23
2015	3.66	3.92	1.30	0.09	0.41	1.04	2.06	0.07	2.56	5.63	1.23	0.39	0.10	0.11	0.93	0.09	2.33
2016	3.87	4.12	1.36	0.10	0.43	1.09	2.16	0.07	2.70	5.93	1.30	0.40	0.10	0.12	0.98	0.10	2.42
2017	4.08	4.32	1.43	0.11	0.44	1.13	2.25	0.08	2.84	6.23	1.37	0.42	0.11	0.12	1.03	0.11	2.52
2018	4.29	4.53	1.49	0.12	0.45	1.16	2.35	0.08	2.97	6.53	1.44	0.43	0.12	0.13	1.08	0.12	2.62
2019	4.48	4.74	1.55	0.13	0.46	1.20	2.45	0.09	3.10	6.82	1.51	0.45	0.13	0.14	1.12	0.13	2.74
2020	4.66	4.95	1.62	0.13	0.47	1.24	2.53	0.10	3.22	7.09	1.57	0.46	0.14	0.15	1.17	0.14	2.85
2021	4.82	5.16	1.68	0.14	0.48	1.28	2.62	0.10	3.33	7.34	1.63	0.47	0.15	0.16	1.21	0.16	2.98
2022	4.98	5.35	1.74	0.15	0.49	1.31	2.70	0.11	3.44	7.56	1.68	0.49	0.16	0.16	1.24	0.17	3.10
2023	5.12	5.55	1.80	0.16	0.50	1.35	2.77	0.11	3.54	7.77	1.73	0.49	0.17	0.17	1.28	0.18	3.24
2024	5.26	5.73	1.86	0.17	0.51	1.39	2.84	0.12	3.63	7.96	1.78	0.50	0.18	0.18	1.31	0.19	3.38
2025	5.40	5.91	1.92	0.18	0.51	1.43	2.91	0.12	3.72	8.15	1.83	0.51	0.19	0.19	1.34	0.21	3.52
2026	5.52	6.09	1.99	0.19	0.52	1.48	2.97	0.13	3.81	8.34	1.87	0.52	0.20	0.20	1.38	0.22	3.69
2027	5.64	6.27	2.05	0.20	0.52	1.52	3.03	0.14	3.89	8.51	1.91	0.53	0.21	0.21	1.41	0.23	3.85
2028	5.74	6.44	2.11	0.21	0.53	1.56	3.08	0.14	3.96	8.66	1.94	0.53	0.22	0.22	1.43	0.25	4.02
2029	5.84	6.60	2.18	0.22	0.53	1.60	3.13	0.15	4.02	8.81	1.97	0.54	0.23	0.22	1.46	0.26	4.20
2030	5.93	6.75	2.23	0.22	0.53	1.64	3.18	0.15	4.08	8.95	2.00	0.54	0.24	0.23	1.49	0.27	4.36
2031	6.03	6.90	2.29	0.23	0.53	1.67	3.22	0.15	4.13	9.07	2.04	0.55	0.24	0.24	1.51	0.29	4.53
2032	6.13	7.05	2.33	0.23	0.54	1.70	3.27	0.16	4.19	9.20	2.07	0.55	0.25	0.25	1.54	0.30	4.69
2033	6.23	7.22	2.37	0.24	0.54	1.73	3.32	0.16	4.24	9.33	2.10	0.56	0.26	0.26	1.56	0.30	4.86
2034	6.34	7.38	2.40	0.24	0.54	1.76	3.36	0.16	4.29	9.46	2.14	0.56	0.26	0.26	1.59	0.31	5.02
2035	6.44	7.53	2.42	0.24	0.54	1.78	3.40	0.16	4.33	9.58	2.18	0.56	0.27	0.27	1.61	0.32	5.16
2036	6.54	7.69	2.44	0.24	0.54	1.80	3.44	0.16	4.37	9.69	2.21	0.57	0.28	0.28	1.63	0.32	5.29
2037	6.62	7.84	2.45	0.24	0.53	1.82	3.47	0.17	4.41	9.79	2.24	0.57	0.28	0.28	1.65	0.33	5.42
2038	6.69	7.96	2.45	0.24	0.53	1.83	3.50	0.17	4.43	9.86	2.26	0.57	0.29	0.29	1.67	0.33	5.51
2039	6.76	8.09	2.44	0.24	0.53	1.83	3.51	0.17	4.45	9.92	2.28	0.57	0.29	0.29	1.68	0.33	5.60
2040	6.80	8.19	2.42	0.24	0.52	1.84	3.52	0.17	4.46	9.97	2.30	0.57	0.30	0.29	1.69	0.33	5.67
2041	6.83	8.27	2.40	0.24	0.52	1.84	3.53	0.16	4.47	10.00	2.31	0.57	0.30	0.29	1.69	0.33	5.73
2042	6.83	8.33	2.38	0.23	0.51	1.84	3.52	0.16	4.46	10.00	2.32	0.57	0.30	0.29	1.69	0.33	5.78
2043	6.82	8.35	2.35	0.23	0.51	1.83	3.50	0.16	4.44	9.96	2.32	0.57	0.30	0.29	1.69	0.33	5.82
2044	6.79	8.35	2.31	0.22	0.50	1.82	3.48	0.16	4.41	9.88	2.31	0.57	0.30	0.29	1.68	0.33	5.83
2045	6.73	8.32	2.26	0.22	0.49	1.80	3.44	0.16	4.36	9.76	2.30	0.57	0.30	0.29	1.66	0.32	5.82
2046	6.65	8.27	2.21	0.21	0.48	1.79	3.40	0.15	4.31	9.63	2.28	0.56	0.30	0.28	1.64	0.31	5.80
2047	6.54	8.19	2.15	0.21	0.47	1.76	3.35	0.15	4.24	9.46	2.25	0.56	0.29	0.28	1.62	0.31	5.76
2048	6.41	8.08	2.09	0.20	0.46	1.73	3.29	0.15	4.16	9.26	2.22	0.55	0.29	0.27	1.59	0.30	5.70
2049	6.26	7.95	2.02	0.19	0.45	1.70	3.21	0.14	4.06	9.03	2.17	0.54	0.28	0.26	1.55	0.29	5.62
2050	6.09	7.79	1.95	0.18	0.44	1.66	3.13	0.14	3.95	8.78	2.12	0.53	0.27	0.26	1.52	0.28	5.51

Quelle: Eigene Berechnungen

278 Der Entwicklung der Ruhegehaltsausgaben liegt eine jährliche nominale Dynamisierung in Höhe von 2 Prozent zugrunde.

Tabelle 39: Entwicklung der Ruhegehaltsausgaben (in Mrd. Euro): GRV-Reformpaket[279]

Jahr	BW	BY	BE	BB	HB	HH	HE	MV	NI	NW	RP	SL	SN	ST	SH	TH	Bund
2009	2.62	2.95	0.98	0.06	0.32	0.81	1.57	0.05	1.89	4.19	0.90	0.31	0.06	0.08	0.71	0.06	1.90
2010	2.70	3.03	1.01	0.06	0.33	0.83	1.61	0.05	1.94	4.30	0.93	0.32	0.06	0.08	0.72	0.06	1.93
2011	2.84	3.14	1.05	0.06	0.34	0.86	1.66	0.05	2.02	4.47	0.96	0.32	0.07	0.08	0.75	0.07	1.98
2012	3.00	3.29	1.09	0.07	0.36	0.90	1.73	0.05	2.12	4.68	1.01	0.33	0.07	0.09	0.79	0.07	2.04
2013	3.17	3.45	1.15	0.08	0.37	0.94	1.82	0.06	2.23	4.92	1.07	0.35	0.08	0.09	0.82	0.08	2.10
2014	3.36	3.62	1.20	0.08	0.39	0.98	1.90	0.06	2.36	5.18	1.13	0.36	0.09	0.10	0.87	0.08	2.18
2015	3.55	3.80	1.26	0.09	0.40	1.01	1.99	0.07	2.48	5.45	1.19	0.38	0.09	0.11	0.91	0.09	2.26
2016	3.73	3.97	1.31	0.10	0.41	1.05	2.08	0.07	2.60	5.71	1.25	0.39	0.10	0.11	0.95	0.10	2.33
2017	3.91	4.14	1.37	0.10	0.42	1.08	2.16	0.08	2.72	5.96	1.31	0.40	0.11	0.12	0.99	0.10	2.41
2018	4.08	4.31	1.42	0.11	0.43	1.11	2.24	0.08	2.83	6.21	1.37	0.41	0.11	0.12	1.03	0.11	2.50
2019	4.23	4.48	1.47	0.12	0.44	1.14	2.31	0.09	2.93	6.44	1.42	0.42	0.12	0.13	1.06	0.12	2.59
2020	4.37	4.65	1.52	0.13	0.45	1.16	2.38	0.09	3.02	6.65	1.47	0.43	0.13	0.14	1.09	0.13	2.68
2021	4.49	4.80	1.57	0.14	0.45	1.19	2.44	0.09	3.10	6.83	1.52	0.44	0.14	0.14	1.12	0.15	2.77
2022	4.60	4.95	1.61	0.14	0.46	1.22	2.50	0.10	3.18	6.98	1.55	0.45	0.15	0.15	1.15	0.16	2.86
2023	4.70	5.08	1.65	0.15	0.46	1.24	2.54	0.10	3.24	7.11	1.59	0.45	0.16	0.16	1.17	0.17	2.96
2024	4.78	5.20	1.69	0.16	0.46	1.27	2.58	0.11	3.30	7.23	1.62	0.46	0.16	0.16	1.19	0.18	3.06
2025	4.85	5.31	1.73	0.17	0.46	1.29	2.62	0.11	3.35	7.33	1.64	0.46	0.17	0.17	1.21	0.19	3.16
2026	4.91	5.42	1.77	0.17	0.46	1.31	2.65	0.12	3.39	7.42	1.66	0.46	0.18	0.18	1.22	0.20	3.27
2027	4.96	5.51	1.81	0.18	0.46	1.34	2.67	0.12	3.42	7.49	1.68	0.46	0.18	0.18	1.24	0.21	3.37
2028	5.01	5.61	1.84	0.18	0.46	1.36	2.69	0.12	3.45	7.55	1.69	0.46	0.19	0.19	1.25	0.22	3.48
2029	5.04	5.69	1.88	0.19	0.46	1.38	2.71	0.12	3.47	7.60	1.70	0.46	0.19	0.19	1.26	0.23	3.59
2030	5.07	5.76	1.91	0.19	0.46	1.40	2.72	0.13	3.49	7.65	1.71	0.46	0.20	0.20	1.27	0.23	3.70
2031	5.11	5.84	1.94	0.20	0.46	1.41	2.74	0.13	3.50	7.69	1.72	0.46	0.20	0.20	1.28	0.24	3.80
2032	5.16	5.92	1.96	0.20	0.45	1.43	2.75	0.13	3.52	7.73	1.74	0.46	0.21	0.21	1.29	0.25	3.91
2033	5.21	6.02	1.98	0.20	0.45	1.45	2.77	0.13	3.54	7.79	1.75	0.46	0.21	0.21	1.30	0.25	4.02
2034	5.27	6.12	2.00	0.20	0.45	1.46	2.80	0.13	3.56	7.86	1.78	0.46	0.22	0.22	1.32	0.26	4.12
2035	5.34	6.22	2.01	0.20	0.45	1.47	2.82	0.13	3.58	7.93	1.80	0.46	0.22	0.22	1.33	0.26	4.23
2036	5.40	6.34	2.02	0.20	0.45	1.49	2.84	0.14	3.61	8.00	1.82	0.47	0.23	0.23	1.35	0.27	4.33
2037	5.46	6.45	2.02	0.20	0.44	1.50	2.86	0.14	3.63	8.06	1.84	0.47	0.23	0.23	1.36	0.27	4.42
2038	5.51	6.54	2.02	0.20	0.44	1.50	2.88	0.14	3.65	8.11	1.86	0.47	0.24	0.23	1.37	0.27	4.49
2039	5.55	6.63	2.01	0.20	0.44	1.51	2.89	0.14	3.66	8.15	1.87	0.47	0.24	0.24	1.38	0.27	4.56
2040	5.57	6.70	1.99	0.20	0.43	1.51	2.89	0.14	3.66	8.17	1.88	0.47	0.24	0.24	1.38	0.28	4.60
2041	5.58	6.76	1.97	0.20	0.43	1.50	2.89	0.13	3.65	8.18	1.89	0.47	0.25	0.24	1.38	0.27	4.65
2042	5.58	6.79	1.95	0.19	0.42	1.50	2.88	0.13	3.64	8.16	1.89	0.47	0.25	0.24	1.38	0.27	4.68
2043	5.55	6.79	1.92	0.19	0.42	1.49	2.86	0.13	3.62	8.11	1.89	0.46	0.25	0.24	1.37	0.27	4.70
2044	5.51	6.78	1.88	0.19	0.41	1.48	2.83	0.13	3.58	8.02	1.87	0.46	0.25	0.23	1.36	0.27	4.70
2045	5.45	6.73	1.84	0.18	0.40	1.46	2.79	0.13	3.53	7.91	1.86	0.46	0.24	0.23	1.35	0.26	4.69
2046	5.37	6.68	1.79	0.18	0.39	1.45	2.75	0.12	3.48	7.78	1.84	0.45	0.24	0.23	1.33	0.26	4.66
2047	5.27	6.60	1.75	0.17	0.38	1.42	2.71	0.12	3.42	7.64	1.81	0.45	0.24	0.22	1.30	0.25	4.62
2048	5.16	6.50	1.69	0.16	0.38	1.40	2.65	0.12	3.34	7.46	1.78	0.44	0.23	0.22	1.28	0.24	4.57
2049	5.02	6.38	1.63	0.16	0.36	1.37	2.58	0.11	3.26	7.26	1.74	0.43	0.23	0.21	1.25	0.23	4.49
2050	4.87	6.24	1.57	0.15	0.35	1.33	2.51	0.11	3.16	7.03	1.70	0.42	0.22	0.20	1.21	0.23	4.40

Quelle: Eigene Berechnungen

279 Der Entwicklung der Ruhegehaltsausgaben liegt eine jährliche nominale Dynamisierung in Höhe von 2 Prozent zugrunde.

Tabelle 40: Entwicklung der Ruhegehaltsausgaben (in Mrd. Euro): Reformpaket II[280]

Jahr	BW	BY	BE	BB	HB	HH	HE	MV	NI	NW	RP	SL	SN	ST	SH	TH	Bund
2009	2.62	2.95	0.98	0.06	0.32	0.81	1.57	0.05	1.89	4.19	0.90	0.31	0.06	0.08	0.71	0.06	1.90
2010	2.70	3.03	1.01	0.06	0.33	0.83	1.61	0.05	1.94	4.30	0.93	0.32	0.06	0.08	0.72	0.06	1.93
2011	2.82	3.13	1.04	0.06	0.34	0.86	1.65	0.05	2.00	4.44	0.96	0.32	0.07	0.08	0.75	0.06	1.98
2012	2.94	3.25	1.07	0.06	0.35	0.90	1.70	0.05	2.07	4.60	0.99	0.33	0.07	0.08	0.78	0.07	2.04
2013	3.08	3.38	1.11	0.06	0.37	0.93	1.77	0.05	2.16	4.78	1.03	0.34	0.07	0.09	0.81	0.07	2.11
2014	3.23	3.53	1.16	0.06	0.38	0.97	1.84	0.05	2.26	5.00	1.08	0.35	0.07	0.09	0.84	0.07	2.18
2015	3.37	3.68	1.21	0.07	0.39	1.01	1.91	0.06	2.35	5.21	1.13	0.36	0.07	0.09	0.88	0.07	2.25
2016	3.51	3.82	1.25	0.07	0.40	1.04	1.98	0.06	2.44	5.41	1.17	0.37	0.08	0.09	0.91	0.08	2.33
2017	3.65	3.96	1.29	0.07	0.41	1.08	2.04	0.06	2.54	5.61	1.22	0.39	0.08	0.10	0.94	0.08	2.40
2018	3.78	4.09	1.33	0.07	0.42	1.11	2.11	0.06	2.62	5.81	1.26	0.39	0.08	0.10	0.98	0.08	2.47
2019	3.91	4.23	1.37	0.08	0.43	1.14	2.17	0.06	2.71	6.00	1.30	0.40	0.09	0.10	1.01	0.09	2.55
2020	4.02	4.37	1.41	0.08	0.44	1.17	2.22	0.07	2.78	6.19	1.34	0.41	0.09	0.11	1.04	0.09	2.63
2021	4.12	4.50	1.45	0.08	0.44	1.19	2.27	0.07	2.85	6.35	1.38	0.42	0.10	0.11	1.06	0.10	2.71
2022	4.22	4.63	1.48	0.08	0.45	1.22	2.32	0.07	2.91	6.49	1.41	0.43	0.10	0.11	1.09	0.10	2.80
2023	4.29	4.72	1.51	0.09	0.46	1.24	2.36	0.07	2.96	6.58	1.43	0.43	0.10	0.12	1.11	0.10	2.87
2024	4.39	4.86	1.55	0.09	0.46	1.28	2.41	0.07	3.03	6.74	1.47	0.44	0.11	0.12	1.13	0.11	2.96
2025	4.47	4.97	1.58	0.09	0.47	1.30	2.45	0.07	3.08	6.86	1.50	0.44	0.11	0.12	1.15	0.11	3.05
2026	4.55	5.08	1.62	0.09	0.47	1.33	2.49	0.08	3.13	6.97	1.52	0.45	0.11	0.12	1.17	0.12	3.15
2027	4.61	5.18	1.65	0.09	0.47	1.36	2.52	0.08	3.17	7.08	1.55	0.45	0.11	0.13	1.19	0.12	3.25
2028	4.68	5.29	1.68	0.10	0.48	1.39	2.55	0.08	3.21	7.18	1.56	0.45	0.12	0.13	1.20	0.13	3.35
2029	4.74	5.39	1.72	0.10	0.48	1.42	2.58	0.08	3.25	7.27	1.58	0.46	0.12	0.13	1.22	0.13	3.46
2030	4.79	5.48	1.75	0.10	0.48	1.44	2.60	0.08	3.28	7.35	1.60	0.46	0.12	0.14	1.23	0.13	3.56
2031	4.84	5.56	1.78	0.10	0.48	1.46	2.63	0.08	3.31	7.42	1.61	0.46	0.13	0.14	1.25	0.14	3.66
2032	4.90	5.64	1.80	0.10	0.48	1.48	2.65	0.08	3.33	7.49	1.63	0.46	0.13	0.14	1.26	0.14	3.76
2033	4.95	5.74	1.82	0.10	0.49	1.51	2.67	0.08	3.36	7.56	1.65	0.47	0.13	0.14	1.27	0.15	3.86
2034	5.01	5.83	1.84	0.10	0.49	1.52	2.70	0.09	3.39	7.64	1.67	0.47	0.13	0.15	1.29	0.15	3.96
2035	5.07	5.92	1.85	0.10	0.48	1.54	2.72	0.09	3.41	7.71	1.69	0.47	0.13	0.15	1.30	0.15	4.05
2036	5.13	6.01	1.86	0.10	0.48	1.55	2.74	0.09	3.44	7.78	1.71	0.47	0.14	0.15	1.31	0.15	4.14
2037	5.18	6.10	1.87	0.10	0.48	1.56	2.76	0.09	3.46	7.84	1.73	0.48	0.14	0.15	1.33	0.15	4.22
2038	5.22	6.18	1.87	0.10	0.48	1.57	2.77	0.09	3.48	7.89	1.75	0.48	0.14	0.15	1.34	0.15	4.29
2039	5.26	6.25	1.86	0.10	0.48	1.58	2.78	0.09	3.49	7.92	1.76	0.48	0.14	0.16	1.35	0.15	4.35
2040	5.29	6.31	1.86	0.10	0.48	1.58	2.79	0.09	3.50	7.96	1.77	0.48	0.14	0.16	1.35	0.15	4.39
2041	5.31	6.37	1.85	0.10	0.48	1.58	2.80	0.09	3.51	7.99	1.78	0.48	0.14	0.16	1.36	0.15	4.44
2042	5.32	6.42	1.83	0.10	0.47	1.58	2.79	0.09	3.51	8.01	1.79	0.48	0.14	0.16	1.36	0.15	4.48
2043	5.32	6.44	1.82	0.10	0.47	1.58	2.79	0.08	3.51	8.00	1.79	0.48	0.14	0.16	1.36	0.15	4.51
2044	5.30	6.45	1.79	0.09	0.46	1.57	2.77	0.08	3.49	7.97	1.79	0.48	0.14	0.16	1.36	0.15	4.53
2045	5.28	6.44	1.77	0.09	0.46	1.56	2.75	0.08	3.47	7.91	1.79	0.48	0.14	0.15	1.35	0.15	4.54
2046	5.24	6.42	1.74	0.09	0.45	1.55	2.74	0.08	3.45	7.85	1.78	0.47	0.14	0.15	1.34	0.15	4.54
2047	5.18	6.39	1.71	0.09	0.45	1.54	2.71	0.08	3.42	7.77	1.77	0.47	0.14	0.15	1.33	0.14	4.53
2048	5.11	6.34	1.67	0.09	0.44	1.52	2.68	0.08	3.37	7.66	1.75	0.47	0.14	0.15	1.31	0.14	4.50
2049	5.03	6.28	1.63	0.08	0.43	1.50	2.64	0.08	3.32	7.54	1.73	0.46	0.14	0.14	1.30	0.14	4.46
2050	4.94	6.19	1.59	0.08	0.43	1.48	2.59	0.07	3.26	7.39	1.70	0.46	0.13	0.14	1.28	0.14	4.41

Quelle: Eigene Berechnungen

280 Der Entwicklung der Ruhegehaltsausgaben liegt eine jährliche nominale Dynamisierung in Höhe von 2 Prozent zugrunde.

Tabelle 41: Entwicklung der Beihilfeausgaben (in Mrd. Euro): Szenario ohne Kostendruck[281]

Jahr	BW	BY	BE	BB	HB	HH	HE	MV	NI	NW	RP	SL	SN	ST	SH	TH	Bund
2009	0.54	0.61	0.17	0.01	0.03	0.13	0.24	0.01	0.31	0.89	0.20	0.06	0.01	0.01	0.12	0.01	0.44
2010	0.59	0.66	0.19	0.01	0.04	0.13	0.26	0.01	0.33	0.95	0.21	0.06	0.01	0.01	0.13	0.01	0.46
2011	0.64	0.71	0.20	0.01	0.04	0.14	0.28	0.01	0.36	1.02	0.23	0.07	0.02	0.01	0.14	0.01	0.49
2012	0.69	0.76	0.22	0.01	0.04	0.15	0.30	0.01	0.38	1.10	0.25	0.07	0.02	0.02	0.15	0.01	0.51
2013	0.75	0.81	0.23	0.01	0.04	0.16	0.32	0.01	0.41	1.17	0.27	0.07	0.02	0.02	0.16	0.02	0.54
2014	0.80	0.87	0.25	0.02	0.04	0.17	0.34	0.01	0.44	1.26	0.29	0.08	0.03	0.02	0.17	0.02	0.56
2015	0.87	0.93	0.27	0.02	0.05	0.18	0.37	0.01	0.48	1.34	0.31	0.08	0.03	0.02	0.18	0.02	0.59
2016	0.93	1.00	0.29	0.02	0.05	0.19	0.39	0.02	0.51	1.43	0.33	0.09	0.03	0.03	0.19	0.02	0.62
2017	1.00	1.07	0.31	0.03	0.05	0.20	0.42	0.02	0.55	1.53	0.36	0.09	0.04	0.03	0.21	0.03	0.66
2018	1.07	1.14	0.33	0.03	0.06	0.21	0.45	0.02	0.58	1.63	0.38	0.10	0.04	0.03	0.22	0.03	0.69
2019	1.14	1.22	0.36	0.04	0.06	0.22	0.48	0.02	0.62	1.72	0.41	0.10	0.05	0.04	0.23	0.04	0.73
2020	1.21	1.29	0.38	0.04	0.06	0.23	0.50	0.02	0.66	1.82	0.43	0.11	0.06	0.04	0.24	0.04	0.77
2021	1.29	1.37	0.41	0.05	0.06	0.24	0.53	0.03	0.70	1.92	0.46	0.11	0.06	0.04	0.26	0.05	0.81
2022	1.36	1.46	0.43	0.05	0.07	0.25	0.56	0.03	0.74	2.02	0.48	0.11	0.07	0.05	0.27	0.05	0.85
2023	1.43	1.54	0.46	0.06	0.07	0.26	0.59	0.03	0.77	2.11	0.51	0.12	0.08	0.05	0.28	0.06	0.89
2024	1.50	1.62	0.48	0.07	0.07	0.27	0.62	0.04	0.81	2.21	0.53	0.12	0.09	0.06	0.30	0.07	0.94
2025	1.57	1.71	0.51	0.07	0.07	0.29	0.64	0.04	0.85	2.30	0.56	0.13	0.10	0.06	0.31	0.07	0.99
2026	1.64	1.79	0.54	0.08	0.07	0.30	0.67	0.04	0.88	2.39	0.59	0.13	0.10	0.07	0.32	0.08	1.04
2027	1.71	1.88	0.57	0.09	0.08	0.31	0.70	0.05	0.92	2.49	0.61	0.14	0.11	0.07	0.33	0.09	1.10
2028	1.78	1.97	0.60	0.10	0.08	0.32	0.72	0.05	0.95	2.58	0.64	0.14	0.12	0.08	0.35	0.09	1.15
2029	1.85	2.06	0.62	0.11	0.08	0.34	0.75	0.05	0.99	2.67	0.66	0.14	0.13	0.08	0.36	0.10	1.21
2030	1.92	2.15	0.65	0.11	0.08	0.35	0.78	0.06	1.02	2.76	0.69	0.15	0.14	0.09	0.37	0.11	1.28
2031	1.99	2.24	0.68	0.12	0.08	0.36	0.81	0.06	1.06	2.85	0.71	0.15	0.15	0.10	0.38	0.12	1.34
2032	2.06	2.33	0.71	0.13	0.09	0.37	0.83	0.06	1.09	2.95	0.74	0.15	0.16	0.10	0.40	0.13	1.41
2033	2.13	2.42	0.74	0.14	0.09	0.38	0.86	0.07	1.12	3.04	0.76	0.16	0.17	0.11	0.41	0.13	1.47
2034	2.19	2.52	0.76	0.15	0.09	0.40	0.89	0.07	1.15	3.13	0.79	0.16	0.18	0.11	0.42	0.14	1.54
2035	2.26	2.61	0.78	0.15	0.09	0.41	0.91	0.07	1.18	3.21	0.81	0.16	0.19	0.12	0.43	0.15	1.61
2036	2.33	2.71	0.81	0.16	0.09	0.42	0.94	0.08	1.21	3.30	0.84	0.17	0.20	0.13	0.45	0.15	1.68
2037	2.39	2.80	0.83	0.16	0.09	0.43	0.96	0.08	1.24	3.38	0.86	0.17	0.21	0.13	0.46	0.16	1.74
2038	2.45	2.89	0.84	0.17	0.09	0.44	0.98	0.08	1.27	3.45	0.88	0.17	0.22	0.14	0.47	0.17	1.81
2039	2.50	2.98	0.86	0.18	0.09	0.45	1.00	0.08	1.29	3.52	0.90	0.17	0.23	0.14	0.48	0.17	1.87
2040	2.55	3.06	0.87	0.18	0.10	0.46	1.02	0.09	1.31	3.58	0.92	0.18	0.24	0.15	0.49	0.18	1.93
2041	2.60	3.14	0.88	0.18	0.10	0.47	1.04	0.09	1.33	3.64	0.94	0.18	0.25	0.15	0.50	0.18	1.99
2042	2.65	3.21	0.89	0.19	0.10	0.47	1.05	0.09	1.35	3.69	0.96	0.18	0.26	0.15	0.50	0.18	2.04
2043	2.69	3.28	0.90	0.19	0.10	0.48	1.07	0.09	1.36	3.73	0.97	0.18	0.26	0.16	0.51	0.19	2.09
2044	2.72	3.33	0.90	0.19	0.10	0.49	1.08	0.09	1.37	3.77	0.99	0.19	0.27	0.16	0.52	0.19	2.14
2045	2.75	3.38	0.90	0.19	0.10	0.49	1.09	0.09	1.38	3.79	1.00	0.19	0.28	0.16	0.52	0.19	2.18
2046	2.77	3.42	0.90	0.19	0.10	0.50	1.10	0.09	1.39	3.81	1.01	0.19	0.28	0.16	0.52	0.19	2.21
2047	2.79	3.46	0.90	0.19	0.10	0.50	1.10	0.09	1.39	3.82	1.02	0.19	0.28	0.16	0.53	0.19	2.24
2048	2.79	3.48	0.89	0.19	0.10	0.50	1.10	0.09	1.39	3.82	1.02	0.19	0.28	0.16	0.53	0.19	2.26
2049	2.80	3.49	0.88	0.18	0.10	0.50	1.10	0.09	1.38	3.81	1.02	0.19	0.29	0.16	0.53	0.18	2.27
2050	2.79	3.50	0.86	0.18	0.10	0.50	1.10	0.09	1.37	3.78	1.02	0.19	0.29	0.16	0.52	0.18	2.27

Quelle: Eigene Berechnungen

281 Der Entwicklung der Beihilfeausgaben liegt im Szenario ohne Kostendruck eine jährliche Fortschreibung mit einer Wachstumsrate von 3,5 Prozent zugrunde.

Tabelle 42: Entwicklung der Beihilfeausgaben (in Mrd. Euro): Szenario mit Kostendruck[282]

Jahr	BW	BY	BE	BB	HB	HH	HE	MV	NI	NW	RP	SL	SN	ST	SH	TH	Bund
2009	0.54	0.61	0.17	0.01	0.03	0.13	0.24	0.01	0.31	0.89	0.20	0.06	0.01	0.01	0.12	0.01	0.44
2010	0.60	0.67	0.19	0.01	0.04	0.14	0.26	0.01	0.33	0.96	0.21	0.06	0.01	0.01	0.13	0.01	0.47
2011	0.65	0.72	0.21	0.01	0.04	0.15	0.28	0.01	0.36	1.04	0.23	0.07	0.02	0.01	0.14	0.01	0.50
2012	0.71	0.78	0.22	0.01	0.04	0.16	0.31	0.01	0.39	1.13	0.25	0.07	0.02	0.02	0.15	0.01	0.53
2013	0.78	0.85	0.24	0.01	0.04	0.17	0.33	0.01	0.43	1.22	0.28	0.08	0.02	0.02	0.17	0.02	0.56
2014	0.84	0.92	0.26	0.02	0.05	0.18	0.36	0.01	0.47	1.32	0.30	0.08	0.03	0.02	0.18	0.02	0.59
2015	0.92	0.99	0.29	0.02	0.05	0.19	0.39	0.01	0.51	1.42	0.33	0.09	0.03	0.02	0.19	0.02	0.63
2016	1.00	1.07	0.31	0.03	0.05	0.20	0.42	0.02	0.55	1.53	0.35	0.09	0.04	0.03	0.21	0.03	0.67
2017	1.08	1.15	0.34	0.03	0.06	0.21	0.45	0.02	0.59	1.65	0.38	0.10	0.04	0.03	0.22	0.03	0.71
2018	1.17	1.24	0.36	0.03	0.06	0.23	0.49	0.02	0.64	1.77	0.41	0.11	0.05	0.04	0.24	0.03	0.75
2019	1.26	1.34	0.39	0.04	0.06	0.24	0.52	0.02	0.68	1.90	0.45	0.11	0.06	0.04	0.26	0.04	0.80
2020	1.35	1.44	0.42	0.05	0.07	0.26	0.56	0.03	0.73	2.03	0.48	0.12	0.06	0.04	0.27	0.05	0.85
2021	1.44	1.54	0.45	0.05	0.07	0.27	0.60	0.03	0.78	2.15	0.51	0.12	0.07	0.05	0.29	0.05	0.90
2022	1.54	1.65	0.49	0.06	0.07	0.29	0.63	0.03	0.83	2.29	0.55	0.13	0.08	0.05	0.31	0.06	0.96
2023	1.64	1.76	0.52	0.07	0.08	0.30	0.67	0.04	0.88	2.42	0.58	0.14	0.09	0.06	0.32	0.07	1.02
2024	1.74	1.87	0.56	0.08	0.08	0.32	0.71	0.04	0.94	2.55	0.62	0.14	0.10	0.07	0.34	0.08	1.09
2025	1.84	1.99	0.59	0.09	0.08	0.33	0.75	0.05	0.99	2.68	0.65	0.15	0.11	0.07	0.36	0.08	1.16
2026	1.94	2.11	0.63	0.10	0.09	0.35	0.79	0.05	1.04	2.82	0.69	0.15	0.12	0.08	0.38	0.09	1.23
2027	2.04	2.24	0.67	0.11	0.09	0.37	0.83	0.05	1.09	2.95	0.73	0.16	0.13	0.09	0.40	0.10	1.30
2028	2.14	2.36	0.71	0.12	0.09	0.39	0.87	0.06	1.14	3.09	0.76	0.17	0.15	0.09	0.42	0.11	1.39
2029	2.24	2.49	0.76	0.13	0.10	0.41	0.91	0.06	1.20	3.24	0.80	0.17	0.16	0.10	0.43	0.12	1.47
2030	2.35	2.63	0.80	0.14	0.10	0.43	0.95	0.07	1.25	3.38	0.84	0.18	0.17	0.11	0.45	0.14	1.56
2031	2.46	2.77	0.84	0.15	0.10	0.44	1.00	0.07	1.30	3.53	0.88	0.19	0.19	0.12	0.47	0.15	1.66
2032	2.57	2.91	0.88	0.16	0.11	0.46	1.04	0.08	1.36	3.67	0.92	0.19	0.20	0.13	0.49	0.16	1.76
2033	2.68	3.05	0.93	0.17	0.11	0.48	1.08	0.08	1.41	3.82	0.96	0.20	0.22	0.14	0.52	0.17	1.86
2034	2.79	3.20	0.97	0.18	0.11	0.50	1.13	0.09	1.47	3.98	1.00	0.20	0.23	0.15	0.54	0.18	1.96
2035	2.90	3.36	1.01	0.20	0.12	0.52	1.17	0.09	1.52	4.13	1.04	0.21	0.25	0.15	0.56	0.19	2.07
2036	3.01	3.51	1.04	0.21	0.12	0.54	1.21	0.10	1.57	4.28	1.09	0.22	0.26	0.16	0.58	0.20	2.17
2037	3.13	3.67	1.08	0.22	0.12	0.56	1.26	0.10	1.62	4.42	1.13	0.22	0.28	0.17	0.60	0.21	2.28
2038	3.23	3.83	1.11	0.23	0.12	0.58	1.30	0.11	1.67	4.56	1.17	0.23	0.29	0.18	0.62	0.22	2.39
2039	3.34	3.98	1.14	0.23	0.13	0.60	1.34	0.11	1.72	4.70	1.21	0.23	0.31	0.19	0.64	0.23	2.50
2040	3.44	4.13	1.17	0.24	0.13	0.62	1.38	0.11	1.77	4.83	1.24	0.24	0.32	0.20	0.66	0.24	2.60
2041	3.54	4.27	1.20	0.25	0.13	0.63	1.41	0.12	1.81	4.95	1.28	0.24	0.34	0.20	0.68	0.25	2.71
2042	3.63	4.41	1.22	0.26	0.13	0.65	1.45	0.12	1.85	5.07	1.32	0.25	0.35	0.21	0.69	0.25	2.81
2043	3.72	4.55	1.24	0.26	0.13	0.67	1.48	0.12	1.89	5.18	1.35	0.26	0.37	0.22	0.71	0.26	2.90
2044	3.81	4.67	1.26	0.26	0.14	0.68	1.51	0.13	1.92	5.27	1.38	0.26	0.38	0.22	0.72	0.26	2.99
2045	3.88	4.78	1.27	0.27	0.14	0.70	1.54	0.13	1.95	5.36	1.41	0.27	0.39	0.23	0.74	0.27	3.08
2046	3.95	4.89	1.28	0.27	0.14	0.71	1.57	0.13	1.98	5.44	1.44	0.27	0.40	0.23	0.75	0.27	3.16
2047	4.02	4.98	1.29	0.27	0.14	0.72	1.59	0.13	2.00	5.51	1.47	0.28	0.41	0.24	0.76	0.27	3.23
2048	4.07	5.07	1.29	0.27	0.14	0.73	1.61	0.13	2.02	5.56	1.49	0.28	0.41	0.24	0.77	0.27	3.28
2049	4.11	5.13	1.29	0.27	0.14	0.74	1.62	0.13	2.03	5.59	1.50	0.28	0.42	0.24	0.77	0.27	3.33
2050	4.13	5.19	1.28	0.26	0.14	0.74	1.63	0.13	2.04	5.61	1.52	0.28	0.42	0.24	0.78	0.27	3.36

Quelle: Eigene Berechnungen

282 Der Entwicklung der Beihilfeausgaben liegt im Szenario mit Kostendruck eine jährliche Fortschreibung mit einer Wachstumsrate von 4,5 Prozent zugrunde.

Tabelle 43: Entwicklung der Ausgaben für die Hinterbliebenenversorgung (in Mrd. Euro)[283]

Jahr	BW	BY	BE	BB	HB	HH	HE	MV	NI	NW	RP	SL	SN	ST	SH	TH	Bund
2009	0.44	0.56	0.18	0.00	0.06	0.14	0.29	0.00	0.33	0.70	0.19	0.07	0.00	0.01	0.13	0.00	0.41
2010	0.47	0.59	0.20	0.01	0.07	0.15	0.30	0.00	0.35	0.73	0.20	0.07	0.01	0.01	0.13	0.01	0.43
2011	0.49	0.61	0.21	0.01	0.07	0.16	0.31	0.00	0.36	0.77	0.21	0.08	0.01	0.01	0.14	0.01	0.45
2012	0.52	0.64	0.22	0.01	0.07	0.16	0.33	0.00	0.38	0.80	0.22	0.08	0.01	0.01	0.15	0.01	0.47
2013	0.55	0.66	0.23	0.01	0.08	0.17	0.34	0.00	0.40	0.83	0.23	0.08	0.01	0.01	0.15	0.01	0.49
2014	0.58	0.69	0.24	0.01	0.08	0.18	0.36	0.01	0.42	0.87	0.24	0.08	0.01	0.01	0.16	0.01	0.51
2015	0.61	0.72	0.25	0.01	0.08	0.19	0.38	0.01	0.44	0.91	0.25	0.09	0.01	0.01	0.17	0.01	0.54
2016	0.64	0.76	0.27	0.01	0.09	0.19	0.39	0.01	0.46	0.95	0.26	0.09	0.01	0.01	0.18	0.01	0.56
2017	0.67	0.79	0.28	0.01	0.09	0.20	0.41	0.01	0.48	0.99	0.27	0.09	0.01	0.01	0.19	0.01	0.58
2018	0.71	0.83	0.30	0.01	0.09	0.21	0.43	0.01	0.51	1.04	0.28	0.09	0.01	0.01	0.19	0.01	0.61
2019	0.75	0.87	0.31	0.01	0.10	0.22	0.45	0.01	0.54	1.08	0.30	0.10	0.01	0.01	0.20	0.01	0.63
2020	0.79	0.91	0.33	0.02	0.10	0.23	0.47	0.01	0.57	1.13	0.31	0.10	0.02	0.02	0.21	0.02	0.65
2021	0.83	0.95	0.35	0.02	0.11	0.24	0.50	0.01	0.60	1.18	0.33	0.11	0.02	0.02	0.22	0.02	0.68
2022	0.87	0.99	0.36	0.02	0.11	0.25	0.52	0.01	0.63	1.23	0.34	0.11	0.02	0.02	0.23	0.02	0.70
2023	0.92	1.04	0.38	0.02	0.12	0.26	0.55	0.01	0.66	1.28	0.36	0.11	0.02	0.02	0.24	0.02	0.73
2024	0.97	1.09	0.40	0.02	0.12	0.27	0.57	0.02	0.69	1.33	0.38	0.11	0.02	0.02	0.26	0.02	0.76
2025	1.02	1.14	0.42	0.03	0.12	0.28	0.59	0.02	0.73	1.38	0.40	0.12	0.03	0.03	0.27	0.02	0.79
2026	1.07	1.19	0.44	0.03	0.13	0.29	0.62	0.02	0.76	1.43	0.42	0.12	0.03	0.03	0.28	0.03	0.82
2027	1.12	1.23	0.46	0.03	0.13	0.29	0.65	0.02	0.79	1.48	0.44	0.12	0.03	0.03	0.29	0.03	0.85
2028	1.16	1.28	0.48	0.04	0.14	0.30	0.67	0.02	0.83	1.53	0.45	0.13	0.03	0.03	0.30	0.03	0.88
2029	1.21	1.33	0.49	0.04	0.14	0.31	0.69	0.02	0.86	1.58	0.48	0.13	0.04	0.03	0.31	0.04	0.90
2030	1.26	1.37	0.51	0.04	0.14	0.32	0.72	0.02	0.89	1.62	0.49	0.13	0.04	0.04	0.32	0.04	0.92
2031	1.30	1.41	0.53	0.05	0.15	0.32	0.74	0.03	0.91	1.66	0.51	0.13	0.04	0.04	0.32	0.04	0.94
2032	1.34	1.45	0.54	0.05	0.15	0.33	0.76	0.03	0.93	1.70	0.53	0.14	0.05	0.04	0.33	0.04	0.95
2033	1.38	1.48	0.56	0.06	0.15	0.33	0.78	0.03	0.96	1.73	0.55	0.14	0.05	0.04	0.34	0.05	0.96
2034	1.41	1.52	0.57	0.06	0.15	0.34	0.80	0.03	0.98	1.77	0.56	0.14	0.05	0.05	0.35	0.05	0.97
2035	1.45	1.55	0.59	0.06	0.15	0.34	0.81	0.03	1.00	1.81	0.58	0.14	0.06	0.05	0.35	0.05	0.99
2036	1.48	1.58	0.60	0.07	0.16	0.34	0.82	0.04	1.01	1.83	0.60	0.15	0.06	0.05	0.35	0.06	1.00
2037	1.50	1.59	0.61	0.07	0.16	0.34	0.83	0.04	1.03	1.86	0.61	0.15	0.07	0.05	0.36	0.06	1.02
2038	1.52	1.62	0.62	0.08	0.16	0.34	0.84	0.04	1.04	1.88	0.62	0.15	0.07	0.06	0.36	0.06	1.04
2039	1.54	1.63	0.63	0.08	0.15	0.34	0.84	0.04	1.04	1.89	0.63	0.15	0.07	0.06	0.36	0.07	1.07
2040	1.56	1.65	0.64	0.08	0.15	0.34	0.85	0.04	1.05	1.90	0.64	0.15	0.08	0.06	0.36	0.07	1.09
2041	1.57	1.66	0.65	0.09	0.15	0.34	0.86	0.05	1.05	1.91	0.65	0.15	0.08	0.06	0.36	0.07	1.12
2042	1.58	1.67	0.65	0.09	0.15	0.35	0.86	0.05	1.05	1.92	0.66	0.15	0.08	0.07	0.36	0.07	1.14
2043	1.59	1.68	0.66	0.09	0.14	0.35	0.86	0.05	1.05	1.92	0.66	0.15	0.09	0.07	0.37	0.08	1.17
2044	1.59	1.68	0.66	0.10	0.14	0.35	0.86	0.05	1.04	1.92	0.66	0.15	0.09	0.07	0.37	0.08	1.20
2045	1.58	1.68	0.67	0.10	0.14	0.35	0.86	0.05	1.04	1.92	0.67	0.15	0.09	0.07	0.37	0.08	1.23
2046	1.58	1.68	0.67	0.10	0.14	0.35	0.86	0.05	1.03	1.92	0.66	0.15	0.09	0.07	0.37	0.08	1.26
2047	1.57	1.69	0.68	0.10	0.14	0.36	0.86	0.05	1.02	1.91	0.66	0.15	0.10	0.07	0.37	0.08	1.29
2048	1.56	1.69	0.68	0.10	0.13	0.36	0.85	0.05	1.01	1.89	0.66	0.15	0.10	0.08	0.37	0.08	1.32
2049	1.54	1.68	0.68	0.10	0.13	0.36	0.84	0.05	1.00	1.87	0.65	0.14	0.10	0.08	0.37	0.09	1.35
2050	1.52	1.67	0.68	0.10	0.13	0.36	0.83	0.05	0.99	1.84	0.64	0.14	0.10	0.08	0.36	0.09	1.37

Quelle: Eigene Berechnungen

283 Der Entwicklung der Hinterbliebenenversorgung basiert auf einer jährlichen nominalen Dynamisierung in Höhe von 2 Prozent.

Tabelle 44: Entwicklung der Versorgungssteuerquote[284]

Jahr	BW	BY	BE	BB	HB	HH	HE	MV	NI	NW	RP	SL	SN	ST	SH	TH	Bund	BRD
2009	14.7%	14.0%	10.1%	0.9%	19.8%	20.4%	15.1%	1.0%	14.3%	14.2%	13.6%	17.8%	0.6%	1.2%	14.5%	1.0%	1.2%	5.1%
2010	15.0%	14.2%	10.5%	0.9%	20.4%	20.6%	15.1%	1.1%	14.3%	14.6%	14.0%	18.1%	0.6%	1.3%	15.0%	1.1%	1.3%	5.2%
2011	15.4%	14.4%	10.7%	1.0%	20.6%	20.7%	15.2%	1.2%	14.6%	14.9%	14.2%	18.3%	0.7%	1.3%	15.2%	1.1%	1.3%	5.3%
2012	15.8%	14.7%	10.8%	1.1%	20.9%	20.9%	15.5%	1.2%	14.9%	15.2%	14.6%	18.6%	0.7%	1.4%	15.5%	1.2%	1.3%	5.4%
2013	16.3%	15.0%	11.1%	1.2%	21.1%	21.1%	15.9%	1.3%	15.4%	15.6%	15.0%	18.9%	0.8%	1.5%	15.8%	1.3%	1.3%	5.6%
2014	16.8%	15.3%	11.4%	1.2%	21.3%	21.3%	16.2%	1.4%	15.8%	16.0%	15.5%	19.3%	0.8%	1.6%	16.2%	1.4%	1.3%	5.7%
2015	17.3%	15.6%	11.6%	1.3%	21.6%	21.5%	16.6%	1.5%	16.3%	16.5%	16.0%	19.6%	0.9%	1.7%	16.5%	1.5%	1.3%	5.9%
2016	17.8%	15.9%	11.9%	1.4%	21.7%	21.6%	16.9%	1.6%	16.7%	16.9%	16.4%	19.9%	1.0%	1.8%	16.8%	1.6%	1.3%	6.0%
2017	18.2%	16.2%	12.1%	1.6%	21.8%	21.7%	17.2%	1.6%	17.1%	17.3%	16.8%	20.2%	1.1%	1.9%	17.1%	1.8%	1.3%	6.1%
2018	18.6%	16.5%	12.3%	1.7%	21.8%	21.7%	17.5%	1.7%	17.4%	17.6%	17.2%	20.5%	1.1%	2.0%	17.4%	1.9%	1.4%	6.3%
2019	18.9%	16.7%	12.6%	1.8%	21.8%	21.7%	17.7%	1.8%	17.7%	17.9%	17.5%	20.7%	1.2%	2.1%	17.7%	2.1%	1.4%	6.4%
2020	19.2%	17.0%	12.8%	1.9%	21.7%	21.8%	17.9%	1.9%	18.0%	18.2%	17.8%	20.8%	1.3%	2.2%	17.9%	2.3%	1.4%	6.5%
2021	19.4%	17.3%	13.0%	2.0%	21.6%	21.8%	18.1%	2.0%	18.2%	18.4%	18.1%	21.0%	1.4%	2.3%	18.0%	2.5%	1.4%	6.6%
2022	19.6%	17.5%	13.2%	2.2%	21.4%	21.7%	18.2%	2.1%	18.4%	18.5%	18.3%	21.1%	1.5%	2.4%	18.1%	2.6%	1.5%	6.6%
2023	19.8%	17.7%	13.3%	2.3%	21.2%	21.8%	18.3%	2.2%	18.6%	18.6%	18.4%	21.1%	1.5%	2.5%	18.2%	2.8%	1.5%	6.7%
2024	19.9%	17.9%	13.5%	2.4%	21.1%	21.8%	18.4%	2.3%	18.7%	18.7%	18.6%	21.1%	1.6%	2.6%	18.3%	3.0%	1.5%	6.8%
2025	20.0%	18.0%	13.7%	2.5%	20.9%	21.8%	18.4%	2.4%	18.8%	18.8%	18.7%	21.1%	1.7%	2.8%	18.4%	3.2%	1.5%	6.8%
2026	20.1%	18.2%	13.8%	2.7%	20.6%	21.8%	18.4%	2.5%	18.9%	18.8%	18.8%	21.0%	1.8%	2.9%	18.4%	3.4%	1.6%	6.9%
2027	20.1%	18.3%	14.0%	2.8%	20.3%	21.8%	18.4%	2.6%	18.9%	18.8%	18.9%	20.8%	1.9%	3.0%	18.4%	3.5%	1.6%	6.9%
2028	20.1%	18.4%	14.1%	2.9%	20.0%	21.8%	18.4%	2.7%	18.9%	18.7%	18.9%	20.7%	1.9%	3.1%	18.4%	3.7%	1.6%	6.9%
2029	20.0%	18.4%	14.2%	3.0%	19.6%	21.7%	18.3%	2.8%	18.8%	18.6%	18.8%	20.5%	2.0%	3.2%	18.4%	3.9%	1.6%	6.9%
2030	20.0%	18.5%	14.2%	3.1%	19.2%	21.6%	18.2%	2.8%	18.7%	18.5%	18.8%	20.3%	2.1%	3.3%	18.4%	4.0%	1.7%	6.9%
2031	19.9%	18.4%	14.2%	3.2%	18.8%	21.4%	18.1%	2.9%	18.6%	18.4%	18.7%	20.0%	2.1%	3.4%	18.3%	4.1%	1.7%	6.9%
2032	19.8%	18.4%	14.2%	3.3%	18.4%	21.3%	18.0%	2.9%	18.4%	18.3%	18.7%	19.8%	2.2%	3.5%	18.2%	4.3%	1.7%	6.9%
2033	19.7%	18.4%	14.1%	3.3%	18.0%	21.0%	17.8%	2.9%	18.2%	18.1%	18.6%	19.6%	2.2%	3.6%	18.1%	4.4%	1.7%	6.9%
2034	19.6%	18.4%	14.0%	3.4%	17.5%	20.8%	17.7%	3.0%	18.1%	18.0%	18.5%	19.4%	2.3%	3.6%	18.0%	4.4%	1.7%	6.9%
2035	19.4%	18.4%	13.9%	3.4%	17.0%	20.5%	17.5%	3.0%	17.8%	17.8%	18.5%	19.1%	2.3%	3.7%	17.8%	4.5%	1.7%	6.8%
2036	19.3%	18.3%	13.7%	3.4%	16.6%	20.1%	17.3%	3.0%	17.6%	17.6%	18.3%	18.8%	2.4%	3.7%	17.7%	4.5%	1.7%	6.8%
2037	19.1%	18.2%	13.5%	3.4%	16.1%	19.8%	17.0%	3.0%	17.3%	17.4%	18.2%	18.5%	2.4%	3.8%	17.5%	4.6%	1.7%	6.7%
2038	18.9%	18.1%	13.2%	3.5%	15.6%	19.4%	16.7%	3.0%	17.1%	17.1%	18.0%	18.2%	2.4%	3.8%	17.2%	4.6%	1.7%	6.6%
2039	18.6%	18.0%	12.9%	3.4%	15.0%	19.0%	16.4%	3.0%	16.7%	16.8%	17.8%	17.9%	2.5%	3.8%	17.0%	4.6%	1.7%	6.6%
2040	18.3%	17.8%	12.6%	3.4%	14.5%	18.6%	16.1%	2.9%	16.4%	16.5%	17.5%	17.5%	2.5%	3.8%	16.7%	4.6%	1.7%	6.5%
2041	18.0%	17.6%	12.3%	3.4%	14.0%	18.2%	15.8%	2.9%	16.0%	16.2%	17.3%	17.2%	2.5%	3.8%	16.4%	4.5%	1.7%	6.3%
2042	17.6%	17.3%	12.0%	3.4%	13.5%	17.7%	15.4%	2.9%	15.7%	15.9%	17.0%	16.8%	2.5%	3.7%	16.0%	4.5%	1.7%	6.2%
2043	17.3%	17.0%	11.6%	3.3%	13.0%	17.3%	15.1%	2.8%	15.3%	15.5%	16.6%	16.5%	2.5%	3.7%	15.6%	4.4%	1.7%	6.1%
2044	16.8%	16.7%	11.3%	3.3%	12.4%	16.8%	14.6%	2.8%	14.8%	15.1%	16.3%	16.1%	2.5%	3.7%	15.2%	4.3%	1.6%	6.0%
2045	16.4%	16.3%	10.9%	3.2%	11.9%	16.4%	14.2%	2.7%	14.4%	14.6%	15.9%	15.7%	2.4%	3.6%	14.8%	4.3%	1.6%	5.8%
2046	15.9%	15.9%	10.5%	3.1%	11.4%	15.9%	13.8%	2.6%	13.9%	14.2%	15.5%	15.4%	2.4%	3.5%	14.4%	4.2%	1.6%	5.7%
2047	15.4%	15.5%	10.1%	3.0%	11.0%	15.4%	13.3%	2.6%	13.4%	13.7%	15.0%	15.0%	2.4%	3.4%	13.9%	4.0%	1.5%	5.5%
2048	14.9%	15.1%	9.7%	2.9%	10.5%	14.9%	12.9%	2.5%	12.9%	13.2%	14.6%	14.5%	2.3%	3.4%	13.4%	3.9%	1.5%	5.3%
2049	14.3%	14.6%	9.3%	2.8%	10.0%	14.3%	12.4%	2.4%	12.4%	12.7%	14.1%	14.1%	2.3%	3.3%	12.9%	3.8%	1.5%	5.1%
2050	13.7%	14.1%	8.8%	2.7%	9.5%	13.7%	11.8%	2.3%	11.9%	12.1%	13.5%	13.5%	2.2%	3.2%	12.4%	3.6%	1.4%	4.9%

Quelle: Eigene Berechnungen

284 Der Berechnung der Versorgungssteuerquote liegt bezüglich der Steuereinnahmen ein nominales gesamtwirtschaftliches Trendwachstum von 3,5 Prozent sowie das Basisszenario der Versorgungsausgaben (nominale Dynamisierungsraten: Ruhegehälter 2% p.a., Beihilfe (Szenario mit Kostendruck) 4,5% p.a. und Hinterbliebenenversorgung 2% p.a.) zugrunde.

Tabelle 45: Entwicklung des BIP-Anteils der Versorgungsausgaben[285]

Jahr	BW	BY	BE	BB	HB	HH	HE	MV	NI	NW	RP	SL	SN	ST	SH	TH	Bund	BRD
2009	1.07%	1.00%	1.40%	0.13%	1.67%	1.22%	0.98%	0.16%	1.24%	1.09%	1.23%	1.58%	0.09%	0.19%	1.35%	0.16%	0.12%	1.13%
2010	1.05%	0.99%	1.41%	0.14%	1.57%	1.21%	0.99%	0.17%	1.22%	1.10%	1.24%	1.56%	0.09%	0.19%	1.39%	0.17%	0.11%	1.12%
2011	1.07%	1.00%	1.44%	0.15%	1.58%	1.22%	1.00%	0.18%	1.24%	1.11%	1.25%	1.57%	0.10%	0.21%	1.41%	0.18%	0.11%	1.14%
2012	1.10%	1.02%	1.46%	0.16%	1.60%	1.23%	1.01%	0.19%	1.27%	1.13%	1.28%	1.59%	0.11%	0.22%	1.43%	0.19%	0.12%	1.16%
2013	1.14%	1.04%	1.50%	0.17%	1.61%	1.24%	1.03%	0.21%	1.30%	1.16%	1.31%	1.62%	0.11%	0.23%	1.45%	0.20%	0.12%	1.19%
2014	1.17%	1.06%	1.54%	0.18%	1.62%	1.25%	1.05%	0.22%	1.34%	1.19%	1.36%	1.65%	0.12%	0.25%	1.48%	0.22%	0.12%	1.22%
2015	1.20%	1.08%	1.57%	0.20%	1.64%	1.25%	1.08%	0.24%	1.37%	1.22%	1.39%	1.67%	0.13%	0.26%	1.51%	0.24%	0.12%	1.25%
2016	1.23%	1.10%	1.61%	0.22%	1.64%	1.26%	1.10%	0.25%	1.41%	1.25%	1.43%	1.70%	0.14%	0.28%	1.54%	0.26%	0.12%	1.28%
2017	1.26%	1.12%	1.64%	0.23%	1.65%	1.26%	1.11%	0.27%	1.44%	1.27%	1.47%	1.73%	0.15%	0.30%	1.57%	0.28%	0.12%	1.31%
2018	1.29%	1.14%	1.68%	0.25%	1.65%	1.26%	1.13%	0.28%	1.47%	1.30%	1.50%	1.75%	0.17%	0.31%	1.59%	0.31%	0.12%	1.33%
2019	1.32%	1.16%	1.71%	0.27%	1.65%	1.26%	1.15%	0.30%	1.50%	1.33%	1.53%	1.77%	0.18%	0.33%	1.61%	0.34%	0.13%	1.36%
2020	1.34%	1.18%	1.74%	0.29%	1.64%	1.26%	1.16%	0.32%	1.52%	1.35%	1.56%	1.79%	0.19%	0.35%	1.63%	0.37%	0.13%	1.38%
2021	1.36%	1.20%	1.77%	0.31%	1.63%	1.26%	1.18%	0.34%	1.54%	1.36%	1.59%	1.81%	0.20%	0.37%	1.65%	0.40%	0.13%	1.40%
2022	1.37%	1.21%	1.80%	0.33%	1.63%	1.26%	1.19%	0.35%	1.56%	1.38%	1.61%	1.82%	0.22%	0.39%	1.66%	0.43%	0.13%	1.42%
2023	1.39%	1.23%	1.82%	0.35%	1.61%	1.27%	1.20%	0.37%	1.58%	1.39%	1.63%	1.82%	0.23%	0.41%	1.67%	0.46%	0.13%	1.44%
2024	1.40%	1.25%	1.85%	0.37%	1.60%	1.27%	1.21%	0.39%	1.60%	1.40%	1.65%	1.84%	0.24%	0.43%	1.69%	0.49%	0.14%	1.46%
2025	1.42%	1.26%	1.88%	0.39%	1.59%	1.27%	1.21%	0.41%	1.61%	1.40%	1.66%	1.84%	0.25%	0.45%	1.70%	0.52%	0.14%	1.48%
2026	1.43%	1.28%	1.91%	0.42%	1.58%	1.28%	1.22%	0.43%	1.62%	1.41%	1.68%	1.84%	0.27%	0.47%	1.71%	0.55%	0.14%	1.49%
2027	1.43%	1.29%	1.93%	0.44%	1.56%	1.28%	1.22%	0.44%	1.63%	1.42%	1.69%	1.84%	0.28%	0.49%	1.72%	0.59%	0.15%	1.51%
2028	1.44%	1.30%	1.95%	0.46%	1.54%	1.28%	1.22%	0.46%	1.63%	1.42%	1.70%	1.83%	0.29%	0.51%	1.72%	0.62%	0.15%	1.52%
2029	1.44%	1.31%	1.97%	0.48%	1.52%	1.29%	1.22%	0.47%	1.64%	1.42%	1.70%	1.82%	0.30%	0.53%	1.73%	0.65%	0.15%	1.53%
2030	1.45%	1.32%	1.99%	0.49%	1.49%	1.28%	1.22%	0.49%	1.64%	1.42%	1.71%	1.82%	0.31%	0.55%	1.73%	0.68%	0.16%	1.53%
2031	1.45%	1.33%	2.00%	0.51%	1.46%	1.28%	1.22%	0.50%	1.63%	1.42%	1.71%	1.80%	0.32%	0.56%	1.73%	0.70%	0.16%	1.54%
2032	1.45%	1.34%	2.00%	0.53%	1.44%	1.28%	1.22%	0.51%	1.63%	1.41%	1.72%	1.79%	0.33%	0.58%	1.74%	0.72%	0.16%	1.54%
2033	1.45%	1.34%	2.00%	0.54%	1.41%	1.27%	1.22%	0.52%	1.62%	1.41%	1.72%	1.78%	0.34%	0.60%	1.74%	0.74%	0.16%	1.55%
2034	1.45%	1.35%	1.99%	0.55%	1.38%	1.26%	1.21%	0.52%	1.61%	1.40%	1.72%	1.76%	0.35%	0.61%	1.73%	0.76%	0.16%	1.54%
2035	1.44%	1.35%	1.97%	0.56%	1.34%	1.25%	1.20%	0.52%	1.60%	1.39%	1.72%	1.74%	0.35%	0.62%	1.72%	0.77%	0.17%	1.54%
2036	1.44%	1.35%	1.95%	0.56%	1.31%	1.23%	1.19%	0.53%	1.58%	1.38%	1.71%	1.72%	0.36%	0.63%	1.71%	0.78%	0.17%	1.53%
2037	1.43%	1.35%	1.92%	0.57%	1.27%	1.21%	1.18%	0.53%	1.56%	1.36%	1.70%	1.69%	0.37%	0.63%	1.70%	0.78%	0.17%	1.52%
2038	1.41%	1.34%	1.89%	0.57%	1.23%	1.19%	1.16%	0.53%	1.54%	1.35%	1.68%	1.67%	0.37%	0.64%	1.68%	0.79%	0.17%	1.51%
2039	1.40%	1.33%	1.85%	0.57%	1.19%	1.17%	1.14%	0.52%	1.51%	1.33%	1.66%	1.64%	0.37%	0.64%	1.65%	0.79%	0.17%	1.49%
2040	1.38%	1.32%	1.81%	0.57%	1.15%	1.15%	1.12%	0.52%	1.48%	1.30%	1.64%	1.60%	0.38%	0.64%	1.63%	0.79%	0.17%	1.47%
2041	1.35%	1.31%	1.77%	0.57%	1.11%	1.12%	1.10%	0.51%	1.45%	1.28%	1.62%	1.57%	0.38%	0.64%	1.60%	0.78%	0.16%	1.45%
2042	1.33%	1.29%	1.73%	0.56%	1.06%	1.10%	1.08%	0.51%	1.42%	1.25%	1.59%	1.54%	0.38%	0.63%	1.57%	0.78%	0.16%	1.42%
2043	1.30%	1.27%	1.68%	0.55%	1.02%	1.07%	1.05%	0.50%	1.38%	1.22%	1.56%	1.50%	0.38%	0.63%	1.53%	0.77%	0.16%	1.39%
2044	1.27%	1.24%	1.63%	0.54%	0.98%	1.05%	1.02%	0.49%	1.34%	1.19%	1.52%	1.47%	0.38%	0.62%	1.50%	0.76%	0.16%	1.36%
2045	1.24%	1.22%	1.58%	0.53%	0.94%	1.02%	0.99%	0.48%	1.30%	1.16%	1.48%	1.44%	0.38%	0.61%	1.45%	0.74%	0.16%	1.33%
2046	1.21%	1.19%	1.53%	0.52%	0.91%	0.99%	0.97%	0.47%	1.26%	1.12%	1.44%	1.40%	0.37%	0.60%	1.41%	0.73%	0.15%	1.29%
2047	1.17%	1.16%	1.48%	0.51%	0.87%	0.97%	0.93%	0.46%	1.22%	1.08%	1.40%	1.37%	0.37%	0.59%	1.37%	0.71%	0.15%	1.26%
2048	1.13%	1.13%	1.42%	0.49%	0.83%	0.94%	0.90%	0.44%	1.17%	1.04%	1.36%	1.33%	0.36%	0.57%	1.32%	0.68%	0.15%	1.22%
2049	1.09%	1.09%	1.36%	0.47%	0.79%	0.91%	0.87%	0.43%	1.12%	1.00%	1.31%	1.28%	0.35%	0.55%	1.27%	0.66%	0.14%	1.17%
2050	1.04%	1.06%	1.31%	0.46%	0.76%	0.87%	0.83%	0.41%	1.07%	0.96%	1.26%	1.23%	0.34%	0.54%	1.22%	0.64%	0.14%	1.13%

Quelle: Eigene Berechnungen

285 Die Berechnung des BIP-Anteils der Versorgungsausgaben basiert bezüglich der Projektion der Bruttoinlandsprodukte auf einem nominalen gesamtwirtschaftlichen Trendwachstum von 3,5 Prozent und geht bei den Erwerbsquoten von dem mittleren Szenario (Rente mit 67) aus. Außerdem wird wiederum das Basisszenario der Versorgungsausgaben (nominale Dynamisierungsraten: Ruhegehälter 2 Prozent p.a., Beihilfe (Szenario mit Kostendruck) 4,5 Prozent p.a. und Hinterbliebenenversorgung 2 Prozent p.a.) zugrunde gelegt.

Literaturverzeichnis

Abgeordnetenhaus Berlin (2012), Drucksache 17/10727

Altis, A. (2010), Entwicklungen im Bereich der Beamtenversorgung, in: *Wirtschaft und Statistik*, S. 275-281.

Auerbach, A., J. Gokhale und L. Kotlikoff (1991), Generational Accounts: a meaningful alternative to deficit accounting, in: *Tax policy and the economy,* 5, S. 55-110.

Auerbach, A., J. Gokhale und L. Kotlikoff (1992), Social security and medicare policy from the perspective of generational accounting, in: *Tax policy and the economy*, 6, S. 129-145.

Auerbach, A., J. Gokhale und L. Kotlikoff (1994), Generational Accounts: a meaningful way to evaluate fiscal policy, in: *The Journal of Economic Perspectives*, 8/1, S. 73-94.

Baumann, E. und J. Schneider (2010), Die neue Regel des Bundes, in: Kastrop, C, G. Meister-Scheufelen und M. Sudhof (Hrsg.), *Die neuen Schuldenregeln im Grundgesetz, Zur Fortentwicklung der bundesstaatlichen Finanzbeziehungen*, Berliner Wissenschaftsverlag.

Baumol, W. (1967), Macroeconomics of Unbalanced Growth: The Anatomy of Urban Crises, in: *American Economic Review*, 57 (3), S. 415-426.

Baumol, W. und W. Bowen (1965), On the Performing Arts: The Anatomy of their Economic Problems, in: *American Economic Review*, 50 (2), S. 495-502.

Bayrisches Staatsministerium der Finanzen (2007), Informationen zum öffentlichen Dienst – Versorgungsbericht des Freistaats Bayern, München.

Becker, U., P. Köhler und Y. Körtek (Hrsg.) (2010), Die Alterssicherung von Beamten und ihre Reformen im Rechtsvergleich, Studien aus dem Max-Planck-Institut für ausländisches und internationales Sozialrecht, Nr. 50, Nomos-Verlag, Baden-Baden

Becker, A. und A. Tepke (2011), Besoldungs-Föderalismus statt einheitlichem Besoldungsrecht – eine aktuelle Bestandsaufnahme, in: *Zeitschrift für Beamtenrecht*, 10/2011, S. 325-333.

Benz, T. und B. Raffelhüschen (2011), Ausgabenprojektion und Rücklagenbildung der Beamtenversorgung in Rheinland-Pfalz, Studie im Auftrag des Bundes der Steuerzahler Rheinland-Pfalz, Mainz.

Benz, T., C. Hagist und B. Raffelhüschen (2009), Reformszenarien und Ausgabenprojektion der Beamtenversorgung in Baden-Württemberg, Studie im Auftrag des Finanzwissenschaftlichen Institutes des Bundes der Steuerzahler Baden-Württemberg, Stuttgart.

Benz, T., C. Hagist und B. Raffelhüschen (2010a), Ausgabenprojektion und Reformszenarien der Beamtenversorgung in Niedersachsen, Studie im Auftrag des Bundes der Steuerzahler Niedersachsen und Bremen, Hannover.

Benz, T., C. Hagist und B. Raffelhüschen (2010b), Ausgabenprojektion und Reformszenarien der Beamtenversorgung in Nordrhein-Westfalen, Studie im Auftrag des Bundes der Steuerzahler Nordrhein-Westfalen, Düsseldorf.

Benz, T., C. Hagist und B. Raffelhüschen (2010c), Ausgabenprojektion und Reformszenarien der Beamtenversorgung in Bremen, Studie im Auftrag des Bundes der Steuerzahler Niedersachsen und Bremen, Hannover.

Benz, T., C. Hagist und B. Raffelhüschen (2013), Zur Akzeptanz der Verbeamtung – eine Barwertbetrachtung, in: *Zeitschrift für öffentliche und gemeinwirtschaftliche Unternehmen (ZögU)*, Beiheft 42, Nomos-Verlag, Baden-Baden.

Besendorfer, D., E. P. Dang und B. Raffelhüschen (2005), Die Pensionslasten der Bundesländer im Vergleich: Status Quo und zukünftige Entwicklung, Diskussionsbeiträge des Instituts für Finanzwissenschaft, Albert-Ludwigs-Universität Freiburg, 129.

Besendorfer, D., E. P. Dang und B. Raffelhüschen (2006), Die Schulden und Versorgungsverpflichtungen der Länder: Was ist und was kommt, in: *Wirtschaftsdienst*, 86(9), 572-579.

Blanchard, O. und G. Illing (2006), Makroökonomie, 4., aktualisierte und erweiterte Auflage, Pearson-Verlag, München.

Bomsdorf, E. (2003), Denkanstöße zur langfristigen Neuordnung der Alterssicherung von Beamten, in: *Ifo-Schnelldienst*, Bd. 56.2003, 18, S. 11-18.

Bonin, H. (2001), Generational Accounting: Theory and Application, Berlin.

Börsch-Supan, A. (2004), Faire Abschläge in der gesetzlichen Rentenversicherung, Mannheimer Forschungsinstitut Ökonomie und demographischer Wandel (MEA), Mannheim.

Bravidor, C. (2012), Die Umsetzung der Verschuldungsregeln in den Ländern, in: Hetschko, C. J. Pinkl, H. Pünder und M. Thye (Hrsg.): *Staatsverschuldung in Deutschland nach der Föderalismusreform II – eine Zwischenbilanz*, Bucerius-Law-School Press, Hamburg.

Bremische Bürgerschaft (2009a), Drucksache 17/882.

Bremische Bürgerschaft (2009b), Drucksache 17/1109.

Bremische Bürgerschaft (2009c), Beschlussprotokoll 17/57.

Bremisches Gesetzblatt (BremGbl) (2010), 4/2010 vom 15.01.2010.

Bremischer Senat (2012), Vorlage für die Sitzung des Senates am 10. Juli 2012 „Pensionslasten im Land Bremen".

Breyer, F. und V. Ulrich (2000), Gesundheitsausgaben, Alter und medizinischer Fortschritt: eine Regressionsanalyse, in: *Jahrbuch für Nationalökonomie und Statistik* 1, S. 1-17.

Brügelmann, R. und T. Schaefer (2012), Die Schuldenbremse in den Bundesländern, Forschungsberichte aus dem Institut der deutschen Wirtschaft Köln, Nr. 78, Institut der deutschen Wirtschaft, Köln.

Bundesbeauftragter für Wirtschaftlichkeit in der Verwaltung (BWV) (1967), Vergleichende Untersuchung über die finanziellen Auswirkungen bei der Verwendung von Beamten oder von Angestellten und Arbeitern im Bundesdienst, ohne Ortsangabe.

Bundesbeauftragter für Wirtschaftlichkeit in der Verwaltung (BWV) (1984), Vergleichende Untersuchung über die finanziellen Auswirkungen bei der Verwendung von Beamten oder von Angestellten und Arbeitern im Bundesdienst, ohne Ortsangabe.

Bundesbeauftragter für Wirtschaftlichkeit in der Verwaltung (BWV) (1996), Beamte oder Arbeitnehmer – Vergleichende Untersuchung über Auswirkungen der alternativen Verwendung von Beamten oder von Arbeitnehmern im Bundesdienst, Schriftenreihe der Bundesbeauftragen für Wirtschaftlichkeit in der Verwaltung, Band 6, Kohlhammer-Verlag, Stuttgart.

Bundesministerium der Finanzen (2011a), Schulden- und Haushaltsstatistik der Bundesländer, abrufbar unter www.bundesfinanzministerium.de.

Bundesministerium der Finanzen (2011b), Lohn- und Einkommensteuerrechner, abrufbar unter www.abgabenrechner.de/bl2011/.

Bundesministerium der Finanzen (2012a), Standards für die staatliche doppelte Buchführung (Standards staatlicher Doppik) nach § 7a Gesetz über die Grundsätze des Haushaltsrechts des Bundes und der Länder (HGrG) i. V. m. § 49a HGrG, Berlin.

Bundesministerium der Finanzen (2012b), Kompendium zur Verschuldungsregel des Bundes gemäß Artikel 115 Grundgesetz, Berlin.

Bundesverfassungsgericht (BVerfG) (2007), Urteil 2 BvL 11/04 vom 20.3.2007, abrufbar unter http://www.bundesverfassungsgericht.de/entscheidungen/

Bürgerschaft der Freien und Hansestadt Hamburg (2011), Drucksache 20/1839.

Coenenberg, A. G., A. Haller, G. Mattner und W. Schultze (2012), Einführung in das Rechnungswesen – Grundlagen der Buchführung und Bilanzierung, HGB und internationale Standards, Einzel- und Konzernabschluss, 4. Auflage, Verlag Schäffer-Poeschel, Stuttgart.

Conze, P. und S. Karb, S. (2012), Personalbuch Arbeits- und Tarifrecht öffentlicher Dienst, Verlag C.H. Beck, München.

Dang, E. P. (2012), Zur Nachhaltigkeit der Länderhaushalte, Handlungsbedarf vor dem Hintergrund steigender Versorgungsausgaben und der Schuldenbremse, Verlag Dr. Kovac, Hamburg.

dbb Beamtenbund und Tarifunion (2004, 2005, 2006, 2007, 2008,. 2009, 2010, 2011), Zahlen, Daten, Fakten, Berlin, abrufbar unter www.dbb.de.

dbb Beamtenbund und Tarifunion (2012), Übersicht zu einigen wesentlichen besoldungs- und versorgungsrechtlichen Entwicklungen im Bund und in den Ländern, abrufbar unter www.dbb.de.

Denia, W. (1994), Kostenvergleich Beamte/Angestellte – Entscheidungskriterium für die Personalstruktur des öffentlichen Dienstes?, Eine kritische Betrachtung von Kostenvergleichen aus Sicht der Deutschen Angestellten Gewerkschaft (DAG), ohne Ortsangabe.

Der Tagesspiegel (2009), Angst vor Abwanderung Berlin zahlt seinen Lehrern mehr Geld, Ausgabe vom 17.02.2009, Berlin.

Derbort, S., R. Herrmann, C. Mehlinger und N. Seeger (2012), Bilanzierung von Pensionsverpflichtungen HGB, EStG und IFRS / IAS 19, Verlag Springer-Gabler, Wiesbaden.

Deutscher Bundestag (2001), Drucksache 14/7223, abrufbar unter www.bundestag.de.

Deutscher Bundestag (2005), Drucksache 15/5672, abrufbar unter www.bundestag.de.

Deutscher Bundestag (2007), Drucksache 16/4027, abrufbar unter www.bundestag.de.

Deutsches Institut für Wirtschaftsforschung (DIW) (1996), Sind Beamte oder Angestellte im öffentlichen Dienst für den Staat kostengünstiger?, in: *Wochenbericht* 24/96 vom 13.06.1996, S. 395-405.

Deutsche Rentenversicherung (DRV) (2012), Das Renten-ABC, abrufbar unter www.deutsche-rentenversicherung.de

Die Welt (2011), Angestellte der Länder erhalten ab April mehr Geld, Ausgabe vom 10.03.2011, Berlin.

Dönnebrink, E., M. Erhardt, F. Höppner und M. Sudhof (2010), Entstehungsgeschichte und Entwicklung des BMF-Konzeptes, in: Kastrop, C, G. Meister-Scheufelen und M. Sudhof (Hrsg.), *Die neuen Schuldenregeln im Grundgesetz, Zur Fortentwicklung der bundesstaatlichen Finanzbeziehungen*, Berliner Wissenschaftsverlag.

Dritter Versorgungsbericht (2005), Dritter Versorgungsbericht der Bundesregierung, Bundestags-Drucksache 15/3821, abrufbar unter www.bundestag.de.

Ehing, D. und S. Moog (2012), Erwerbspersonen- und Arbeitsvolumenprojektionen bis ins Jahr 2060, Diskussionsbeiträge des Forschungszentrums Generationenverträge, Albert-Ludwigs-Universität Freiburg, Nr. 51.

Ehrentraut, O. und M. Heidler (2008), Zur nachhaltigen Finanzierung der GRV: Der Beitrag der Altersgrenzenanhebung im Rentenreformprozess, in: *Perspektiven der Wirtschaftspolitik*, 9(4), S. 424-445.

Engels D. und M. Eibelshäuser (2010), Öffentliche Rechnungslegung – Von der Kameralistik zur Doppik: Status, Reformen, Perspektiven, Carl Link Kommunalverlag, Neuwied.

Erster Versorgungsbericht (1996), Erster Versorgungsbericht der Bundesregierung, Bundestags-Drucksache 13/5840, abrufbar unter www.bundestag.de.

Europäische Kommission (2009), Sustainability Report 2009, European Economy 9/2009, Brüssel.

Europäische Zentralbank (EZB) (2003), Background Studies for the ECB's Evaluation of its Monetary Policy Strategy, abrufbar unter www.ecb.int.

Europäische Zentralbank (EZB) (2012), Primärsalden 1991-2011 der EU-Mitgliedsländer, abrufbar unter www.sdw.ecb.europa.eu.

Färber, G., S. Stiller und W. Schaft (1999), Zur Einstellungspräferenz von BeamtInnen und Angestellten unter besonderer Berücksichtigung des Schulbereichs, Gutachten im Auftrag der Behörde für Schule, Jugend und Berufsbildung der Freien und Hansestadt Hamburg, Speyerer Forschungsberichte 201, Speyer.

Färber, G., M. Funke und S. Walther (2009a), Nachhaltige Beamtenversorgung. Probleme und Reformbedarf, in: *Der Personalrat*, 26. Jg., Heft 12, S. 481-484.

Färber, G., M. Funke und S. Walther (2009b), Die Entwicklung der Beamtenversorgung in Deutschland seit 1992 und künftige Finanzierungsprobleme der Gebietskörperschaften, in: *Die Öffentliche Verwaltung*, 62. Jg, H. 4, S. 133-146.

Färber, G., M. Funke und S. Walther (2011), Nachhaltige Finanzierung der Beamtenversorgung: Ökonomische Prinzipien und rechtliche Gestaltungsmöglichkeiten, Modernisierung des öffentlichen Sektors, Sonderband 37, Edition Sigma, Berlin.

Fetzer, S. (2005), Determinanten der zukünftigen Finanzierbarkeit der GKV: Doppelter Alterungsprozess, Medikalisierungs- vs. Kompressionsthese und medizinisch-technischer Fortschritt, Diskussionsbeiträge des Institutes für Finanzwissenschaft, Albert-Ludwigs-Universität Freiburg, 130/05.

Fetzer, S. (2006), Zur nachhaltigen Finanzierung des gesetzlichen Gesundheitssystems, Verlag Peter Lang, Frankfurt.

Finanzministerium Mecklenburg-Vorpommern (2012), Mittelfristige Finanzplanung Mecklenburg-Vorpommern 2011-2015, Schwerin.

Finanzministerium Nordrhein-Westfalen (2007), Zweiter Versorgungsbericht des Landes Nordrhein-Westfalen, Düsseldorf.

Finanzministerium Nordrhein-Westfalen (2011), Dritter Versorgungsbericht des Landes Nordrhein-Westfalen, Düsseldorf

Finanzministerium Schleswig-Holstein (2011), Finanzplan Schleswig-Holstein 2011-2015.

Fischer, E. (2010), ABC neues Haushaltsrecht, Hrsg.: Kommunale Gemeinschaftsstelle für Verwaltungsmanagement (KGSt) und Bertelsmann-Stiftung, Gütersloh und Köln.

Franco, D. (1995), Pension liabilities – their use and misuse in the assessment of fiscal policies, Economic Papers, European Commission, Brüssel.

Fries, J. F. (1980), Aging, Natural Death, and the Compression of Morbidity, The New England Journal of Medicine, 303, S. 130-135.

Funke, M. und S. Walther (2010), Beamtenversorgung zwischen Modernisierung und Sparzwang, in: *WSI-Mitteilungen*, 63. Jg., H. 1, S. 26-33.

Fürst, W. (1984), Verfassungsrechtliche Grenzen einer Neuregelung der Beamtenversorgung, Schriftenreihe der Arbeitsgemeinschaft der Verbände des höheren Dienstes, Heft 11, Münstertal.

Hackmann, T., S. Moog und B. Raffelhüschen (2011), Ehrbarer Staat? Die Generationenbilanz Update 2011: Was die Pflegereform bringen könnte – und was sie bringen sollte, Stiftung Marktwirtschaft, Argumente zu Marktwirtschaft und Politik, 114, Berlin.

Häcker, J. (2007), Die Soziale Pflegeversicherung: Eine Generationenbilanz, Verlag Peter Lang, Frankfurt.

Häcker, J., T. Hackmann und T. Henne (2008), Soziale Pflegeversicherung und Beihilfeverordnungen: Ein Leistungsvergleich, in: *Wirtschafsdienst*, 88(10), 672-679.

Hagemann, T. (2011), Pensionsrückstellungen – Eine praxisorientierte Einführung in die gutachterliche Methodik der Berechnung von Pensionsrückstellungen, Verlag Versicherungswirtschaft, Karlsruhe.

Hagist, C. und L. Kotlikoff (2005), Who's Going Broke? Comparing Growth in Healthcare Costs in Ten OECD Countries, NBER Working Paper, 11833.

Hagist, C. und L. Kotlikoff (2009), Who's Going Broke? Comparing Growth in Public Healthcare Expenditure in Ten OECD Countries, Hacienda Pública Española/Revista de Economía Pública, 188(1), 55-72.

Hagist, C. und B. Raffelhüschen (2010), Gesundheitsversorgung und Demografie – Die Nachhaltigkeitslücke der Gesetzlichen Krankenversicherung, in: Schieren, S. (Hrsg.): *Gesundheitspolitik – Hintergründe, Probleme und Perspektiven*, Schwalbach-Verlag, S. 31-53.

Hamburger Finanzbehörde (2006), Geschäftsbericht zur Eröffnungsbilanz auf den 1. Januar 2006), Hamburg.

Hamburger Finanzbehörde (2011), Geschäftsbericht der Freuen und Hansestadt Hamburg 2010, Hamburg.

Haug, T. (2010), Anhebung der Altersgrenzen in der Beamtenversorgung: Eine Modellbetrachtung verschiedener Szenarien, in: *Wirtschaft und Statistik*, Statistisches Bundesamt, 12/2010, S. 1059-1065.

Hartung, L. F. (1981), Politische Testamente der Hohenzollern, in: Büsch O. und W. Neugebauer (Hrsg.): *Moderne preußische Geschichte: 1648-1947: eine Anthologie*, S. 1479-1516, De Gruyter & Co., Berlin.

Heidler, M. (2009), Reformen der Gesetzlichen Rentenversicherung: Politisches Risiko und intergenerative Umverteilung, Peter Lang, Frankfurt.

Heidler, M., C. Müller und O. Weddige (2009), Measuring accrued-to-date liabilities of public pension systems – method, data and limitations, Diskussionsbeiträge des Forschungszentrums Generationenverträge, Albert-Ludwigs-Universität Freiburg, 37.

Hetschko, C. (2012), Die Konjunkturbereinigung in den Ländern im Rahmen der Schuldenbremse, in: Hetschko, C. J. Pinkl, H. Pünder und M. Thye (Hrsg.): *Staatsverschuldung in Deutschland nach der Föderalismusreform II – eine Zwischenbilanz*, Bucerius-Law-School Press, Hamburg.

Hessischer Landtag (2010), Drucksache 18/2895.

Hessisches Ministerium der Finanzen (2009), Eröffnungsbilanz auf den 1. Januar 2009, Wiesbaden.

Hessisches Ministerium der Finanzen (2011a), Geschäftsbericht zum Gesamtabschluss des Landes Hessen auf den 31.12.2010, Wiesbaden.

Hessisches Ministerium der Finanzen (2011b), Präsentation zum Gesamtabschluss des Landes Hessen auf den 31.12.2010, Wiesbaden.

Heyd, R. und M. Kreher (2009), BilMoG – Das Bilanzrechtsmodernisierungsgesetz, Neuregelungen und ihre Auswirkungen auf Bilanzpolitik und Bilanzanalyse, Vahlen-Verlag, München.

Himmelreicher, R. K., D. Sewöster, R. Scholz und A. Schulz (2008), Die ferne Lebenserwartung von Rentnern und Pensionären im Vergleich, WSI-Mitteilungen 5/2008, Düsseldorf.

Holzmann, R., R. Palacios und A. Zviniene (2004), Implicit pension debt: issues, measurement and scope in international perspective, Social Protection Discussion Paper Series, No. 0403.

HUK-Coburg (2011), Beitragsrechner der HUK-Coburg-Krankenversicherung AG, abrufbar unter www.huk.de.de

Isensee, J. (1994), § 32 Öffentlicher Dienst, in: Benda E., W. Maihofer und H.-J. Vogel (Hrsg.) (1994): Handbuch des Verfassungsrechts der Bundesrepublik Deutschland, 2. Auflage, Verlag Walter de Gruyter, Berlin.

Karl-Bräuer-Institut des Bundes der Steuerzahler (2006), Ausgaben für Beamtenpensionen eindämmen: Versorgungsrecht auf Nachhaltigkeit ausrichten, Schriftenreihe des Karl-Bräuer-Institutes des Bundes der Steuerzahler, Wiesbaden.

Kastrop, C. und F. Marklein (2012), Die Schuldenregel in Deutschland – ein guter Start für einen langen Weg, in: Hetschko, C. J. Pinkl, H. Pünder und M. Thye (Hrsg.): *Staatsverschuldung in Deutschland nach der Föderalismusreform II – eine Zwischenbilanz*, Bucerius-Law-School Press, Hamburg.

Knopp, L., K. Stürmer, J. Hoffmann und W. Schröder (2011), Besoldungs- und Versorgungsföderalismus – Beamte, Hochschullehrer und Richter in der Föderalismusfalle, Logos-Verlag, Berlin.

Kolvenbach, P. und J. Sartoris (2009), Bilanzielle Auslagerung von Pensionsverpflichtungen, Praxishandbuch unter Berücksichtigung arbeits- und steuerrechtlicher sowie bilanzieller und betriebswirtschaftlicher Aspekte, 2. Auflage, Schäffer-Poeschel-Verlag, Stuttgart.

Kommunaler Versorgungsverband Baden-Württemberg (KVBW) (2008), Finanzkonzeption ab dem Haushaltsjahr 2009, Mitgliederrundschreiben vom 14. Januar 2008, abrufbar unter www.kvbawue.de

Kommunaler Versorgungsverband Baden-Württemberg (KVBW) (2011), Voraussichtliche Umlagesätze für das Haushaltsjahr 2012, Mitgliederrundschreiben, abrufbar unter www.kvbawue.de

KPMG (2004), Haushaltskonsolidierung und Doppik, Studie der Sparte Public Sector: Infrastructure & Government, Köln.

Krause, F. (2008), Die hergebrachten Grundsätze des Berufsbeamtentums: eine rechtshistorische Analyse, Rechtshistorische Reihe, 357, Verlag Peter Lang, Frankfurt.

Landesamts für Besoldung und Versorgung Baden-Württemberg (2011), Besoldungs- und Entgelttabellen der Beamten und Angestellten des Landes Baden-Württemberg, abrufbar unter www.lbv.bwl.de.

Landesrechnungshof Rheinland-Pfalz (2010), Jahresbericht 2010.

Landesrechnungshof Rheinland-Pfalz (2011), Jahresbericht 2011, Teil 2.

Landtag Mecklenburg-Vorpommern (2012), Drucksache 6-298.

Landtag Rheinland-Pfalz (2011), Drucksache 16/457.

Magin, C. (2011), Kommunale Rechnungslegung, Konzeptionelle Überlegungen, Bilanzanalyse, Rating und Insolvenz, Gabler-Verlag, Heidelberg.

Mattil, B., G. Meister-Scheufelen und M. Sudhof (2010), Die neuen Regeln und Institutionen, in: Kastrop, C, G. Meister-Scheufelen und M. Sudhof (Hrsg.), *Die neuen Schuldenregeln im Grundgesetz, Zur Fortentwicklung der bundesstaatlichen Finanzbeziehungen*, Berliner Wissenschaftsverlag.

Maurer, R., O. Mitchel und R. Rogolla (2007), The victory of hope over Angst?: funding, asset allocation, and risk-taking in German public sector pension reform, Working paper series Johann-Wolfgang-Goethe-Universität Frankfurt a. M., Fachbereich Wirtschaftswissenschaften: Finance & Accounting; 178.

Maurer, R., O. Mitchel und R. Rogolla (2009), Reforming the German civil servant pension plan, in: *The future of public employee retirement systems*, Oxford University Press, S. 115-142.

Maurer, R. und R. Rogolla (2011), Zur ökonomischen Angemessenheit der Anlagepolitik des Finanzierungsfonds für die Beamtenversorgung Rheinland-Pfalz in Landesanleihen unter dem Aspekt der Vorsorge, Studie im Auftrag des Landesrechnungshofes Rheinland-Pfalz, in: *Jahresbericht Landesrechnungshof Rheinland-Pfalz* 2011, Teil 2, Mainz.

Marburger, H. (2011), Die Versorgung der Beamten und anderweitig Beschäftigter im öffentlichen Dienst, Erich-Schmidt-Verlag, Berlin.

Ministerium der Finanzen Brandenburg (2006), Prognose der Entwicklung der Anzahl der Versorgungsempfänger und Höhe der Versorgungsausgaben des Landes Brandenburg im Zeitraum 2005-2035.

Ministerium der Finanzen Saarland (2011), Mittelfristige Finanzplanung 2011-2015 des Saarlandes.

Ministerium der Finanzen Sachsen-Anhalt (2012), Mittelfristige Finanzplanung 2012-2016

Moog, S. und B. Raffelhüschen (2010), Ehrbarer Staat? Die Generationenbilanz Update 2010: Handlungsoptionen der Gesundheitspolitik, Argumente zu Marktwirtschaft und Politik, Stiftung Marktwirtschaft, Berlin.

Moog, S. und B. Raffelhüschen (2012), Explizite und implizite Staatsverschuldung in Europa: eine Tragfähigkeitsanalyse, Moog, *Zeitschrift für Staats- und Europawissenschaften*, 10(2), Seite 277-290.

Müller, C. und B. Raffelhüschen (2012), Technical compilation guide on pensions data in national accounts, Europäische Zentralbank, Eurostat, Luxemburg.

Nguyen, T. und K. Osygus-Axt (2005), Zur Angemessenheit der Versorgungsabschläge auf Beamtenpensionen bei vorzeitiger Pensionierung, in: *German Risk und Insurance Review*, E-Journal, abrufbar unter: http://www.risk-insurance.de.

Niedersächsischer Landtag (2009), Drucksache 16/1641.

Niedersächsischer Landtag (2010), Drucksache 16/3042.

Norges Bank Investment Management (2009), Government Pension Fund Global Annual Report.

Petersen, J. (2002), Rechnungslegung für Pensionsverpflichtungen nach HGB, US-GAAP und IAS, IDW-Verlag, Düsseldorf

Raffelhüschen, B. (1999), Generational Accounting: Method, Data, and Limitations, in: European Economy: Reports and Studies, 6, S. 17-28.

Raupach, B. und K. Stangenberg (2009), Doppik in der öffentlichen Verwaltung, Grundlagen, Verfahrensweise und Einsatzgebiete, Gabler-Verlag, Berlin.

Rechnungshof des Saarlandes (2010), Die Bildung von Pensionsrückstellungen für Beamte in den Kommunen des Landes, Saarbrücken.

Rengers, M. (2004). Das international vereinbarte Labour-Force-Konzept, in: *Wirtschaft und Statistik*, 12(2004). S. 1369–1383.

Roland Berger (1996), Angestellte sind auf Dauer kostengünstiger als Beamte. Die bisher vorgelegten Berechnungen berücksichtigen nicht die Dauerhaftigkeit öffentlicher Ausgaben, interne Studie der Roland Berger & Partner GmbH, München.

Rosenschon, A. (2003), Ist die Finanzpolitik der Bundesländer nachhaltig?, Kieler Arbeitspapier Nr. 1173, Institut für Weltwirtschaft, Kiel.

Ruland, F. (1983), Möglichkeiten und Grenzen einer Annäherung der Beamtenversorgung an die gesetzliche Rentenversicherung: zu den verfassungsrechtlichen Vorgaben der Versorgung der Beamten, Kohlhammer-Verlag, Stuttgart.

Ruland, F. (2008), Die Beamtenversorgung, in: Ruland, F. und B. Rürup (Hrsg.): *Alterssicherung und Besteuerung*, Wiesbaden, S. 89-113.

Sächsisches Staatsministerium der Finanzen (2011), Haushalts- und Vermögensrechnung 2010 des Freistaates Sachsen, Dresden

Sächsische Staatsministerium der Finanzen (2012), Mittelfristige Finanzplanung 2012-2016 des Freistaates Sachsen, Dresden.

Sachverständigenrat (2003), Staatsfinanzen konsolidieren – Steuersystem reformieren, Jahresgutachten 2003/2004 des Sachverständigenrates zur Begutachtung der gesamtwirtschaftlichen Entwicklung, Berlin

Sachverständigenrat (2006), Widerstreitende Interessen – ungenutzte Chancen, Jahresgutachten 2006/2007 des Sachverständigenrates zur Begutachtung der gesamtwirtschaftlichen Entwicklung, Berlin.

Sachverständigenrat (2011), Verantwortung für Europa übernehmen, Jahresgutachten 2011/12 des Sachverständigenrates zur Begutachtung der gesamtwirtschaftlichen Entwicklung, Berlin.

Scholz, W. (2009), The Social Budget of Germany. Keeping the Welfare State in Perspective, Forschung aus der Hans-Böckler-Stiftung, Bd. 105, Berlin.

Senatorin für Finanzen (2010), Geschäftsbericht zur Eröffnungsbilanz zum 01.01.2010 des Landes und der Stadtgemeinde Bremen, Bremen.

Senatorin für Finanzen (2011), Geschäftsbericht zum doppischen Gesamtabschluss 31.12.2010 des Landes und der Stadtgemeinde Bremen, Bremen.

Senatsverwaltung für Inneres und Sport Berlin (2010), Fortschreibung des Berichts zur Entwicklung der Versorgungsausgaben, rote Nummer 16/0985 B, Berlin.

Spiegel (1998), Pfiffige Idee – Der Offenbacher Bürgermeister will seinen Haushalt sanieren. Der Clou: Angestellte sollen zu Beamten werden, Ausgabe 9/1998, S. 123.

Ständige Konferenz der Innenminister und -senatoren (2003), Beschlussniederschrift der 173. Sitzung vom 21. November 2003.

Statistisches Bundesamt (2009), Schulden- und Finanz- und Wirtschaftsstatistiken der Bundesländer, abrufbar unter www.destatis.de.

Statistisches Bundesamt (2010a), Statistische Auskünfte zur Beamtenversorgung in den deutschen Bundesländern.

Statistisches Bundesamt (2010b), Geringer Altersunterschied bei Paaren in Deutschland, Presseerklärung vom 12.10.2010, abrufbar unter www.destatis.de.

Statistisches Bundesamt (2011), Fast zehn Jahre Euro – Preisentwicklung vor und nach der Bargeldumstellung, Dezember 2011, abrufbar unter www.destatis.de.

Statistisches Bundesamt (2012), Bruttoinlandsprodukt 2011 für Deutschland, Januar 2012, abrufbar unter www.destatis.de.

Statistisches Landesamt Baden-Württemberg (2010), Versorgungsbericht Baden-Württemberg, Stuttgart.

Thüringer Landtag (2011), Drucksache 5/2599.

Truger, A. und H. Will (2012), Gestaltungsanfällig und pro-zyklisch: Die deutsche Schuldenbremse in der Detailanalyse, in: Hetschko, C. J. Pinkl, H. Pünder und M. Thye (Hrsg.): *Staatsverschuldung in Deutschland nach der Föderalismusreform II – eine Zwischenbilanz*, Bucerius-Law-School Press, Hamburg.

Verbrugge, L. M. (1984), Longer Life but Worsening Health? Trends in Health and Mortality of Middle-Aged and Older Persons, Millbank Memorial Found Quarterly, 62, S. 475-519.

Versorgungsanstalt des Bundes und der Länder (VBL) (2011), Die Betriebsrente der VBL aus der Pflichtversicherung, Informationsbroschüre, abrufbar unter www.vbl.de

Vierter Versorgungsbericht (2009), Vierter Versorgungsbericht der Bundesregierung, Bundestags-Drucksache 16/12660, abrufbar unter www.bundestag.de.

Vosseler, M. P. (2000), Finanzielle Vorteilhaftigkeit von Beamten und Angestellten im öffentlichen Dienst, Reihe Quantitative Ökonomie: Nr. 115, Josef Eul Verlag, Lohmar.

Weddige, O. (2011), Measuring public pension liabilities in the European Union, Peter Lang Verlag, Frankfurt.

Werding, M. (2011), Demographie und öffentliche Haushalte, Simulationen zur langfristigen Tragfähigkeit der, Arbeitspapier 3/2011 im Auftrag des Sachverständigenrates zur Begutachtung der gesamtwirtschaftlichen Entwicklung, Mai 2011, Berlin.

Weilepp, Manfred (1994), Vergleich der Kosten der Beschäftigung von Angestellten und Beamten, HWWA-Report Nr. 138, Hamburg.

Wiesner, H., B. Leibinger und R. Müller (2008), Öffentliche Finanzwirtschaft, 12. Auflage, Verlag R. v. Decker, Heidelberg.

Wöhe, G. und H. Kußmaul (2010), Grundzüge der Buchführung und Bilanztechnik, Vahlen-Verlag, München.

Wöhe, G. und S. Mock (2010), Die Handels- und Steuerbilanz, 6. Auflage, Jus-Schriftenreihe Studium, Verlag C. H. Beck, München.

Zeis, A. (2007), Pflicht zur Bildung von Pensionsrückstellungen für Beamte trotz Mitgliedschaft im Versorgungsverband?, in: *Die Wirtschaftsprüfung*, 18 (15.9.), S. 788-790.

Zweiter Versorgungsbericht (2001), Zweiter Versorgungsbericht der Bundesregierung, Bundestags-Drucksache 14/7220, abrufbar unter www.bundestag.de.

SOZIALÖKONOMISCHE SCHRIFTEN

Herausgegeben von Professor Dr. Dr. h.c. Bert Rürup und
Professor Dr. Werner Sesselmeier

Band 1 Marietta Jass: Erfolgskontrolle des Abwasserabgabengesetzes. Ein Konzept zur Erfassung der Gesetzeswirkungen verbunden mit einer empirischen Untersuchung in der Papierindustrie. 1990.

Band 2 Frank Schulz-Nieswandt: Stationäre Altenpflege und "Pflegenotstand" in der Bundesrepublik Deutschland. 1990.

Band 3 Helmut Böhme, Alois Peressin (Hrsg.): Sozialraum Europa. Die soziale Dimension des Europäischen Binnenmarktes. 1990.

Band 4 Stephan Ruß: Telekommunikation als Standortfaktor für Klein- und Mittelbetriebe. Telekommunikative Entwicklungstendenzen und regionale Wirtschaftspolitik am Beispiel Hessen. 1991.

Band 5 Reinhard Grünewald: Tertiärisierungsdefizite im Industrieland Bundesrepublik Deutschland. Nachweis und politische Konsequenzen. 1992.

Band 6 Bert Rürup, Uwe H. Schneider (Hrsg.): Umwelt und Technik in den Europäischen Gemeinschaften. Teil I: Die grenzüberschreitende Entsorgung von Abfällen. Bearbeitet von: Thomas Kemmler, Thomas Steinbacher. 1993.

Band 7 Mihai Nedelea: Erfordernisse und Möglichkeiten einer wachstumsorientierten Steuerpolitik in Rumänien. Dargestellt am Beispiel der Textil- und Bekleidungsindustrie. 1995.

Band 8 Andreas Schade: Ganzjährige Beschäftigung in der Bauwirtschaft – Eine Wirkungsanalyse. Analyse und Ansätze für eine Reform der Winterbauförderung. 1995.

Band 9 Frank Schulz-Nieswandt: Ökonomik der Transformation als wirtschafts- und gesellschaftspolitisches Problem. Eine Einführung aus wirtschaftsanthropologischer Sicht. 1996.

Band 10 Werner Sesselmeier, Roland Klopfleisch, Martin Setzer: Mehr Beschäftigung durch eine Negative Einkommensteuer. Zur beschäftigungspolitischen Effektivität und Effizienz eines integrierten Steuer- und Transfersystems. 1996.

Band 11 Sylvia Liebler: Der Einfluß der Unabhängigkeit von Notenbanken auf die Stabilität des Geldwertes. 1996.

Band 12 Werner Sesselmeier: Einkommenstransfers als Instrumente der Beschäftigungspolitik. Negative Einkommensteuer und Lohnsubventionen im Lichte moderner Arbeitsmarkttheorien und der Neuen Institutionenökonomik. 1997.

Band 13 Stefan Lorenz: Der Zusammenhang von Arbeitsgestaltung und Erwerbsleben unter besonderer Berücksichtigung der Erwerbstätigkeiten von Frauen und Älteren. 1997.

Band 14 Volker Ehrlich: Arbeitslosigkeit und zweiter Arbeitsmarkt. Theoretische Grundlagen, Probleme und Erfahrungen. 1997.

Band 15 Philipp Hartmann: Grenzen der Versicherbarkeit. Private Arbeitslosenversicherung. 1998.

Band 16 Martin Setzer, Roland Klopfleisch, Werner Sesselmeier: Langzeitarbeitslose und Erster Arbeitsmarkt. Eine kombinierte Strategie zur Erhöhung der Wiederbeschäftigungschancen. 1999.

Band 17 Dorothea Wenzel: Finanzierung des Gesundheitswesens und Interpersonelle Umverteilung. Mikrosimulationsuntersuchung der Einkommenswirkung von Reformvorschlägen zur GKV-Finanzierung. 1999.

Band 18 Ingo Schroeter: Analyse und Bewertung der intergenerativen Verteilungswirkungen einer Substitution des Umlage- durch das Kapitalstocksverfahren zur Rentenfinanzierung. 1999.

Band 19 Roland Klopfleisch: Fiskalische Konsequenzen der Europäischen Währungsunion. Die Veränderung des Seigniorage und dessen Bedeutung für die nationalen EWU-11 Haushalte. 2000.

Band 20 Klaus Heubeck, Bert Rürup: Finanzierung der Altersversorgung des öffentlichen Dienstes. Probleme und Optionen. 2000.

Band 21 Manon Pigeau: Der Einfluß der Arbeitszeit auf die Erwerbsbeteiligung von Frauen. Empirische Befunde, mikroökonomische Modellierung und politische Konsequenzen. 2002.

Band 22 Carsten Müller: Existenzgründungshilfen als Instrument der Struktur- und Beschäftigungspolitik. 2002.

Band 23 Stefan Lewe: Wachstumseffiziente Unternehmensbesteuerung. 2003.

Band 24 Erscheinen unbestimmt.

Band 25 Alexander Meindel: Intergenerative Verteilungswirkung beim Übergang zu einer nachgelagerten Rentenbesteuerung. 2004.

Band 26 Jochen Gunnar Jagob: Das Äquivalenzprinzip in der Alterssicherung. 2004.

Band 27 Tobias Fehr: Recht des außerbörslichen Aktienhandels vor dem Hintergrund des Rechts des börslichen Aktienhandels. Das Kapitalmarktszenario für kapitalmarktaktive Aktiengesellschaften, deren Unternehmensführungen und aktuelle und potentielle Aktionäre und für Wertpapierdienstleister. 2006.

Band 28 Stefan Fetzer: Zur nachhaltigen Finanzierung des gesetzlichen Gesundheitssystems. 2006.

Band 29 Oliver Ehrentraut: Alterung und Altersvorsorge. Das deutsche Drei-Säulen-System der Alterssicherung vor dem Hintergrund des demografischen Wandels. 2006.

Band 30 Martin Debus: Arbeitsmarkteffekte des demografischen Wandels. 2007.

Band 31 Jens Hujer: Regionalökonomische Effekte von Flughäfen. 2008.

Band 32 Zulia Gubaydullina: Nicht-monetäre Inflationsursachen in Russland. Eine empirische Analyse. 2008.

Band 33 Jasmin Häcker: Die Soziale Pflegeversicherung: Eine Generationenbilanz. 2008.

Band 34 Christina Benita Wilke: German Pension Reform. On Road Towards a Sustainable Multi-Pillar System. 2009.

Band 35 Stefan Pfaffenbach: Nachhaltigkeit in der Gesetzlichen Rentenversicherung – Was leistet die kinderzahlabhängige Rente. 2009.

Band 36 Anabell Kohlmeier: Die Ausweitung des Versichertenkreises der Gesetzlichen Rentenversicherung. Bestimmungsgründe und Verteilungswirkungen. 2009.

Band 37 Matthias Heidler: Reformen der gesetzlichen Rentenversicherung: Politisches Risiko und intergenerative Umverteilung. 2009.

Band 38 Anna Rosinus: Vermögensdekonzentration und Mitarbeiterkapitalbeteiligungsgesetz. 2009.

Band 39 Gabriele Somaggio: Start mit Hindernissen. Eine theoretische und empirische Analyse der Ursachen von Arbeitslosigkeit nach der dualen Berufsausbildung. 2009.

Band 40 Johannes Kalusche: Ausmaß und Stärke der automatischen Stabilisatoren in Deutschland vor dem Hintergrund der jüngsten Steuer- und Sozialreformen. 2010.

Band 41 Nicolas Gatzke: Public Private Partnerships und öffentliche Verschuldung. PPP-Modelle im Licht deutscher und europäischer Verschuldungsregeln und ihre Transparenz in den öffentlichen Haushalten. 2010.

Band 42 Olaf Weddige: Measuring Public Pension Liabilities in the European Union. 2011.

Band 43 Christina Boll: Lohneinbußen von Frauen durch geburtsbedingte Erwerbsunterbrechungen. Der Schattenpreis von Kindern und dessen mögliche Auswirkungen auf weibliche Spezialisierungsentscheidungen im Haushaltszusammenhang. Eine quantitative Analyse auf Basis von SOEP-Daten. 2011.

Band 44 Jörg Schoder: Theorie und Empirie der Alterssicherung in Deutschland. Eine Bestandsaufnahme zu den Versorgungswegen des Drei-Schichten-Modells unter Berücksichtigung regionaler Aspekte. 2011.

Band 45 Robert Arnold / Angelika Oelschläger / Jeanine Staber: Sozialversicherungsbeiträge und Steuern von Selbständigen und Arbeitnehmern im Vergleich. Bestandsaufnahme und Reformvorschläge. 2012.

Band 46 Sebastian Hesse: Input und Output der Gesundheitswirtschaft. Eine Stabilitätsanalyse der Gesundheitswirtschaft in Bezug auf die gesamtwirtschaftliche Bedeutung in den Jahren der Finanz- und Wirtschaftskrise. 2013.

Band 47 Dirk Heeger: Quantitative Analyse der ökonomischen Bedeutung eines Unternehmens. Vor dem Hintergrund neuer Herausforderungen der Industriepolitik. 2013.

Band 48 Tobias Ehrhard: Personalbedarfsprognose im Gesundheits- und Pflegewesen. Eine berufs-, einrichtungs- und regionalspezifische Betrachtung für Deutschland. 2014.

Band 49 Tobias Benz: Ausgabenprojektion, Reformszenarien und Rücklagenbildung der Beamtenversorgung in der Bundesrepublik Deutschland. 2015.

Band 50 Sandra Hofmann: Einfluss nicht-marktlicher Tätigkeiten auf den materiellen Wohlstand und die Einkommensverteilung in Deutschland. 2015.

www.peterlang.com

www.ingramcontent.com/pod-product-compliance
Ingram Content Group UK Ltd.
Pitfield, Milton Keynes, MK11 3LW, UK
UKHW021840290926
8980IPUK00005B/552

9 783631 646113